幸徳秋水 大逆事件の研究

「再審請求」を追究して

Takeshi Kaneko
金子武嗣
Shinichi Ishizuka
石塚伸一

［編著］

日本評論社

はしがき

　幸徳秋水らの命を受けた宮下太吉が、長野県明科で手製の「爆弾」の爆破実験を行ってから115年が経過した。翌1910年5月に宮下が爆発物取締罰則違反の嫌疑で逮捕され、政府はこれを天皇や皇太子に「危害を加へん」とした大逆事件として捜査を開始し、6月には幸徳と菅野スガら東京グループを拘束。その後、和歌山、岡山、熊本へと捜査の網を拡げていき、「主義者」たちを次つぎと逮捕していった。同年12月には大審院で第1回公判が非公開で行われ、翌年（1911年）1月18日には幸徳ら24人に死刑の判決が言い渡され、同月24日に11人、25日に1人の死刑が執行された。この事件は、社会主義運動史では、検察による「でっちあげ」の思想弾圧事件として、世界的にも有名である。

　政府のフレームアップは明白であるにもかかわらず、日本の司法はこの不法に抵抗もできなかった。幸徳らについて天下無双の名立たる弁護士たちも、刑事弁護人として役目を果たすことができなかった。日本の司法の汚点と言っても過言ではない。

　恩赦によって減刑され生き残った冤罪被害者たちが次つぎと亡くなっていく中、1960年「大逆事件の真実をあきらかにする会」が発足し、人権派の弁護士森長英三郎（1906〜1983）が立ち上がり、司法の汚辱を晴らすべく再審請求の裁判が始まった。

　翌年1月には一人の生存者と一人の遺族を請求人とする再審請求が提起されたが、1967年7月、最高裁判所は、免訴の判決を言い渡し、再審請求を棄却してしまう。日本の司法は、ここでも自らに対する断罪から逃げた。

　私たちの研究は、この司法の汚辱を晴らしたいという弁護士金子武嗣の思いから始まった。「あきらかにする会」の山泉進（明治大学名誉教授）、大岩川嫩（歴史研究者）、田中伸尚（ノンフィクション作家）や刑事法学者村井敏邦（一橋大学名誉教授）などに声を掛け、2011年2月に研究会が発足した。

基礎研究に一段落がついた頃、京都の龍谷大学を拠点として第二次再審の具体化を目指す研究が始まった。本書の執筆者のほか、松宮孝明（立命館大学名誉教授）や市川啓博士にも参加していただき、再審請求の計画を具体化していった。

　再審開始のためには、証拠が必要である。刑事記録はその幹をなす。新しい枝や葉（新規性）を見つけ出しても、幹を揺るがす（明白性）までには、法理論による剪定が必要である。この10年余り、刑法典から削除された「刑法第73条」という亡霊を追いかけてきた。ようやく、朧気（おぼろげ）ながらその後ろ姿が見えてきた。しかし、残念ながら、再審申請人を探し出すことができなかった。そこで、「幻の第二次再審」の成果を後の世代に引き継いでいこうという意味を込めて、本書を公刊することにした、

　本書は、序章「幸徳秋水大逆事件研究の端緒と結末」、第1章「幸徳秋水の再審請求の試みについて」、第2章「危害（大逆）罪の構成要件と予備の処罰」、第3章「判決の脆弱性」、第4章「大逆事件における供述分析」および第5章「幸徳秋水大逆事件再審請求」で構成される。

　そのほとんどは、『龍谷法学』（第53巻4号～第55巻第1号、2021～2022年）に連載した「連載・幸徳秋水大逆事件の研究」に加筆修正を加えたものである。また、石塚伸一編著『刑事司法記録の保存と閲覧～記録公開の歴史的・学術的・社会的意義～』〔龍谷大学社会科学研究所叢書第141巻〕（日本評論社、2023年）に発表した研究成果も反映している。また、大逆罪における謀議についてのドイツ法との比較については、共同研究者である市川啓『間接正犯と謀議』（成文堂、2021年）第三部「大逆罪における謀議」の研究に負うところが大きい。

　出版事情の厳しい中、本書の出版をお引き受けいただいた日本評論社の串崎浩さんと献身的に私たちの原稿に向き合っていただいた武田彩さんには心より感謝申し上げたい。

　なお、共同研究および本書の出版には、龍谷大学社会科学研究所指定研究「未公開刑事記録の保存と公開についての綜合的研究～4大逆事件関連記録の発見を端緒として～」（2019～2022年度）の助成を受けた。また、龍谷大

学矯正・保護総合センター刑事司法未来プロジェクト（金子武嗣基金）の支援を受けている。この場をお借りして御礼申し上げたい。

2024年11月3日

石塚　伸一

目 次

はしがき ……………………………………………………………… 石塚 伸一　i

序 章　幸徳秋水大逆事件研究の端緒と結末

………………………………………………………… 石塚 伸一　1

はじめに

1．大逆罪とは何か

（1）明治40（1907）年『刑法』と大逆罪

（2）「危害ヲ加ヘントシタ」をめぐる学説

（3）大逆罪の保護法益

2．大逆罪の適用例〜4つの大逆事件〜

（1）大逆事件記録の閲覧

（2）虎ノ門事件〜1923年の皇太子に対するステッキ銃発砲事件〜

（3）朴烈事件〜1925年の天皇と皇太子に対する爆発物破裂予備事件〜

（4）桜田門事件〜1932年の天皇に対する手榴弾投擲事件〜

（5）小括

3．幸徳事件の論点

（1）事実の概要

（2）大逆予備の処罰根拠〜幸徳は、どのような予備行為をしたのか？〜

むすびにかえて〜彷徨する第73条〜

第1章　幸徳秋水の再審請求の試みについて

はじめに〜大逆事件〜 ……………………………………… 金子 武嗣　19

1．「司法」の「喉に突き刺さったトゲ」

2．再審請求

3．挫折の歴史

（1）幸徳秋水の独白

（2）弁護人・平出修の慟哭

（3）再審代理人弁護士・森長英三郎の慟哭

4．新たな動き
（1）復権の動き
（2）大逆事件再審請求検討会
5．大逆事件記録
（1）公判記録
（2）訴訟記録の行方
（3）本件での記録の出典
6．最高裁記録
（1）最高裁記録の発見
（2）最高裁記録とこれまでの収集証拠との関係

幸徳秋水等大逆事件の概略 ……………………………………… 橋口 直太　32

1．捜査の経過（逮捕まで）
（1）捜査対象者
（2）捜査の端緒〜宮下太吉らの逮捕〜
（3）逮捕に至る経緯
2．逮捕から予審開始請求までの経緯
（1）宮下らの逮捕後
（2）長野県における捜査の顚末
3．予審における審理
（1）予審における関係者
（2）予審開始請求
（3）予審の経緯
4．大審院特別刑事部における審理（公判）
（1）大審院判事
（2）検事
（3）弁護人
5．大審院における公判の経緯
6．判決
（1）死刑（皇室危害罪 刑法73条）
（2）爆発物取締罰則違反
7．刑の執行
（1）特赦「無期懲役」
（2）懲役刑の執行
（3）死刑の執行

大逆事件の構造 ……………………………………………………… 金子 武嗣　47

1．大逆事件の構造
（1）判決の構造
（2）皇室危害罪（刑法73条）と内乱罪（刑法77条）
2 明治という時代
　　（1）武器の自由
　　（2）テロの時代
　　（3）爆裂弾
　　（4）小括〜明治40年代の時代状況〜
3．大逆事件は「会話」によって成り立っている
　　（1）会話について
　　（2）2人以上で話をしたとき
　　（3）会話の意味
　　（4）東京グループとそれ以外（第2から第6）との関係
4．新宮グループの行為（大石・成石平四郎・高木・峰尾・崎久保・成石勘三郎）
　　（1）新宮グループ各人の認定
　　（2）新宮グループの行為
　　（3）新宮グループの行為から明らかになったこと
5．熊本グループの行為（松尾卯一太・新見卯一郎・佐々木道元・飛松与次郎）
　　（1）熊本グループ各人の認定
　　（2）熊本グループの行為
　　（3）熊本グループの行為から明らかになった事実
6．内山愚童の犯罪行為
　　（1）内山愚童の認定
　　（2）内山愚童の行為
　　（3）内山の行為から明らかになった事実
7．大阪グループの行為（武田九平・岡本頴一郎・三浦安太郎）
　　（1）大阪グループの認定
　　（2）大阪グループの行為
　　（3）大阪グループの行為から明らかになった事実
8．神戸グループの行為（岡林寅松・小松丑治）
　　（1）神戸グループの認定
　　（2）神戸グループの行為
　　（3）神戸グループの行為から明らかになった事実
9．東京グループ（第1）とその他のグループ〜（第2から第6）との断絶〜
　　（1）判決は、すべてが無政府主義者として思想で共通性を認定

viii

　　（2）判決の各グループ内で完結
　　（3）第1の東京グループとの結びつきは
　　（4）判決の幸徳秋水が「テロ」を意図したとされる時期
　　（5）小括

　大逆事件（爆裂弾）鑑定 ……………………………………… 田中 太朗　85
　1．大逆事件における爆裂弾鑑定の位置付け
　2．大逆事件における爆裂弾鑑定
　3．判決の考察
　4．研究会における爆裂弾実験
　　資料1　判決文鑑定書
　　資料2　研究会鑑定書
　5．判決文鑑定と当研究会鑑定の異同
　　資料3　判決文鑑定と当研究会鑑定の異同
　6．当研究会の検証結果を踏まえた判決の問題点
　7．当研究会の検証結果と大逆事件再審請求との関係

第2章　危害(大逆)罪の構成要件と予備の処罰 ……… 金澤 真理　115
　1．はじめに
　2．規定の沿革
　3．危害罪の構成要件
　4．予備をめぐる学説の対立
　5．予備の段階と可罰的予備行為
　6．結びにかえて

第3章　判決の脆弱性 ………………………………………… 金子 武嗣　135
　1．はじめに〜判決の認定構造と事実認定の脆弱性〜
　2．東京グループ（幸徳傳次郎（秋水）・管野スガ・宮下太吉・新村忠雄・古河
　　力作・森近運平・奥宮健之・坂本清馬）の行動
　　（1）幸徳（傳次郎）秋水の上京（明治41年7月）
　　（2）宮下太吉の書面送付（明治41年11月13日）
　　（3）大石誠之助の来訪（明治41年11月19日）
　　（4）松尾卯一太の来訪（明治41年11月）
　　（5）坂本清馬への勧告
　　（6）新村忠雄
　　（7）坂本清馬

目　次　ix

　　（8）管野スガ
　　（9）内山愚童の来訪（明治42年1月14日）
　　（10）宮下太吉の来訪（明治42年2月13日）
　　（11）森近運平と宮下太吉とのやりとり（明治42年2月13日）
　　（12）宮下太吉の幸徳秋水への連絡（明治42年5月）
　　（13）千駄ヶ谷への転居
　　（14）宮下太吉の来訪（明治42年6月6日、7日）
　　（15）宮下太吉の明科での原料収集の行動（明治42年7月〜8月）
　　（16）新村忠雄の新宮での行動（明治42年4月〜8月）
　　（17）幸徳秋水の決意（明治42年9月）
　　（18）幸徳秋水、管野スガ、新村忠雄の協議（明治42年9月）
　　（19）新村忠雄の明科行き
　　（20）奥宮健之の行動（明治42年10月）
　　（21）幸徳らと古河との会話（明治41年10月）
　　（22）薬研の借入（明治42年10月12日）
　　（23）宮下太吉の試験体製造（明治42年10月12日）
　　（24）宮下太吉の実験（明治42年11月3日）
　　（25）実験結果の報告（明治42年11月）
　　（26）宮下太吉の上京（明治42年12月31日）
　　（27）宮下太吉の幸徳秋水訪問（明治43年1月1日）
　　（28）古河力作と管野スガ、新村忠雄の協議（明治43年1月）
　　（29）幸徳秋水（傳次郎）の逃避（明治43年3月）
　　（30）再実験の中止（明治43年4月）
　　（31）管野スガ、新村忠雄、古河力作の協議（明治43年5月1日）
　　（32）事件の発覚（明治43年5月）
　3．節目の事実関係の図
　4．判決の認定事実は皇室危害罪に該当するか
　　（1）はじめに〜会話の意味〜
　　（2）明治41年7月
　　（3）宮下太吉の書面送付（明治41年11月13日）
　　（4）大石誠之助の来訪（明治41年11月19日）
　　（5）松尾卯一太の来訪（明治41年11月）
　　（6）（7）坂本清馬・新村忠雄への勧告
　　（8）坂本清馬
　　（9）管野スガ
　　（10）内山愚堂の来訪（明治42年1月14日）
　　（11）宮下太吉の来訪（明治42年2月13日）

(12) 森近運平と宮下太吉とのやりとり（明治42年2月13日）

　　(13)(14) 宮下太吉の幸徳秋水への連絡（明治42年5月）

　　(15) 宮下太吉の来訪（明治42年6月6日、7日）

　　(16) 宮下太吉の明科での原料収集の行動（明治42年6月）

　　(17) 新村忠雄の新宮での行動（明治42年4月〜8月）

　　(18) 幸徳秋水の決意そして管野スガ、新村忠雄との協議（明治42年9月）

　　(19) 新村忠雄の明科行き

　　(20) 奥宮健之の行動（明治42年10月）

　　(21) 幸徳らと古河との会話（明治41年10月）

　　(22) 宮下太吉の実験（明治42年11月）

　　(23) 実験結果の報告（明治42年11月）

　　(24) 宮下太吉の上京（明治43年1月1日）

　　(25) 古河力作と管野スガ、新村忠雄の協議（明治43年1月2日）

　　(26) 古河力作と管野スガ、新村忠雄の協議（明治43年1月23日）

　　(27) 幸徳秋水の逃避（明治43年3月）

　　(28) 再実験の中止（明治43年4月）

　　(29) 管野スガ、新村忠雄、古河力作の協議（明治43年5月17日）

　　(30) まとめ

　5. 判決の事実認定の批判〜判決の事実認定の脆弱性〜

　　(1) 明治41年7月新宮における幸徳秋水の犯罪事実の認定

　　(2) 明治41年11月13日の宮下の手紙送付について

　　(3) 明治41年11月19日の幸徳と大石の謀議

　　(4) 明治41年11月の幸徳と松尾の謀議

　　(5) 明治41年12月の幸徳と管野の謀議について

　　(6) 明治42年1月14日、15日の内山愚童と幸徳等とのやりとり

　　(7) 明治42年2月13日の宮下と幸徳とのやりとり

　　(8) 明治42年5月25日の手紙送付について

　　(9) 明治42年6月6日、7日の会話

　　(10) 明治42年9月の幸徳・管野・新村の会話

　　(11) 明治42年10月幸徳・管野・古河の会話について

　　(12) 明治42年9月幸徳と奥宮との会話について

　　(13) 宮下による爆裂弾の実験

　　(14) 明治43年1月1日の幸徳宅での謀議について

　　(15) 明治43年1月23日謀議について

　　(16) 明治43年5月17日増田方での抽籤

　　(17) 事実認定の誤りと判決の事実認定の脆弱さ

第4章　大逆事件における供述分析

～本件判決を根拠づける被告人らの供述とその形成過程～

.... 浜田 寿美男・山田 早紀　393

はじめに

 （1）本件供述分析の視点～供述の起源と逆行的構成～

 （2）本件の大きな流れ～宮下事件から大逆事件へ～

 （3）本件に対する供述分析の課題

1. 本件被告人らの供述に心理学的な視点から検討を加えるうえでの分析枠組

 （1）供述分析とは何か

 （2）大逆事件における自白・供述について、その供述分析をどのように

  考えるか

2. 本件判決が認定した事実と本件供述分析の焦点

 （1）本件判決の認定の構図

 （2）本件の計画において宮下が突出していたこと

3. 本件の核となる東京グループの供述形成過程

 （1）皇室危害を目論む宮下の「大逆」の着想からはじまり、これが東京

  グループに広がった経緯

 （2）宮下が爆裂弾の製法を調査し、材料等を準備し、爆裂弾の実験に至る

  経緯

 （3）宮下が山中での実験に成功したものの、犯行計画遂行のためのその後

  の展開がうまくいかず、本件が発覚していく経緯

4. 結論

第5章　幸徳秋水大逆事件再審請求

.... 石塚 伸一　503

はじめに

1. 判決の構造

2. 明治40年の立法者意思

3. 大逆罪の変遷

 （1）大逆罪の保護対象

 （2）法体制の近代化と大逆罪

 （3）翻弄される大逆罪

 （4）大逆罪の適用例

4. 彷徨する刑法第73条

 （1）「危害を加えんとした」とする行為は存在したか？

xii

（2）予備について
（3）陰謀について
（4）原敬日記「社会党の大不敬罪について」
（5）法解釈と立法の距離
5．幸徳秋水再審請求
（1）再審請求書骨子（案）
（2）証拠構造について
（3）小　括
むすびにかえて
【資料1】幸徳秋水大逆事件判決の構造
【資料2】幸徳事件の適用可能犯罪類型

あとがき ……………………………………………………………… 金子　武嗣　525

執筆者一覧　528

【初出一覧】

序　章　研究ノート「幸徳秋水大逆事件（1911年）の研究(1)～連載を始めるにあたって～」龍谷法学53巻4号（2021年）［石塚伸一］

第1章　研究ノート「幸徳秋水大逆事件（1911年）の研究(2)」龍谷法学53巻4号（2021年）［金子武嗣・橋口直太・田中太朗］

第2章　論説「幸徳秋水大逆事件（1911年）の研究(3)～危害（大逆）罪の構成要件と予備の処罰～」龍谷法学54巻1号（2021年）［金澤真理］

第3章　研究ノート「幸徳秋水大逆事件（1911年）の研究(4)(5)(7)(9)(11)～判決の脆弱性(1)(2)(3)(4)(5・完)～」龍谷法学54巻1号（2021年）・2号（2021年）・3号（2021年）・4号（2022年）・55巻1号（2022年）［金子武嗣］

第4章　論説「幸徳秋水大逆事件（1911年）の研究(6)～大逆事件における供述分析：本件判決を根拠づける被告人らの供述とその形成過程(1)(2)(3・完)」龍谷法学54巻3号（2021年）・54巻4号（2022年）・55巻1号（2022年）［浜田寿美男・山田早紀］

第5章　書き下ろし

序　章

幸徳秋水大逆事件研究の端緒と結末

石塚伸一

はじめに

　幸徳秋水大逆事件研究の端緒は、大審院において幸徳秋水が有罪となり、6日後に死刑が執行された2011（平成23）年であった[1]。本書の編著者である金子武嗣弁護士が、「大逆事件死刑執行100年の慰霊祭」を知り、幸徳事件の再審ができないかと考え、同年2月27日に東京駅八重洲口の貸し会議室で数人の関係者が集まり、勉強会を開催したことにある。その後、この事件に精通した方たちにお声がけして研究会を立ち上げることにした。

　爾来、10年間に50回余の研究会を開催した。2019年4月からは龍谷大学社会科学研究所指定研究「未公開刑事記録の保存と公開についての綜合的研究〜4大逆事件関連記録の発見を端緒として〜」（代表・石塚伸一：2019〜2022年度）に採択され、その研究成果は『龍谷法学』に連載した。この連載が本書の骨格を成している。

1．大逆罪とは何か

　「六法」を開けでみてほしい。『刑法』[2]第2編「罪」の第1章「皇室に対

（1）　筆者は、このとき「彷徨える刑法第73条（削除）〜大逆罪の解釈について〜」について報告している。第1回研究会は、2011年4月25日、お茶の水の明治大学で開催し、上記のテーマについて報告した。同年6月5日では、「大逆罪研究〜新井勉『近代日本における大逆罪の罪質について』その他を素材に〜」について報告している。

（2）　明治40年法律第45号。

する罪」は、「削除」（昭22法124）となっている。かつての第73条には「大逆罪」、すなわち、「天皇、太皇太后、皇太后、皇后、皇太又ハ皇太孫」に対し「危害ヲ加ヘ」または「加ヘントシタル者」は死刑に処すとの規定があった。第二次世界大戦後の日本国憲法の制定に伴う刑法一部改正[3]によって大逆罪は刑法典から葬り去られたのである。

（1）明治40（1907）年『刑法』と大逆罪

1880（明治13）年に制定された『刑法』（明治13年太政官布告第36号）（以下「旧刑法」という。）は、1882年1月1日から施行された。その第116条は、「天皇三后皇太子ニ対シ危害ヲ加ヘ又ハ加ヘントシタル者ハ死刑ニ処ス」と規定していた[4]。制定直後から改正の論議が始まり、明治23年、明治28年、明治30年、明治34年そして明治35年の5度にわたり、改正法が議会に提出されたが、可決には至らなかった。その後、議論は進み、1907（明治40）年にようやく両院で可決され、現行の『刑法』（明治40年法律第45号）（以下「刑法」という。）として、翌1907（明治41）年10月1日から施行された。

刑法第73条は、旧刑法第116条の客体を若干修正し、新たに皇太孫を加えて、「天皇、太皇太后、皇太后、皇后、皇太子又ハ皇太孫ニ対シ危害ヲ加ヘ又ハ加ヘントシタル者ハ死刑ニ処ス」との規定になった[5]。しかし、1890年の「明治23年改正刑法草案」では、第118条に「天皇、三皇、皇太子、皇太子妃、皇太孫、皇太孫妃ノ生命ニ對シ危害ヲ加エタル者ハ已遂、未遂ヲ分タス死刑ニ處ス其ノ身體ニ對シ危害ヲ加エタル者ハ已遂、未遂ヲ分タス無期懲

（3）『刑法の一部を改正する法律』（昭和22年法律第124号）。この時点でも、刑法は漢字カナ混じりであったが、『刑法の一部を改正する法律』（平成7年法律第91号）によって、表記が平易化（ひらがな化等）され、尊属重罰規定等が削除され、刑法の明治色は一掃された。

（4）『旧刑法』（明治13年太政官布告第36号）第1章「皇室ニ對スル罪」は、下記の5条から構成されている。すなわち、第116条「天皇三后皇太子ニ對シ危害ヲ加ヘ又ハ加ヘントシタル者ハ死刑ニ處ス」。第117条「天皇三后皇太子ニ對シ不敬ノ所為アル者ハ三月以上五年以下ノ重禁錮ニ處シ二十圓以上二百圓以下ノ罰金ヲ附加ス　2項　皇陵ニ対シ不敬ノ所為アル者亦同シ」。第118条「皇族ニ對シ危害ヲ加ヘタル者ハ死刑ニ處ス其危害ヲ加ヘントシタル者ハ無期徒刑ニ處ス」。第119条「皇族ニ對シ不敬ノ所為アル者ハ二月以上四年以下ノ重禁錮ニ處シ十圓以上百圓以下ノ罰金ヲ附加ス」。第120条「此章ニ記載シタル罪ヲ犯シ輕罪ノ刑ニ處スル者ハ六月以上二年以下ノ監視ニ付ス」。

役ニ處ス」を置き、その他の皇族について、第119条は生命に対する危害については「前條ニ記載シタル以外ノ皇族ノ生命ニ對シ危害ヲ加エタル者ハ死刑ニ處シ若シ未遂ニ係ルトキハ無期懲役ニ處ス」（第1項）、身体に対しては「其ノ身體ニ對シ危害ヲ加エタル者ハ無期懲役ニ處ス若シ未遂ニ係ルトキハ一等有期懲役ニ處ス」との規定を置くとともに、第120条で予備および陰謀について、それぞれ「前二條ニ記載シタル重罪ノ豫備ヲ爲シタル者ハ未遂犯ノ刑ニ一等ヲ減シ」および「其ノ二人以上陰謀ヲ爲シタルニ止マル者ハ二等若シクハ三等ヲ減シ」[6]として、攻撃の客体と既遂・未遂・予備・陰謀の行為類型に応じて当罰性評価を段階的に規定していた。

　1902年の「明治35年刑法改正草案」をめぐるにおける貴族院の議論では[7]、「皇室に対する罪」（改正案の第82条から第86条）[8]に関する菊池武夫議員の質問に対し、政府委員の古賀廉造が回答している。菊池の質問は、①「危害」に暴行だけでなく脅迫も含まれるか（961〜962頁）、②「加ヘ」と「為ス」はどう違うのか（962頁）、③「加ヘントシタル」は客観的事実か、主観的意思か（967頁）であった。古賀は、①については「暴行は勿論のこと、脅迫についても天皇等に対する直接的な脅迫はこれに含まれる。危害を『加ヘ』という表現は旧刑法を襲用した」[9]と回答している。また、②および③についてはいずれも旧刑法の規定に倣った、と述べて議論を避けた。

　三好退蔵議員が不敬罪に関連して、天皇等（第88条）とその他の皇室（第

（5）　1947年改正以前の『刑法』（明治40年法律第45号）第2編第1章第1章「皇室ニ對スル罪」は、下記のような構成になっていた。第73条「天皇、太皇太后、皇太后、皇后、皇太子又ハ皇太孫ニ對シ危害ヲ加ヘ又ハ加ヘントシタル者ハ死刑ニ處ス」。第74条「天皇、太皇太后、皇太后、皇后、皇太子又ハ皇太孫ニ對シ不敬ノ行為アリタル者ハ三月以上五年以下ノ懲役ニ處ス　二項　神宮又ハ皇陵ニ対シ不敬ノ行為アリタル者亦同シ」。第75条「皇族ニ對シ危害ヲ加ヘタル者ハ死刑ニ處シ危害ヲ加ヘントシタル者ハ無期懲役ニ處ス」。第76条「皇族ニ對シ不敬ノ行為アリタル者ハ二月以上四年以下ノ懲役ニ處ス」である。

（6）　明治23年刑法改正草案については、倉田勇三郎＝平沼騏一郎＝花井卓蔵『増補・刑法沿革総覧〔日本立法資料全集別巻2〕』（信山社出版、1990年）90頁参照。

（7）　「第16回貴族院議事録（明治35年）」については、上掲総覧447〜1221頁所収。

（8）　上掲総覧961〜971頁。第87条の規定は「天皇、太皇太后、皇后、皇太子又ハ皇太孫ニ對シ危害ヲ加ヘ又ハ加ヘントシタル者ハ死刑ニ處ス」であった（上掲書45頁）。

（9）　上掲総覧962頁。以下、条文については「カタカナ」書きとし、議会での議論については「ひらがな」で表記する。

90条）に対する不敬罪と危害罪について、危害罪（死刑）と不敬罪（7年以下の有期懲役）の中間類型（例えば、暴行のような行為）に対してはもう一つ間にあるのが相当ではないか。「有期懲役の中で高いところのものを設けてはどうか」との意見を述べている。これに対し、古賀は、「総て身体生命に関する所業は之を危害の中に包含するものであって、而して行為の最小軽重は之を区別しない」。不敬とは、名誉に対する尊厳に関することであるから、「大小軽重を論ぜず不敬の中に包含」し、これを罰するという考えである、として、危害には、「身体と生命に関する他にいかなる行為がありましても漏れることはない」と一蹴してる⁽¹⁰⁾。

　三好は、ドイツの刑法典を引き合いに出して⁽¹¹⁾、将来如何なる兇漢や悪者出るかわからないので、段階を精しくして置いた方が良いと考えて修正案を出そうとしていたが、「現行法を襲用する方が宜かろう」⁽¹²⁾との考えに従って取り下げると述べている。結局、明治23年改正刑法草案のような詳細な類型化は行われなかった。

　何故、旧刑法を「襲用」する方が良いと判断したのであろう。大逆罪と内乱罪の交錯を法制史の観点から分析した新井勉は、つぎのように分析している。旧刑法の制定過程で国事犯については死刑を廃止すべきであるとの意見

---

(10)　上掲総覧969〜970頁。

(11)　1871年『ドイツ帝国刑法典 Strafgesetzbuch für das Deutsche Reich vom 15. Mai 1871 (RGBl. S. 127)』は、第80条で「皇帝、領邦君主または自己の居留する領邦の君主に対して行われた謀殺および謀殺未遂は大逆の罪として死刑に処す」とし、第81条で、「前条に定めるもののほか以下の事項を企図した者は大逆の罪として終身の懲役もしくは禁錮に処す」として、「他の領邦君主を殺害し、捕虜にし、敵国の権力に引き渡し、または、統治無能力に陥らせようとする」（1号）、「ドイツ帝国もしくは各領邦の憲法もしくはこれらの諸領邦に現在する王位継承順位を暴力で変更しようとする」（2号）、「暴力で領邦領土の全部または一部を外国に合併し、または、その一部を全体より分割しようとする」（3号）および「暴力で領邦領土の全部または一部を合併し、または、その一部を全体より分割しようとすること」の4つの行為を企図（unternehmen）したことをもって終身刑に処すとしている。なお日本の刑法に大きな影響を与えた1902年『ノルウェイ刑法典』は、第100条で「国王もしくは摂政の生命を奪おうとして行動し、もしくはこれに協力した者は終身の懲役を科す。その未遂も同一の刑に処する」としていた。（岡田朝太郎〔講述〕『比較刑法 上巻・下巻〔復刻版〕』（信山社出版、2004年）

(12)　上掲総覧970頁。

が出た。村田保らは、この意見を排斥するために内乱罪の「朝憲紊乱」には「皇嗣（皇帝の世襲）」の順序を乱すことが含まれるからとして「皇嗣」という文言を削除した。それ以降、政府委員や刑法学者もこれに倣うこととなり、王位継承可能な貴族が複数あるヨーロッパ諸国とは異なり、日本には「複数の皇統が存在しない」との「ドグマ（dogma）」を堅持することで、皇嗣順序の語は、「立ち入ってはならない禁忌を示していた」[13]のであろうと推測している。大逆罪をめぐる立法過程の議論においても、「皇室」の事柄を深く議論することは大いに憚（はばから）れるという禁忌論が議論を回避するための口実となった。

（2）「危害ヲ加ヘントシタ」をめぐる学説

現行刑法が審議された第23回衆議院特別調査委員会の第3回会議（1907年3月1日）では、板倉中委員の第73条大逆罪の「又ハ加ヘントシタルモノハ」には単なる「意思」も含まれるのかとの質問に対して、政府委員倉富勇三郎は、「単純に考えて居るところの意思までを、此處に含んて居るものとは現行法の解釋として、私共考へないのてあります」と述べ、旧刑法下における裁判例もないことから、「現行法を此點に就いては改正する必要はない」と強調している[14]。提案理由では、「本章は現行法第二篇第一章の規定を少しく修正したるに止り其趣旨に於いては全く同一なり」として、旧刑法第116条と同一の趣旨であり、『皇室典範』に準拠して、旧法の「三后」との表記を「太皇太后、皇太后、皇后」と変更し、「皇太孫」を加えたにすぎないとしている[15]。

1907（明治40）年4月発行の南雲庄之助編集の解説書では、政府委員倉富の所説として、現行刑法をそのまま襲用したものであるが、裁判例もないので明らかにすることはできないが、「奇害（危害の誤植か—筆者）を加へんとしたるもの」の意義については、未遂などよりは区域が広いが、単純に心

---

(13)　新井勉『大逆罪・内乱罪の研究』（批評社、2016年）191頁〔〔初出〕同「明治後期における大逆罪・内乱罪の交錯」日本法学79巻3号（2014年）520～558頁〔557頁〕）。
(14)　前掲沿革総攬1909頁。
(15)　上掲総攬2161頁。

6

の中で考えているだけではこれには含まれないが、「危害を加え」には有形の行為は全て含まれるとの議論は「肯首することは出来ない」。たとえ、「有形の行為があっても少しも危害の無い事例もある」としている。「危害を加へんとしたるもの」の中には、他の犯罪類型における既遂犯や予備の全てを包括する趣旨であるとしている[16]。

当時検事であった泉二新熊は、刑法制定直後の1908（明治41）年、「危害は身体生命に対する実害及び具体的の危険を包含す」。「危害を加えへんとしたる者は予備行為を指称する外部行為なくして不逞の意志を有するのみにては本罪を構成せす、着手の程度に至りたるときは危害を加へたるなり」[17]と述べている。その前提には、明治23年改正刑法草案の既遂・未遂・予備・陰謀の行為類型に応じた段階的当罰性評価が在ったから、「危害ヲ加ヘントシタ」には、少なくとも予備や陰謀と同等に評価できる客観的・外形的行為は必要とされていたと考えるべきであろう。

東京帝国大学の牧野英一は、1938（昭和13）年、大逆罪における「危害とは生命又は身体に対する侵害なり而して、独り危害を加えたる場合のみならす、又之を加えむとした場合を処罰するが故に、予備陰謀も亦之に入るものと為すを通説とす」[18]と述べ、さらに、中止犯を認める余地はなく、教唆犯および従犯については、直接、大逆罪等の規定を適用するべきとしている。注目すべきは、共犯独立性説をとる牧野が、共犯形態の大逆行為については、刑法総則の共犯規定を適用することなく、「危害ヲ加エントシタ者」には大逆罪（第73条）を直接適用するとしていることである[19]。幸徳事件においても大審院は、総則の共犯規定は適用していない。

したがって、幸徳事件当時の通説は、天皇等の生命または身体に具体的危険を生じた既遂・未遂ときに「危害ヲ加エ」、予備・陰謀にとどまる場合を「危害ヲ加エントシタ」として、いずれの場合にも死刑に処すが、「不逞の意

---

(16)　南雲庄之助編『刑法修正理由』（集文館書店・深谷書店、1907年）166〜167頁。

(17)　泉二新熊『刑法』（有斐閣書房、1908年）530〜531頁

(18)　牧野英一『重訂 日本刑法』（有斐閣、1938年）4頁。

(19)　共犯の従属性説を認めるのであれば、実行行為に相当する事実が存在してはじめて、共犯が成立しうることになる。

志」にとどまる場合には大逆罪は成立しないと解していた。予備や陰謀には客観的・外形的行為が必要であり、それに至らぬ主観的・内心的な企図は不処罰であると解されていた。また、謀議のような共犯形態であっても、それぞれの行為者に独立して予備・陰謀と呼べるような客観的・外形的行為があってはじめて「危害ヲ加エントシタ」として、大逆罪が適用されるといえよう。

　本件においては、果たして、幸徳秋水らの一連の行動が、上記のような予備・陰謀行為と評価できるかどうかが問題となる。

（3）大逆罪の保護法益

　立法の直後、大逆罪は、天皇等の生命・身体を保護法益とし、これに対する侵害およびその具体的危険を防遏する犯罪と解されていた。刑については、客体の重要性に着目し、殺人罪等の刑を加重して死刑を絶対的法定刑とした。ところが、戦時体制に入ると、皇室に対する罪の保護法益は、国体、すなわち、国家の存立と体制であるとする解釈が登場する。

　安平政吉は、1941（昭和16）年の教科書において、「危害罪に於ける行為は、危害を加へ、または加へんとしたことであり、それは生命、身體、自由に対する實害並に危険を發生せしむる一切の行為を指稱する」としている[20]。ここでは、法益に「自由」が入り、天皇を拘禁して勅令を發せしむる行為などが想定されていた[21]。

　政府は、1921（大正10）年10月、臨時法制審議会を設置して、刑法改正を諮問した。1926（昭和元）年11月、同審議会は、「淳風美俗」の維持を掲げる復古的主義的傾向の強い『刑法改正要綱』を答申した。皇室に対する罪については、①大逆罪に関する死刑の存廃、②天皇についての独立規定の新設、

---

(20)　安平政吉『刑法』（ダイヤモンド社、1943年）238頁。

(21)　小田部雄次「昭和初期の皇族軍人の政治的活性化」明治聖徳記念学会紀要51号（2014年）291～312頁（http://meijiseitoku.org/pdf/f51-15.pdf）参照。昭和初年には国防をめぐって裕仁天皇と軍令部の間に意識のずれ生じており、皇族軍人の中には軍側の論理に引きずられ、政治的に活性化する者もあった動きも（上掲論文308頁）。「二・二六事件」（1936（昭和11）年）の頃にはこの確執が顕在化する危機もあった（同293頁）。その意味で、昭和初年において大逆罪は、現実味のある犯罪類型だった。

および③皇室を冒瀆する罪の新設などを求めている。その後、刑法改正原案起草委員会が設置され、紆余曲折を経て、1940（昭和15）年4月、いわゆる「刑法改正仮案」を発表した。そこでは、天皇に対する危害罪とその他の皇族に対する危害罪とが区別され、不敬罪については法定刑の上限が5年から、天皇は10年、その他の皇族は7年に引き上げられた。

　議論の中では、軍部などによって「天皇を押し込め摂政を置く」場合も想定して議論がなされた[22]。したがって、昭和前期には上述の安平の解説のような天皇に対する逮捕・監禁も現実的問題として議論は進んでおり、天皇の自由の侵害という行為形態も大逆罪の想定内にあったのである。

　このようにして皇室に対する罪は、内乱罪・外患罪と並んで、国家の存立を害する犯罪と解されるようになる。危害罪と不敬罪との区別もあまり重要ではなくなり、国家元首たる天皇への危害・不敬は、天皇制国家の国体に対する反逆行為と捉えられるようになっていった。

2．大逆罪の適用例〜4つの大逆事件〜

（1）大逆事件記録の閲覧

　旧刑法下では、1891（明治24）年のいわゆる「大津事件」（「湖南事件」）において大逆罪の適用が議論されたが、最終的には適用は回避された[23]。戦後、1947（昭和22）年の刑法一部改正で大逆罪の規定は削除されたので、同条の適用事案は、①1910年の天皇および皇太子に対する爆発物破裂による爆殺の予備・陰謀事件（幸徳事件）、②1923年の皇太子に対するステッキ銃発砲事件（虎ノ門事件）、③1924年の天皇と皇太子に対する爆発物破裂予備

---

(22)　林頼三郎による統治の総攬の妨害に関する説明。新井勉・前掲書221頁。

(23)　1891年5月11日に大津で起きた訪日中のロシア帝国皇太子ニコライが、滋賀県滋賀郡大津町で警察官津田三蔵に斬りつけられて負傷した殺人未遂事件。旧刑法第116条の大逆罪が外国の皇太子についても適用されるかが問題となった。山泉進「序説『大逆事件』の言説空間」（同編著『大逆事件の言説空間』倫創社、2007年）8〜49頁所収〔32〜33頁〕参照。なお、旧刑法では、殺人罪には死刑が規定されていたが、未遂が必要的減軽であったため津田は無期懲役となった。現行刑法では殺人未遂は任意的減軽なので、このような場合に死刑を科す可能性はある。

事件（朴烈事件）、および④1932年の天皇に対する手榴弾投擲事件（桜田門事件）の４件である。

わたしたちは、2018年８月、最高裁判所において、上記４事件の記録を閲覧した。記録は製本され、記録の「写し」が閲覧に供された。記録は、①「明治四三年特別第一号」[24]刑法第七三条大逆事件記録写 被告人幸徳伝次郎外二五名（一七冊）（附）「判決等特別保存」[25]、②「大正十二年特別第一号」虎ノ門事件記録写 難波大助（九冊）[26]、③「大正一四年特別第一号」朴準植 金子文子事件記録写（三冊）および④「昭和七年特別第一号」李奉昌事件記録写（一四冊）の４事件である。

まず、幸徳事件以外の３件について、その概略を述べておこう。

（２）虎ノ門事件
〜1923年の皇太子に対するステッキ銃発砲事件〜

虎ノ門事件は、関東大震災直後の1923年12月27日、東京市麹町区虎ノ門（当時）付近で発生した。当時摂政であった皇太子裕仁親王（後の昭和天皇）が国会開院式に出席するため貴族院へ向かう途中、群衆の中にいた難波大助が警戒線を突破し、御料車に向かってステッキ仕込み式の散弾銃を発射した。銃弾は車の窓ガラスを破壊し、同乗していた東宮侍従長が軽傷を負っ

---

(24) 山泉進「大逆事件裁判『特別保存』（最高裁判所所蔵）記録の概要」石塚伸一編著『刑事司法記録の保存と閲覧〜公開の歴史的・学術的・社会的意義〜』〔龍谷大学社会科学研究所叢書第141巻〕（日本評論社、2023年）60〜96頁参照。なお、記録は、編綴の都合上だと思われるが、一冊が一と二に分かれているものが二冊ある。

(25) 最初の頁に下記のような朱書きの記載があり、上記17冊19編と一体として保管されている。いわば「付録第20編」である。「幸徳秋水事件に関する一件記録は、昭和二十一年四月五日に連合国司令部により、司法省刑事局へ引き継がれ、昭和二十二年一〇月四日に返還されたのである。其の中、本書の分が返還されなかった為め、欠本になっていたものであるが、たまたま法務省（刑事局総務課長）に之が謄本が保管されていることを知り、之を借用して複写し、この当方を作製したのである。昭和三二年二月 記録係」。刑事確定訴訟記録として保管・保存されていない裁判記録についても、検察庁や法務省で保管されていることがあることを示唆している。廃棄記録の復元には、保管責任のある国が誠意を尽くして義務を果たすべきである。

(26) 第10冊として、図と写真の編があり、難波大助らしき、眼鏡をかけた青年の写真が貼付されている。

10

た。大助は、逃走を図ったが警戒中の私服警察官に現行犯逮捕された。大審院は、1924年11月13日、死刑判決を言渡し、2日後の同月15日に執行された。

この事件の責任をとって、山本権兵衛内閣は総辞職し、警視総監と警視庁警務部長が懲戒免官になり、大助の出身地の山口県知事と事件直前に立ち寄った京都府の知事が懲戒処分を受け、大助の出身小学校の校長と担任は辞職した。大助の父で衆議院議員の作之進は、大助の遺体の引き取りを拒否し、自宅の門を竹矢来（たけやらい）で結んで閉門し、一室に蟄居して食を断ち餓死した[27]。

（3）朴烈事件
～1925年の天皇と皇太子に対する爆発物破裂予備事件～

朝鮮人朴烈は、無政府主義団体である黒濤会を結成したが、天皇の写真をナイフで刺したところを警察官に見咎められ、関東大震災直後の1923年9月3日、金子文子と共に逮捕された。

東京地方裁判所の予審判事立松懐清は、2人を爆発物取締罰則違反で起訴したが、その後、被疑事実を大逆罪に切り替え、朴と金子が大正天皇と皇太子を襲撃する予定であったことを認めたため、天皇暗殺計画によって、1925年5月に大逆罪で起訴された。大審院は、1926年3月25日、2人に死刑判決を言渡したが、同年4月5日に特赦で無期懲役に減刑された。しかし、両名は恩赦を拒否し、金子は同年7月自殺した。朴は第二次大戦後の1947年10月、釈放された[28]。

---

(27) 丸山眞男は、日本人の連帯責任の姿勢が外国人の目には極めて奇異に映ったであろう逸話としてこの事件を引用している。内閣は辞職し、警視総監に始まり、凶行を阻止できる位置にいなかった警護の警官まで懲戒免職となり、衆議院議員であった大助の父は「門前に竹矢来を張って一歩も出ず、郷里の全村はあげて正月の祝いを廃して『喪』に入り、大助の卒業した小学校の校長ならびに彼のクラスを担当した訓導も、こうした不逞の徒をかつて教育した責を負って職を辞した」（同『日本の思想』（岩波新書、1961年）31～32頁）。

(28) 劇場映画『金子文子と朴烈』（イ・ジュンイク監督）が韓国で2017年に公開され、2019年には日本でも一般公開された。

（4）桜田門事件

〜1932年の天皇に対する手榴弾投擲事件〜

　朝鮮人李奉昌は、1932年1月8日、抗日武装組織・韓人愛国団から暗殺を指示され、昭和天皇の暗殺を計画し、陸軍始観兵式のための行幸の帰りに、皇居・桜田門の外、東京市麹町区桜田町（当時）警視庁庁舎前に差し掛かった御料馬車に向かって手榴弾を投擲し、近衛騎兵1人が負傷した。李は逮捕され、検事総長小山松吉は予審を請求し、同年6月30日、予審判事は公訴を提起し、大審院は同年9月30日、死刑を言渡し、同年10月10日に執行された[29]。

　犬養毅首相以下全閣僚は辞職を申し出たが、天皇は「時局重大なるが故に留任せよ」と命じ、内閣は留任した。この年の3月、満州国の建国が宣言されている。

（5）小括

　虎ノ門事件と桜田門事件は、殺傷の未遂事件であり、生命・身体に危険が生じている。朴烈事件は、関東大震災直後、治安維持法で保護検束され、爆発物取締罰則違反で起訴された被告人が、大震災がなければ「天皇と皇太子を襲撃する予定であった」と自ら申し出たことから、大逆罪で起訴された事案である。政治家を巻き込んでの大スキャンダルに発展したが、実態は明らかでなく、その真偽には数々の疑問がある。

　したがって、予備・陰謀の段階で大逆罪が適用された事件は、幸徳事件だけである。

3．幸徳事件の論点

（1）事実の概要

　被告人は、女性1人を含む26名。大審院は、幸徳伝次郎ほか24名を死刑、

---

(29)　森長英三郎「李奉昌大逆事件——朝鮮独立運動の余話」法学セミナー204号（1972年）86〜88頁。

12

新田融に有期懲役11年、新村善兵衛に有期懲役8年を言渡している。

公訴事実は、政府の社会主義弾圧政策を敵視した菅野スガらと幸徳伝次郎が共謀し、無政府主義者たちと順次共謀して「決死の士」を募り、「国体の尊厳宇内に冠絶し列聖の恩徳四海に光被する帝国の臣民たる大義を滅却して畏多くも神聖侵すべからざる聖体に対し前古未曾有の兇逆を逞せんと欲し中道にして凶謀発覚した」というものである。犯行グループは4つに分かれており、法令の適用も異なるが、3つのグループは無政府主義者であるという点で共通している⁽³⁰⁾。

第1グループ19名は、天皇に対して危害を加えようとしたとして死刑、第2グループ3名は、皇太子に対し危害を加えようとしたとして死刑、第3グループ2名は、天皇と皇太子に危害を加えようとしたとして2つの大逆罪の併合罪で死刑である。第4グループの2名は、軽い罪を犯す故意で重い罪を犯した「事実の錯誤」として、刑法第38条第2項が適用され、爆発没取締罰則違反の範囲で有期の懲役に処せられた。前述のように、総則の共犯の規定は、適用されていない。

（2）大逆予備の処罰根拠
～幸徳は、どのような予備行為をしたのか？～

立法当時の通説的理解に従えば、「危害を加えんとした行為」があるとい

---

(30) 本件は、1890年制定の『刑事訴訟法』（明治23年法律第96号）（いわゆる「旧々刑事訴訟法」または「明治刑事訴訟法」）にしたがって、幸徳らの刑事訴追は、下記のように進められた。すなわち、①犯罪の捜査は、検事および司法警察官によって進められ、捜査を遂げると管轄裁判所の検事に送付される。②「事件ノ総テ検事ノ手ニ集マルカ故ニ検事ハ茲ニ起訴ノ手続ヲ執ラサルヘンカラス」とする起訴法定主義の下、有罪の嫌疑がある場合には、検事は、公訴を提起（起訴）しなければならない。③起訴されると事件は予審に係属し、予審判事は、被告人の召喚状・勾引状・拘留状の発布、ならびに保釈および責付を決定する。身体の拘束は、密室拘禁である。物証については物件の差押え・検証・捜索、人証については証人・お鑑定人の召喚を行うほか、被告人、証人および鑑定人の尋問なども予審判事の職権で進められる。④公判は、予審で顕在化したすべての証拠が公判に引き継がれ、公判判事によって、弁護人等が選任され、審理の上、判決が言渡される。詳しくは、石渡敏一講述（明治32年講義）『刑事訴訟法〔明治23年〕完』（東京法学院）（日本立法資料全集・別巻224、信山社、2002年）など参照。

序 章　幸徳秋水大逆事件研究の端緒と結末　13

うためには、なんらかの客観的外部行為が必要である。「不逞の意志」を有するだけでは予備にはならない。この点について、当時の学説には合意があったと言える。

それでは、幸徳の予備行為とは一体何であろうか。

ア　爆弾実験

信州明科における爆裂弾破裂事件（以下「爆弾実験」という。）の爆発物におよそ殺傷力がないのであれば、天皇等の生命・身体に対する犯罪としては不能犯である。

わたしたちは、独自の実験の結果、明科実験の爆弾の殺傷力は、きわめて弱く、客体である天皇または皇太子に近接し、至近距離で直接被曝させることができるような状況にでもなければ、身体の完全性を害し、または、生理的機能に障害を生ぜしむる程度の威力もなかったと考えた。

危害を加える可能性が絶対的に存在しないのであれば不能犯である。天皇や皇太子に近接できるような身分や立場にあるのであればともかく、少なくとも幸徳らは接近することができる立場にはなかった。

イ　予備行為

いわゆる「三無（さんゆう）事件」[31]において、東京高裁は、予備的行為があったというためには「各犯罪類型に応じ、その実現に『重要な意義をもつ』あるいは『直接に役立つ』と客観的に認められる物的その他の準備が整えられたとき、すなわち、その犯罪の実行に着手しようと思えばいつでもそれを利用して実行に着手しうる程度の準備が与えられたときに、予備罪が成立すると解するのが相当である行為者の意図や計画に基づいて、結果が発生

---

(31) 1961（昭和36）年12月に発覚した旧陸軍将校と自衛隊関係者によるクーデター未遂事件。最判（一小）昭和45年7月2日刑集24巻7号412頁は、「破壊活動防止法第39条および40条は、その所定の目的をもつて、刑法199条、106条等の罪を実行するための具体的な準備をすることや、その実行のための具体的な協議をすることのような、社会的に危険な行為を処罰しようとするものであり、その犯罪構成要件が不明確なものとは認められない」と判示して、同法の第39条と第40条を合憲とした。

する可能性が存在しなければならない」。「実行行為着手前の行為が予備罪として処罰されるためには、当該基本的構成要件に属する犯罪類型の種類、規模等に照らし、当該構成要件実現（実行の着手もふくめて）のための客観的な危険性という観点からみて、実質的に重要な意義を持ち、客観的に相当の危険性の認められる程度の準備が整えられた場合たることを要する」（東京高判昭和42年6月5日高刑集20巻3号351頁〔359頁〕）と判示している。

　幸徳事件においても、大逆罪を実現するための客観的な危険性という観点から見て「実質的に重要な意義を持ち、客観的に相当の危険性の認められる程度の準備」が整っていたかどうかが問題となる。

　大審院の判決では第1グループの共謀に第2および第3グループが順次加わって、政府主義の「決死の士」が呼応するかのような認定がなされている。しかし、幸徳らは「決死の士」が集まって、皇居に侵入し、天皇に危害を加えるための具体的犯行計画を立てておらず、客観的に天皇に危害を加えるに足るような危険性のある準備行為は存在しなかった。

ウ　謀議〜幸徳らは、何を謀議したのか？〜

　それでは、大逆罪の陰謀に相当するような謀議がなされていたであろうか。「幸徳秋水予審調書13」（1910年10月17日付）にはつぎのような問答が記録されている。

（予審判事）同月中、平民社で大石に、決死の士五十人ばかりあれば爆裂弾その他の武器を与えて暴力革命を起し、諸官省を焼き払い、富豪の財布を掠奪し、なお余力があれば二重橋に迫って番兵を追い払って皇居に侵入し、皇室に危害を加えたいが紀州でも決死の士を募ってくれと申したか。

（幸徳秋水）さようです。そのようなことを話し、大石も同意しました。

（予審判事）そのとき森近も同席していて、其方の意見に賛成したと言っているが、そうか。

（幸徳秋水）よく記憶しておりませんが、同人がそのように申せば、それが事実かもしれません。

序章　幸徳秋水大逆事件研究の端緒と結末　15

　この調書から明らかなことは、幸徳らは「決死の士」を50人程度集めて爆裂弾等で武装し、暴力革命を起すことで意を通じていたということである。目的は暴力革命、手段は、官庁等の襲撃と富豪の財産の掠奪であり、余力があれば、「二重橋に迫って番兵を追い払って皇居に侵入し、皇室に危害を加えたい」というに過ぎない。官庁襲撃や富豪掠奪の計画が実現しなければ、二重橋へも迫れないので、皇室に危害を加えることは不可能である。大逆は、到底、実現する可能性がない。判決は幸徳らを「無政府主義者」として一括りにしているが、アナキズム（Anarchism）は「国家の死滅」を革命の本意とする思想である。被告人らがそのような思想を共有していたとは到底思えない。

　判決には２つの矛盾したストーリーが混在（交錯）している。第一は、内乱のストーリーであり、「決死の士」を糾合し、爆裂弾等によって武装し、官庁等の襲撃や富豪の掠奪によって、社会的混乱を惹き起こし、暴力革命を敢行しようとする内乱計画である。第二は、大逆のストーリーであり、「余力があれば」の二重橋を襲って、番兵を蹴散らし、皇居に侵入し、皇室に「危害を加える」とする大逆計画である(32)。

　幸徳ら「無政府主義者」の「謀議」は、「決死の士」を結集する茫漠とした内乱を想定していた。余力があれば、皇居を占拠して「皇族」に危害を加えることもやむなしと言うに過ぎない。不敬ではあっても、危害を加える可能性のある実行計画ではなかった。明科事件の爆発実験によって、無政府主義者による内乱の謀議・予備が疑われることになった時点で、平沼騏一郎を中心とする検察幹部は、「朝憲の紊乱」を「皇室への危害」にすり替えることを画策し、大逆を手段とする内乱に事件を再構成した。多衆犯である内乱罪には国家顛覆を実現するという具体的な計画が必要である。しかし、幸徳ら東京グループの計画は、あまりに茫漠としており、抽象的危険すら認定できないものであった。そこで、「危害を加えんとした」だけで成立する大逆

────────────

(32)　「皇室」に「危害を加える」という際の攻撃の客体は、刑法第73条の「天皇、太皇太后、皇太后、皇后、皇太子又は皇太孫」なのか、同75条の「皇族」なのかも明らかでない。牧野英一は「教唆犯従犯に對して直に本章各本條の適用を見るへし」とする（前掲４～５頁）。

16

罪に事件を再構成し、全国の「無政府主義者」を一網打尽にしようと考えた。その際のキーワードが「決死の士」であった。

　内乱罪であれば「（必要的）共犯」として一括りにすることも可能である。しかし、独立犯である大逆罪を共犯で括るには複数の行為者を「（任意的）共犯」として包括できなければならない。しかし、本件では、総則の共犯規定は適用されていない。本件を内乱罪の予備として構成すれば、大逆罪より軽い内乱罪を認めるべきことになる[33]。

むすびにかえて〜彷徨する第73条〜

　いわゆる「赤旗事件」後の政権交代で下野していた原敬は、1910（明治43）年7月23日の日記で、古賀兼造からつぎのような話を聞いたと記している。

　　「最初長野県伊那の駐在巡査がノミ取り粉入れのようなブリキ缶19個を注文した者があったと聞いて不審を感じたのが発端だという。だんだん捜査してみると、それが爆裂弾を装入するための缶であることがわかった。その後、新宮にも多数の同志がいることがわかり、ことごとく捕縛したという。かれらは至尊〔天皇〕に怨みはないが、これを弑することは主義を貫徹するうえでやむをえないと自白している」[34]。

　信州明科で作った爆弾というのが、花火のようなもので、そもそも人を殺傷する可能性がなかったというのであれば、生命・身体に対する犯罪としては不能犯である。

　信州明科で実験した爆裂弾の破壊力は、天皇または皇太子に直近で相対し、至近距離から、直接、爆裂弾を破裂させるのでなければ、危害を加えること

---

(33)　刑事訴訟法第435条第6号は、「原判決において認めた罪より軽い罪を認めるべき明らかな証拠をあらたに発見したとき」を再審事由とする。したがって、本件には十分な再審事由があると考えられる。

(34)　原奎一郎編『原敬日記 第三巻 内務大臣』（稲村出版、1981年）36頁。

ができるような代物（しろもの）ではなかった。第1グループの幸徳らが無政府主義者の「決死の士」を募って天皇等に危害を加えるという程度の漠然とした陰謀だけでは、大逆罪の実行に着手しようと思えば実行に着手しうる程度にまで至っていたとはいえない。

　第2および第3グループについては、「決死の士」として呼びかけに応じたという程度であり、具体的な計画もなく、準備もない。この状態では、それぞれが天皇等に危害を加えることができる状態、あるいは他者と共同すれば危害を加えることができる程度にまで至っていたとはいえないであろう。

　刑法は、1907（明治40）年に制定され、翌1908年10月から施行されている。本件は1910年5月に発覚し、同年12月10日に大審院での審理が始まり、翌1911年1月18日には判決が言渡され、同月24・25の両日に死刑が執行されている。その意味では、本件は現行刑法制定直後の事件であり、立法者の意思はきわめて明確である。目的論的解釈をするとしても、拡張の範囲は自ずと限定される。加えて、皇室に対する罪の章における危害罪と不敬罪の違いは明白であり、保護の客体は、天皇等の生命・身体であるというのが通説的理解であった。

　したがって、立法者の意思と大きく懸け離れるような予備・陰謀形態の大逆罪の構成要件解釈は、法令の解釈・適用に誤りがあるというべきである。

第1章

幸徳秋水の再審請求の試みについて

はじめに～大逆事件～

　大逆事件とは、1910（明治43）年5月の宮下太吉逮捕を発端として、旧刑法73条（皇室危害罪）の容疑により、幸徳秋水（傳次郎）ら26名が逮捕され、予審請求の後、大審院に起訴され、1911（明治44）年1月28日に、24名が旧刑法74条により死刑判決が言い渡され、2名が爆発物取締罰則の有期刑が言い渡された事件である。死刑言渡の24名のうち12名は、判決言渡の翌日、1911（明治44）年1月29日に天皇による恩赦で無期懲役に減刑された。残り12名は、1911（明治44）年2月24日に11名が死刑執行され、同月25日に1名が執行された。

1．「司法」の「喉に突き刺さったトゲ」

　大逆事件の死刑判決は、日本の刑事事件史上最大の「冤罪」である。島田仁郎元最高裁長官も「裁判官のOBとして、この裁判はいわば負の遺産ですし、非常につらい思いで読むことになります。大逆事件は、当時の刑事裁判制度が抱えていた問題点が全てでています。捜査における拷問などの人権侵害、予審による職権的、糾問的な手続き、広範囲にわたる裁判の非公開、計画・謀議をも処罰対象とする刑法のあり方など、制度的な問題が全てあらわれている。……こういう裁判があったことを忘れてはいけないし、いつでも反省材料にしなくてはいけません。」と述べている（夏樹静子「裁判百年史ものがたり」特別対談277頁）。

　私たち司法に携わる者にとって「司法」の「喉に突き刺さったトゲ」であったことに変わりがない。

2．再審請求

　第2次世界大戦後、大逆事件再審請求の動きが始まり、森長英三郎弁護士を中心に、坂本清馬・森近榮子（森近運平の妹）が請求人となり昭和36（1961）年1月18日に東京高裁に申立てられた。東京高裁は、審理のうえ、昭和40（1965）年12月1日に再審請求棄却決定をなし（判例時報441号12頁）、最高裁へ特別抗告されたが、昭和42（1967）年7月5日に特別抗告が棄却され確定した（判例時報418号15頁）。

3．挫折の歴史

　司法においては、大逆事件は挫折の繰り返しであった。

（1）幸徳秋水の独白
　幸徳秋水は、1911（明治44）年1月10日に弁護人の平出修への手紙で「今回の事件に関する感想をということですが、事ここに至って、今は何をかいかわんやです。またいおうとしても、いうべき自由がないのです。思うに百年の後、だれか私に代っていってくれる者があるだろう、と考えています。」と述べている。

（2）弁護人・平出修の慟哭
　弁護人の平出修は、「後に書す」で、「只夫れ余は十有六回の法廷に何の必要ありて立会したか、二時間の弁論は何の必要ありて之を為したか、何の為に憂へ、何の為に論じ、何の為に泣いたか、実に弁護人に何等の価値を与へずに、余の至誠は何等の反響を起さずに終わってしまったのである。痛恨、慚愧、亜ぐに憤慨を以ってしても、今将何を持ち来すべきか」と慟哭した。

（3）再審代理人弁護士・森長英三郎の慟哭
　再審請求代理人弁護士森長英三郎は、東京高裁の再審請求棄却決定の後、

「"大逆事件再審請求"棄却決定まで」（法律時報38巻3号56〜59頁）で、次のように嘆いた。

「もちろん、弁護人の意見書は、時間的に、また資金的に記録謄写物の全部を手もとに置くことができなかったなどの障害はあったが、及ばずながら重箱の隅までほじくったのであった。そして森近、坂本らに関する11月謀議は、紀州における武富検事の拷問による供述調査に根元があることを指摘したのであった。自画自賛といわれるだろうが、相当高度のものと自負している。しかし裁判所は、これにたいして一顧だにせず検事の意見書だけに盲従した。

　ここにおいて弁護人のなかには、いかに精緻な理論をもってするも駄目だったのではないか、もっと裁判官を摑えて離さない方法を考えなければならないのではないかというものがでてきた。そこへくると、私は自分の無能力を痛感する。私が考えるものは事実と理論だけであった。しかしいろいろの点で、裁判所に協力することも私は惜しまなかったつもりである。それがこの結果である。……私も一時的には健康を害してまでも、他の九弁護人とともに、手弁当で四年間も何のために弁護をしたのかと、五五年後に、同じ事件で、平出とともに同じ言葉をくりかえさなければならないことを残念におもう。いかなる政党の後援も受けず、はがき戦術など大衆闘争を敬遠し、弁護人による静かな法廷闘争のみを念じた戦術も、再審請求事件のまえには、その失敗が証明せられた。

　それに加えて、大逆事件の再審を開始し、先輩裁判官の過誤を認めることは、前述したところでもわかるように、児島惟謙以外も、司法権が権力に迎合して、屈したことを証明することになる。実体はなくとも、司法権独立の神話を維持しようとする司法部にとっては、大逆事件の再審はたえられないことかも知れない。そのころは裁判所は天皇の名において裁判した。明治天皇は、大逆事件で被害者であるとともに、裁判権の頂点にあった。英邁をもって聞えたとせられる明治天皇に傷をつけたくないという心理もなかったとはいい切れない。こういうように考えることは、あるいは思いすごしかもしれないが、古い日本ものこっている現在、再審事件、こ

とに大逆事件の再審請求の困難さが思いやられないでもない。

……〈中略〉……

　そして原判決から五五年目に、裁判所の棄却決定があっても、死刑判決二四名中、少なくとも一九名を冤罪とする私のみた真実は、依然として永久に真実であると、くりかえしていわなければならないことは、悲しいことである。」

　このように、大逆事件直後の被告人、そして弁護人、またその後50年たって行なわれた再審請求の弁護士の嘆きを見るとき、司法における弁護は挫折の歴史をたどっている。

４．新たな動き

（1）復権の動き

　森長弁護士は、司法の再審手続きによる「無罪」という「名誉回復」から、「社会的運動」による「名誉回復」を目指した運動に方針を転換をした。森長弁護士の死後も、「大逆事件の真相をあきらかにする会」などの活動や、和歌山県新宮市、高知県四万十市（旧中村市）など各地の運動で、「冤罪の犠牲者」として「顕彰」され「名誉回復」が進んでいる。

（2）大逆事件再審請求検討会

　黒岩比佐子（故人）著『パンとペン―堺利彦と「売文社」の闘い』や田中伸尚著『大逆事件―生と死の群像』の出版が契機となり、第２次の再審を検討しようではないかという提案がなされ、2012（平成24）年４月、「大逆事件再審請求検討会」が結成された。メンバーは、山泉　進（当時明治大学副学長）・大岩川　嫩（あきらかにする会代表）・田中伸尚（ルポライター）・村井敏邦（一橋大学・龍谷大学名誉教授）・石塚伸一（龍谷大学教授）・藤原智子（故人　映画監督）・湯浅欽史（故人　元東京都立大学教授）・早野　透（故人　元桜美林大学教授）、金子武嗣（弁護士　大阪弁護士会所属）である。再審請求検討会は、2015（平成27）年４月から約２～３ヶ月に１回、定期的

に開催されてきた。

　2017（平成29）年には、関西分会が結成された。弁護士4名（京都弁護士会の谷口和大、橋口直太、大阪弁護士会から金子武嗣、田中太朗）、法学者4名（松宮孝明立命館大学教授（当時）・石塚伸一龍谷大学教授（当時）・金澤真理大阪市立大学教授（現大阪公立大学教授）・市川啓立命館大学専門研究員（当時））、心理学者（浜田寿美男奈良女子大名誉教授・山田早紀立命館大学衣笠総合研究機構研究員）で構成され、法的そして心理学的な観点で、大逆事件について、龍谷大学矯正保護総合センターを拠点にして検討を加えてきた。

5．大逆事件記録

（1）公判記録

　大逆事件の公判では、予審調書・参考人調書・鑑定書・証拠物（手紙など）の訴訟記録全17冊と証拠物の写し（謄本）が、大審院で作成され（手書きである）、弁護人に謄本が交付された。謄本は、弁護人に、裁判終了時に返却を誓約させ、それを条件として交付されている（大岩川嫩「大逆事件101年目からのステップ」2012年3月17日研究会報告）。

　訴訟記録は分量が膨大であった（後記のとおり）。後の「幸徳秋水等大逆事件の概略」（本書32頁以下）で明らかにされているが、予審判事3名の起訴相当の意見書が明治43年11月1日に提出され、同年11月9日に大審院で公判開始の決定がなされ、1ヶ月後の同年12月10日から公判が開始されていることから、膨大な分量の手書きの謄本が、事前に十分な時間をもって用意されたとは思われない。弁護人に交付された時期は、同年11月23日（新聞）であり同年12月10日の公判の間際であった。

　公判は、明治43年12月10日の第1回期日に、いきなり宮下太吉と新村忠雄の尋問がなされ、同年12月22日の第12回公判のわずか12日間の連日の証拠調べ（本人尋問）が終了し、同年12月26日の検察官の論告（13回公判）、同年12月27日、28日、29日の第14回から16回公判の弁護人の弁論で終結した。第1回から終結まで、これもわずか19日である。

記録謄本交付の時期、また、公判の進行を考えると、弁護人がはたして訴訟記録を十分に検討する余裕があったのか、被告人・弁護人の防御権が十分に尽くされたかは疑問である。

（2）訴訟記録の行方

訴訟記録の謄本が何通作成されたかは明らかではない。ほとんどの弁護人からは、裁判終了後、訴訟記録が大審院へ返却された。ただ、弁護人のうち花井卓三が返却しなかったが、関東大震災（不明）で焼失した。記録の一部を弁護人であった平出修の事務所で書き写したものが残されていたという。

事件関係者の横浜地裁検事局太田黒検事正が保管していた一式記録を研究者の神崎清氏が譲り受け、その後日本大学がこれを神崎氏から譲り受けているが、非公開とされている。

（3）本件での記録の出典

訴訟記録の中で重要なのは、被告人の予審調書である。本書では、大岩川氏の報告のとおり、以下の記録から復刻している。

① 『大逆事件訴訟記録・証拠物写』第四巻、第五巻、第八巻（謄写印刷）
1960年、神崎清所蔵謄本をもとにした「大逆事件の真実をあきらかにする会」による復刻版で、全十巻を予定していたが諸事情により未完。謄本の第七、八、九、十、十一、十六、十七冊部分のみが復刻された。
② 『証拠物写』写真縮小版　全二冊
神崎清編・世界文庫版。『新編獄中手記』とともに、1972年、全3巻の「大逆事件記録・世界文庫版」のうち「証拠物写」全2冊として復刻された。
③ 『大逆事件訴訟記録・森長英三郎文庫』
「あきらかにする会」刊本が未完のため、再審請求の必要から森長弁護士が裁判所の原本の必要部分を謄写したもの。同弁護士の没後、法政大学現代法研究所に納められた。なお、その写しを「あきらかにする会」事務局長の山泉進が作成、製本して「大逆事件訴訟記録・森長英三郎文庫」全8

分冊として保存。

（『ニュース』№12・10頁参照・66年12月）

④『大逆事件訴訟記録―平出修・渡辺順三（写）』

　大逆事件の弁護人であった平出修が訴訟記録謄本を返還する前に部分的に平出法律事務所の和貝彦太郎に指示して筆写させたもの。これを渡辺順三が遺族から借覧・筆写したものが、『秘録大逆事件』の原本となった。さらに、再審請求にあたり森長弁護士がこの写本を作成、日付や予審判事名などの欠落部分を裁判所所蔵の原本から補っている。森長弁護士没後法政大学に納められたが、そのコピーを山泉進が『大逆事件訴訟記録―平出修・渡辺順三（写）』全5分冊に製本して保存している。

⑤『秘録大逆事件』上・下（春秋社、1959年刊）

　塩田庄兵衛・渡辺順三編として、平出修弁護士遺族所蔵の裁判記録（部分）を中心に編まれた。ただし、渡辺氏の手によって予審調書の原文を現代風に書き改められている。

⑥その他

　これらのほか、被告の個人全集（管野須賀子、奥宮健之など）や研究書、評伝などに収録されたり引用されたりしているものもある。

参照：山泉進「明治四十三年特別第壱号被告事件　訴訟記録写総目録（大審院）」（資料紹介、『初期社会主義研究』第23号、2011年所収）の解説。

　そして、これらのデータは、山田早紀研究員のデータベースに保管されている。そして、このデータベースでは、予審調書について原文は「カタカナ」であったが、これを「ひらがな」にして、読みやすくしている。

　本書では、このデータベースから「ひらがな」で引用している。

6．最高裁記録

（1）最高裁記録の発見

　かねてから、最高裁には、大逆事件を含む戦前の重大事件の記録が保存されているのではないかといわれていた。平成30年4月18日の衆議院議院法務

委員会の審議で、井出庸生議員の質問に、最高裁中村愼長官代理者（事務総局総務局長）は、大津事件・大逆事件・虎ノ門事件の裁判記録が最高裁に保管されていることを明らかにした。

　また、平成30年4月17日に作家の江川紹子氏の最高裁への最高裁特別保存記録リスト公開請求に対して、最高裁は平成30年5月25日に、大津事件（全2冊）と大逆事件（全18冊）虎ノ門事件（全10冊）、朴烈事件（全4冊）、李泰昌事件（全16冊）いわゆる「大逆4事件」の裁判記録保管を認めた。

　そこで、平成30年6月4日、村井敏邦（一橋大学・龍谷大学名誉教授）、山泉進（元明治大学副学長）、福島至（龍谷大学教授、矯正・保護センター所長（当時））、石塚伸一（龍谷大学教授（当時）、日本犯罪社会学会会長（当時））、金子武嗣（弁護士、元日弁連副会長・元大阪弁護士会会長）の連名で、大逆4事件の閲覧請求を行ったところ、最高裁は平成30年7月20日に開示を認めた。記録は平成30年9月10日から16日まで、請求者5名の閲覧に供された。ただ、閲覧は、謄写版によるものとされたが、謄写版は乾式コピーで極めて鮮明なもので、保管状況もよかった。

　最高裁の大逆事件の記録は、山泉氏のまとめでは以下のとおりであった。謄写版は、本記録（一六冊と別冊）を①～⑳にわけて編綴されていた。

　以下（文書ノ標目　丁数　備考）
　①第一冊 ⇒謄写版・第一冊
　　松本警察署巡査中村鉄二外一名 報告書（宮下太吉）
　　逮捕及告発調書（～四六八）
　②第二冊 ⇒謄写版・第二冊
　　宮下太吉外六名ノ送致書
　　鈴木貞造 同上（～四一七）
　③第三冊 ⇒謄写版・第三冊
　　被告人新村忠雄 第三回調書
　　宮下太吉 同上（～三九四）
　④第四冊 ⇒謄写版・第四冊
　　起訴状

全福田武三郎 同上（〜四一四）

⑤第五冊 ⇒謄写版・第五冊

　被告人森近運平 第三回訊問調書

　答申書（〜三五〇）

⑥第六冊 ⇒謄写版・第六冊

　被告人奥宮健之 予審請求書

　森近運平 第七回調書（〜四一七）

⑦第七冊 ⇒謄写版・第七冊

　宮下太吉 第二十回調書

　飯塚茂三郎 同上（〜四三四）

⑧第八冊ノ一 ⇒謄写版・第八冊

　福田武三郎家宅捜索

　証人石川三四郎 調書（〜二七八）

⑨第八冊ノ二 ⇒謄写版・第八冊

　森近運平 第十一回調書

　通信管理局…（〜五八七）

⑩第九冊 ⇒謄写版・第九冊

　家宅捜索方新宮区裁判所…

　同上 熊本送達証書（〜二四一）

⑪第十冊 ⇒謄写版・第十冊

　被告人大石誠之助 第五回調書

　崎久保誓一 戸籍謄本（〜二九三）

⑫第十一冊 ⇒謄写版・第十一冊

　高瀬区裁判所判事宛…

　佐々木道元 全上（〜三七六）

⑬第十二冊 ⇒謄写版・第十二冊

　飛松与次郎 第二回調書

　右〔飛松与次郎〕戸籍謄本（〜三七六）

⑭第十三冊 ⇒謄写版・第十三冊

　内山愚童 聴取書

参考人内山愚童 第五回調書（〜四三一）

⑮第十四冊 ⇒謄写版・第十四冊

武田九平外四名 家宅捜索委嘱案

坂本清馬 同上〔聴取書〕（〜四六〇）

⑯第十五冊ノ一 ⇒謄写版・第十五冊

予審請求書

証人石巻良夫 訊問調書（〜二三七）

⑰第十五冊ノ二 ⇒謄写版・第十五冊

証人中村浅吉 訊問証書

証人吉田只次 旅費日当請求書（〜四八一）

⑱第十六冊ノ一 ⇒謄写版・第十六冊・十七冊途中

幸徳伝次郎 第十三回

成石平四郎〔第三回〕聴取書（〜二八九）

⑲第十六冊ノ二 ⇒謄写版・第十七冊途中から

成石平四郎 第四回調書

意見書（三予審判事→横田國臣、〜五九四）

⑳記録

〔公判開始〕決定書（明治四十三年十一月九日、鶴丈一郎）

判決書（明治四十四年一月二十一日、謄本）

〔予審判事〕意見書（明治四十三年十一月一日、三予審判事）

特筆すべきは、⑳として、別冊記録に、以下の記載（縦書きである）がなされていたことである。

「幸徳秋水事件に関する一件記録は昭和二一年四月連合国司令部の命令により司法省刑事局へ引継がれ昭和二二年一〇月四日返還されたのである其の中本書の分が返還されなかった為め欠本になっていたものであるが、たまたま法務省刑事局総務課に之が謄本が保存されていることを知り之を借用して複写しこの謄本を作製したのである。」昭和三二年一一月　記録係

つまり、昭和32年11月には法務省刑事局の総務課に、公判開始決定書、判決書、予審判事意見書が存在していたことになる。ただ、現在どうなっているか明らかではない。

（2）最高裁記録とこれまでの収集証拠との関係

最高裁の保存記録とこれまでの収集記録との関係は以下のとおりであり、一致していた。

①「訴訟記録写総目録」（『初期社会主義研究』第23号、2011年9月）
　＊予審記録、訴訟記録一七冊・〔付録〕証拠物写九冊
　第一冊
　　巡査中村鉄二外一名報告書
　　証拠品目録＊（備考）本書全部ハ別冊証拠物写ノ目録中ニ詳細登載シアルニ依リ本冊ハ之を省略ス
　第二冊
　　宮下太吉外六名ノ〔送〕致書
　　鈴木貞造 同上
　第三冊
　　被告人新村忠雄 第三回調書
　　宮下太吉 同上
　第四冊
　　起訴状
　　福田武三郎 同上
　第五冊
　　被告人森近運平 第三回調書
　　答申書
　第六冊
　　被告人奥宮健之 予審請求書
　　森近運平 第七回調書
　第七冊

被告人宮下太吉 第二十回調書

飯塚茂三郎 調書

第八冊

福田武三郎 家宅捜索調書

通信監理局

第九冊

家宅捜索方新宮区裁判所へ嘱託書

同上熊本送達証書

第十冊

被告人大石誠之助 第五回訊問調書

崎久保誓一 戸籍謄本

第十一冊

高瀬区裁判所

佐々木道元 全上

第十二冊

被告飛松与次郎 第二回調書

右〔飛松与次郎〕戸籍謄本

第十三冊

内山愚童　聴取書

参考人内山愚童 第五回調書

第十四冊

武田九平外四名 家宅捜索嘱託案

坂本清馬 同上〔聴取書〕

第十五冊

予審請求書

証人吉田只次 旅費日当請求書

第十六冊

被告人 幸徳伝次郎　第十三回調書

意見書

第十七冊

告発書

予審終結決定書

② 『大逆事件訴訟記録・証拠物写』（大逆事件の真実をあきらかする会刊行）

第四巻（1960年12月）謄本第七冊・八冊

第五巻（1962年3月）謄本第九冊・第十冊・第十一冊

第八巻（1960年9月）謄本第十六冊・第十七冊

③ 『秘録大逆事件』春秋社、上巻（1959年9月）、下巻（同年10月）

　＊平出修・和貝彦太郎

④ 『証拠物写』（大逆事件記録刊行会編、上下巻、1964年5月

　＊太田黒本、「証拠物写」（全九冊）の復刻

⑤松谷与二郎「幸徳秋水大逆事件（附）赤旗事件」（『思想犯罪篇』天人社、

1931年1月）

⑥松尾浩也「大逆事件」（『日本政治裁判史録』明治・後、第一法規出版、

1969年2月）

⑦森長英三郎「大逆事件」（『（新編）史談裁判』（一）日本評論社、1976年10

月）

［金子武嗣執筆］

幸徳秋水等大逆事件の概略

1．捜査の経過（逮捕まで）

（1）捜査対象者

　主なる捜査対象者は以下のとおりである。

なお、年齢（満年齢）は明治44（1911）年1月18日判決当時であり、捜査を

うけた時期はこれより若い。

【東京グループ】

　　幸徳傳次郎（秋水）　　明治4（1871）年9月23日生（39歳）

　　管野スガ　　　　　　　明治14（1881）年6月7日生（29歳）

　　森近運平　　　　　　　明治14（1881）年1月20日生（29歳）

　　宮下太吉　　　　　　　明治8（1875）年9月30日生（35歳）

　　新村忠雄　　　　　　　明治20（1887）年4月26日生（23歳）

　　古河力作　　　　　　　明治17（1884）年6月14日生（26歳）

　　奥宮健之　　　　　　　安政4（1857）年11月12日生（53歳）

　　坂本清馬　　　　　　　明治18（1885）年7月4日生（25歳）

【新宮グループ】

　　大石誠之助　　　　　　慶応3（1867）年11月4日生（43歳）

　　高木顕明　　　　　　　元治元（1864）年5月21日生（46歳）

　　峯尾節堂　　　　　　　明治18（1885）年4月1日生（25歳）

　　崎久保誓一　　　　　　明治18（1885）年10月12日生（25歳）

　　成石勘三郎　　　　　　明治13（1880）年4月1日生（30歳）

　　成石平四郎　　　　　　明治15（1882）年8月12日生（28歳）

【熊本グループ】

　　松尾卯一太　　　　　　明治12（1879）年1月27日生（31歳）

　　新美卯一郎　　　　　　明治12（1879）年1月12日生（32歳）

| 佐々木道元 | 明治22（1889）年 2 月10日生（21歳） |
| 飛松与次郎 | 明治22（1889）年 2 月26日生（21歳） |

【大阪・神戸グループ】

内山愚堂	明治 7 （1874）年 5 月17日生（36歳）
武田九平	明治 8 （1875）年 2 月20日生（35歳）
岡本頴一郎	明治13（1880）年 9 月12日生（30歳）
三浦安太郎	明治21（1888）年 2 月10日生（22歳）
岡林寅松	明治 9 （1876）年 1 月30日生（34歳）
小松丑松	明治 9 （1876）年 4 月15日生（34歳）

【その他】

| 新田融 | 明治13（1880）年 3 月12日生（30歳） |
| 新村善兵衛 | 明治14（1881）年 3 月16日生（29歳） |

（2）捜査の端緒〜宮下太吉らの逮捕〜

　明治43年 5 月25日昼頃、長野県明科の国営明科製材所職工であった宮下太吉が爆発物取締罰則違反の準現行犯で逮捕された。同日、宮下の共犯者として、新村忠雄及び同人の兄である新村善兵衛が逮捕された。同月29日朝、宮下の共犯者として、古川力作が逮捕された。

　4 名の逮捕後、爆裂弾の製造と所持による爆発物取締罰則違反事件として捜査が進められる。

（3）逮捕に至る経緯

　逮捕の経緯を時系列的に示すと、下記のようになる。

　明治42年11月 3 日、宮下が爆裂弾を試爆する。

　同年12月31日、宮下が爆裂弾の実験成功を報告するため上京する。

　明治43年 1 月 1 日、宮下、幸徳、管野及び新村忠雄が爆裂弾の空缶で投弾のまねをする。

　同月頃より、宮下が幸徳・管野と文通を始める。

　同年 1 月23日、古川力作、新村忠雄及び管野が投弾の練習をする。

　同年 3 月25、同月27日及び同年 5 月14日、新村忠雄が明科に行く。

同年5月17日、新田融が結城三郎からブリキ鑵を入手する。

同日、古川、新村及び管野が投弾の順番をくじで決め、実行の日を管野出獄（入獄が決まっていた）予定の秋以降とする。

同年5月19日、警察による新田融に対する事情聴取が行われ、新田融は明治42年下旬に宮下から頼まれて薬研で危険な赤い薬を砕いたこと、明治43年4月25日、同月26日に宮下から頼まれてブリキ鑵24個を製造したことを供述する。

同年5月20日、警察による宮下に対する事情聴取が行われ、宮下は「あやしいものではない」と弁明するが、同日行われた宮下の下宿の捜索の結果、ブリキ鑵が発見される。

同年5月25日午前6時すぎ、松本警察署の中村鉄次郎巡査及び小野寺藤彦巡査による清水太市郎に対する事情聴取の結果、清水は明治43年5月7日、同月8日頃、宮下から白木製の箱を預かり同月21日に明科製材所内の汽鑵室に隠匿したこと、宮下から同年11月3日に天皇の通御の際に新村忠雄、管野と一緒に爆裂弾を投げつけると聞いたこと、これらについて清水が西山製材所所長に書面で密告したこと等を供述する。

上記捜査の結果については松本警察署長に報告され、松本警察署長から長野地方裁判所検事局の検事正に報告され、屋代警察署長（新村忠雄の所轄）と打ち合わせのうえ、検挙に着手する。

明治43年5月25日午前10時過ぎ、明科製材所を捜索した結果、ブリキ小鑵16個、鶏冠石粉末58匁、塩素酸カリ95匁、新聞紙に包んだ重量ある鑵様のものを押収する。

同日昼頃、押収された上記ブリキ小鑵等を証拠として、爆発物取締罰則違反の準現行犯として宮下太吉を逮捕する。

同日、宮下の逮捕に続き、宮下の共犯者として、新村忠雄が逮捕される。同人の兄である新村善兵衛についても、爆裂弾製造に使った薬研を調達したなどの理由で同日午後11時過ぎに逮捕される。

宮下の押収物についていたメモが手がかりとなり、東京から任意同行された古川力作が、同月29日朝、長野地方裁判所検事局で逮捕される。

2. 逮捕から予審開始請求までの経緯

(1) 宮下らの逮捕後

　明治43年5月26日午前5時40分、宮下が松本警察署に押送された。
つぎに、宮下の下宿の捜索が行われ、鍛冶場天井裏から鶏冠石粉末、塩素酸
カリ60～100匁、ブリキ鑵20個が発見され、西村八重治は「薬研（やげん）」
を任意提出した。

　同月27日、松本警察署が、宮下、新村忠雄及び新村善兵衛を長野地方裁判
所松本支部検事局に送検する。長野地方裁判所検事局の三家重三郎検事正は、
清水太市郎の供述調書を作成した。

　同日、三家検事正が急遽上京し、検事総長・松室致、司法省次官・河村兼
三郎、司法省民刑局長兼大審院次席検事・平沼騏一郎らに報告した。同日、
司法省においても緊急会議が行われ、皇室危害罪（刑法73条）の適用が検討
されるが、松室検事総長は、清水の供述のみでは証拠不十分と判断し、当面
は爆発物取締罰則違反事件での捜査続行を指示し、東京地方裁判所検事局小
原直検事を長野に派遣した。宮下太吉、新村忠雄及び新村善兵衛は、長野監
獄松本分監に移送された。

(2) 長野県における捜査の顛末

　明治43年5月28日、小原検事による取り調べが行われ、宮下及び新村忠雄
が自白した。

　古河力作及び新田融が松本警察署に任意同行され、同月29日、古河力作が
逮捕された。宮下及び新村忠雄は、天皇殺害のために爆裂弾を製造したこと
を自白した。

　同月31日、皇室危害罪（刑法73条）として、事件が長野地方検察庁から検
事総長に送致された。検事総長は、計7名（幸徳、管野、宮下、新村忠雄、
新村善兵衛、新田融、古河力作）について予審開始請求をする。

　このとき、幸徳については証拠薄弱であったが、関係ないはずはないとい
う理由で予審開始請求される。

3．予審における審理

明治43年6月2日、予審が開始された。

（1）予審における関係者

大審院の予審判事は、潮恒太郎、河島台蔵及び原田鉱である。

検察関係者は、検事総長・松室到、大審院次席検事・平沼騏一郎、東京控訴院検事局検事長・河村、東京地裁検事局・検事正小林、検事・小原直、東京地裁検事局検事・武富済、長野地裁検事局検事正・三家重三郎、横浜地裁検事局県検事正・太田黒及び検事・服部、神戸地方検事局検事正・小山松吉、岡山地裁検事局次席検事・古賀行倫、熊本地裁検事局検事正・管野善三郎、大阪地裁検事局検事正・山本、京都地方検事局検事正・瀧川並びに名古屋地裁検事局検事正・松田、検事吉松及び検事小幡である。

警察関係者は、熊本警察警察部長・永田秀治郎、大阪警察警察部長・池上、京都警察警察部長・藤崎及び名古屋警察警察部長・東園である。

（2）予審開始請求

明治43年5月31日、幸徳、管野、宮下、新村忠雄、新村善兵衛、新田融及び古河力作の計7名について予審の開始が請求される。捜査の進展とともに、その他19名についても以下のとおり予審開始請求された。

明治43年6月5日　大石誠之助

　　　　　6月11日　森近運平

　　　　　6月26日　成石平四郎（爆取）

　　　　　6月27日　奥宮健之

　　　　　7月7日　峯尾節堂、崎久保誓一、高木顕明

　　　　　7月10日　成石勘三郎

　　　　　7月14日　成石平四郎（不敬罪）

　　　　　8月3日　松尾卯一太、新見卯一郎、佐々木道元、飛松與次郎

　　　　　8月9日　坂本清馬

8月28日 武田九平、三浦安太郎、岡本穎一郎

9月28日 岡林寅松、小松丑次

10月18日 内山愚堂

（3）予審の経緯

　予審は、明治43年6月2日から同年10月29日の間に予審判事は、潮恒太郎、河嶋台蔵及び原田鉱の3名で以下のとおり行われた。

明治43年6月2日	幸徳秋水の第1回予審（原田鉱判事）
6月3日	管野スガの第1回予審（原田鉱判事） 新村忠雄の第1回予審（潮恒太郎判事）
6月4日	宮下太吉の第1回予審（河嶋台蔵判事） 管野スガの第2回予審（原田鉱判事）
6月5日	新村忠雄の第2回予審（潮恒太郎判事） 宮下太吉の第2回予審（河嶋台蔵判事） 古川力作の第2回予審（判事）
6月6日	新村忠雄の第3回予審（潮恒太郎判事） 宮下太吉の第3回予審（河嶋台蔵判事） 管野スガの第3回予審（原田鉱判事） 古川力作の第1回予審（判事）
6月7日	宮下太吉の第4回予審（河嶋台蔵判事） 管野スガの第4回予審（原田鉱判事）
6月8日	大石誠之助の第1回予審（潮恒太郎判事） 宮下太吉の第5回予審（河嶋台蔵判事） 古川力作の第3回予審（判事）
6月9日	新村忠雄の第4回予審（潮恒太郎判事） 宮下太吉の第6回予審（河嶋台蔵判事）
6月10日	宮下太吉の第7回予審（河嶋台蔵判事） 管野スガの第5回予審（原田鉱判事） 新村忠雄の第5回予審（潮恒太郎判事） 古川力作の第4回予審（判事）
6月11日	宮下太吉の第8回予審（河嶋台蔵判事） 幸徳秋水の第2回予審（原田鉱判事）
6月12日	宮下太吉の第9回予審（河嶋台蔵判事）
6月13日	管野スガの第6回予審（原田鉱判事）
6月14日	新村忠雄の第6回予審（潮恒太郎判事） 大石誠之助の第2回予審（潮恒太郎判事）
6月15日	森近運平の第1回予審（判事）

6月16日	新村忠雄の第7回予審（潮恒太郎判事） 宮下太吉の第10回予審（河嶋台蔵判事） 古川力作の第5回予審（判事）
6月17日	古川力作の第6回予審（判事） 森近運平の第2回予審（判事）
6月18日	宮下太吉の第11回予審（河嶋台蔵判事） 宮下太吉の第12回予審（河嶋台蔵判事）
6月20日	新村忠雄の第8回予審（潮恒太郎判事） 幸徳秋水の第3回予審（原田鉱判事） 古川力作の第7回予審（判事） 森近運平の第3回予審（判事）
6月21日	大石誠之助の第3回予審（潮恒太郎判事）
6月24日	宮下太吉の第13回予審（河嶋台蔵判事）
6月25日	宮下太吉の第14回予審（河嶋台蔵判事） 大石誠之助の第4回予審（潮恒太郎判事）
6月28日	奥宮健之の第1回予審（原田鉱判事） 幸徳秋水の第4回予審（原田鉱判事） 管野スガの第7回予審（原田鉱判事） 宮下太吉の第15回予審（河嶋台蔵判事） 森近運平の第4回予審（判事）
6月29日	新村忠雄の第9回予審（潮恒太郎判事） 宮下太吉の第16回予審（河嶋台蔵判事）
6月30日	新村忠雄の第10回予審（潮恒太郎判事） 幸徳秋水の第5回予審（原田鉱判事） 古川力作の第8回予審（判事） 奥宮健之の第2回予審（原田鉱判事）
7月1日	管野スガの第8回予審（原田鉱判事） 宮下太吉の第17回予審（河嶋台蔵判事） 奥宮健之の第3回予審（原田鉱判事）
7月5日	新村忠雄の第11回予審（潮恒太郎判事） 森近運平の第5回予審（判事）
7月6日	幸徳秋水の第6回予審（原田鉱判事） 管野スガの第9回予審（原田鉱判事） 宮下太吉の第18回予審（河嶋台蔵判事）
7月7日	管野スガの第10回予審（原田鉱判事）
7月8日	幸徳秋水の第7回予審（原田鉱判事） 奥宮健之の第4回予審（原田鉱判事）
7月9日	宮下太吉の第19回予審（河嶋台蔵判事）
7月10日	成石勘三郎の第1回予審（判事）
7月11日	崎久保誓一の第1回予審（判事）
7月12日	奥宮健之の第5回予審（原田鉱判事） 峯尾節堂の第1回予審（判事）
7月14日	高木顕明の第1回予審（判事）

7月15日	成石勘三郎の第2回予審（判事）
7月16日	幸徳秋水の第8回予審（原田鉱判事） 大石誠之助の第5回予審（潮恒太郎判事）
7月19日	森近運平の第6回予審（判事）
7月20日	新村忠雄の第12回予審（潮恒太郎判事）
7月22日	高木顕明の第2回予審（判事） 峯尾節堂の第2回予審（判事）
7月23日	峯尾節堂の第2回予審（判事）
7月25日	幸徳秋水の第9回予審（原田鉱判事）
7月26日	森近運平の第7回予審（判事）
7月27日	宮下太吉の第20回予審（河嶋台蔵判事）
7月28日	幸徳秋水の第10回予審（原田鉱判事） 森近運平の第8回予審（判事）
7月29日	管野スガの第11回予審（原田鉱判事） 大石誠之助の第6回予審（潮恒太郎判事）
7月30日	新村忠雄の第13回予審（潮恒太郎判事）
8月1日	奥宮健之の第6回予審（原田鉱判事）
8月2日	奥宮健之の第7回予審（原田鉱判事）
8月3日	新見卯一郎の第1回予審（判事）
8月4日	佐々木道元の第1回予審（判事） 飛松與次郎の第1回予審（判事）
8月5日	松尾卯一太の第1回予審（判事）
8月11日	坂本清馬の第1回予審（判事）
8月15日	坂本清馬の第2回予審（判事）
8月17日	坂本清馬の第3回予審（判事） 飛松與次郎の第2回予審（判事）
8月19日	佐々木道元の第2回予審（判事） 飛松與次郎の第3回予審（判事）
8月20日	幸徳秋水の第11回予審（原田鉱判事）
8月21日	新見卯一郎の第2回予審（判事）
8月22日	管野スガの第12回予審（原田鉱判事）
8月24日	新見卯一郎の第3回予審（判事） 佐々木道元の第3回予審（判事）
8月26日	新村忠雄の第14回予審（潮恒太郎判事）
8月27日	坂本清馬の第4回予審（判事）
8月30日	大石誠之助の第7回予審（潮恒太郎判事）
8月31日	幸徳秋水の第12回予審（原田鉱判事） 佐々木道元の第4回予審（判事） 飛松與次郎の第4回予審（判事）
9月7日	松尾卯一太の第2回予審（判事）

9月8日	峯尾節堂の第3回予審（判事）
9月14日	森近運平の第9回予審（判事）
9月15日	大石誠之助の第8回予審（潮恒太郎判事）
9月16日	大石誠之助の第9回予審（潮恒太郎判事）
9月20日	大石誠之助の第10回予審（潮恒太郎判事）
10月6日	森近運平の第10回予審（判事）
10月12日	奥宮健之の第8回予審（原田鉱判事）
10月13日	森近運平の第11回予審（判事）
10月14日	森近運平の第12回予審（判事）
10月15日	奥宮健之の第9回予審（原田鉱判事） 大石誠之助の第11回予審（潮恒太郎判事）
10月17日	幸徳秋水の第13回予審（原田鉱判事） 管野スガの第13回予審（原田鉱判事） 新村忠雄の第15回予審（潮恒太郎判事）
10月19日	古川力作の第9回予審（判事）
10月20日	宮下太吉の第21回予審（河嶋台蔵判事）
10月21日	森近運平の第13回予審（判事） 大石誠之助の第12回予審（潮恒太郎判事）
10月22日	高木顕明の第3回予審（判事） 峯尾節堂の第4回予審（判事） 峯尾節堂の第3回予審（判事） 成石勘三郎の第4回予審（判事）
10月23日	松尾卯一太の第3回予審（判事） 新見卯一郎の第4回予審（判事） 佐々木道元の第5回予審（判事）
10月24日	坂本清馬の第5回予審（判事） 飛松與次郎の第5回予審（判事）
10月27日	幸徳秋水の第14回予審（原田鉱判事） 管野スガの第14回予審（原田鉱判事） 新村忠雄の第16回予審（潮恒太郎判事） 奥宮健之の第10回予審（原田鉱判事） 内山愚堂の第1回予審（判事）
10月29日	奥宮健之の第11回予審（原田鉱判事）
11月1日	予審判事3名が大審院へ意見書提出する。
11月9日	予審が終結され、大審院特別刑事部（鶴丈一郎裁判長）において公判開始決定される。 東京グループ（幸徳、管野、宮下、新村忠雄、古川、森近、奥宮、坂本）、新田、新村善兵衛について、接見禁止が解除される。

　明治43年11月1日予審判事が大審院に意見書を提出し、大審院は同年11月9日公判開始決定をした。

4．大審院特別刑事部における審理（公判）

公判は、明治43年12月10日から、大審院特別刑事部で開始された。

（1）大審院判事

裁判長・鶴丈一郎以下、志方鍛、鶴見守義、末弘巌石、大倉鈕藏、常松英吉及び遠藤忠次、総勢7人の大審院判事が関与した。

（2）検事

検事総長・松室致以下、平沼騏一郎及び板倉松太郎の3名が関与した。

（3）弁護人

弁護人には、花井卓蔵、今村力三郎、磯部四郎、鵜沢総明、平出修、川島仟司、半田幸助、尾越辰郎、宮島次郎、安村竹松及び吉田参市郎の11名が選任された。

大逆事件関連の被告人ごとの担当弁護人は、以下のようになる。

幸徳傳次郎（花井、今村、磯部）、管野スガ（花井、今村、磯部）、森近運平（花井、今村、磯部）、宮下太吉（花井、今村、磯部）、新村忠雄（花井、今村、磯部）、古河力作（花井、今村、磯部）、高木顕明（花井、平出）、崎久保誓一（平出）、峯尾節堂（花井、今村、磯部）、松尾卯一太（花井、今村、磯部、尾越）、新美卯一郎（花井、今村、磯部、尾越）、佐々木道元（花井）、飛松与次郎（今村）、内山愚堂（花井、今村、磯部）、武田九平（花井、今村、磯部）、三浦安太郎（花井）、岡林寅松（花井、今村、磯部）、小松丑治（花井、今村、磯部）、大石誠之助（今村、鵜沢、川島）、奥宮健之（花井、今村、磯部）、岡本頴一郎（鵜沢）、坂本清馬（宮島、吉田、安村）、成石勘三郎（半田）及び成石平四郎（半田）である。

爆発物取締罰則については、新村善兵衛（花井、今村、磯部）及び新田融（鵜沢）である。

このように、花井卓蔵は、幸徳、管野、森近、宮下、新村忠、古河、新村

善、高木、峯尾、松尾、新美、佐々木、内山、武田、三浦、岡林、小松及び奥宮の18人の弁護を担当した。今村力三郎は、幸徳、管野、大石、森近、宮下、新村忠、古河、新村善、峯尾、松尾、新美、飛松、内山、武田、岡林、小松及び奥宮の17名を担当した。磯部四郎は、幸徳、管野、森近、宮下、新村忠、古河、新村善、峯尾、松尾、新美、内山、武田、岡林、小松及び奥宮の15名を担当した。

　花井と今村は、予審判事の潮恒太郎から、磯部は花井と今村から弁護を依頼されている。

　鵜沢総明は新田、大石及び岡本の3名、平出修は崎久保及び高木の2名（なお、平出は与謝野鉄幹から弁護を依頼された。）、川島仟司は大石1名、半田幸助は成石平及び成石勘の2名、尾越辰郎は松尾及び新美の2名、そして、宮島次郎、安村竹松及び吉田参市郎は、坂本を担当している。

5．大審院における公判の経緯

　公判は、明治43年12月10日に開始されるが、人定質問の後、安寧秩序を乱すおそれがあるとの理由で公開禁止となった（第8回公判 明治42年12月20日解除）。

明治43(1910)年 12月10日 （土）	第1回公判 人定質問 冒頭陳述 宮下太吉の供述 新村忠雄の供述
12月12日 （月）	第2回公判 管野スガの供述 古河力作の供述 新田融の供述 新村善兵衛の供述 幸徳秋水の供述 幸徳秋水の供述 幸徳秋水の供述
12月13日 （火）	第3回公判 森近運平の供述 奥宮健之の供述

	大石誠之助の供述 成石平四郎の供述 高木顕明の供述 峯尾節堂の供述 崎久保誓一の供述 成石勘三郎の供述
12月14日（水）	第4回公判 松尾卯一太の供述 新美卯一郎の供述 佐々木道元の供述 飛松与次郎の供述 坂本清馬の供述
12月15日（木）	第5回公判 内山愚堂の供述 三浦安太郎の供述 武田九平の供述
12月16日（金）	第6回公判 岡本頴一郎の供述 岡林寅松の供述 小松丑冶の供述
12月19日（月）	第7回公判 幸徳秋水の補充尋問 森近運平の補充尋問 管野スガの補充尋問 宮下太吉の補充尋問 新村忠雄の補充尋問 古河力作の補充尋問 新田融の補充尋問 新村善兵衛の補充尋問
12月20日（火）	第8回公判 幸徳秋水の補充尋問 奥宮健之の補充尋問 成石平四郎の補充尋問 （この日から弁護士1日10名を条件として傍聴許可）
12月21日（水）	第9回公判 高木顕明の補充尋問 峯尾節堂の補充尋問 成石勘三郎の補充尋問 崎久保誓一の補充尋問 大石誠之助の補充尋問 松尾卯一太の補充尋問
12月22日（木）	第10回公判 松尾卯一太の補充尋問 佐々木道元の補充尋問 新美卯一郎の補充尋問 飛松与次郎の補充尋問

	内山愚堂の補充尋問 武田九平の補充尋問 岡本頴一郎の補充尋問 三浦安太郎の補充尋問 岡林寅松の補充尋問 小松丑治の補充尋問 幸徳秋水の意見
12月23日（金）	第11回公判 弁護人の証人申請 弁護人の現場検証申請
12月24日（土）	第12回公判 弁護人より証人申請の理由補充 検察官の反対意見 証拠申請すべて却下
12月25日（日）	第13回公判 論告（平沼騏一郎検事総論、板倉松太郎各論） 求刑（松室致検事総長）
12月27日（火）	第14回公判 花井卓蔵弁護人弁論 （総論、その後、幸徳、管野、森近、宮下、新村忠、古河、新村善、高木、峯尾、松尾、新美、佐々木、内山、武田、三浦、岡林、小松） 今村力三郎弁護人弁論 （幸徳、管野、大石、森近、宮下、新村忠、古河、新村善、新美、飛松、内山、武田、岡林、小松）
12月28日（水）	第15回公判 半田幸助弁護人弁論（成石平、成石勘） 尾越辰郎弁護人弁論（松尾、新美） 平出修弁護人弁論（崎久保、高木） 川島仟司弁護人弁論（大石）
12月29日（木）	第16回公判 川島仟司弁護人弁論（大石） 宮島次郎弁護人弁論（坂本） 安村竹松弁護人弁論（坂本） 吉田参市郎弁護人弁論（坂本） 鵜沢総明弁護人弁論（新田、奥宮、大石、岡本） 磯部四郎弁護人弁論（結論） 松井致検事総長補充論告被告人の最終申立 磯部四郎弁護人弁論（補充結論）
（結審）	判決言渡期日（明治44年1月18日午後1時10分）を指定

6．判決

明治44（1911）年1月18日（水）午後1時10分、以下のとおりの判決が言い渡された。

（1）死刑（皇室危害罪　刑法73条）

幸徳秋水、新美卯一郎、奥宮健之、成石平四郎、内山愚堂、宮下太吉、森近運平、大石誠之助、新村忠雄、松尾卯一太、古河力作、管野スガ、佐々木道元、峯尾節堂、高木顕明、崎久保誓一、飛松与次郎、坂本清馬、岡林寅松、小松丑松、成石勘三郎、武田九平、三浦安太郎、岡本頴一郎（24名）

（2）爆発物取締罰則違反

新田融【懲役11年】

新村善兵衛【懲役8年】

7．刑の執行

（1）特赦「無期懲役」

明治44年1月19日（木）、内閣の臨時閣議が行われ、その後の御前会議において、以下12名について特赦が決定され、同日深夜「特典をもって無期懲役に減刑す」との総理大臣の「奉勅」が伝えられた。

佐々木道元、峯尾節堂、高木顕明、崎久保誓一、飛松与次郎、坂本清馬、岡林寅松、小松丑松、成石勘三郎、武田九平、三浦安太郎、岡本頴一郎

（2）懲役刑の執行

有期の懲役刑であった新田融と新村善兵衛は、明治44年1月20日、千葉監獄に移送された。

恩赦で無期の懲役刑に減刑された者については、明治44年1月21日、佐々木道元と峯尾節堂は千葉監獄へ、高木顕明、崎久保誓一、飛松与次郎及び坂

本清馬は秋田監獄へ、岡林寅松、小松丑松、成石勘三郎、武田九平、三浦安太郎及び岡本頴一郎は長崎諫早監獄へ移送された。

（3）死刑の執行

　明治44年1月24日（火）、東京監獄（その後、市谷刑務所と改称）において、それぞれ（　）内の時刻に死刑が執行されたとの記録がある。

　幸徳秋水（午前8時6分）、新美卯一郎（午前8時55分）、奥宮健之（午前9時42分）、成石平四郎（午前10時34分）、内山愚堂（午前11時22分）、宮下太吉（午後0時16分）、森近運平（午後1時45分）、大石誠之助（午後2時23分）、新村忠雄（午後2時50分）、松尾卯一太（午後3時27分）及び古河力作（午後3時58分）。

　管野スガについては、翌25日（午前8時28分）に死刑が執行された。

［橋口直太執筆］

［追記］

　大逆事件の裁判については、再審請求が、昭和36年になされ、昭和42年に特別抗告棄却で終了した。

　この二つの裁判（大審院、そして東京高裁、最高裁）については、法律家の目からみて、検討されるべきであった。そのため「大逆事件の二つの裁判―大審院裁判と再審請求裁判―」として、金子武嗣・橋口直太が論じている（石塚伸一編著『刑事司法記録の保存と閲覧〜記録公開の歴史的・学術的・社会的意義〜』〔龍谷大学社会科学研究所叢書第141巻〕（日本評論社、2023年）348〜379頁）。これを参照されたい。

［金子武嗣追記］

大逆事件の構造

1．大逆事件の構造

（1）判決の構造

　大逆事件の判決は、各人に対して刑を言渡した部分（主文）と、理由そして法の適用を述べた部分に分かれている。

　理由については、第1から第7に分かれている。

第1は、幸徳秋水、管野スガ、宮下太吉、新村忠雄、古河力作、森近運平及び坂本清馬（東京グループ）についての犯罪行為を

第2は、大石誠之助、成石平四郎、高木顕明、峯尾節堂、﨑久保誓一及び成石勘三郎（新宮グループ）についての犯罪行為を

第3は、松尾卯一太、新見卯一郎、佐々木道元及び飛松与次郎（熊本グループ）についての犯罪行為を

第4は、内山愚童の犯罪行為を

第5は、武田九平、岡本頴一郎、三浦安太郎（大阪グループ）についての犯罪行為を

第6は、岡林寅松、小松丑治（神戸グループ）についての犯罪行為を

第7は、新田融の犯罪行為を

第8は、新村善兵衛の犯罪行為を

記載している。

　これらは現在の判決でいえば「罪となるべき事実」に相当する。第1から第8の犯罪行為の認定の後に、各事実について、証拠を引用して認定の経過を記載している。

　大逆事件では、第1から第6のグループは、旧刑法第73条の皇室危害罪に該当するとして、死刑を言い渡された者である。

　第7新田融と第8の新村善兵衛は、皇室危害罪でなく、爆発物使用による爆発物取締罰則が適用され、新田融は爆発物を使用したるもの、使用に供す

べき器具を製造した者として、新村善兵衛はその正犯を幇助したる者として
処罰されている。宮下太吉が皇室危害罪を犯すという認識を証明できないと
されたものである。

（2）皇室危害罪（刑法73条）と内乱罪（刑法77条）

　大逆事件の構造をみるためには、第1から第6までの皇室危害罪の犯罪行
為を検討することが必要となる。皇室危害罪（刑法73条）は「天皇、太皇太
后、皇太后、皇后、皇太子又は皇太孫に対して危害を加え又は加えんとした
者」を死刑とするものである。これは皇室を形成する構成員に対する危害行
為を罰するもので、「テロ」行為を罰するものである。革命をおこし、政府
を転覆する内乱罪とは、性格を異にする。本件については、死刑を言い渡さ
れた24名が、天皇等への「テロ」を意図していたかが問われることになる。
　内乱罪（刑法77条）は、国の統治機構を破壊し、又はその領土において国
権を排除して権力を行使し、統治の基本秩序を壊乱することを目的として暴
動をした者を罰するものである。成功すれば革命になるが、失敗すれば内乱
である。内乱とは、いずれにしても国家そして政府の転覆を図ることである。
戦前において政府の中心には天皇等が存在したのであるから、内乱は、天皇
制の打倒も含まれている。また、国家政府転覆の手段については、暴力革命
であれば、その手段として爆裂弾や銃も使用されることもある。
　皇室危害罪と内乱罪の違いは、「テロ」か「革命（内乱）」かということで
ある。

2．明治という時代

　大逆事件は、明治の終わり、明治43年から44年にかけての事件である。明
治という時代はどのような時代であったのか。

（1）武器の自由

　その始まりの明治元（1864）年、またそれに至る江戸時代末期（幕末）ま
では、武士は凶器である刀を帯刀していた。帯刀は、武士階級のアイデンテ

ティであった。また、幕末でのテロ（暗殺）は日常茶飯事であり、井伊直弼・坂本龍馬・大村益次郎などの暗殺が有名である。

　明治になって、明治8年の徴兵令により、廃刀令が制定されたが、刀剣の所持・所有が禁止されたわけではなく、「帯刀」が禁止されただけである。拳銃については鉄砲火薬類取締法が明治32（1899）年に制定されるまでは比較的緩やかであった。拳銃は、同法規則で「軍用」と「非軍用」に区別され、非軍用であれば許可なしに取得・所持できた。

　大逆事件の最終段階で、湯河原に籠もった幸徳秋水と管野スガを荒畑寒村が追って殺そうとしたが、その際の携帯したのが拳銃であった。

　まさしく、武器の所持は、現在と比べものにならないくらい緩やかで、武器は手に入ったのである。

（2）テロの時代

　このような時代と取締の状況の中で、明治7年1月の岩倉具視へのテロ（未遂）、明治11年5月大久保利通のテロ（既遂）、明治15年4月板垣退助へのテロ（未遂）、明治22年2月の森有礼へのテロ（既遂）、同年10月の大隈重信へのテロ（未遂）など要人に対するテロが立て続けにおこっている。大隈の場合は使われたのは爆弾であった。明治24年5月にはロシア皇太子へのテロ（未遂 大津事件）、明治42年3月の日韓併合を契機に同年10月、ハルピンで伊藤博文へのテロ（既遂）がおこっている。

（3）爆裂弾

　爆裂弾についても、明治17年の群馬事件、秩父困民党事件を契機に、同年9月に加波山事件がおこり、鯉沼九八郎による性能のいい爆烈弾がつくられており、同年12月に爆発物取締罰則（太政官布告）が制定されていた。大逆事件よりはるか25年以上前の自由民権の時代に、大逆事件で宮下太吉により製造されたとされる「爆裂弾」より格段に破壊力の強い物が存在していたし、それは知られていたと思われる。

（4）小括〜明治40年代の時代状況〜

　幸徳秋水らが「テロ」もしくは「革命」を企てたとされる明治40年代は、日露戦争後の状況で、軍隊基地には、兵器（爆弾・拳銃）などがいくらでもある状況で、入手しようとすればいくらでも入手できた。また巷でも武器は比較的容易に入手できた。

　幸徳秋水が「決死の士」を集め、「爆裂弾」を取得し、「テロ」か「内乱（革命）」を本気で起こすつもりなら、その環境は十分にあったといえる。後に検討するが、幸徳秋水らによる「革命」又は「テロ」は、このような時代の環境から隔絶している。具体性がないのである。

3．大逆事件は「会話」によって成り立っている

　後に検証するように、大逆事件は、基本的には「会話」によって成り立っている。その会話が現実になされたのか、なされたとしてもはたして「テロ」を意図したものであったのか、また、その会話が「現実性のある計画といえるものであったのか」、そしてその会話（計画）に基づき「現実に実行・実行可能性があったのか」が問われることになる。

（1）会話について

　大逆事件では、2人以上の多くの会話が、刑法73条の「皇室に危害を加える」という証拠となっている。しかも、その結果は「死刑」に該当する重大な結果となる。

　そもそも、1人で内心で天皇等に危害を加えると思い、発言しても、皇室危害罪は成立しない。

　それでは、2人以上で話しをしたら、皇室危害罪という犯罪が成立するのか。

　つまり「陰謀」に該当するのか。それが問題となる。

（2）2人以上で話をしたとき

　刑法73条の「陰謀」に該当するには、その会話で当事者の合意（実行の合

意）があるかが認定されなければならない。合意の存在を認定するには、その合意内容による当事者の行動が後にあったのか、後の行動を確定しなければならない。また中核的な目的行動がなかったとしても、その前段階・周辺段階の行動（連絡・指示など）があったかが必要である。つまり、会話があり一見合意のようなものがあったとしても、それに伴う会話当事者の動きがなければ、「その場限りの放談」にすぎないのである。つまり「陰謀」にはならない。

　「陰謀」が成立するには、一見合意と見えても、会話に基づく、当事者の何らかの行為が必要なのである。

（3）会話の意味

　以上のとおり、２人以上の会話がなされたとしても、

①合意がない、つまり、会話当事者のそれぞれの意思の表明にすぎなかった「自分はこう思う」というそれぞれの意見表明にすぎない場合

②それぞれの意思表明があって、一見「合意があるように見えても」、「やる気」（本気度　本当にやるぞ）がなかったのでないかという場合、つまり「実行の意思がない」場合

③合意があったとしても、その合意内容に計画等の具体性そして明白かつ危険性がない場合

が認められる。

　つまり、これらはいずれも刑法73条の「陰謀」ではない。

刑法73条に「陰謀」が含まれるとしても、その結果は「死刑」という重罪であるから、その認定は慎重であるべきである。

　以下、これを大逆事件の判決で見てみることにする。

（4）東京グループとそれ以外（第２から第６）との関係

　判決をみるとき、第１から第６までのグループを区別して判断されている。その理由は、後記のとおり、各グループ間に、ほとんど接触がなかったことである。特に東京グループ、そのうちテロを目指したと思われる者たちと、他のグループの構成員とはほとんど接触はなく、関係もなかった。それゆえ、

東京グループと、それ以外のグループ第2から第6の犯罪行為には大きな落差がある。

本件は、幸徳秋水の再審請求をなすことを目的とする。幸徳は第1の東京グループの中核である。そして、他のグループは幸徳との関係で、皇室危害罪に問われている。

第1の東京グループの行為、特に幸徳の行為については、後の「事実認定」（本書136頁以下）に関する箇所で詳述することとし、ここでは第2から第6にわたる他のグループの犯罪行為から、その構造を検討していく。

「事実認定」で述べるように、判決の事実認定が正しいというものではない。特に、強引な事実認定がなされ、自ら否定しているにも拘わらず、他の共犯者の供述で「謀議」が認定されている。

判史の事実認定を前提としても、以下に述べるように、犯罪行為とされるものが「会話」から成り立っていて、その内容が問われることになる。

4．新宮グループの行為（大石・成石平四郎・高木・峰尾・崎久保・成石勘三郎）

（1）新宮グループ各人の認定

まず、判決は、新宮グループについてどのような者であるか認定している。

被告大石誠之助は久しく社會主義を研究して後無政府共産主義を奉し明治三十九年上京して幸徳傳次郎と相識り爾來交情頗る濃なり、

被告成石平四郎は明治三十九年頃より誠之助の説を聴き其所藏の社會主義に関する新聞雑誌其他の書籍を借覧し又多少自ら購讀して遂に無政府共産主義に入り、

被告高木顕明は明治三十九年比より社會主義に関する新聞雑誌等を讀み誠之助宅に出入して社會主義者と交り漸く之に感染し、

被告峰尾節堂は明治四十年比より社會主義の書を讀み誠之助と交りて無政府共産主義に入り、

被告崎久保誓一は明治四十年四五月以來誠之助より社會主義に関する新聞雑誌等を借覧し後無政府共産主義に帰し、

被告成石勘三郎は弟平四郎の所藏する社會主義に関する文書を讀みて無政府共産主義の趨向あり、

就中、平四郎、顕明、節堂、誓一の四人は、平生、誠之助に親炙して其持論を聴き頗る之を崇信すとする。

（2）新宮グループの行為
①明治41年7月の行為
「明治四十一年七月傳次郎か新宮町に來訪するや誠之助は之を延て数日自宅に滯留せしめ其間平四郎、顕明、節堂、誓一を招集して共に傳次郎より當局の壓迫に對する反抗の必要あることを聴き又誠之助は其反抗の手段に付て特に傳次郎と議する所あり」と認定している。

明治41年7月

大石誠之助宅

幸徳秋水、大石誠之助、成石平四郎、高木顕明、

峰尾節堂、崎久保誓一

（会話）

當局の壓迫に對する反抗の必要あることを聴き其反抗の手段に付て議す

ここで、上記の6名で議論をしたが、その後幸徳が東京に帰って、これら新宮グループの人たちに連絡をとったこともないし、新宮グループから幸徳に連絡もない。会話はその場限りで終了している。つまり「合意」がない。

②明治41年11月19日の行為
「数月を越へて被告誠之助は上京して傳次郎及び管野スガの病を診察し傳次郎の餘命数年を保つへからさることを知る是に於て十一月十九日東京府北豊島郡巣鴨町傳次郎宅に於て傳次郎か誠之助及び森近運平に對し赤旗事件連累者の出獄を待ち決死の士数十人を募りて富豪を劫掠し費民を賑恤し諸官衙を焼き當路の顕官を殺し進て宮城に遍り大逆を犯すへき決意あることを告くるや誠之助は賛助の意を表し帰国して決死の士を募るへきことを約す」と認定している。

　　　　　　　　明治41年11月19日
　　　　　　　　幸徳秋水宅
　　　　　　　　幸徳秋水、大石誠之助、森近運平
（会話）
　「決死の士数十人を募りて富豪を劫掠し費民を賑恤し諸官衙を焼き當路の
顕官を殺し進て宮城に遍り大逆を犯すへき決意」とは「天皇へのテロ」では
なく、「革命（内乱）」を意図していることになる。

　大石と幸徳らに上記の会話がなされたとしても、その後、大石が新宮に帰
っても、決死の士を募った事実はない。また、幸徳から大石に「決死の士」
の募集を促した形跡もない。その後、両者の間に「約した」事実についての
行為がない。
　その時に言っただけで、何らの「合意」もなかった。

③明治41年11月末の行為
　「同月末帰縣の途次京都を経て大阪に出て武田九平、岡本頴一郎、三浦安
太郎等に會見して傳次郎の病況を告け且逆謀の企圖を傳へて其同意を得」と
認定している。
　　　　　　　　明治41年11月末
　　　　　　　　大阪
　　　　　　　　大石誠之助、武田九平、岡本頴一郎、三浦安太郎等
（会話）
　「逆謀の企図と伝えて其同志を得て」

　大石と大阪グループとの会合であるが、「逆謀」の合意があると認定して
いるが、その後、大石から大阪グループに具体的な実行行為を指示した事実
もないし、大阪グループから大石に指示を仰いだ事実もない。合意なるもの
の実行がない。その時に大石がいっただけ（意思の表示）で終わっている。
　つまり、合意はなかったのである。

④明治42年1月の行為

「帰縣の後翌明治四十二年一月二至り平四郎、顕明、節堂、誓一を自宅即ち和歌山縣東牟婁郡新宮町の居宅に招集して傳次郎と相圖りたる逆謀を告け之に同意せんことを求む平四郎等四人は當時既に皇室の存在に無政府共産主義と相容れさるものと信し奮て誠之助の議に同意し一朝其擧あるときは各決死の士となりて參加すへき旨を答へたり」と認定している。

明治42年1月

大石誠之助宅

大石誠之助、成石平四郎、高木顕明、峰尾節堂、

崎久保誓一

（会話）

「逆謀を告け之に同意せんことを求む……無政府共産主義と相容れさるものと信し奮て誠之助の議に同意し一朝其擧あるときは各決死の士となりて參加すへき旨」

　ここでも、成石平四郎外と「決死の士」となって参加するとの合意があったとされるが、その後、大石がこれら4名に決死の士の準備を促したこともないし、これら4名が大石から指示をうけて行動したこともない。つまり、大石と4名がその場で言っただけ（意思の表示）で完了している。

　つまり合意はなかったのである。

⑤成石兄弟の行為

「被告勘三郎は薬種商にして甞て烟火を製造したること有るを以て平四郎は前示逆謀に使用すへき爆裂彈製造の研究を依頼し勘三郎は其情を知りて之を諾し

同年四月以來和歌山縣東牟婁郡請川村大字耳打の自宅に於て其研究に従事し先所藏の冠石塩酸加里を調合して紙に包み熊野川原に於て爆發の効力を試みたれとも成功せさりしを以て」と認定している。

明治42年4月？

和歌山県？

成石平四郎、成石勘三郎

（会話"平四郎→勘三郎：爆裂弾製造の研究依頼"）

明治42年4月～

成石勘三郎宅

成石勘三郎

（爆裂弾製造の実験　失敗）

　平四郎が勘三郎に爆裂弾の製造を依頼し、勘三郎が製造実験に失敗したことがある。それは、皇室危害罪や内乱罪とは関係のないものである。大石をはじめとした新宮グループはもちろん、幸徳も知らないところでの行為であるからである。両名の行為は、爆発物取締罰則違反（未遂）に該当するものであろう。

⑥明治42年7月18日の行為

　新村忠雄が、「（注　明治42年）七月十八日新宮町に赴き當時誠之助方に寄食したる平四郎と共に之を誠之助に告げ再試験を為さんか為め原料の付與を乞ふ是に於て誠之助は外国にては蜜柑皮に爆裂薬を装填する例あるを以て卵殻を用うるも可ならん又ワセリン油を混和して試みよとの注意を為して塩酸加里三十匁許及び冠石七知五分許を給付す」と認定している

　　　　　明治42年7月18日大石誠之助宅

　　　　大石誠之助、成石平四郎、成石勘三郎

　　　　（会話、誠之助→勘三郎　原料交付）

　しかし、この事実は証明されたもののではない。大石は否定しているからである。また、平四郎の実験は前記明治43年4月以降なされた事実がない。

　しかも、この原料が幸徳の元に送付されたこともないし、宮下のもとにも送付されていないからである。

⑦養老館での行為

　「勘三郎は之を收受し尋て平四郎の為めに謝意を表せんか為め一日平四郎

と共に誠之助を同町類老鑵に招請す。忠雄も亦來りて之に加はり四人會飲して大逆罪の計畫談あり。勘三郎は之を聴て傍より行るへし行るへしと放言す」と認定している。

明治42年8月1日

新宮町「養老館」

大石誠之助、成石平四郎、成石勘三郎、新村忠雄

（会話）

「大逆罪の計畫談あり。勘三郎は之を聴て傍より行るへし行るへしと放言す」と「テロ」の会話となっている。

しかし、この会話の中心である「大逆罪の計画」について、その後関係者で実行されたこともない。⑥で原料交付されていたはずの３名が実行、もしくはその準備をしているはずなのに、何もなく、３名から大石への報告もない。

つまり、その時の会話以上のものではなく「合意」はない。

⑧新村忠雄の寄食中の行為

「是より先同年四月新村忠雄か誠之助方に到りて寄寓するや誠之助は忠雄の言に依りて宮下太吉か爆裂彈を造りて大逆を犯さんとする計畫あることを知り越へて八月忠雄か太吉の依頼に因り爆裂藥の原料塩酸加里壹磅を送付するに當り誠之助は其名を以て畑林藥店より之を買入るることを承諾し其後忠雄は帰京して東京及び明科に於げる傳次郎スガ太吉忠雄等の動静は常に誠之助に通信したり」と認定している。

明治42年4月～8月20日

大石誠之助宅

大石誠之助、新村忠雄

（会話）

「誠之助は其名を以て畑林藥店より之を買入るることを承諾し」とある。

大石はこれを否定している。この時期は明らかではないが、もし大石が承

諾したのであれば、前記の⑥の行為と矛盾する。大石は原料をもっていたとされるからである。もし、大石が承諾していたとしたら、その後どうなったかを忠雄に聞いたり、報告をうけたりしているが、そのような事実はない。大石からの働きかけもないし、また、宮下が明治43年11月に爆裂弾実験に成功したというなら、大石に報告をしてしかるべきであるが、その事実もない。

　大石は無関係であったといわざるを得ない。

⑨新村忠雄と成石、髙木、峰尾との関係

　「忠雄の誠之助方に寄食したるは四月より八月二十日に至る。其間被告平四郎、顕明、節堂は忠雄と交りて不敬危激の言を以て逆意を煽揚せられ」と認定している。

明治42年4月～8月20日

大石誠之助宅？

成石平四郎、髙木顕明、峰尾節堂、新村忠雄

（会話）

「不敬危激の言を以て逆意を煽揚せられ」とあるが、テロか革命（内乱）か判明しない。

　ただ、これも、その後の会話当事者の行動がない。会話だけで終了している。「合意」がないのである。

⑩新村忠雄と成石平四郎との関係

　「就中平四郎は忠雄と意氣相許し且當時事情ありて厭世の念を生し忠雄と相約して他の同志者の去就を顧みす挺身して大逆罪を遂行せんことを圖りたり、然れとも平四郎は幾ならす帰省して疾に罹り忠雄は急に帰京したるを以て事遂に止みたり」と認定している。

明治42年4月～8月20日

大石誠之助宅？

成石平四郎、新村忠雄

（会話）

「忠雄と意氣相許し」
「挺身して大逆罪を遂行せんことを圖りたり」とされている。

平四郎の具体的な行動は明らかではない。平四郎が上京したようであるが、具体的に何をしたかが明らかではない。「他の同志者の去就を顧みす」とあるから1人勝手に上京して、帰京したことになる。その間の行動は、東京グループの行動には一切でてこない。

（3）新宮グループの行為から明らかになったこと

上記の①～⑩の認定から、以下の事実が明らかとなった。

①幸徳秋水との接触

幸徳秋水と新宮グループとの関係は、
ア　明治41年7月の幸徳秋水が新宮に訪れ、大石、成石平四郎、髙木、峰尾、﨑久保と会話をしたこと。成石勘三郎に至っては、幸徳と会ってもいない。
イ　明治41年11月19日に大石が上京して、幸徳宅で会話をしたことだけである。

幸徳と新宮グループとの重要な接点とされるのが、明治41年11月19日に大石と幸徳との会話である。この会話については、認定の会話どおりとしても、当事者の事後の行動からみても「合意」は認められない。これらの会話は「革命談義」に終始しており、「テロ」ではない。

②東京グループとの接触

明治41年11月以降は、新宮グループの誰も東京グループ（新村忠雄を除く）の誰とも、接触はしていない。

新村忠雄が明治42年4月に新宮に来て同年8月まで大石宅に滞在したが、その際、同年8月に大石が忠雄に塩素酸カリの購入につき、名前を貸したとされている。しかし、大石は一貫してその事実を否定しており、忠雄が購入して宮下へ送付した事実しか確認できていない。塩素酸カリは、誰でも購入できた薬品であった。鶏冠石も花火の材料であり、同様である。忠雄が新宮

にいた明治42年4月から8月までの間も、新宮グループとの交流があったものの、会話に終始しているだけである。この会話も、テロと認定されている部分もあるが、「革命談議」であり、合意はない。放談の域をでない。

忠雄が東京に帰った後は、大石と手紙のやりとりをしているだけである。幸徳と新宮グループとの間には、何らの動きもない。

③新宮グループ内の関係

新宮グループ内での会話には「政府への不満」や「革命談議」であって、それも具体性はない。唯一の行動といえるのは、、忠雄が新宮に来る前に、明治42年4月に成石平四郎、勘三郎兄弟が、鶏冠石と塩素酸カリを調合して実験をしたが、失敗に終わっている。あくまで実験にすぎず、計画があってなされたものではない。

大石が、同年7月に塩素酸カリと鶏冠石を渡したとされているが（事実は明らかではない）、また成石平四郎は、上京したようであるが、何をしていたか明らかでない。そして、忠雄が東京に帰り、実験遂行を断念している。

④他のグループとの接触

新宮グループと熊本、大阪、神戸のグループとの接触はない。内山愚童との接触もない。

以上を表にすると【表1】（61頁）のとおりである。

5．熊本グループの行為（松尾卯一太・新見卯一郎・佐々木道元・飛松与次郎）

（1）熊本グループ各人の認定

判決は、熊本グループの各人についてどのような者であるかを認定している。

被告松尾卯一太は明治三十七八年比より社會主義を研究し同四十一年夏以來無政府共産主義に入り幸徳傳次郎と文書を往復し

【表1】新宮グループの活動

新宮グループ
明治41年
明治41年7月 新宮（大石誠之助宅） 幸徳秋水、大石誠之助、成石平四郎、高木顕明、峰尾節堂、崎久保誓一 （会話）
明治41年11月19日 東京（幸徳秋水宅） 幸徳秋水、大石誠之助、森近運平 （会話）
明治41年11月末 大阪 大石誠之助、武田九平、岡本穎一郎、三浦安太郎等 （会話）
明治42年
明治42年1月 新宮（大石誠之助宅） 大石誠之助、成石平四郎、高木顕明、峰尾節堂、崎久保誓一 （会話）
明治42年4月頃 和歌山県 成石平四郎、成石勘三郎 （会話（平四郎→勘三郎：爆裂弾製造の研究依頼））
明治42年4月〜 成石勘三郎宅 成石勘三郎 （爆裂弾実験失敗）
明治42年4月〜8月20日 新宮（大石誠之助宅） 大石誠之助、新村忠雄 （会話）
明治42年4月〜8月20日 新宮 成石平四郎、高木顕明、峰尾節堂、新村忠雄 （会話、忠雄が「不敬危激の言を以て逆意を煽動」）
明治42年4月〜8月20日 新宮 成石平四郎、新村忠雄 （会話）

被告新美卯一郎は初土地復権主義を懐抱したれとも卯一太と相交り久ふして益親厚なるのみならす明治四十一年六月書を幸德傳次郎に寄せて其説を叩き遂に無政府共産主義に帰向するに至る

明治四十年六月熊本市に於て卯一太、卯一郎は協力して熊本評論と題する新聞紙を発刊して過激の説を掲載し無政府共産主義を鼓吹する所あり

明治四十一年赤旗事件起るや卯一郎は事を以て上京し幸德傳次郎其他の同主義者を訪問し一日赤旗事件の公判を傍聴して連累者の言動を壮快なりと為し

帰国の後幾ならすして熊本評論は発行禁止の命を受くるに至る

是に於て卯一太、卯一郎は甚之を憤慨し是れ政府か無政府共産主義を壓追するものなれは主義を實行せんと欲せは暴力に頼りて国家の権力関係を破壊するを要す大逆も敢て辞すへきに非すとの念を生し卯一太は屢々其意を卯一郎に泄せり

被告佐々木道元は明治四十一年五月比より卯一郎等の勧誘に因りて社會主義を研究し卯一太及び坂本清馬等の鼓吹に遭ひ無政府共産主義を奉するに至り

被告飛松與次郎は明治四十二年三月卯一郎の勧誘に因り卯一太か卯一郎の補助を得て新に経營したる平民評論の編輯兼發行人となり卯一太、卯一郎の説を聴て無政府共産主義の傾向を有するに至る

（2）熊本グループの行為

①明治41年11月の松尾と幸德との行為

「其年（注 明治41年）十一月卯一太も亦上京して傳次郎を東京府北豊嶋郡巣鴨町に訪問し傳次郎より赤旗事件連累者の出獄を待ち決死の士数十人を募り富豪の財を奪ひ貧民を賑し諸官衙を焼殺し當路の顕官を殺し進んて宮城に逼り大逆罪を犯さんとする意思あることを聴き之に同意して決死の士を類成すへきことを約し」と認定している。

明治41年11月幸德自宅

幸德と松尾

（会話）

決死の士数十人を募り富豪の財を奪ひ貧民を賑し諸官衙を焼殺し當路の顕

官を殺し進んて宮城に逼り大逆罪を犯さんとする意思あること

　この犯罪事実の認定は極めて困難であることは、前述（幸徳と大石との会話〔本書53、54頁〕）のとおりである。

　これも大石と同様に、会話のなかで合意はない。合意とされるものの、後に行動が認められないからである。

②明治41年12月の松尾と新見との行為
　「帰縣の後同年十二月熊本市堀端町の自宅に於て卯一郎に其計畫を告け卯一郎は之に同意したり」と認定している。
　　　　　　　　　　明治41年12月松尾自宅
　　　　　　　　　松尾と新美
（会話）
　「計画と同意」

　ここでも、合意があったとされる「計画」について、当事者である松尾と新見との行動が全くない。会話で終了しており「合意」はない。

③明治42年1月の新見と佐々木との行為
　「被告佐々木道元は……明治四十二年一月卯一郎か熱烈なる志士類成の必要あるを以て協力事に従ふへしと激勵するや道元は頗る感奮する所あり」と認定している。
　　　　　　　　　　明治42年1月
　　　　　　　　　場所不明
　　　　　　　　　新美と佐々木
（会話）
　「熱烈なる志士類成の必要あるを以て協力事に従ふへしと激勵するや道元は頗る感奮する」というが、その後当事者は「協力して事にあたった」事実がない。つまり、会話で終了している。合意はないといわざるを得ない。

④明治42年３月の松尾と佐々木・飛松との行為

　「此月（注 明治42年３月）卯一太は前記自宅に於て道元及び與次郎に對し今や政府の追害甚しく言論の時代に非すして實行の時代なれは死を賭して革命の事に従ふを要す君等は評論社の讀者名簿に依り讀者を歴訪して決死の士を募れと激勵し道元與次郎は卯一太等か大逆の意思あることを知り各之に同意し卯一郎も亦與次郎に對し名聲を博せんと欲すれは革命運動に従事すへしと之を鼓舞したり」と認定している。

明治42年３月

松尾自宅

松尾、新美、佐々木、飛松

（会話）

　「今や政府の追害甚しく言論の時代に非すして實行の時代なれは死を賭して革命の事に従ふを要す君等は評論社の讀者名簿に依り讀者を歴訪して決死の士を募れと激勵し」と「テロ」ではなく「革命」（内乱）を意図しているようである。しかし、その後参加当事者が。「革命」のために何もしていない。会話で終了している。つまり、合意がない。

（３）熊本グループの行為から明らかになった事実

　以上、①〜④の認定からわかることは、以下のとおりである。

①幸徳秋水との接触

　幸徳秋水と熊本グループとの関係は、
明治41年11月に松尾が上京して、幸徳宅で会話をしたことだけである。
　幸徳と熊本グループとの重要な接点とされるのが、この松尾と幸徳との会話である。これが会話で完結していて、その後の幸徳・松尾の行動がない。会話でも具体性がない。それだけでなく、この事実自体が認定ができないことは、前述のとおりである（63頁）。

②東京グループとの接触

　熊本グループは東京グループの坂本清馬以外には誰とも、接触はしていな

い。

坂本との会話で完結していて、「放談」にすぎず、合意はない

③熊本グループ内

　熊本グループ内でも、会話だけである。会話についても具体的な計画性は
ない。

④他のグループとの接触関係

　熊本グループと大阪、神戸のグループとの接触はない。内山愚童との接触
もない。

このように、すべて会話によって成り立っていて、何らの行為もない。

　熊本グループの行為は【表2】のとおりである。

【表2】熊本グループの行為

熊本グループ
明治41年
明治41年11月 東京（幸徳秋水宅） 幸徳秋水、松尾卯一太 （会話）
明治41年12月 熊本市（松尾卯一太宅） 松尾卯一太、新美卯一郎 （会話）
明治42年
明治42年1月 熊本 新美卯一郎、佐々木道元 （会話）
明治42年3月 熊本市（松尾卯一太宅） 松尾卯一太、新美卯一郎、佐々木道元、 飛松與次郎 （会話）

6．内山愚童の犯罪行為

（1）内山愚童の認定
　判決は内山愚童について、以下認定をしている。
　被告内山愚童は明治三十七年比より社會主義を研究し漸次無政府共産主義に入り
　同四十一年六月赤旗事件の獄起り同主義者の處刑せられたるを見て大に之を慣慨し無政府共産と題する小冊子を著作し赤旗事件の入獄紀念として同年十月十一月の交秘密に之を出版して各地の同主義者に頒送せり其小冊子は暴慢危激の文詞を以て之を填め貴族金持云々の俚謡を改竄して天子金持云々として之を巻中に収めたるか如き不臣の心情掩ふへからさる者あり

（2）内山愚童の行為
　判決は内山愚童について、以下の認定をしている。
①明治41年8月12日の内山と幸徳の行為
　「是より先（注 明治41年）八月十二日幸徳傳次郎は上京の途次被告愚童を箱根林泉寺に訪ひ赤旗事件の報復必要なることを説き」と認定している。

　　　　　　　　　　明治41年8月12日
　　　　　　　　　　林泉寺（内山の自坊）
　　　　　　　　　　幸徳と内山
（会話）
　「赤旗事件の報復必要なることを説き」である。

　幸徳の反応は明らかではない。会話の中で、幸徳と合意があったかどうかも明らかでない。内山が一方的に発言したのであり、合意すらない。

②明治41年9月以降の内山と幸徳の行為
　對して包の略取に記するか如き境遇を實現すへき方法を問ひ總同盟罷工或は交通機関の破壊其他の方法に依り權力階級を攻撃するに在りとの説明を

得」と認定している。

明治41年9月

幸徳宅

内山と幸徳

（会話）

　「總同盟罷工或は交通機関の破壊其他の方法に依り權力階級を攻撃するに在りとの説明を得」

　このような会話がなされたとしても、その後に幸徳や内山がストライキや交通機関の破壊実行を企てたり、ましてや検討した形跡は一切ない。つまり会話で完結していて、両名に実施の合意はない。

③明治42年1月14日の内山と幸徳の行為

　「明治四十二年一月十四日傳次郎を東京府北豊嶋郡一果鴨町に訪ふや坂本清馬と共に歐字新聞に載せたる爆裂彈圖を借覧し、清馬は此の如き爆裂彈を造りて當路の顕官を暗殺する要ありと言ひ愚童は不敬の語を以て皇太子殿下を指斥し寧弑逆を行ふへき旨を放言し」と認定している。

明治42年1月14日

幸徳宅

内山と幸徳と坂本

（爆裂弾図を借用・会話）

　清馬は「此の如き爆裂彈を造りて當路の顕官を暗殺する要ありと言ひ」、愚童は「不敬の語を以て皇太子殿下を指斥し寧弑逆を行ふへき旨を放言し」と「テロ」を意図しているとされている。

　このような会話があったとしても、その後坂本が爆裂弾について何らかの準備行為をしたことや、内山が皇太子について殺害の準備行為をしたということはない。つまり、お互いに会話で終始していて、それ以上のことはない。当事者に合意はない。現実性のない放談といわざるを得ないものである。

④明治42年1月15日の内山と管野との行為

　「又翌（注 明治42年1月）十五日管野スガを東京府豊多摩郡淀橋町柏木の寓居に訪ひ、スガは若し爆裂彈あらは身命を拋ちて革命運動に從事すへき意思あることを告け同意を求むる情あるを見愚童は余已に「ダイナマイト」を所持せり革命運動の實用に適せさるへきも爆裂彈研究の用に資するに足るへしと答へ且革命の行はさるへからさる旨を附言せり」と認定している。

明治42年1月15日

管野スガ宅

内山と管野

（会話）

　管野は「爆裂彈あらは身命を拋ちて革命運動に從事すへき意思あることを告け同意を求むる情あるを見」

　愚童は、「余已に「ダイナマイト」を所持せり革命運動の實用に適せさるへきも爆裂彈研究の用に資するに足るへしと答へ且革命の行はさるへからさる旨を附言せり」と述べている。

　この会話では、管野は爆裂弾に言及しているが、前記のとおり（48頁）、当時は爆裂弾を含む武器の入手は比較的容易であった。しかし、管野が、これを入手するような準備をしたわけではない。愚堂もダイナマイト所持に言及しているが、その後管野にそれを提供したこともないし自ら爆裂弾製造や入手の準備をしたこともない。つまり、両者の会話で完結していて、「合意」すらない。

⑤明治42年1月16日の内山と田中佐市・金子新太郎・吉田只次との行為

　「是に於てスガを訪ひたる翌日即ち一月十六日同主義者田中佐市を横濱市根岸町に訪ひ佐市及び金子新太郎、吉田只次等に對し東京の同志者は政府の追害を慣慨し且幸德傳次郎の病勢餘命幾もなき状に在るを以て近き將來に於て暴力革命を起さんと決心せり其際大逆を行んよりは寧皇儲を弑するの易くして效果の大なるに若かす決死の士五十人もあらは事を爲すに足らん傳次郎及び大石誠之助は已に爆裂彈の研究に着手せり此地の同志者は一朝東京に事

第1章　幸徳秋水の再審請求の試みについて　69

起らは直に之に應せさるへからさる地位に在り卿等其準備ありやと説き其賛
同を求めれとも佐市等の同意を得る能はすして去る」と認定している。

　　　　　　　　明治42年1月16日
　　　　　　　　横浜市根岸町田中佐市宅
　　　　　　　　内山と田中佐市・金子新太郎・吉田只次
（会話）
　暴力革命（内乱）の話である

　ここでは、内山が田中らに一方的に話をしただけである。具体性のない
「放談」である。しかも、田中らは、同意もしていない。

⑥明治42年4月16日の内山愚堂と石巻良夫との行為
　「其後（注 明治42年）四月被告愚童は事を以て越前永平寺に行かんと欲し
途次十六日石巻良夫を名古屋市東區東白壁町に訪ひ東京の同志者は政府の迫
害に苦み幸徳管野等は暴力革命を起す計畫を為し紀州の大石も亦之に與り大
阪方面に三四の同志者ありて大石と連絡成れり暴力革命には爆裂彈の必要あ
り幸徳の宅には外國より爆裂彈の圖來り居り横濱の曙會や紀州の大石等は爆
裂彈の研究を為し居り幸徳管野は爆裂彈あらは何時にても實行すへしと言ひ
居れり一朝革命を起せは至尊を裁せんよりは先皇儲を害するを可とす此地同
志者の決意如何と説き以て其同意を促したれとも亦志を得る能はす」と認定
している。

　　　　　　　　明治42年4月16日
　　　　　　　　名古屋市石巻良夫宅
　　　　　　　　内山と石巻
（会話）
　暴力革命（内乱）の話である

　ここでも、内山が石巻に一方的に話をしただけである。具体性のない「放
談」である。しかも、石巻らは同意もしていない。
　なお⑤⑥は他と同じ会話であるが、これらの会話の田中・金子・吉田・石

巻は、起訴の対象にもなっていない。

⑦明治42年5月21日の内山と武田、三浦との行為

　「去りて永平寺に赴き用務を了し帰途更に大阪に出て（注 明治42年）五月二十一日武田九平を大阪市南區谷町六丁目に訪ひ九平及び三浦安太郎に會見し前掲横濱及び名古屋に於て為したるに勧説の趣旨と同一のことを説き九平及び安太郎の同意を得」と認定している。

明治42年5月21日

大阪市 武田宅

内山と武田と三浦

（会話）

　暴力革命（内乱）の話である

　内山と大阪グループとの会話である。この会話内容は、武田、三浦とも同意はしていないと述べている。起訴されていない⑤⑥と同様なのである。そして、内山の発言に一見武田や三浦が同意したように認定されている。特に、武田は2度も同意したことになるが不自然である。それでは、その後内山が両名の同意を前提に何らかの行為をした形跡もなく、武田・三浦が内山の言を実行するための準備をした様子もない。つまり、当事者には「何をするか」という合意すらないのである。

⑧明治42年5月22日の内山と岡林、小松との行為

　「其翌（注 明治42年5月）二十二日神戸市夢野村海民病院に往き岡林寅松小松丑治に對して亦同一趣旨の勧説を試みて共同意を得且爆裂葉の製造方法に付て寅松丑治の意見を徴したり」と認定している。

明治42年5月22日

神戸市夢野村海民病院

内山と岡林・小松

（会話）

　暴力革命（内乱）の話と爆裂弾の製造方法についてである。

内山と神戸グループとの会話である。この会話内容は、岡林、小松とも否定している。大阪グループと同様なのである。そして、内山の発言に一見岡林、小松が同意したように認定されているが、それでは、その後内山が両名の同意を前提に何らかの行為をした形跡もなく、岡林・小松が内の言を実行するための準備をした様子もない。つまり、当事者には「何をするか」という合意すらないのである。

しかも、その前に大阪グループとの同意を得たというなら、内山の行動として、大阪グループと神戸グループとの合同するような行為をするのが自然であるが、それもない。

（3）内山の行為から明らかになった事実

以上、①〜⑧の認定からわかることは、以下のとおりである。

①幸徳秋水との接触

幸徳と内山との関係は、明治41年8月と同年9月、明治42年1月の幸徳との会話だけである。

それも、暴力革命の話に終始している。明治42年1月には内山は幸徳より歐字新聞に載せたる爆裂彈圖を借りただけである。その後それをどうしたかは明らかではない。内山と幸徳とのやりとりはすべて会話であり、会話に基づく行為もない。爆裂弾についても、会話にあったかもしれないが、その開発や入手についての行動もなく「放談」の域を出ておらず、現実性がない。

②東京グループとの接触

内山は明治42年1月15日に管野と話をしている（会話）。その会話も、暴力革命についての一般的な話であり、しかも計画性もなく「革命談議」にすぎない。内山は、他の東京グループの誰とも、接触はしていない。

③他のグループとの接触

内山は、新宮グループそして熊本グループとの接触はない。大阪グループ、神戸グループとの接触はあるが、すべて会話（放談）である。しかも、内山

の問いかけは、暴力革命談義であるが、それ以上の武器の入手や製造などというものではない。内山の会話には、計画性も具体性もなく、現実性を欠くものである。しかも大阪グループ、神戸グループの誰一人として同意したものはいない。

内山愚堂の行為は【表3】（73頁）のとおりである。

7．大阪グループの行為（武田九平・岡本頴一郎・三浦安太郎）

（1）大阪グループの認定
判決は大阪グループについて以下のとおり設定している。

　　被告武田九平は社會主義の研究に従事し明治四十一年六七月の交に至り無政府共産主義に帰し
被告岡本頴一郎は明治四十年六七月より森近運平と相交りて無政府共産主義に入り
　　被告三浦安太郎は明治四十年夏以來無政府共産主義を奉す而して九平は運平と協同して明治四十年七月より大阪平民新聞及び日本平民新聞を發刊し其後自宅に平民倶楽部を設け同志者を糾合して主義の發展に盡力せり

（2）大阪グループの行為
判決は、大阪グループについて以下のとおりの認定をしている。
①明治40年11月3日の幸徳と武田、岡本、三浦の行為
「明治四十年十一月三日幸徳傳次郎か帰省の途次大阪を過くるや森近運平主催者となりて、其歡迎會を開き被告九平頴一郎安太郎は皆臨席して傳次郎より科學勞働反抗の三者に頼りて智識財か自由を得へき説を聴て最も反抗心養成の必要なることを感し」と認定している。
　　　　　　　　　　　　　明治40年11月3日大阪
　　　　　　　　　　　　　幸徳秋水、森近運平、武田九平、岡本頴一郎、
　　　　　　　　　　　　　三浦安太郎

（会話）

【表３】内山愚童の行為

内山愚童
明治41年
明治41年8月12日 林泉寺 幸徳秋水、内山愚童 （会話）
明治41年9月 東京（幸徳秋水宅） 内山愚童、幸徳秋水 （会話）
明治42年
明治42年1月14日 東京（幸徳秋水宅） 内山愚童、幸徳秋水、坂本清馬 （会話）
明治42年1月15日 東京（管野スガ宅） 内山愚童、管野スガ （会話）
明治42年1月16日 横浜市（田中佐市宅） 内山愚童、田中佐市、金子新太郎、 吉田只次 （会話）
明治42年4月16日 名古屋市（石巻良夫宅） 内山愚童、石巻良夫 （会話）
明治42年5月21日 大阪市（武田九平宅） 内山愚童、武田九平、三浦安太郎 （会話）
明治42年5月22日 神戸市 内山愚童、岡林寅松、小松丑治 （会話）

幸徳より「科學勞働反抗の三者に頼りて智識財か自由を得へき説を聴て最も反抗心養成の必要なることを感し」

革命（内乱）の話であり、「テロ」ではない。幸徳の一方的な話を大阪・神戸グループが聞いたにすぎず、何かをやろうという合意もない。

②明治41年９月の岡本、三浦の行為

「頴一郎は明治四十一年九月中平民倶樂部の茶話會に於て基帝必しも尊敬すへき理なし云々と不敬の言を弄し、同年十一月内山愚童の送付したる入獄紀念無政府共産と題する小冊子數十部平民倶樂部に到達するや九平は其中數部を頴一郎安太郎等に頒與し、安太郎は一讀の後之を田中器に轉送したり」と認定している。

大阪グループが内山の小冊子を頒布しただけである。

③明治41年12月１日の武田、岡本、三浦と大石との行為

同月下旬大石誠之助か東京に於て幸徳傳次郎の逆謀に同意し決死の士を募るへきことを約し帰郷の途大阪に出て同市西區新町三丁目村上旅鑵に投宿するや被告九平顯一郎安太郎等は誠之助の為めに十二月一日九平宅に於て茶話會を開くへきことを約し其日九平顯一郎は先誠之助を其旅鑵に訪ひ相携へて新門亭に到り晩餐を共にし後豫りて九平宅に往きたれとも警察官更の臨監すへき状あるを察し旦家屋の狹隘にして談話の外に泄れんことを憚り急に茶話會を村上旅鑵に移すことと為して皆同所に會す。被告安太郎も亦遅て其會に列し誠之助より傳次郎の病状と其逆謀とを説示せられ且決死の士五十人を募る企畫あることを聴き九平顯一郎安太郎は皆均しく之に同意したり」と認定している。

　　　　　　　　　明治41年12月１日
　　　　　　　　　大阪市西區新町三丁目
　　　　　　　　　村上旅鑵大石、武田、岡本、三浦
（会話）

大石から「傳次郎の病状と其逆謀とを説示せられ且決死の士五十人を募る

企畫あることを聴き九平頴一郎安太郎は皆均しく之に同意したり」

　大石は、幸徳の革命（内乱）の話をしゃべっている。しかし、その後、大阪・神戸グループが「決死の士」を集めたこともなく、大石に連絡したこともない。大石から大阪・神戸グループに「決死の士」集まり状況を問い合わせたこともない。つまり、幸徳の話で完結しており、当事者に何かしようという合意はない。

④明治42年５月21日の内山と三浦との行為
　「越へて明治四十二年五月二十一日内山愚童徃て被告九平を大阪市南區谷町六丁目に訪ふ時に九平は愚童の來阪したる報を得徃て之を防はんか爲め已に出てて家に在らす是に於て被告安太郎報を得て愚童を迎接し愚童より幸徳傳次郎管野スガ等か病に罹り餘命幾なきを以て爆裂彈あらは何時にても革命運動を爲す意あり傳次郎宅には外國より爆裂彈の圖到來し横濱の曙會紀州の大石等は爆裂彈の研究を爲し居り一ヶ所に五六十人の決死隊あれは事を學くるに足るとの説を聴き且愚童か皇儲殺書の策を告くるや安太郎は已に主義の爲め死を決して當地の同志者に其意を漏したる旨揚言して賛同の意を表し」と認定している。

明治42年５月21日

大阪市南區谷町六丁目

内山愚童、三浦安太郎

（会話）
　前記（6(2)⑦）のとおりである。

⑤明治42年５月21日の内山と三浦、武田との行為
　「愚童と相伴ふて天王寺邊に散歩し帰りて九平宅に到るや九平既に帰宅し愚童は之に對して安太郎に説きたると同一の計畫を説示したるに九平も亦同意して爆裂彈の研究は必要なる旨を述へたり」と認定している。

明治42年５月21日

武田九平宅

内山愚童、三浦安太郎、武田九平

（会話）

　前記（6(2)⑦）のとおりである。

（3）大阪グループの行為から明らかになった事実

　以上、①〜⑤の認定からわかることは、以下のとおりである。

①幸徳秋水との接触

　幸徳秋水と大阪グループとの関係は、明治40年11月に幸徳が大阪に来たとき、森近の主催で大阪グループが歓迎会で会話をしたことだけである。その際の会話も具体性がない。

②東京グループとの接触

　幸徳以外、東京グループの誰とも、接触はしていない。

③他のグループとの接触

　新宮グループとの接触は、明治41年12月1日の茶話会で大石と話をしただけである。他の新宮グループとの接触はない。

　熊本グループと神戸のグループとの接触はない。

④大阪グループ内

　これも、会話である。計画性のあるものではない。内山からの小冊子については内部で頒布しただけである。

⑤内山との接触

　大阪グループと内山とは、明治42年5月21日だけの接触であり、会話で成り立っている。

　しかも、武田も岡林も、内山愚童との会話は否定し、同意はしていないことを一貫して述べている。

第 1 章　幸徳秋水の再審請求の試みについて　77

【表 4】大阪グループの行為から明らかになった事実

大阪グループ
明治40年
明治40年11月 3 日 大阪市 幸徳秋水、森近運平、武田九平、 岡本穎一郎、三浦安太郎、小松丑治 （会話）
明治41年
明治41年 9 月下旬 大阪市 岡本穎一郎、三浦安太郎 内山愚童のパンフ配布
明治42年12月 1 日 大阪市（村上旅館） 大石誠之助、武田九平、岡本穎一郎、 三浦安太郎 （会話）
明治42年
明治42年 5 月21日 大阪市（三浦安太郎宅） 内山愚童、三浦安太郎 （会話）
明治42年 5 月21日 大阪市（武田九平宅） 内山愚童、三浦安太郎、武田九平 （会話）

　このように、原判決では、接触があっても、すべて会話によって成り立っ
ていて、何らの行為もない。
　大阪グループの行為は【表 4】のとおりである。

8．神戸グループの行為（岡林寅松・小松丑治）

（1）神戸グループの認定
　判決は神戸グループについて以下のとおり認定している。

被告岡林寅松は明治三十七八年戦役の開始前幸德傳次郎等か非戦論を唱
へ萬朝報新聞の同僚と議合はすして朝報社を去るや其説を是なりとして社
會主義に入り後一轉して無政府共産主義に帰す

　被告小松丑治は明治三十七年以來社會主義を研究し同四十年に至りて無
政府共産主義に入る寅松丑治は交情極めて親密にして他の同主義者と協力
して明治三十九年中其主義を鼓吹せんか為め赤旗と稱する雑誌を發刊せん
と圖りたれとも故ありて中止し同年末裏面を赤色と為し危激の文詞を排列
したる私製葉書用紙を多数調製して之を知友の間に頒與し

（2）神戸グループの行為

①明治40年11月3日の武田と幸徳と森近の行為

　明治四十年十一月三日森近運平か大阪に於て幸德傳次郎の爲めに歓迎會を
開くや寅松丑治の両人其案内を受けたれとも二人同行するを得さる事情あり
て丑治一人其會に出席し傳次郎より反抗心養成の必要なる説を聴く

　　　　　　　　　明治40年11月3日
　　　　　　　　　大阪
　　　　　　　　　幸徳秋水、森近運平、小松丑治

（会話）

　幸徳より「反抗心養成の必要なる説を聴く」

　これは、神戸グループが幸徳の革命（内乱）の話を聞いただけで、完結し
ている。しかも「テロ」ではない。

②明治41年11月の岡林寅松、小松丑治の行為

　明治四十一年十一月内山愚童が著作出版したる入獄紀念無政府共産と題す
る小冊子三十冊許を送付するや寅松丑治は之を收受し寅松は其中数冊を中村
浅吉に頒與したり

　　　　　　　　　明治41年11月
　　　　　　　　　神戸市
　　　　　　　　　内山愚童、岡林寅松、小松丑治

（小冊子31冊受領と頒布）

③明治42年5月22日の岡林、小松と内山の行為
　明治四十二年五月二十二日内山愚童は神戸市に往き被告寅松丑治を同市夢
野海民病院に訪ひ説くに東京は政府の迫書甚しく同主義者手足を出すこと能
はす幸徳管野等は病みて餘命永く保ちく爆裂彈あらは革命を起さんとする決
心あり一ヶ所に五六十人決死の士あらは革命を起すに足る此地は横濱の東京
に於けるか如く大阪に事あらは直に之に應する要あり卿等は醫業を為す者な
れは爆裂彈の研究を為すへき責任ありとの旨を以てし且皇儲裁逆の策を唱へ
以て其賛助を促すや寅松は初色ありしも愚童に説破せられ遂に丑治と共に之
に同意し愚童か爆裂藥の製法を問ふに及び寅松は「リスリン」加ふれは可成
りと云ひ丑治は硫酸と「リスリン」を以て製すへしと答ふるに至りたり
　　　　　　　　　　明治42年5月22日
　　　　　　　　　　神戸市夢野村海民病院
　　　　　　　　　　内山愚童、岡林寅松、小松丑治
（会話）

　前記（6(2)⑤70頁）と同じである。

（3）神戸グループの行為から明らかになった事実
　以上、①〜⑤の認定からわかることは、以下のとおりである。

①幸徳秋水との接触
　幸徳秋水と神戸グループとの関係は、明治40年11月に幸徳が大阪に来たと
き、森近の主催で小松が歓迎会で幸徳から話しを聞いただけである。会話も
計画性がない。

②東京グループとの接触
　幸徳との接触以外、東京グループの誰とも、接触はしていない。

【表5】神戸グループの行為から明らかになった事実

神戸グループ
明治40年
明治40年11月3日 大阪 幸徳秋水、森近運平、武田九平、 岡本穎一郎、三浦安太郎、小松丑治 （会話）
明治41年
明治41年11月 神戸市 岡林寅松、小松丑治 （会話）
明治42年
明治42年5月22日 神戸市 内山愚童、岡林寅松、小松丑治 （会話）

③他のグループとの接触

　新宮グループ、熊本グループと大阪グループとの接触はない。

④神戸グループ内の関係

　これも、会話である。内山からの小冊子については内部で頒布しただけである。

⑤内山との接触

　神戸グループと内山とは、明治42年5月22日だけの接触であり、会話で成り立っている。岡林、小松とも内山との会話内容を否定し、同意はしていないと一貫して述べている。

　このように、神戸グループは、接触があっても、すべて会話によって成り立っていて、何らの行為もない。

　神戸グループの行為は【表5】のとおりである。

9．東京グループ（第1）とその他のグループ〜（第2から第6）
との断絶〜

（1）判決は、すべてが無政府主義者として思想で共通性を認定
判決は、すべてを無政府主義者であると認定している。
①新宮グループの認定
被告大石誠之助は久しく社會主義を研究して後無政府共産主義を奉し
被告成石平四郎は遂に無政府共産主義に入り
被告高木顕明は社會主義者と交り漸く之に感染し
被告峰尾節堂は無政府共産主義に入り
被告崎久保誓一は無政府共産主義に帰し
被告成石勘三郎は無政府共産主義の趨向あり
②熊本グループの認定
被告松尾卯一太は無政府共産主義に入り
被告新美卯一郎は、遂に無政府共産主義に帰向するに至る
明治四十年六月熊本市に於て卯一太卯一郎は協力して熊本評論と題する新
聞紙を發刊して過激の説を掲載し無政府共産主義を鼓吹する所あり
被告佐々木道元は無政府共産主義を奉するに至り
被告飛松與次郎は無政府共産主義の傾向を有するに至る
③内山愚童の認定
被告内山愚童は漸次無政府共産主義に入り
④大阪グループの認定
被告武田九平は無政府共産主義に帰し
被告岡本頴一郎は無政府共産主義に入り
被告三浦安太郎は無政府共産主義を奉す
⑤神戸グループの認定
被告岡林寅松は無政府共産主義に帰す
被告小松丑治は無政府共産主義に入る
と、思想において同一と認定している。大逆事件が「思想」を裁くものとさ

れる由縁である。

（2）判決の各グループ内で完結

　前記のとおり、各グループは、他のグループとの接触がない。まったく会ったこともないメンバーもいたのである。

　それにもかかわらず、ここで重要なのは、判決は「無政府主義」で一括りにしたことである。そして、すべて無政府主義者で一体的な存在あり、幸徳秋水がその中心人物とされている。そして、すべては中心人物の幸徳秋水から他のグループに伝えられ、各グループはそのとおり動きをしたという結びつきとなっている。

（3）第1の東京グループとの結びつきは

　この観点から判決をみてみると、幸徳秋水と各グループには直接的な接触と、東京グループを通じての結びつきが認定されている。

　①幸徳秋水との直接的な接触

　　新宮グループとは、以下のとおりである。

　　　　　　　ア、明治41年7月の幸徳秋水の新宮訪問

　　　　　　　イ、明治41年11月の大石誠之助の幸徳秋水との会話

　　熊本グループとは、以下のとおりである。

　　　　　　　ウ、明治41年11月の松尾卯一太の幸徳秋水との会話

　　内山愚童とは、以下のとおりである。

　　　　　　　エ、明治41年8月、9月の会話

　　大阪グループ・神戸グループは、以下のとおりである。

　　　　　　　オ、明治40年11月3日の大阪での歓迎会の会話

　　　　　　　　　　　　　　　　　　　（武田・三浦、岡本）

　②幸徳秋水との間接的な結びつき

　　幸徳秋水との間接的な結びつきもある。

　　新宮グループは、以下のとおりである。

　　　　　　　カ、新村忠雄の明治42年4月から8月までの新宮滞在

熊本グループは、以下のとおりである。

　　　　　　　キ、坂本清馬の明治42年2月以降の熊本滞在

大阪グループは、以下のとおりである。

　　　　　　　ク、明治41年12月の大石誠之助の歓迎会

大阪グループ・神戸グループは、以下のとおりである。

　　　　　　　ケ、内山愚童の明治42年5月の会話のみ

（4）判決の幸徳秋水が「テロ」を意図したとされる時期

　そもそも、幸徳秋水が天皇への「テロ」を意図したのは、判決では、「被告傳次郎は前に太吉の逆謀を聴て之に同意を表したりと雖も太吉の企圖は大逆罪を以て唯一の目的と爲し他に商量する所なく傳次郎か運平、誠之助、卯一太と協議したる計畫とは大小疾徐の差なきに非さるを以て顧望の念なきに非さりしか近日政府の迫害益甚しと爲して之を憤慨し先太吉の計畫を遂行せしめんと欲する決意を爲すに至れり。是に於て同年（注 明治42年）九月上旬忠雄か被告スガより壯快の事あり歸京すへしとの通信を得歸京して傳次郎方に寓居するに及び傳次郎スガ忠雄の三人傳次郎宅に於て相議して明治四十三年秋季を期し爆裂彈を用ひて大逆罪を決行せんことを定め」とされており、明治42年9月である。

　この事実認定には、問題がある。

　しかし、それを前提としても、判決の認定であれば、明治42年9月前の幸徳秋水の直接接触そして他の者との接触が「テロ」の目的ということはできない。あるとすれば「決死の士」を集めるという、革命（内乱）を前提とした会話であり、それも、それを前提とした会話当事者の具体的行動も準備行為すらなく、計画性のない「革命談議」にすぎない。それは、これらの「会話」に基づき、当事者での行動も予定されていないものであった。

　すなわち、第1の東京グループ以外の第2から第6グループの構成員は、革命談議にすぎず、天皇等への「テロ」とは結びついていないことが明らかである。

（5）小括

　以上のとおり、第1の東京グループとそれ以外のグループとは決定的に違うということである。それは、第1の東京グループの一部において「テロ」を目的とするグループがあったとしても、それ以外のグループは関係がないということである。

　もし、第2から第6グループの被告人にとっては、原判決時点でも無罪となる可能性が強いものである。

　それを、判決は「無政府主義者」という「括り」で一網打尽に死刑にしたのである。

［金子武嗣執筆］

大逆事件（爆裂弾）鑑定

1．大逆事件における爆裂弾鑑定の位置付け

　これまで見てきたとおり、大逆事件における「謀議」は全て「会話」によって成り立っており、なおかつ、その「会話」の認定根拠となる証拠は、そのほとんどが（供述過程に捜査機関の違法が疑われる）「供述」である。

　明治時代の刑事法制とはいえ、「謀議」のみをもって、大審院が大逆罪の成立を認めることはできない。当然、その「謀議」が具体的な法益侵害の危険性を有するものである必要がある。

では、何をもって大審院は、大逆罪の成立を認めたのか。その重要なファクターと考えられるのが、「爆裂弾」の存在である。

　会話のみを根拠に認定した「大逆の謀議」が、実際に爆裂弾が製造され、その実験が行われたことによって、実現可能性がある具体的なものであった、と大審院は認定したと考えられる。

　以上を前提に、大逆事件における鑑定について、検討を加える。

2．大逆事件における爆裂弾鑑定

　大逆事件判決において引用されている爆裂弾鑑定は、次のとおりである。

鑑定人明石東次郎同鈴木貞造の鑑定書中
　押第一號の三の一及二は鶏冠石又同號の五は塩酸加里にして同號の四即ち紙包の調合薬剤は右塩酸加里と鶏冠石とを最適當（適当）に配合せる調合爆發剤なり

而して（そうして、加えて）其調合薬剤の人体に危害を與ふ（与える）へき分量は、一個の半量即ち十匁（1モンメ＝3.75g）を以てするも（単な

る結びつき、前置きから本題へ、※逆説ではない)、人体の主要部分に命中せは生命を奪ふに足るへく（推測、可能)、一個二個と其量を累加するに従ひ危害を増大し、五個を合成する時は人体に命中せすして、若干距離の其物体に当り爆發するも又能く（十分に）人命を絶ち得可き旨、詳細なる試験実験の結果を掲けて説明し

そして、その調合剤の人体に危害を与えることができる分量は、調合薬剤１個の半分の分量である１匁を用いるが、人体の枢要部に命中すれば人体の生命を奪うに足りるだろう、１個２個とその量を増やすに従って危害を増大し、５個を合成するときは人体に命中しなくとも、若干距離の物体に当たって爆発したとしても十分に人命を立ち得る旨を、詳細なる試験実験の結果を掲げて説明し、

次に右實驗上の結果に因る推定に基き、押一號の一、二即ち径約一寸（3.03cm）長約一寸八分（5.42）の鉄葉鑵中に同號の四の調合剤約二十匁（１個の分量）及小豆大の石約二十粒を容れて其外部を西の内と称する紙にて糊を以て貼付すること約四枚猶其上部を針金にて縦横十文字様に結束し擲つ時は其爆發の効果人を傷害するに足るや否（どうか）又前記の鍍を用ひすして右同一の寸法の亜鉛製鉄製若くは真織製の鑵を前同一の外部装置を施したる上之を擲つときは其爆裂の効力彼是差異を生するや否（どうか）を鑑定するに

次に、右実験上の結果による推定に基づいて、直径１寸長さ約１寸８分のブリキ缶中に、調合剤20匁（上記１個の分量）及び小豆大の石約20粒を入れて、その外部を西の内という紙に糊を使って約４枚貼付け、その上部を針金で縦横十文字様に結束して投げる時は、その爆発の効果は、人を傷害するに足りるかどうか、また、前記のブリキ缶を用いずに同一の寸法の亜鉛製鉄製もしくは真織製の缶を同様の外部装置を施した上で投げたときは、その爆裂の効力に差異を生ずるかどうかを鑑定すると、

第一段は明に其一個を以てするも（用いたとしても）人を傷害死に至らしむへし（だろう、推量）然るに人力を以て近距離に力を込めて拋け（投げ）得へき最大の量は之を五六個合せたるものなる可し故に一個のみに付視るときは其効力の如何は不論として稍（やや）過少なるの感あれとも製造者は一回一個宛を使用するか或は数個合成して一團とするか麼は随意に撰むを得るものと認む

　第一段（ブリキ製の缶）は、明らかにその1個を用いたとしても、人を傷害死に至らせるだろう、人力をもって近距離で力を込めて投げられる最大の量は、これを5・6個合わせたものである、1個のみについてみるときは、その効力はやや過少であるようにも思われるが、製造者は1回1個を使用するか、あるいは数個合成して1団とするかは任意に選ぶことができると認められる

　又第二段爆裂彈の外皮を鉄製亜鉛製又は真識製としたる場合は鉄葉製に比し肉厚き丈け爆發に際し破片を生するを以て効力を増すは恰も（あたかも）軍用に於ける榴彈彈体か破砕して其砕片飛散し人馬殺傷の効力を増大すると同様なれは前項実験を参照し一層危害の大なるは明に之を認め得るなり

　また、第二段（鉄製亜鉛製または真織製）の場合は、ブリキ製に比べて、肉厚である分、爆発に際し破片を生ずるので、効力を増す、あたかも軍用の榴弾が晴れるしてその破片が飛散し、人馬殺傷の効力を増大するのと同様である、前項実験を参照し一層危害が大きいことは明らかにこれを認めることができる

　又前項実験中鑵内に収容の小石も爆發に際し飛散して危害を及ほす素質となれるを認む
　是亦軍用に於る榴散彈の丸子（丸薬）と同し働を為すへきものと認む

また、缶内に収容した小石は、爆発に際し飛散して危害を及ぼすことが認められ、軍用の榴散弾の丸薬と同じ働きを為すものと認められる

　旨の記載
　押収第一號の一（鉄葉製小鑽切包一紙包二）
　同號の二（鉄製小鑵一）
　同號の三（鶏冠石）
　同號の四（調合剤）
　同號の五（塩酸加里）
　同號の一四四（鉄葉小鑵二個）
　同號の一〇二（藥研）の現在

3．判決の考察

　大審院は、幸徳らが作成した爆裂弾を「あたかも軍用の榴弾と同じような殺傷力の高いもの」であると認定した。

　大審院の理屈は、幸徳らによる大逆の謀議が存在し、その大逆を具体的に実現できるだけの「爆裂弾」を準備、実験したことから、犯罪の実行に至る現実的あるいは具体的な危険性が存在する。ゆえに、幸徳らに刑法73条（皇室危害罪—大逆罪ともいわれる）が成立するというものである。

　そうすると、刑法73条（皇室危害罪）の謀議が、「実現可能性のある具体的なものである」ためには、当然、爆裂弾が人を殺傷できるだけの破壊力を持たなくてはならない。なぜなら、爆竹のようなおよそ人を傷つけることができないものを準備したところで、大逆罪を実行できるはずがないからである。

　その意味で、大審院判決で行われた鑑定の結果は、大逆罪の成立にとって、極めて重要なファクターとなっている。

　では、この鑑定結果は、正しいものなのであろうか。爆裂弾の鑑定結果に疑義があれば、大逆罪の実現可能性が否定されることになる。そのため、大逆事件再審研究会では、鑑定結果の検証を行った。

4. 研究会における爆裂弾実験

　当研究会では、幸徳秋水らが明治43年1月1日に行った爆裂弾の実験を、大逆罪認定の重要なファクターであると考え、判決文記載の爆裂弾と同様の爆裂弾を作成し、実際にどの程度の威力を持つのかを検証した。判決文記載の鑑定書は資料1、検証結果は資料2である。
なお、大逆事件では、判決文が引用した鑑定とは別に、「リスリン」や「ニトログリセリン」を用いた場合の効力についても鑑定が行われているが、これは割愛する。

資料1　判決文鑑定書
(ただし、当研究会所属弁護士金子武嗣が最高裁保管記録の閲覧により手書きで謄写し、それをワード化したものである。)

鑑定書
明治43年6月15日
鑑定人　明石 東次郎
鑑定人　鈴木 卓造

鑑定書
明治43年6月3日宮下太吉外6名同月六日大石誠之助、同月12日森近運平に係る刑法第73条の罪の被告事件に付判事河島薹蔵より左の事項の鑑定を命ぜられしに依り之を検査するに其成績下に述ぶるが如し

鑑定事項
第一、長野地方裁判所松本支部に押収保管せる左記物件の成分及性能如何
一、大審院検事局押第一号三の一、二
　　　鶏冠石を称するもの
一、同号ノ四　紙包の調合薬剤
一、同号ノ五　塩酸加里と称するもの
第二、前記物件が爆発性のものなりとせば、其人体に対する危害の程度、危害を

装いふる方法及び分量如何

第三、前記支部に押収保管せる（大審院検事局押第一号の一、二）径約一丁長約一寸八分の鉄葉錐中に同号の４の調合剤20匁小豆大石約20粒を容し、其外部を西ノ内と称する紙にて糊以て貼付すること約４枚、猶其上部を針金にて縦横十文字様に結束し擲つときはその爆裂の効力人を傷害するに足るや否や、前記（同号の一、二）の錐を用いずして、右同一寸法の亜鉛製鉄製若くは真鍮製の罐に前同一分量の薬剤と小石とを容し、且つ外部の装置方法を施したる上之擲つときは其爆裂の効力彼置の差異を生ずるや否や

試験成績

　第一、長野地方裁判所松本支部に押収保管せる左記物件の成分及性能如何

　　第一の其の一　大審院検事局押第一号三ノ一、二

鶏冠石を称するもの

一、押第一号三ノ一 生瀘紙包のもの其量56匁同之鉄葉錐八其量225匁にして同一品なり 今之が鑑定を為す事左の如し

二、本品の橙赤色結晶状の粉末にして水に溶解せず

三、本品少量を木炭上に置き還元焔を以て熱したるに、蒜臭を放つ足し砒素を含有せる証左なり

四、本品の少量を取り摂氏50度の黄色硫化「アンモニア」液の注加したるに溶解したり、此溶液の塩酸の以て飽和し次に少量の硫化水素水を加えたるに黄色沈澱の折出す。是れ又硫素の反応なり。

五、本品の少量の王水を以て酸化し次に過剰の酸を躯逐したる後、塩化「バリウム」溶液を加えたるに白色の沈澱を生じたり是し、硫黄を含める証左なり。

六、本品の王水溶解し、定性分析（丹波下山両薬学博士著 定性分析書により）したるに砒素硫黄の外の塩基酸基を検出せず故に本品硫化砒素なることを知る。

七、硫化砒素は二硫化砒素系、三硫化砒素系及び五硫化砒素の三種あり、二硫化砒素は橙赤色にして鶏冠石と称するもの、三硫化砒素に鮮黄色にして硫黄と称するもの、五硫化砒素も亦黄色なり、本品は橙赤なれば二硫化砒素即ち鶏冠石たることを知る。

八、本品の少量と塩酸加里の少量を混し金鎚を以て打撃するに曝鳴を発し、是れ鶏冠石の特性なり

九、本品少量に塩酸加里を混じたるものを更に分取し是に小豆大砂粒2、3を加え紙に包み地上に擲げ付けるに曝鳴を発す。是又鶏冠石の特性なり

右各試験に依り本品は鶏冠石と鑑定する

第一の其の二
同号４の紙包の調合薬剤にして其量２、３匁今之が鑑識の為す事左の如し
一、本品は橙黄色粉にして白色結晶状粉末と橙赤色結晶状は粉末より成る
二、本品に水を注加するときには白色結晶状物は溶解し橙赤色結晶物は溶解せず
三、本品少量を採り火中に投ずる時は白烟揚げ爆鳴を発す
四、本品の少量を石上に置き鉄鎚にて打撃するときは、爆鳴を発す
五、本品少量を採り小豆大に砂粒三個と共に紙に包み、之を石上に擲つとき爆鳴を発す
六、水に溶解する成分と不溶解成分を濾別し、各別に乾燥し鉄鎚を以て打撃するに何れも爆鳴を放つことなし
七、本品一定量を秤量壜に採り百度乾燥器中に四時間、丙丁は硫酸乾燥器中に四十時間乾燥したるに次の結果を得たり
　　此滅失量は本品の含有する水量たり
　　　甲　乙　丙　丁合剤及び秤量瓶壜重量（瓦）23.482022.750423.656423.0806秤量壜の符号及び重量（瓦）18.872819.112020.084418.8727合剤の量（瓦）4.60923.63843.51204.2078乾燥後合剤及び秤量壜の重量（瓦）23.480122.747423.655423.0785水分（瓦）0.00190.00300.00100.0021百分中の水分百合率0.040.080.030.05平均0.05
八、水に溶解、不溶解分の試験
　　本検体を「ビーカー」に秤収し沸湯もって溶解分を溶解せしめ之を重量己知の濾紙にし濾過し不溶解分を濾紙上に集め更に温湯にして７回洗じょうし溶解分の全員を溶出し乾固結晶を得て之を其三塩酸加里と同一の試験を施したるに同一の結果を得。
依って溶解分全員を塩酸加里と鑑定す。

不溶解分は濾絶と共に百度乾燥器中にて恒量を得る迄乾燥（十九時間）して得たるものに就き、本項其一鶏冠石と同一の試験を施して得たれば、不溶解分は鶏冠石と鑑定す。
右試験に依り本調合剤は、塩酸加里と鶏冠石との最も適当に配合せる調合爆薬剤にして打撃摩擦に依り容易に爆発をなし尋常火薬より強く棉火薬又は「ニトログリセリン」等より劣たる爆発力を出すべし

第一の其の三

同号の五の塩酸加里と称するもの

本検体に塵紙袋に収納せられたる白色結晶状の粉末にして其の量約92匁を有す今之が鑑識を為す事左の如し

一、只本品は白色結晶状の粉末にして冷水に少量に温水に容易に「アルコール」に僅かに溶解す。而して水溶液に中性なり。

二、本品を沸湯に溶解し再結晶せしめたるに無色菱板状或は葉状の結晶と生じ此結晶は気に触れて変化せず。

三、本品少量と硫黄とを混じ、右上に置き鉄鎚にて打撃したるに爆鳴を発したり。

四、本品と白糖を金等分に混じ、濃硫酸六滴を滴下したるに紫色の焔を揚げて燃焼したり。

五、本品の少量を灼熱したる本炭上に投じたるに鳴響を放ちたり。

六、本品の水溶液に塩酸を加え熱したるに塩素を発生す。是れ塩素酸なるの証左なり。

七、本品の水溶液に酒石酸溶液の過剰に加えたるに白色結晶性の沈澱を生ず。是れ塩素酸塩の反応なり。

八、本品の水溶液に硝酸銀溶液を滴下したるに、白色沈澱を生ぜず是れ塩化物を含有せざる証左なり。

九、本品の白金板上に灼熱したる後に水に溶解し、其水溶液に硝酸銀を滴下したるに白色塩化銀の沈澱を生じたり。是塩素酸塩たる証左なり。

十、本品の白金線に附着し火焔中に入れたるに加侖謨固有の紫色焔を放ちたり

本各試験により本品は塩酸加里なることを知る尚ほ、重子て之を定性分析（丹波下山両薬学博士著定性分析書に撚り）するに塩基に加里、酸基に塩素酸の外他の硝酸塩、塩化物等を検出せず。

　　第二、前記物件が爆発性のものなりとせば、其人体に対する危害の程度、危害を装いふる方法及び分量如何

第一の其の二の調合剤は前に述ぶるが如く塩酸加里及鶏冠石を粉末となし配合したるものにして、衝撃摩擦に感じ易き性を具する爆発薬なり。而して之が人体に対する危害の程度を与うる方法及び其の分量を推定せんが為め左の実験を為す。

爆発弾の装法石調合剤瓶内に小石と共に収容し紙を貼り密封す。

右爆弾製法は衝撃摩擦により容易に爆発すべき調合剤と小石数粒とを密閉鑵内に収容するを以て之を投擲して其硬度の検体に着するときに内容小石と小石及び錐との跳撃により起爆せしむるものにして手擲爆弾の製造法として完全なり。而し

て本項其二の人体に危害を及ぼす方法としては即ち、之を目的とする人体に近接して投げ付け爆発せしむるにあるものとす。

爆発実験

明治43年6月10日、6月13日 板橋火薬製造所稲付射撃場に於て

（イ）爆弾一個を採り、人力にて厚さ約三分の鉄板に向い凡そ四間の處より投げ付けたるに轟然爆発せり（第一写真図）。

　其効力は鉄板に対し著しき効果を認め難きも経約一尺五寸に瓦斯を叩き付ける後を残し鉄葉鈑の一破片は側方約二十間の處に達したり、右二回施行するに必ず爆発す。

（ロ）爆弾一個を採り人力にて厚さ約七分巾八寸の杉板を地上に置き之に向い上方凡そ四間の處より投げ付けたるに、轟然爆発し其着発せる局部を砕き板二個に破折せられ木片の一部の地上に打ち付けらる。右二回施行せるに大約同様の結果なり（第二写真図）

推定

此結果は木板に衝撃して必ず爆発するを示す。又木板を殆ど同様の硬度を有する人体中頭部、肱、膝等に対し衝突する時は、又爆発せしめ得べきて知るべし。而して其効用は爆弾一個を以て、人の頭脳を破砕し得べし。又若し密接爆発をなし得れば胸部又は背部等を破りて内臓を破傷し得べきかつ顕わしたものと認む

（ハ）爆弾一個を採り人力を以て砂利気なき稍条かき地上に対し上方凡四間の處より四回投げ付け試験せしに左の如し

第一回　　一回の拠付にて爆発

第二回　　二回不発し三回目爆発

第三回　　一回にて爆発

第四回　　一回にて爆発

而して其効は中経一尺の円形を中心の深さ五分或いは一寸なる凹所を成形す。

推定

此結果に此上地殆ど其硬度を等しくする人体中背部及び四肢等に強く打ち付けたるときに、其多くの場合には着じたる位置に爆発し其部分を破砕傷害すべし。而して四肢にありたるは全て切断し背部にありては脊髄を打破し内臓を害すべし。

（ニ）爆弾の一個を採り人力を以て全く篩と川砂のみを堆積させる者に対し凡四間の所より打ち付けたるに数回之を施行するも爆発せしむに至らず。但し、此爆発の成否は爆弾の有する率の問題にして近く強力を以て衝撃せば、仮令堆砂と雖も爆発せしめ得べし。

推定

此結果は、人体中下腹部其他服装上緩和なる部分即ち和装の袖或いは洋装上衣の垂レ等に打ち付けられたる場合には特に近接して強力を以てせざれば其多くの場合は爆発せざる事知るべし

（ホ）爆弾一個の周囲一尺の杉丸太（長さ二周）に層接し置き発火せしめたるに層接の局部本質砕片仮に数條亀裂を生じ勾大尺強吹飛ばされたり。又一側に爆弾を均等に約六寸隔て置たる丸太には猛烈に瓦斯を吹付之に着たる布片は裂け丸太（長九尺）は凡そ三尺飛され且つ鑵の破片凡方五分のもの二個命中し一個は深さ八分侵微し一個は深さ一分の痕跡を止む

推定

此結果は密接爆発する時は周囲一尺の本質を殆ど打砕するを以て人体中の大腿部も之打砕し瓦斯の力にて吹き飛ばし以て他の部分の迫害を及ぼすに足るべきも僅に五六寸を離した時に火傷及び若干の裂傷を生じ且つ破片を射込まれ大負傷を蒙るべきも折断する能わざるべきを知る。

（ヘ）爆弾二個を採り前項に等しく周囲一尺の杉丸太に層接し置き発火せしめるために（第三写真図）層接の局部は前項と同様にして長五寸の本質は砕け縦にも裂け且つ金の二個に断せられ共に爆発力の高め吹き飛され旧位置より三周の處に（第四写真図）の形に異動せらる

又は一側に爆弾を約六寸を隔てて置きたる丸太に猛烈に熱瓦斯を吹き付け之を巻きたる布を焼き舊位置より九寸二寸異動せしめ之に鑵の破片小石等五個を射入し内一個深く七分地に一部内外なり。但し丸太長さ九尺周囲一尺

推定

効前項に比し一層強ければ、人体に対する傷害も前項以上なること確実なり。然るに約六寸隔つる時に仮令切断せしむに至らずも大なる火傷及び裂傷並びに不正形の破片小石等の射入に依り大傷害を蒙るべし且頭部又は胸部にあては甚しき脳震盪或いは裂傷等の為め即死せしむるを得べし。

（ト）爆弾一個の周囲約一尺五寸の杉丸太（長約二間）に層接し置き発火せしめるために層接の局部は木質砕け、縦方面に数條の亀裂を生じ丸太は約六尺吹き飛ばさる又一側に爆弾と約六寸を隔てて置きたる布を巻きたる丸太（周囲一尺五寸長約二間）には猛烈に熱瓦斯を吹き付け布は裂け丸太は約一尺五寸飛ばされ且鑵の破片四個命中し侵徹の深さ五乃至六分にして大形なるものは幅五分長九分に達す。

（チ）前項と等しき装置を以て爆弾一個の代わりに二個を採り発火せしめたるに其効が前項に比し大にして層接局部の木質破砕の跡亀裂の数並に其大きさを増し、爆薬層接反対側にも層接の為亀裂を生じ原位置より十四尺の場所に吹き飛ばされ

たり。

又一側を爆弾を約六寸隔て置きたる丸太（布を巻きたる）には熱瓦斯を吹き付けたる景況（ト）項に比し、一層激しく丸太の原位置より九尺吹き飛ばし鑵の破碎幅五分長一寸乃至一寸五分のもの三個及び稍小なるもの一個五乃至六分の深さに侵徹せり

（ト）及び（チ）項に対する推定

此結果に（ホ）及び（ヘ）項に対する推定を反覆証明すれば外木材の抗力大なる時は其小なるものより木材の挫砕等に対して損害の程度少なしと雖爆弾より五六寸を隔つるもの丸太の大形なる鑵破片を受くるの数多く且熱瓦斯を受けたる度、大なるため吹き飛ばされることを亦大なり

（リ）爆弾一個を採り１寸板を以て作りたる箱（長約三尺幅一尺五丁深さ二尺）の一長側外面に接して発火せしめたる層接場所に於て幅三寸長約二尺の波孔を生じ破片は遠く飛散し爆薬より約一尺五寸隔たる箱反対側の内面には鑵破片四個を射入せり（第五写真図）

推定

右の結果は馬車等の外方木部に爆弾一個を投じたる場合の推定しうるものにして車内車壁より一尺四五寸を隔てて位置する者は鑵の破片又は破砕木片の為めに負傷を受くべし。而して之より近く位置する者は火傷及瓦斯の為に裂傷を受くべし

（ヌ）箱の上面一例を厚約五厘長幅幅共約一尺八寸の硝子板三枚を重ね合わせて張り之に爆弾一個を上方約四間の處より投げ付けるに爆弾は硝子板に命中と同時に爆発と硝子全部二三匁より大きなるは三、四丁の大きさに破砕せられ其大部分は約二間四方に飛散し稀に数間に達するものあり。箱の内面には鑵砕片及硝子片射入しあるを見る。

推定

此の結果は厚硝子を以て作りたる車套等に爆弾を投げ付けたる場合には容易に爆発し車内にある者に対しては硝子より隔離する距離に従い被害の程度に差異あることを前数項に実験するが如しと雖、一尺四、五寸を隔つる場合に於ては次項（ル）に述ぶるが如き傷害を受くるのみならず尚硝子破片の如き硬質物飛散の為人体を傷害する度一層大なるべきを認む

（ル）約三尺四方箱（板厚一寸）の中央に爆弾一個を装置し発火したるに箱の各内側には一側毎に各鑵の破片五乃至十六個を射入し、其深さ五乃至六分に達し内三個は板（厚一寸）を射貫して長約一寸の幅約二、三分なれば、不整形の射孔生ぜり

推定

爆薬一個の空間に於いて爆発する時、其爆弾の破砕片及小石等が如何に上下四面に向て乱射せられるかの傷を見るに足るものにして、之より隔つる事一尺乃至一尺五寸の場所に及ぼす効力に熱瓦斯の圧力及爆薬容器破片並に小石の頭部其他各部分に対しての裏被の射貫して、其内部に侵入し得べきを現示せり。

（ヲ）三尺四方の箱の外側に爆弾五個を層接して発火したるに（第六写真図）箱の一例は全く破壊し、箱は約四尺一転倒して跳ね飛ばされ、他の三例内面には破片数多射入し爆薬層接の反対側板に瓦斯圧の為剥離せり（第七写真図）。

推定

右の結果に爆弾五個を馬車等の外側に投擲したる場合を推定し得るものにして此場合に談馬車、破壊覆し内乗者は爆弾の破片小石又は車体の破片或いは熱瓦斯のため爆傷火傷等大惨事を受くべきを認め得べし

（ワ）爆弾の薬量減じて十匁となし其一個を採り高約四間の場所より厚六分の板を以て作りたる箱上に投げ付けたるに轟然爆発し、着部長一尺五寸幅約二寸五分の破壊せり

推定

右の結果は爆薬を前諸項試験の半量即ち十匁に減じたる場合に於いても密接して爆発せしむるときは良い人の頭蓋を破り又は胸部背部等に的中するも内臓を破傷し得ることの称するものにして爆薬二十匁の場合に比し大なる遜色なり。人体中の主要部に密接爆発することにより、人命を奪うに足るの効力あると認めらる

実験結果についての結論

以上数多実験の示す所を綜合する時は、人体に危害を與ふる調合剤の分量は一個の半量即ち十匁を以てするも人体の主要部分に命中せば生命を奪ふに足るべく、一個二個と其量を累加するに従い危害を増大し、五箇を合成する時に人体に命中せずして若干距離の其物体に當り爆発するも又能く人命を絶ち得べし

第三、前記支部に押収保管せる（大審院検事局押第一号の一、二）径約一丁長約一寸八分の鉄葉錐中に同号の４の調合剤約20匁小豆大石約20粒を容し、其外部を西ノ内と称する紙にて糊を以って貼付すること約４枚、猶其上部を針にて縦横十文字様に結束し擲つときはその爆裂の効力人を傷害するに足るや否や、前記（同号の一、二）の錐を用いずして、右同一寸法の亜鉛製鉄製若くは真鍮製の鐘に前同一分量の薬剤と小石とを容し、且つ外部の装置方法を施したる上之擲つときは其爆裂の効力彼置の差異を生ずるや否や

鑑定

本項第一段に前に掲げたる実験場の結果による推定を以て明に其一個のみに就き視る時に、其効の如何に不論として稍過少なるの間あれども製造者は一回一個宛を使用するか、或いは数個合成して一団とするかは随意に擇むをえるものと認む。又第二段爆発弾の外皮の鉄製亜鉛製又は真鍮製としたる場合は鉄葉製に此肉厚き丈、爆発に際し破片を生ずるを以て、効力を増すと雖も軍用に於ける榴霰弾体が破砕して其破片飛散し人馬殺傷の効を増大すると同様なれば前項実験中鑵内に収容の小石も爆発に際し飛散して危害を及ぼす素質霰となるを認む。是亦軍用における榴霰弾の丸子と同じき働きを為すべきものと認む。

右の鑑定は明治43年6月3日之を命ぜられ直ちに着手、同月4日長野地方裁判所松本支部に到り、同月5日同所により押収保管の物件を受領し、同月6日帰京、同月7日午後1時より東京府板橋町陸火薬製造所稲目射撃場に於て第一回の爆発試験を行い同月13日同所に於て第二回の爆発試験を行い、同日午後2時30分試験終了同15日午後3時此鑑定を終る

明治43年6月15日

鑑定人　明石　東次郎
鑑定人　鈴木　貞造

第1〜第7写真（略）

資料2　研究会鑑定書

鑑定書

2011年12月23日

実験責任者（元東京都立大学教授）

湯　浅　欽　史

鑑定主文

第1、鑑定依頼事項

鑑定依頼事項は以下のとおりである（当職とは湯浅元教授である）。

下記のとおりの物体（「本件試験体」という）について、約5間（約 9.09m）の距離に投擲した場合に、爆発するか否か。爆発した場合の爆発の威力はいかなるものか。

記

以下の物体

直径約1寸（約3.03cm）長さ約2寸（約6.06cm）の薄鉄製亜鉛引の罐（蓋付き）に、塩素酸カリウム60％（45グラム）、鶏冠石粉末40％（30グラム）の割合で調合した薬品二十匁（75グラム）に、小豆大の小石二十個を交せ、その上を「西の内」という和紙で巻いて、その上を銅の針金にて縦横に縛った物体

第2、鑑定主文

1、爆発の有無

（1）本件試験体は、爆発する場合としない場合があった。

（2）爆発の場合に、約130db（修正後約150db）の発音と発煙を生じる。その原因は、鶏冠石の質によると判断され、爆発すらしないものもあった。

（3）同じ試験体でも、投擲者の投擲の仕方か又は試験体のあたり方によって、破裂したりしなかったりした。

2、爆発した場合の威力は、

（1）厚さ1.8cm のベニヤ板で穴が開かず、これを貫通するだけの威力はなかった。

（2）厚さ0.8cm のベニヤ板では端にあたり穴が開いたが、はたして端の部分でなければ貫通したかどうか不明である。

（3）厚さ1cm の段ボールは燃焼したが、それに重なる段ボール部分には影響がな

かった。

鑑定の理由
実　　　験

本件鑑定のため、別紙の試験体と同一物をつくり、現実に投擲して、結果を検証
した。

第1、材料の入手
（1）鑵（蓋付き）
　直径約1寸（約3.03cm）長さ約2寸（約6.06cm）の薄鉄製亜鉛引の鑵（蓋付
き）が必要であったが、これは特別に製造しているところがなかった。
　そこで、既製品でないか探したところ、東邦金属工業株式会社（本社東京都江
戸川区松島4丁目37番6号）製造の七味唐辛子の販売のための容器で、同じ薄鉄
製亜鉛引で同じ大きさの鑵（蓋付き）があり、これを使用することにした。
　なお、同容器には七味唐辛子を振り出す穴があるが、容器の耐用性に問題はな
いと判断した。
　容器の重さは、本体が約13g、蓋が約4gで、あわせて17gであった。
（2）塩素酸カリウム
　キシダ化学株式会社製造の1級塩素酸カリウム（純度99％以上）の500g瓶に入
ったものを入手した。
（3）鶏冠石
　鶏冠石は、岩石で、固まっている。予備実験では、Ｊ、STELLA（札幌市東区
北23条東15丁目5-27第7カンダビル2階）から、274gのものを入手した。
　2回の予備実験では、鶏冠石の品質に課題があると判断し、鶏冠石は、実験場
の提供をうけた細谷火工から200gの粉末を提供いただいた。第一薬品興業株式会
社から購入して保存してあったものである。粉末は中国から輸入したものであり、
硫化水素70％の純度である。
（4）和紙
　西ノ内2・3判を株式会社小津商店（東京都中央区日本橋本町3-6-2小津
本館ビル）から入手した。
（5）銅線
　予備実験（その1）では＃28（約0.35mm）をホームセンターで入手し使用した。
予備実験（その2）と本実験では、当職の自宅にあった直径約1mmのものを使用
した。

（6）小豆大の小石

　湯浅欽史の自宅の庭の表面土砂を篩い選別したものである。20個では、重さは約6g ないし7g である。粒子形状は角ばっており、砕石屑を思われる。

第2、予備試験（その1）

1、試験体の製造

（1）製造の時間・場所

　投擲のための試験体製造は、平成23年6月16日（木）午前12時20分から午後1時30分までに、大阪府堺市南区の弁護士金子武嗣の自宅コンクリート製車庫で行った。

（2）材料の混合

　鶏冠石は粉末化したものを持参した。これは、当職が平成23年6月13日から同月15日までに、自宅で乳鉢にいれ、乳棒で擦ってあらかじめ粉末化したものを持参した。

　500g 瓶入りの塩素酸カリウムの性状は微結晶なので、製造場所で、乳鉢と乳棒を用いて粉末化した。

　予備試験は、試験体を2個製造することにした。1個につき75g（20匁）なので、塩素酸カリウム60％、鶏冠石粉末40％になるように、塩素酸カリウム45g と鶏冠石粉末30g を用意した。両者を A4の用紙に乗せて、用紙を操作してよく混ざるように混合し、75g の混合物（以下「混合体」という）を、2回にわけて製造した。

（3）鑵への封入

　鑵の本体部分の振り出し穴をセロテープで塞ぎ、混合物が漏れないようにしたものを用意した。その中に小豆大の小石20個（約6g）を入れその上から混合物を鑵に封入していった。

　与えられた条件では、塩素酸カリウム60％（45g ラム）、鶏冠石粉末40％（30g）の割合で調合した薬品二十匁（75グラム）が鑵に入るはずであるが、2個の試験物とも、すべて入りきらず、若干の混合物が残った。

　1個目は、混合物の残量を計測すると7g であり、内部には68g が入ったことになる。容器（13g）と小石（7g）の重量が20g なので、試験体の総重量は88g となった。

　2個目は、混合体の残量を計測すると5g であり、内部には70g が入ったことになる。容器（13g）と小石（7g）の重量が20g なので、試験体の総重量は90g となった。

（4）試験体の包装

上記の封入作業の後、鑵を和紙（西ノ内）で包み、糊付けをした。それに、銅線（直径1mm）で縦に３回巻き、胴体の横に３回巻き、胴体の横に３回巻き、それぞれの交差する部分（上下２ヶ所　横４ヶ所）を短い銅線でさらに二重に巻き留めて補強した。合計２個 完成させた。

　なお、試験対には、本体に１から２までの番号を付した。

２、投擲の実験

（１）実験の日時・場所

　大阪府堺市南区の公園である。平成23年６月16日に、場所を移動して、午後１時45分から実験開始し、午後２時30分に終了した。

　標的は、同公園内にある石組の擁壁である。10間（9.09m）の地点から、擁壁に向けて試験体を、直接ぶつけるもので、２個それぞれどのようにあるか、検証した。

　なお、当日の天候は小雨であった。

（２）第１試験体の投擲実験

　試験体１を、目標に投擲したところ、パンという大きな音と白煙が舞い上がり、約30cm 位の距離にある側溝に、胴が開いた容器と容器を包んでいた和紙が開いたまま、落ちていた。容器の中身はなかった。

　目標の衝突部分には、和紙（約2cm　3cm）が付着していた。

　また、白く煙った痕跡が縦約5cm、横約10cm に亘って存在した。これは衝突時の白煙の付着と思われた。

　なお、それ以外には破壊などの痕跡は認められなかった。

（３）第２試験体の投擲実験

　試験体２を、目標に投擲したところ、ブスーという鈍い音と白煙が少し出たが、第１の実験ほどではなかった。容器は周囲の紙が残り、底が抜けた状態で、目標の下部分に墜ちていた。

　目標の衝突部分には、験体１と同様に、白く煙った痕跡が縦約5cm、横約10cm に亘って存在したが、それ以外の痕跡は残っておらす、破壊などの痕跡は認められなかった。

（４）実験の結果

　試験体はいずれも目標に衝突し、破裂した。しかし、いずれも、音と白煙は上がったものの、目標物に破壊力はほとんどなく、いわば「花火」「爆竹」のようなものということができる。

第2、予備実験（その2）

　予備実験（その1）の結果を踏まえて、予備実験（その2）では、試験体の破裂した場合の威力も検証できるように、試みた。

1、試験体の製造
（1）製造の時間・場所

　投擲のための試験体は、平成23年6月26日（日）午前10時から11時30分までに、東京都足立区綾瀬の喫茶店で、8個製造した（以下「本件製造場所」という）。
（2）材料の混合

　鶏冠石は粉末化したものを持参した。これは、当職が平成23年6月19日に自宅で乳鉢にいれ、乳棒で擦ってあらかじめ粉末化したものである。

　500g瓶入りの塩素酸カリウムの性状は微結晶なので、本件製造場所で、乳鉢と乳棒を用いて粉末化した。

　塩素酸カリウム60％、鶏冠石粉末40％になるように、塩素酸カリウムの粉末と鶏冠石粉末とを、A4の用紙に乗せて、用紙を操作してよく混ざるように混合し、75gの混合物（以下「混合物」という）を製造した。
（3）鑵への封入

　鑵の本体部分の振り出し穴をセロテープで塞ぎ、混合物が漏れないようにしたものを用意した。その中に小豆大の小石20個（約6g）を入れ、混合物を鑵に封入していった。

　与えられた条件では、塩素酸カリウム60％（45グラム）、鶏冠石粉末40％（30グラム）の割合で調合した薬品二十匁（75グラム）が鑵に入るはずであるが、8個の試験体とも、すべて入らず、若干の混合物が残った。その詳細は以下のとおりである。

試験体	試験体の重量（計測）	容器と小石の重量（計測）	試験体に入った量（混合体）
1	80g	23g	57g
2	84g	23g	61g
3	88g	22g	66g
4	87g	22g	65g
5	88g	22g	66g
6	91g	22g	69g
7	89g	23g	66g
8	89g	22g	67g

注）入った量（混合物）は、試験体の重量から、鑵の重量と小石の重量4gを控除して、算定した。

（4）試験体の製造

　上記の封入作業の後、鑵を和紙（西ノ内）で包み、糊付けをした。それに、銅線（直径1ミリ）で縦に3回巻き、それと直角に縦に3回まき、胴体の横に3回巻き、それぞれの交差する部分（上下2ヶ所　横4ヶ所）を銅線でさらに2重に巻き留めて補強し、8個完成させた。

　なお、試験体には、本体に1から8までの番号を付した。

2、投擲の実験

（1）実験の日時・場所

　東京都足立区千住5丁目の国道4号線の千住新橋の下である。

　平成23年6月26日（日）に場所を移動して、午後1時15分から実験開始し、午後2時30分に終了した。

（2）実験の方法（予定）

　千住新橋の橋脚（コンクリート製）を目標として、10間（9.09m）の地点から、

　①コンクリート壁面へ直接ぶつける（第1の実験）。

　②コンクリート壁面に段ボールをはりつけ、ぶつけて段ボールの様子を見る（第2の実験）。

　③板（60cm×60cm×0.9cm）を立ててぶつける（第3の実験）。

　④ベニヤ板（60cm×60cm厚さは0.4cm）を立ててぶつける（第4の実験）。

　⑤段ボール（60cm×60cm厚さは0.5cm）を立ててぶつける（第5の実験）。

　⑥コンクリート壁面にぶつけるとして、

　　半径50cm、1m、2m程の位置を図って、

　　　　イ、水を入れた500ml（ミリリットル）のペットボトルを置き、影響を見る（第6の実験）。

　　　　ロ、水を入れた2L（リットル）のペットボトルを置き、影響を見る（第7の実験）。

以上の実験をする予定であったが、後記のとおり実験は実現できなかった。

（3）現実の実験

　当初、幅3cm奥行き4cm高さ180cmの木材を30cmの幅でコンクリート橋脚に接して2本立て、それに段ボール（幅60cm×高さ90cm厚さ5cm）をくくりつけ、目標とした（以下「段ボールの目標」という）。

（1）　試験体1の投擲

　①試験体1を使用して、10間（9.09m）の距離から直接ぶつけたが、段ボールの目標にあたらず、コンクリート壁面にぶつかったが、なんら破裂しなかった。

②試験体1は少し変形したものの、再使用可能と判断し、もう一度10間（9.09m）の距離から投擲をしたところ、目標にあたらず、コンクリート壁面にぶつかった。壁面から地上の落ちる途中で小さい発火が発生し、容器の底を包む和紙が燃焼したが、本体部分の和紙は燃焼しなかった。破裂音はなかった。残った容器内に混合物の残渣はなかった。

（2）　試験体2の投擲

　試験体2を使用して10間（9.09m）の距離から投擲したが、段ボールの目標にあたらず、コンクリート壁面にぶつかったが、なんら破裂しなかった。

（3）　試験体3の投擲

　試験体3を使用して10間（9.09m）の距離から投擲したが、段ボールの目標を支える木材部分にぶつかったが、なんら破裂しなかった。

　そこで、不発が多いので、もう一度当初から条件設定を変えて、橋脚のコンクリート壁面にぶつけることにした。

（4）　試験体4の投擲

　試験体4を使用して投擲し、コンクリート壁面にぶつかったが、なんら破裂しなかった。

（5）　試験体5の投擲

　試験体5を使用して投擲しコンクリート壁面にぶつかったが、なんら破裂しなかった。

　あまり、不発が続くので、再度条件を変更し、橋脚コンクリートから、5m地点から投擲することにした。

（6）　試験体6の投擲

　試験体5を使用して5m地点から投擲し、コンクリート壁面にぶつかったが、なんら破裂しなかった。

（7）　試験体7の投擲

　試験体7を使用して5m地点から投擲し、コンクリート壁面にぶつかったが、なんら破裂しなかった。

（8）　試験体8の投擲

　試験体5を使用して5m地点から投擲し、コンクリート壁面にぶつかったが、なんら破裂しなかった。

　ここで、投擲者を変えて投擲することにした。

（9）　試験体2の再度の投擲

試験体 2 を使用して 5m 地点から投擲し、コンクリート壁面にぶつかったが、なんら破裂しなかった。

(10)　試験体 3 の再度の投擲

試験体 3 を使用して 5m 地点から投擲し、コンクリート壁面にぶつかったが、なんら破裂しなかった。

ここで、投擲者を変えて投擲することにした。

(11)　試験体 4 の再度の投擲

試験体 4 を使用して 5m 地点から投擲し、コンクリート壁面にぶつかったが、なんら破裂しなかった。

(12)　試験体 5 の再度の投擲

試験体 5 を使用して 5m 地点から投擲し、コンクリート壁面にぶつかったが、なんら破裂しなかった。

(13)　試験体 6 の再度の投擲

試験体 6 を使用して 5m 地点から投擲し、コンクリート壁面にぶつかったが、なんら破裂しなかった。

(14)　試験体 7 の再度の投擲

試験体 7 を使用して 5m 地点から投擲し、コンクリート壁面にぶつかったところ、壁面から地上の落ちる段階で発火し、容器の和紙が胴の部分の縦半分で燃焼した。破裂音はなかった。容器内に混合物はなかった。

(15)　試験体 8 の再度の投擲

試験体 8 を使用して 5m 地点から投擲し、コンクリート壁面にぶつかって、地上に落ちたが、その際白煙が上がっただけで、なんら破裂しなかった。

(16)　試験体 5 の 3 度目の投擲

試験体 8 を使用して 5m 地点から投擲し、コンクリート壁面にぶつかったが、なんら破裂しなかった。

(17)　試験体 5 の 4 度目の投擲

試験体 5 を使用して 5m 地点から投擲し、コンクリート壁面にぶつかったが、なんら破裂しなかった。

ここで、擲者を変えて投擲することにした。

(18)　試験体 2 の 3 度目の投擲

試験体 5 を使用して 5m 地点から投擲し、コンクリート壁面にぶつかったが、なんら破裂しなかった。

ここで、擲者を変えて投擲することにした。

（19） 試験体4の3度目の投擲

試験体5を使用して5m地点から投擲し、コンクリート壁面にぶつかったが、なんら破裂しなかった。

（20） 試験体3の3度目の投擲

試験体5を使用して5m地点から投擲し、コンクリート壁面にぶつかったが、なんら破裂しなかった。

4、実験の結果

以上、21回に亘るコンクリート壁面への投擲実験がなされた。うち、6回が9.09m地点から投擲であり、15回が、5mという近距離からの投擲であった。

破裂した試験体はなかった。発火を確認できたもの2回、白煙を確認できたものは1回に止まった。しかも、発火を確認できたもの2回のうち9.09mからの投擲は1回であり、2回は5mからの投擲であった。

本件実験では、破裂を前提として、その威力を検証するための、板、ベニヤ板、段ボールなどを用意したが、破裂がなかったため、これらの実験は不可能であった。

第3、本実験

1、はじめに

予備実験を踏まえ、本件鑑定のため、本実験として、別紙の試験体をつくり、現実に投擲して、結果を検証した。

2回の予備実験では、鶏冠石の品質に課題があると判断し、鶏冠石は、実験場の提供をうけた細谷火工から200gの粉末を提供いただいた。第一薬品興業株式会社から仕入れて保存してあったものである。粉末は中国から輸入したものであり、硫化水素70％の純度である。

なお、鑵（ブリキ）、塩素酸カリウム、西ノ内、小石は予備実験と、針金（直径1mm）は予備実験（その2）と同様であった。

本件実験では、細谷火工株式会社（以下「細谷火工」という）と代表取締役島井武四郎氏の協力を得た。

2、試験体の製造

（1）製造の時間・場所

試験体は、平成23年9月20日（火）午前9時00分から午前1030分までに、東京都あきる野市菅生1847番地細谷火工株式会社の実験室で当職が行った。

（2）材料の混合

鶏冠石は細谷火工から提供いただいたものである。

500g瓶入りの塩素酸カリウムの性状は微結晶なので、製造場所で、乳鉢と乳棒を用いて粉末化した。

本試験は、試験体を5個製造することにした。1個につき75g（2匁）なので、塩素酸カリウム60％、鶏冠石粉末40％になるように、素酸カリウム45gと鶏冠石粉末30gを用意して、A4の用紙に乗せて用紙を操作してよく混ざるように混合し、75gの混合物（以下「混合物」という）を、5回にわけて製造した。

（3）鑵への封入

鑵の本体部分の振り出し穴をセロテープで塞ぎ、混合物が漏れないようにしものを用意した。

その中に小豆大の小石20個（約6g）を入れ、混合物を鑵に封入してった。

与えられた条件では、塩素酸カリウム60％（45グラム）、鶏冠石粉40％（30グラム）の割合で調合した薬品二十匁（75グラム）が鑵入るはずであるが、2個の試験体とも、すべて入らず、若干の混合物が残った。その詳細は以下のとおりである。

試験体	試験体の重量（計測）	容器と小石の重量（計測）	試験体に入った量（混合体）
1	72g	22g	50g
2	73.6g	21g	52.6g
3	76g	21.5g	54.5g
4	74g	21g	53g
5	71.5g	21.8g	49.7g

（4）試験体の製造

上記の封入作業の後、鑵を和紙（西ノ内）で包み、糊付けをした。そに、銅線で縦に3回巻き、それと直角に縦に3回まき、胴体の横に3巻き、それぞれの交差する部分（上下2ヶ所 横4ヶ所）を銅線でさらに2重に巻き留めるて補強し、5個完成させた。

なお、試験体には、本体に1から5までの番号を付した。

3、投擲の実験

1、実験の日時・場所

東京都あきる野市菅生1847番地の細谷火工のDゾーンの実験場である。平成23年9月20日（火）場所を移動して、午前10時40分頃から実験始し、午前11時30分頃に終了した。当日は小雨であった。

２、実験場と投擲方法

　実験場は、高さ2.12m、正面幅5.1m、両側側面幅3.46m、ブロク幅9.12m で「コの字型」に囲まれたところである。

　投擲対象のベニヤ板・段ボールは、正面のブロックに立てかけ、ぶつけることにした。騒音計（データーロガー騒音計 MODEL SL-1352 ㈱カスタム）を使用し、測定点は9m 地点で測定した。発生源での音圧は距離補正係数 ＋18.4db が必要となる。

３、実験結果

（１）試験体１の投擲

　試験体１を使用して、10間（9.09m）の距離から、ブロックに直接ぶけたところ大きな音と白煙がもうもうと立ち上り、試験体は破裂し飛び散った。

　なお、音量計測では127.6db（補正では146db）であった。

（２）試験体２の投擲

　ベニヤ板（厚さ約0.8cm）を立てかけて、試験体２を使用して10間（909m）の距離から投擲したが、ベニヤ板にあたったが、破裂しなかった。

（３）試験体３の投擲

　（２）の実験でそのままとなったベニヤ板（厚さ約0.8cm）を２枚立てかけて、試験体３を使用して10間（9.09m）の距離から投擲したところ２枚の境目に当った。大きな音と白煙がもうもうと立ち上り、試験体は破裂し飛び散った。

　試験体が衝突した１枚の板部分の端がかけ、穴ができていた。穴は以下のとりである。表（横10cm ×縦12cm）、裏は板がめくれている部分あり（16cm ×縦20cm）で表と比較して横6cm と縦8cm が余分にめくれていた。

　他方のベニヤ板は、表にはこげた部分あり、裏はめくれた部分あり横7cm 縦4cm であった。

　これは板の端の部分に衝突したためのようである。

　なお、音量計測では133db（補正では151.4db）であった。

（４）試験体４の投擲

　ベニヤ板（厚さ1.8cm）を２枚を立てかけて、試験体４を使用して10（9.09m）の距離から投擲した。試験体４は、１枚の板の中央部に衝突した。大きな音と白煙がもうもうと立ち上り、試験体は破裂し飛び散った。衝突した板の表はこげて一部剥落した。その大きさは、横35cm ×縦6cm であった。しかし裏面までは貫通しておらず、裏は横に亀裂部分が５ヶ所（最高0cm）できただけであった。投擲者は田中伸尚。なお、音量計測では134db（補正では152.4db）であった。

第1章　幸徳秋水の再審請求の試みについて　109

（5）試験体5の投擲

　段ボール（幅1cm）を2枚重ねにしたものを立てかけて、試験体5を使用して10間（9.09m）の距離から投擲したところ、バウンドして段ボール衝突した。大きな音と白煙がもうもうと立ち上り、試験体は破裂し飛び散った。衝突した表の1枚だけは燃えたが、2枚重ねになっていた裏の1枚は異常がなかった。燃えた大きさは、縦15cm×横23cmであった。

　なお、音量計測では127.9db（補正では146.3db）であった。

（6）試験体2の再投擲

　不発であった試験体2を使用して、10間（9.09m）の距離から、ブロクに直接ぶつけたところ大きな音と白煙がもうもうと立ち上り、試験体は破し飛び散った。

　なお、音量計測では127db（補正では145.4db）であった。

　これで、試験体でも、投擲者の投擲の仕方か試験体のあたり方によって、破裂したりしなかったりすることが明らかとなった。

4、実験の結果

　以上、6回に亘るコンクリート壁面への投擲実験がなされた。本件実験ではすべての試験体が破裂した。いずれも、破裂した場合、130db（修正後150db）近くの大きな発音と発煙が発生した。

　（2）（5）の実験で、同じ試験体でも、投擲者の投擲の仕方か又は試験体あたり方によって、破裂したりしなかったりするむらがあることが明らかとった。

　本件実験では、破裂を前提として、その威力を検証するための、ベニヤ板、ボールなどを用意した。厚さ1、8cmのベニヤ板で穴が開かず、これを貫通するだけの威力はなかった。また、厚さ0.8cmのベニヤ板では端にあたったため穴が開いたが、たして端の部分でなければ貫通したかどうか不明であった。また、厚さ1cmの段ボールは燃焼したが、それに重なる段ボール部分には響がなかった。

　以上の実験から、試験体は破裂し、約130db（修正後約150db）の大き音と発煙を生じるが、直接衝突しなければ、人を傷害する能力はあるものの人を殺害に至る威力までは明らかとならなかった。

考　察

　本件実験をふまえ、以下のとおり考察を加えた。

第1、本件試験体と同一物からの考察

１、赤爆について

　本件試験体と同一のものが花火（煙火）にある。「赤爆」と呼ばれるものである。花火（煙火）は、可燃剤と酸化剤の混合物であり、酸化剤には塩素酸カリウム（「塩剥」といわれる　KCL03）が、可燃剤には鶏冠石（二硫化砒素　AS202）がある。

　「赤爆」は、塩素酸カリウム（塩剥）と鶏冠石によって組成されたものである。塩素酸カリウムは白色粉末である。鶏冠石は、石のままでは紅色をしているが、粉末化すると橙色になる。これを混合すると「橙色」の粉末となるため、「赤爆」（あかばく）と呼ばれている。

２、花火（煙火）の発音剤

　花火（煙火）には、発音剤が使われてきた。江戸時代には、花火（煙火）は、黒色火薬だけでつくられており、皮を強くしてその破裂音で効果を上げていた。明治になって、発音剤（雷薬）として「赤爆」が使用され、音は急激に大きくなった。

３、赤爆の使用の歴史

　塩素酸カリウムは、1879（明治12）年、マッチと共に塩素酸カリウムが輸入されたといわれている（吉田忠雄外「反応性化学物質の応用」４頁）。

　奈良の「小山煙火製造所（奈良県北葛城郡新庄町弁之庄)」の小山家の資料では、明治９年の「火術極傳記」に「エンソサンカリ」が利用された記載があり、同資料には鶏冠石の利用も記載されている。また、小山家の資料の「煙火調合控簿」（明治３年の再写、明治25年調」には、「西洋雷薬として、エンソサンカリ５匁、ケイカン３匁」の配合の記載がある（武藤輝彦「日本の花火のあゆみ」184頁〜186頁）。

　いずれにしても、明治中期（20年代）には、「塩剥（塩素酸カリウム)」に「鶏冠石」を混ぜて、花火の爆発音を出すのが普及している。少量で抜群の発音効果があったとされている。

４、赤爆の用途

　赤爆の用途は広い。発音を目的とする打上げ花火では花火の雷薬、玩具煙火では、かんしゃく玉、引き玉（クラッカー）、ネズミ花火の音など、大きさは用途にあわせていろいろ使用されている。

5、赤爆の使用量

　花火で使われた「赤爆」の量は、打上げ花火の発音剤（雷薬）で数グラムから数十グラムであり、かんしゃく玉・引き玉で数ミリから数十ミリグラム、ねずみ花火の発音薬で五十ミリグラム程度である。

6、赤爆の配合

　花火（煙火）用の赤爆は、塩素酸カリウム65％、鶏冠石35％の割合で混合していた。例えば、5段雷という5回鳴らす花火には、玉の中に音を続けざまに鳴らす発音体が5つ入っており、導火線のの長さによって5mmずつ差を設けており、打ち上げと同時に花火玉についている親導火線に点火し、玉が割れると共に発音体の導火線に火がつき、空中に放出され、導火線の短い順から破裂して爆音を発する仕組みとなっていた（細谷政夫外「花火の科学」35頁）。

7、赤爆の危険性

　花火業者は、多量の「赤爆」を貯蔵していたので、貯蔵中に自然爆発を起こすことがあり、事故の例がかなりあった。戦後、昭和35年の火薬類取締法改正を契機に、酸化剤を「塩剥（塩素酸カリウム）」から「過塩剥（過塩酸カリウム）」に、鶏冠石のかわりにアルミニュウムと二二合金を使うようになり、安全な雷薬ができるようになった（細谷政夫外「花火の科学」35、36頁）。

第2、まとめ

　以上のとおり、本件実験と類似物である赤爆との考察から、本件試験体の爆発の有無そして爆発の威力はつぎのようなものである。

1、本件試験体は、爆発の場合、約130db（修正後約150db）の発音と発煙を生じる。

2、しかしながら、試験体の威力は鶏冠石の質によって、様々であって、爆発すらしないものもあった。

3、同じ試験体でも、投擲者の投擲の仕方か又は試験体のあたり方によって、破裂したりしなかったりするむらがあった。

4、爆発した場合の威力は、

　①厚さ1.8cmのベニヤ板で穴が開かず、これを貫通するだけの威力はなかった。

　②厚さ0.8cmのベニヤ板では端にあたったため穴が開いたが、たして端の部分でなければ貫通したかどうか不明である。

　③厚さ1cmの段ボールは燃焼したが、それに重なる段ボール部分には影響がなかった。

5、以上の程度の危険性と威力であったから、煙火の発音剤として使用されていたものである。

5．判決文鑑定と当研究会鑑定の異同

以下に、判決文における鑑定と当研究会の鑑定の異同を示す。

資料3　判決文鑑定と当研究会鑑定の異同

	判決文鑑定	弁護団鑑定
材料	①鶏冠石 ②塩酸加里 ③調合爆発剤20匁 ④直径約1寸、長さ約1寸8分のブリキカン、④’亜鉛製鉄カン、真鐵製カン ⑤小豆大の石約20個	①鶏冠石 ②塩素酸カリウム ③①と②の割合6：4の調合爆発剤 ＊容器のサイズは研究会鑑定の方が大きいにもかかわらず20匁入らず ④直径約1寸、長さ約2寸の薄鉄製亜鉛引のカン ⑤小豆大の小石20個
調合剤について	一個の半量即ち十匁（1モンメ＝3.75g）を以てするも（単なる結びつき、前置きから本題へ、＊逆説ではない）、人体の主要部分に命中せは生命を奪ふに足るべく(推測、可能)、一個二個と其量を累加するに従ひ危害を増大し、五個を合成する時は人体に命中せすして、若干距離の其物体に當り爆發するも又能く（十分に）人名を絶ち得可き	調合爆発剤単体での検証はなし
外部装置を施した場合の威力（ブリキカン）について	明に其一個を以てするも（用いたとしても）人を傷害死に至らしむへし（だろう、推量）然るに人力を以て近距離に力を込めて抛け（投げ）得へき最大の量は之を五六個合せたるものなる可し故に一個のみに付視るときは其効力の如何は不論として稍（やや）過少なるの感あれとも製造者は一回一個宛を使用するか或は数個合成して一團とするか歟は隨意に撰むを得るものと思む	ブリキカンを用いての検証はなし
外部装置を施した場合の威力（鉄製亜鉛製又は真鐵製）	爆裂彈の外皮を鉄製亜鉛製又は真識製としたる場合は鉄葉製に比し肉厚き丈け爆發に際し破片を生するを以て効力を増すは恰も（あたかも）軍用に於ける榴弾彈体か破碎して其碎片飛散し人	厚さ1.8cmのベニヤ板で穴が開かず、これを貫通するだけの威力はなかった。また、厚さ0.8cmのベニヤ板では端に当たったため穴が開いたが、はたして端の部分でなければ貫通したかどうか不明であった。

について	馬殺傷の効力を増大すると同様なれは前項実験を参照し一層危害の大なるは明に之を認め得るなり	また、厚さ1cmの段ボールは燃焼したが、それに重なる段ボール部分には影響がなかった。 以上の実験から、試験体は破裂し、約130db（修正後約150db）の大き音と発煙を生じるが、直接衝突しなければ、人を傷害する能力はあるものの人を殺害に至る威力までは明らかとならなかった。
小石の役割	実験中鑵内に収容の小石も爆發に際し飛散して危害を及ほす素質となれるを認む 是赤軍用に於る榴散弾の丸子（丸薬）と同し働を為すへきものと認むる	小石単独の役割・威力についての検証はなし。

6．当研究会の検証結果を踏まえた判決の問題点

　当研究会の検証において、判決文鑑定の容器よりも大きいものを使用しているにもかかわらず、容器に20匁の調合爆裂剤が封入できなかった。これは、端的に判決が引用した鑑定が非常に杜撰な鑑定であったことを示している。

　また、当研究会の検証では、鉄製亜鉛引きカン（ブリキカンより強度）を使用したにも関わらず、判決が述べるような「軍用に於げる榴弾弾体か破砕して其砕片飛散し人馬殺傷の効力を増大すると同様」の威力は無かった。

　そうすると、幸徳らの準備した爆裂弾は、大逆罪の実行がおよそ不可能なものであったことになり、第3項（88頁）で述べたとおり、刑法73条の皇室危害罪の実現可能性が否定されることとなる。

　以上から、大逆事件における「爆裂弾」は、本来の爆裂弾の威力を前提としたものではなく、軍用に用いるような非常に威力の強いものとして、幸徳らに殊更に不利な証拠として扱われていることが明らかとなった。加えて、研究会鑑定書にあるように、大逆事件より前に起きた加波山事件では、本件爆裂弾とは異なる製法で破壊力の高い爆裂弾が使用されており、幸徳らが大逆の実行に本件のような「稚拙な爆裂弾」を用いるのは極めて不自然・不合理である。

　したがって、判決の幸徳らが「爆裂弾」を用いて、刑法73条皇室危害罪を実行しようとした、という認定には、合理的な疑いが残る。

7．当研究会の検証結果と大逆事件再審請求との関係

　再審請求には、証拠が新たに発見されたことに加え、その証拠が、請求人が無罪であることを明らかに証明する証拠（刑事訴訟法435条6号）であることが必要となる。

　当研究会の検証結果は、判決で引用された鑑定は誤りであり、幸徳らが製造したとされる爆裂弾は「大逆罪の実行がおよそ不可能なもの」である。

　第1項で述べたとおり、刑法73条の成立には、「謀議」が具体的な法益侵害の危険性を有するものである必要がある。実行がおよそ不可能な爆裂弾の製造したところで、具体的法益侵害の危険性が生じるはずもない。

　なお、宮下が完成した爆裂弾は1個であり、その投擲実験も1回限り（明治42年11月3日）で、宮下だけが立ち会って投擲したもので、幸徳、菅野、新村忠雄の誰もその破壊力（威力）を確認できていない。後日、明治43年1月1日、彼らは、宮下から材料であるブリキ缶等を見せられただけなのである。彼らは、そのような状態で、その威力なるものを無条件で信じていたというものであり、それで計画を進めるなどとは「杜撰」の極みであろう。

　したがって、研究会の鑑定書は、幸徳らが無罪であることを明らかに証明する証拠として、大逆事件の再審請求における新証拠として位置づけられるであろう。

［田中太朗執筆］

第2章

危害(大逆)罪の構成要件と予備の処罰

金 澤 真 理

1. はじめに

　近代史に残る重大事件のうち大逆事件として知られるのは、明治天皇に対する暗殺の企ての容疑で幸徳伝次郎（秋水）らが1910（明治43）年に検挙され、極刑を言い渡された事件である。起訴された26人のうち、24人の被告人には、非常に迅速な集中審理を経て、公判開始から約3週間の後、行為の態様や関与の程度の相違があるにも拘らず、一律に死刑判決が下され、しかも判決確定後1、2ヶ月を経てからの執行が通例であったのとは異なり、1週間後には12名の死刑が執行された[1]。

　思想統制を強めていた時の政府から見れば、不埒と評されうるにしても、未だ現実的なものとは言い難い言辞を弄したに過ぎない者への刑としては極端に重い。幸徳の言論に如何に影響力があるといえども、これに呼応した者のうち、数名が爆裂弾の製造、実験へと赴くにとどまったのが実相である。しかしながら、本事件の裁判では、行為に応じた責任が各個別に問われ、刑罰が科されるべきであるとする刑法の基本原則から逸脱しているとも見うる判決が下された。その主たる要因は、事件の実体判断のために適用された法条が皇室に対する罪に編別された危害罪（刑法第73条）であったことにある。同条は、「天皇、太皇太后、皇太后、皇后、皇太子又ハ皇太孫ニ対シ危害ヲ

---

(1)　他の12名は、特赦により死刑が無期に減じられた。「疾風のような裁判」という比喩を用いて非常な早さで終了した手続の問題を指摘するのは、松尾浩也「大逆事件」我妻栄編『日本政治裁判史録明治・後』（第一法規、1969年）544頁以下。また、審理の内容についても、判決文を読んでさえ、実行行為の存在は明確に肯定され得ないと批判する（同・557頁）。

加へ又ハ加ヘントシタル者ハ死刑ニ処ス」と、法定刑に死刑のみを規定していたのである。1907（明治40）年に成立した刑法に規定されていた同条は、1947（昭和22）年に削除され、もはや現行法上は存在しない。そのため本規定に関する実体法的考察は十分なされてこなかった。しかし、本条がどのような法益を保護し、また如何なる行為を対象とするものであったかを批判的に分析することで、そこに含まれた問題性を明らかにする必要は、今日も依然としてある。幸い検討材料としての立法資料は継続的に刊行されているうえ、法史学的観点からの浩瀚な資料に基づく大逆罪、内乱罪に関する包括的な研究がその解明の指針となる[2]。また、最近、規定の制定史を跡づけ、「危害ヲ……加ヘントシタ」という文言につき、比較法的視座から考察を加える研究が発表されている[3]。そこで、本稿は、これら先行研究も踏まえながら、幸徳秋水大逆事件再審プロジェクト[4]の趣旨に沿って、危害罪規定の実体法上の理論構造を批判的に検討し、本規定の解釈の意義と限界の解明を試みる。

2．規定の沿革

　皇室危害罪とも称される刑法第73条の規定は、明治憲法の下で、天皇、皇族を厚く保護する特殊な価値体系を前提として、個人を超えた皇室の尊厳を特別に保護することを本旨とした。日本の民主化に強い関心を寄せていた国際情勢の影響も一因となり[5]、規定の存在が日本国憲法の要請する法の下の平等の理念に反するとして、戦後、この規定が削除されたのは当然のことであった。しかし、日本国憲法を頂点とする戦後の統一的な価値秩序との齟齬

（2）　新井勉『大逆罪・内乱罪の研究』（批評社、2016年）。

（3）　市川啓「大逆罪における『加ヘントシタ』と謀議論」立命館法学385号（2019年）1126頁以下（同『間接正犯と謀議』（成文堂、2021年）所収187頁以下。以降の引用は本書による）。

（4）　石塚伸一「幸徳秋水大逆事件（1911年）の研究（1）〜連載を始めるにあたって〜」龍谷法学53巻4号（2021年）401頁以下。連載の一部を成す本稿では、共同研究の成果である性質を踏まえ、他の原稿との重複をおそれず、規定等の変遷についても本稿の叙述に資する限りで再掲する（前稿に倣い、原則として条文は、カタカナで、議会における議論の引用は、ひらがなで表記する）。

とは別に、この規定にはさらなる特徴があった。

　まず、本罪の解釈を検証するにあたり、その沿革を当該規定の原型が現れた明治初期にたずね、立法史を概観しよう。立法の近代化は明治新政府の体制整備と歩みを共にする。もっとも、明治維新後、全国に統一的な法制がただちに敷かれたわけではない[6]。可及的速やかな刑法典の編纂が要請される一方、暫定的に用いられた裁判上の準拠法たる仮刑律は公布にいたらず、新律綱領の編纂が急がれた[7]。仮刑律、新律綱領、およびその補足たる改訂律例は、いずれも律の系統に属するとされ[8]、就中、新律綱領には、唐律、明律の影響が指摘されている[9]。上記のいずれにも未だ危害罪の規定は置かれていなかった。ただし、新律綱領編纂時に既に西欧の刑法を学ぶべしとする気運があり、この間に策定された、既存法令の改正案たる校正律例の稿本には、英国をはじめ西洋法制の影響が看取された[10]。校正律例稿本中には、

（5）　1946（昭和21）年、GHQ のコートニー・ホイットニー民政局長は、木村篤太郎司法大臣に対し、不敬罪、大逆罪に関する規定を定めた刑法第73条から第76条までの条項を削除するよう求めた（国立国会図書館「不敬罪に関する件」（芳賀四郎文書291。http://www.ndl.go.jp/constitution/shiryo/05/150/150_001r.html）2頁）。中野次雄『逐条刑法改正の研究』（良書普及会、1948年）98頁以下参照。

（6）　1867（慶應3）年大政奉還後、緊急を要する国事の取扱いに関し、八ヵ條の伺書が出された。刑法に関しては、「刑法之儀ハ召ノ諸侯上京之上御取メ可相成ト存候得共夫迄ノ處ハ仕来通ニテ宜候哉（第6條）」とされ、これに対し、新政府は、「召ノ諸侯上京之上規則相定候得共夫迄之處ハ是迄ノ通り可心得候事」と回答した。新法制が整うまでは、幕府の天領には幕府法、各大名の領地には藩法を施行する慣例が維持されることが確認されたのである（小林好信「明治維新と刑法の選定―新律綱領並に改訂律例を中心として」法学論叢48巻5号（1943年）109頁以下、118頁）。

（7）　1870（明治3）年新律綱領は、明治政府においてはじめて全国で施行された刑法とされるが、これもまた暫定的な応急措置法であり、1873（明治6）年の改訂律例による補足を要した。

（8）　吉井蒼生夫「近代日本における西欧型刑法の成立と展開―立法過程からみた一考察」利谷信義＝吉井＝水林彪『法における近代と現代』（日本評論社、1993年）181頁。なお、基本的には律の体裁、内容を有するといえども、改訂律令の編纂においても、既に西欧刑法が参酌されたとされる（註10も参照）。改訂律例は、形式においては逐条主義を採用、刑罰は笞杖徒流死を廃止して懲役、死刑の二種とし、さらに士族の犯罪に対して認めていた閏刑を改めて禁錮刑とするなど、内容面でも西欧刑法の影響があった（吉井・同185頁）。

（9）　小林・前掲（註6）122頁。

（10）　校正律例稿本の作成経緯および意義について、手塚豊『明治初期刑法史の研究』（慶應義塾大学法学研究会、1956年）81頁以下（特に校正律令に見られる英国法の継受について、同97頁）。

新律綱領、改訂律例には見られない謀反大逆律が次のように「創定」された。

　凡謀反及ヒ大逆ヲ謀ル者ハ事由ヲ開具シ奏聞シテ上裁ヨリ取ル
　若シ法度ヲ変革シ及ヒ君側ノ姦臣ヲ掃除スル等ニ託言シ衆ヲ聚メ兵ヲ弄
　シ官ニ抵抗シ若シクハ賊兵ヲ援ケ或ハ軍器銭糧ヲ供給スル者モ亦同

　本律についてまず言えることは、謀反大逆の実体、即ち客体、行為態様が
法文からは明らかではないことである。謀反、反逆を罪とする歴史は古い。
「謀反」は「国家ヲ危クスルコトヲ謀ル」、「大逆」は「山稜宮闕ヲ毀スコト
ヲ謀ル」ことであるとされる[11]。仮刑律もまた謀反謀大逆を規定していた。
仮刑律による謀反謀大逆は、未遂既遂を問わず、さらに首従を分かたず、す
べて極刑に処すべきことを規定する。これを踏襲するなら、本条においても
謀反大逆を謀ること自体が律に触れる行為と解されよう。しかし、仮刑律の
改正経緯において、この規定は受け継がれなかった。新律綱領に同種の規定
を入れるにあたり、「斯の如き不祥の條規は全然不必要」と、当時の参議副
島種臣が削除を命じたことにより、草案より除去されたと伝えられている[12]。
その背景として、「天皇が神様であると信じている間は、如何なる現実が目
の前に現れようと、どんなひどいめを体験しようと人々が、天皇をうらむよ
うなことは絶対におこらなかった」とされる[13]。もし、そのような状況が
事実であったとすれば、少なくとも明治の黎明期においては、皇室へ危害が
及ぶような危険は想定されていなかったことになる。しかし、少なくとも校
正律例の編纂者はそうは考えなかったのであろう。謀反大逆に関する規定を
復活させたのがその証左である。ただし、その対象の条文化にはいたらなか
った（法文における保護対象のえん曲表現は、その後も試みられる）。

---

(11)　手塚・前掲（註10）100頁。
(12)　穂積陳重は、1869（明治2）年に設けられた新律編集局により提出された草案を閲読した副
　　　島参議が草案の「賊盗律」中に謀反、大逆の条があるのを発見して忽ち慨然大喝した逸話を
　　　「副島種臣伯と大逆罪」の題目の下で紹介する（穂積陳重『法窓夜話』（岩波文庫、1980年）
　　　42頁）。
(13)　中村吉三郎「刑法（法体制準備期）」『講座 日本近代法発達史9』（勁草書房、1960年）41頁。

いまひとつ、本規定の取扱いについて注意を要することは、法定刑が示されていない点である。謀反大逆を謀る者につき、最終的に「上裁ヨリ取ル」としたのは、基盤がいまだ安定しない明治新政府が抵抗的行動に対してできる限り極刑を科そうという意図であったと推測されている[14]。以上のいずれの点も、今日の意味における罪刑法定主義の要請を充たすものではないことは明らかである[15]。

紆余曲折を経て、天皇に対する罪の規定が日本の近代法に登場したのは、1877（明治10）年日本刑法草案を嚆矢とする。既にこの時点において、大陸法における体系的な法典編纂の様式を整え、総則の未遂規定と体裁を合わせて、各則に規定する皇室に対する罪に未遂、予備の処罰に関する規定を別途定めるかをめぐる論争がたたかわされていた[16]。律令の影響が残る従前の立法形式から離れ、御雇外国人ボアソナードのフランス刑法の講義を受けた編纂委員らがフランス刑法に倣い[17]、設けたのが以下に示す条文である。律令においても謀反を罰する例はあったが、規定上の罪刑法定主義の要請と

---

(14)　手塚・前掲（註10）101頁。

(15)　何が犯罪となり、それに対して科せられる刑罰は何かにつき、罪刑の種類程度を共に成文法に定めるのが西洋的意味における罪刑法定主義であるとすれば、古律に倣い王政を復古した明治の体制の下では、道義や権力を超えた抽象的な法を観念し、その中に罪刑法定の日本的な理由を見出し得るとして、援引比附や不応為を定める仮刑律、新律綱領もまた罪刑法定主義にもとるものではないとする論もある（小林・前掲（註6）132頁以下）が、もとよりこれは今日の意味における罪刑法定主義の理解によるものではない。

(16)　ボアソナードと鶴田晧とは、本規定が用いられる場面を構想しながら未遂、予備の処罰の是非につき、規定の条文配列にも配慮しつつ激しい論争を展開した。しかし、最終的には未遂処罰の特別規定並びに予備・陰謀の減等に関する規定も置かれないこととなった。天皇に対する罪を特に重く罰すべきであるとの立場を同じくしながらも、尊属親に対する罪との相似を維持しつつ、内乱と同時に企てられることが想定される天皇に対する罪への独自の重罰化の文言の調整に腐心した結果、妥協の産物として、規定が編まれたのである。見解の対立と規定の変遷の経緯につき、詳細は、市川・前掲（註3）190頁以下参照。

(17)　フランス刑法（1853年改正法。1810年ナポレオン刑法典は、1832年、1853年にそれぞれ改正を経たが、大きな改正はなかった）の皇帝危害罪の規定は以下のとおりである。第86条皇帝ノ生命若ハ身体ニ対スル危害ハ殺親罪ノ刑ニ処ス
フランス刑法は、皇帝の生命、身体に対する危害と政府又は帝位継承を転覆変更し、公民住民を煽動して皇帝の権力に対して武器を執らせる目的の危害とを区別して規定したうえで、それぞれの予備、陰謀を別途規定した。

平仄を合わせるため、処罰対象の行為とそれに科される刑罰との法定が求められた。新律綱領にはなかった新規定を導入する経緯については、古来犯罪であった謀反謀大逆にあたる皇室に対する罪を罰することは自明だとしても、罪刑法定主義のため新たに編まれた刑法典第2条との関係から、向後は規定がなければ処罰することはできないこと、さらに、条約締結の後は、外国人が不敬の罪を犯し罰せられるような場合がなきにしもあらず、と実際上の要請を説いた[18]。かくして次のように規定されたのである。

　天皇ノ身体ニ対スル罪
　天皇皇后及ヒ皇太子ノ身体ニ対シタル犯罪ハ子孫其祖父母父母ノ身体ニ対シテ犯シタル重罪軽罪ニ同シ

　本条は、まず、内乱罪とは独立した規定となっていることが特徴である。古代日本に淵源をたどれば、律令の伝統を有する謀反や反逆を意味する大逆[19]の射程は広いが[20]、上の規定は、皇族のうちでも限定された対象への、しかも生身の人間の身体に対する攻撃を処罰する犯罪としたのである。大逆の本来的意味たる尊属に対する犯罪との類似性を強調した規定は、国事（政治）犯としてではなく、あくまでも通常の犯罪たる常時犯として位置づけられていた。これに対し、翌年に出された「刑法草案修正稿本」は、第116条に「天皇皇后及ヒ皇太子ニ対シ危害ヲ加ヘ又ハ加ヘントシタル者ハ死刑ニ処ス」と規定し、内乱罪として、「政府ヲ転覆シ又ハ封土ヲ僭窃シ其他朝憲ヲ紊乱スルコトヲ目的ト為シ内乱ヲ起シタル者」を別に規定した。大逆罪としての危害罪と内乱罪の内容は、この時点でほぼ決定したとされている[21]。1879（明治12）年の刑法審査修正案の規定の文言もこれらを踏襲した。

　日本刑法草案の規定は、行為の客体を天皇、皇后及び皇太子の身体であることを明らかにしていたが、その後の規定は、対象を並列し、あるいは単に

---

(18)　井上操『刑法〔明治13年〕述義』第2編上巻（日本立法資料全集別巻復刻版）』（信山社、1999年）10頁。

(19)　「君父ヲ弑ス」などが例示された大逆を含み、中国大陸より継受された十悪八虐が明治新政府下の仮刑律にも用いられていた。新井・前掲（註2）12頁。

「皇室」と規定して抽象化しながら、これらに危害を加え、又は加えようとする行為を一律に同一の処罰の対象とした。同一法条の中に犯罪の完成形態のみならず、未遂の形態をあわせて規定し、包括して同一の刑罰を科す方式を採ることで、広範な態様の行為を処罰範囲に含むことが可能になったのである[22]。

　他方、当事の刑法総則上の未遂規定に目を転じてみると、次のようである。即ち、1876（明治9）年9月14日に上程された日本帝国刑法初案における未遂の概念は、「設備ノミニテ未タ着手ニ至ラスト雖モ罪状顕然タル者」「既ニ着手シテ未タ公益ノ害トナラサル者」「設備ノミハ未遂犯罪トシテ論セス着手以上既ニ公益ヲ害スルトモ未タ遂ケサル者」の三説が主張されたが、このうち最後のものが採用され、「重罪軽罪ヲ犯サントシテ未タ遂ケサル者」を未遂犯とし、死刑徒刑にあたる重罪の未遂は、2年以上5年以下の懲役、流刑禁獄にあたる重罪の未遂は、2年以上5年以下の懲役にそれぞれ減軽する

---

(20)　諸外国においては、君主に対する反逆を包括して重罪とする立法例は少なくない。現行刑法がその範としたドイツ刑法やドイツ語圏の刑法の例として、以下のものがある。

　　1871年ドイツ帝国刑法

　　　80条　皇帝、領邦君主、又は自己の居留する領邦の君主に対して行われた謀殺及び謀殺未遂は大逆の罪として死刑に処す。

　　　81条　前条に定めるもののほか以下の事項を企図した者は大逆の罪として終身の懲役若しくは禁錮に処す。

　　　1　他の領邦君主を殺害し、捕虜にし、敵国の権力に引き渡し又は統治無能力に陥らせようとすること

　　　2　ドイツ帝国若しくは各領邦の憲法若しくはこれらの諸領邦に現在する王位継承順位を暴力で変更しようとすること

　　　3　暴力で領邦領土の全部又は一部を外国に合併し又はその一部を全体より分割しようとすること

　　　4　暴力で領邦領土の全部又は一部を合併し又はその一部を全体より分割しようとすること

　　1852年オーストリア刑法

　　　58条　皇帝自身の身体、健康若しくは自由を毀損し若しくは之に危害を加え或いは統治権行使の妨害の惹起を企図する者は大逆罪を犯すものである。

(21)　新井・前掲（註2）137頁。

(22)　尊属親に対する罪との相似を考慮する方針を放棄し、法所定の皇族に対し危害を加えた場合のみならず、「加ヘントシタ」ことをも処罰の対象に含める規定の導入経緯につき、市川・前掲（註3）199頁以下参照。

と定められた。さらに軽罪の未遂に関しては、各本条に個別に規定されることとされた。

　その後の未遂に関する規定も基本的にこの方向性を維持し、中止未遂を処罰しないフランス刑法に倣い、1879（明治12）年刑法審査修正案は、重罪を犯そうとして「意外ノ障礙」によりこれを遂げなかった場合は刑を一等又は二等減軽する（舛錯により遂げなかった場合は一等減軽）とされた。1880（明治13）年に成立した旧刑法上の未遂の概念規定は、「罪ヲ犯サントシテ已ニ其事ヲ行フト雖モ犯人意外ノ障礙若ハ舛錯ニ因リ未タ遂ケサル者ノ刑ニ一等又ハ二等ヲ減ス」とした[23]。ボアソナード草案は、予備の一般規定を置いたが[24]、予備については一般規定はなかった。

　旧刑法上の危害罪の規定は、次のとおりである。

　　第116条　天皇三后皇太子ニ対シ危害ヲ加ヘ又ハ加ヘントシタル者ハ死刑
　　　ニ処ス

　旧刑法における危害罪の規定は、総則上の未遂規定の適用とは裏腹に、減軽の可能性もなく、危害を加えた場合のみならず危害を加えようとした場合にも死刑を科すと規定した。

　旧刑法成立直後から改正作業が開始された。本規定に関しては大きな動きがあった。そのきっかけとして注目されているのが、当時法制部技官であった井上毅の鶴田皓宛書簡であるとされる[25]。井上は「刑法意見」と題する書簡を鶴田へ送り、1880（明治13）年に成立した旧刑法の問題点を書き送っ

---

(23)　井上毅が、古律と違い、未遂規定自体に危害を謀るものが含まれないとして激しく非難した（新井・前掲（註2）169頁）。

(24)　ボアソナード草案第124条は、以下のように予備の原則的不処罰を定めていた。
　　　一人又ハ数人ニテ為サルヘキ罪ヲ犯サントスル決意ハ、其ノ実行ヲ伴ハサル限、法律ニ規定セラルル場合ノ外、処罰セラルルコトナシ。単ニ犯罪ノ予備ヲ為スノ行為又同シ。
　　　旧刑法は、この趣旨を受けて、第111条に、以下の予備の一般規定を置いた。罪ヲ犯サンコトヲ謀リ又ハ其予備ヲ為スト雖モ未タ其事ヲ行ハサル者ハ本条別ニ刑名ヲ記載スルニ非サレハ其刑ヲ科セス、と。

(25)　新井・前掲（註2）140頁以下。

た。第一に、旧刑法第116条が天皇を危害する等という古典にも見られない（直接的な）文字を記すことの問題の指摘である。この問題意識を受けて、井上は二つの改正提案をしていた。危害罪に関する部分は、天皇と名指しせず、えん曲な用語を使い、しかもそこで危害を加えるではなく、「悖逆ヲ謀ル」という、より広範かつ抽象的な文言を用いた。井上の提示した二案のうち、内乱罪と大逆罪即ち危害罪とを同一規定に盛り込む途はとらなかったものの、法制部の作業においてこの提案の影響が少なからずあったことは優に推測できる。その後の改正作業においても、太政官調査修正案、司法省改正案、太政官再調査案に引き続きこの文言が残った。しかし、再調査案に対して意見を求められたボアソナード[26]が、これを強く批判し、「此の如き条款の単た一箇にても存するときは、日本刑法は遂に世界中最も野蛮なる法律中に排置せらるゝに至る可し」と酷評した[27]。

その後、公になった1890（明治23）年の改正案は、1891（明治24）年1月、政府が第一議会に提出した以下のものである。

第118条　天皇、三后、皇嗣ノ妃及ヒ摂政ノ生命ニ対シ危害ヲ加ヘタル者ハ已遂未遂ヲ分タス死刑ニ処ス
　其身体ニ対シ危害ヲ加ヘタル者ハ已遂未遂ヲ分タス無期懲役ニ処ス
第119条　前条ニ記載シタル以外ノ皇族ノ生命ニ対シ危害ヲ加ヘタル者ハ死刑ニ処シ若シ未遂犯ニ係ルトキハ無期懲役ニ処ス

---

(26)　刑法改正の際に編まれたボアソナード刑法草案中、犯罪へ至る段階的区分は、①犯罪を犯そうとする思想、②犯罪を犯そうとする意思、③犯罪を犯そうとする決心、および④犯罪予備の所為であった。豫備については、次のように述べる。「此段ニハ罪ヲ犯サント決心シテ其心ヲ改メサルノミナラス且ツ外部ニ現ルゝ所ノ所爲タル唯之レヲ爲スニ止マルトキハ社会ニ危害ヲ與ヘサルヘシト雖モ其目的即チ其用法アルカ爲メニ社會ニ危険ヲ與ヘサルヲ得ス社會ノ害ヲ蒙ラントスルヤ近キニ在リ」と（司法省『ボワソナード氏刑法草案註釋（上巻）』（宗文館書店明治19年版復刻）（有斐閣、1988年）531頁以下）。ボアソナードは、豫備は原則として不処罰であるが国の安寧を害する場合は社會の害が大きいとの理由で処罰するというのである。ただし、常事犯の豫備は通常の正当なる行爲と混淆すると言う理由で不処罰とする。ボアソナード草案もまた、決心（陰謀）と豫備とを処罰しないと規定する。実行の着手以前の段階を原則として処罰しないフランス刑法の立場と同一である。
(27)　ボアソナード「刑法修正案意見書」461頁（明治16年7月9日）。

其身体ニ対シ危害ヲ加ヘタル者ハ無期懲役ニ処シ若シ未遂犯ニ係ルトキハ
　一等有期懲役ニ処ス
第120条　前二条ニ記載シタル重罪ノ予備ヲ為シタル者ハ未遂犯ノ刑ニ一
　等ヲ減シ其二人以上陰謀ヲ為シタルニ止マル者ハ二等若クハ三等ヲ減ス

　改正案は、天皇らの生命に対する危害は既遂、未遂の区別なく死刑、また、
身体に対する危害は同様に既遂、未遂の区別なく無期懲役に処すると規定す
るが、予備については別途一律に一等減軽、さらに陰謀については二等若し
くは三等の減軽を明定した。もっとも、この改正案は審議未了に終わった。
　ところが、1894（明治27）年刑法改正審査委員会に出された規定では、危
害罪の処罰対象は、再度、「危害ヲ加ヘ又ハ加ヘントシタル者」というもと
の形となった。これに対しては貴族院の場で質疑を受けるも、政府委員の古
賀廉造が「現行法のままでよろしくはあるまいか」として文字の変更にとど
めたとの説明を行っている[28]。
　かくして、「天皇、太皇太后、皇太后、皇后、皇太子又ハ皇太孫ニ対シ危
害ヲ加ヘ又ハ加ヘントシタル者ハ死刑ニ処ス」という刑法第73条の規定が確
定した。文言上はさほどの変更が施されなかったように見えても、危害を向
けられる対象や未遂、予備を処罰対象に含むか否かをめぐる上記のような攻
防があったことを想起すべきである。刑法においては、本来、規定の不存在
は、処罰の根拠を欠くことを意味するが、予備を別規定とする案が最終的に
採用されなかった特殊な経緯ゆえに、本条は規定自体が予備の処罰をも含む
とする理解が維持されることとなったのであろう。

---

(28)　倉富勇三郎＝平沼騏一郎＝花井卓蔵『刑法沿革総覧』（清水書店、1923年）961-962頁。富井
　　政章もなるべく修正を施さない方向に賛同した。明治28年改正案に至る経緯に関し、刑法改
　　正審査委員会においても「漠然」の指摘がある（内田文昭ほか編『刑法（明治40年）（2）』
　　（信山社・日本立法資料全集、1993年）103頁）が、それにも拘らず、規定自体が維持された
　　点は研究者の関心を惹く。この点につき、規定がアンタッチャブルなものとして扱われたと
　　の洞見を示すのが、市川・前掲（註3）207頁。

3．危害罪の構成要件

　以上のように、危害罪の処罰規定は、当初天皇等の皇族の身体に対して危害が加えられる場合に照準を合わせ、極刑で処罰する規定として編まれたにも拘らず、変遷を経てきた。背景にあったのは、欧化が迫られ、欧州諸国の刑法理論の導入、特に罪刑法定主義を充たしつつ[29]、皇室に対する独自の位置づけを求める政治的要請であった。各地で勃発する不平士族の反乱を抑制すべき使命をも与えられ、死刑のみを法定刑とする危害罪の規定が確立した。

　保護の対象を画定するものとして、当初設けられていた範囲の限定の文言が落とされたため、処罰対象は、天皇等の皇族の身体に対する危害にとどまらなくなった。初期の学説は、危害罪が成立する場合として、天皇等への謀故殺、毆打創傷若しくは健康を害すべき物品の施用、監禁、脅迫、遺棄の行為を具体的に挙げていたが[30]、危害はもはや天皇等の生命や生理的機能を害することを意味するのみではない。むしろ神格化された対象の破壊を直言することを避け、えん曲な表現を用いることで、所定の対象へ危害を加えようとすることが存在そのものを傷つけることを意味するよう抽象化された構成要件が作出された。

　かかる規定の文言自体が不明瞭として、罪刑法定主義にもとるとの批判を浴びせる見解もあった[31]。たしかに、危害罪は、「公益」としての皇室を保護する犯罪とされ、国家の存立に関わる内乱罪とは別に規定されて固有の位置づけを与えられた。内乱罪が、関与の形態に応じて法定刑を段階的に区分していたのに対し、危害罪は、死刑のみを法定刑とする極端な重罪とされた。ところが、重大犯罪を根拠づける行為の具体的な像は、既に見たように、規定の文言からは必ずしも明らかではない。即ち、危害が何を指すか、どの範

---

(29)　村田保『刑法註釋（上巻）巻1〜巻4（日本立法資料全集別巻）』（信山社、2015年）249頁。

(30)　村田・前掲（註29）249-250頁。

(31)　宮城浩蔵『刑法講義第2巻第4版（日本立法資料全集別巻）』（信山社、1998年）20頁以下。

囲までを覆うかが判然としないのである。

　規定創設にあたり、西欧の刑法に倣い、罪刑法定主義の要請を充足することが元来の要点であったが、皮肉なことに処罰の対象は過剰に拡大した。規定が危害を加えた場合のみならず、これを加えようとした者をも可罰範囲に含めたためである。そのため、既遂時期はおろか実行の着手時期も不明確なものとなった。本条の設置は、慣習法を排除し、類推解釈を禁ずるという意味での形式的な罪刑法定主義に適うものであったと言えるかもしれないが、危害の対象、行為態様の特定性を欠き、文言上は皇室一般に対し害をなす行為をも包含する点で実質的明確性を欠く。危害罪の規定には、結局自由を保障する実質が伴わず、近代刑法の要請を充たすとは到底言えず、罪刑の均衡にもとるとの批判があたるであろう[32]。

　このように、罪刑法定主義の趣旨に照らし、如上の規定が死刑のみが科される重罪の実体を伴っていたとは到底言えないと論ずることはできる。では、当時現に存在していた規定を、状況に即して解釈する余地はなかったのか。それを明らかにするためには、さらなる立ち入った考察が必要である。その手がかりは、法所定の客体に「危害」を加えることで成立する本条の構造に求められる。確かに、立法過程を追えば、本罪の客体は拡大し、行為態様も抽象化された。そのうえ、未遂のみならず予備まで含むとの解釈までもが有力に展開された。しかし、そういえども、危害は、法所定の客体たる天皇等皇族に「対シ」て加えられる、即ち肉体をもつ具体的な人に向けた暴力の形をとることを要する。物体を壊し、汚損し、機能不全になさしめるとき、「危害」という言葉は用いない。身体を有する生命体がその生存を危うくされたり、生理的作用に害が及ぶときにはじめて「危害」が発生し、特定の対象への破壊行為ゆえにこの「危害」が生じるとき、それが加えられた／られそうになったと言いうるのである。さらに、内乱とは別異に規定された本罪においては、危害がほかならぬ天皇等皇族に対する攻撃によること、また、

---

(32)　明治期刑法における罪刑法定主義を保障する機構が不十分であったことを指摘する安竹貴彦「明治期刑事法における律令的罪刑法定主義と近代的罪刑法定主義」大阪市立大学法学雑誌42巻2号（1995年）183頁以下（188頁）参照。

攻撃客体が法所定の天皇等皇族であることを認識していることが本罪の成立には必要なのである⁽³³⁾。

　学説には、かかる視角から、本罪の成立には法所定の対象たる人の肉体へ向けられた侵害を想定するものもある⁽³⁴⁾。身体の破壊に及ぶような暴力であればこそ、国体を揺るがす一大犯罪として、極刑に値する蛮行に位置づけられうるのである。「謀反及ヒ大逆ヲ謀ル」という文言を用いるのではなく、危害が天皇並びに法所定の皇族に「対シ」て加えられることを要請することに止目すれば、その生命、身体を傷つけ、その居所や乗物に火をかけ、あるいはその人自身を拉致するような破壊・侵害行為が、総じて天皇並びに皇族が体現する「公」の法益に対する危害が加えられたと解しうる⁽³⁵⁾。もっとも、そうであればこそ、危害を実際に加えた場合ばかりでなく、不可侵たるべき存在を侵害し、危険にさらす重大犯罪は、侵害犯⁽³⁶⁾としてではなく危険犯と捉える見解が多数を占め⁽³⁷⁾、かつ、危害を加えた場合のみならず、加えようとした場合をも処罰する規定の存在を基礎づけることとなるのである。

　さて、本規定の解釈における残された問題は、爆裂弾の製作、実験に及んだ者の行為との関連で、「加ヘントシタ」行為の射程を明らかにすることであろう。そこで、予備罪をめぐる議論状況について概観した後、さらなる検討を加えよう。

---

(33)　日高義博「大逆事件の裁判の経緯と争点」専修大学今村法律研究室『大逆事件と今村力三郎』(専修大学出版局、2012年) 15頁。

(34)　磯部四郎『改正増補刑法講義下巻第1分冊 (日本立法資料全集別巻)』(信山社、1999年) 38頁は、危害を「天皇三皇族皇太子ノ御身軆ニ對シ奉ルノ危害タルニ外ナラス」として、一般人に対する行為の対象が異なれば重罪となるべきことを説く。

(35)　後掲のように危害罪を侵害犯と捉える見解においても、本罪の客体は「皇室ノ安泰」、行為の客体は本罪所定の「高貴ノ生命及ヒ廣義ノ身軆」とされた。
(岡田朝太郎『刑法各論』(明治大学出版部、出版年不明) 2頁) とする点に注意を要する。

(36)　侵害犯と解するのは、岡田朝太郎『日本刑法論各論之部 (訂正増補再版復刻版)』(信山社、1995年) 13頁。

(37)　例えば、大場茂馬『刑法各論下巻 (復刻版)』(信山社、1994年) 602頁以下、634頁。

4. 予備をめぐる学説の対立

　上述のように、規定の文言をめぐり、危害罪の処罰範囲には予備も含まれるかという点について争いがあったが、旧刑法が範としたフランス刑法は、実行の着手以前の段階を原則として不処罰としている。そればかりか、未遂犯についても、特別の規定がなければ処罰ができない。それにも拘らず、危害罪については、いずれの特別規定がなくとも未遂のみならず予備を処罰し得ると解されたのは、何故だろうか。

　旧刑法編纂にあたり、フランス刑法を講じ、草案を編んだボアソナードは、フランス刑法を参照しつつ、実行の着手以前の段階の原則的不処罰を説いた。しかし、同時に、各則の特別規定による例外の可能性を指摘した[38]。

　刑法学説もまた、かかる例外的取扱いを主張した。既に旧刑法の註釈において、「皇室ニ對シ危害ヲ加ヘントシタル大逆罪（第百十六條及ヒ第百十八條）内亂ノ豫備陰謀ヲ爲スノ罪（第百二十五條）ノ如キハ未遂犯ハ勿論未タ未遂犯罪ニ至ラサル者ヲ罰スルカ故ニ別ニ總則ヲ適用シテ未遂犯罪トシテ之ヲ罰スルノ必要アルヲ見ス」とするのはその典型である[39]。

　未遂とそれ以前の段階の予備、陰謀は本来区別されるべきであり、かつ、生じた害に応じて刑罰を重くすべきであるとする立場からも、「危害ヲ加ヘ又ハ加ヘントシタル者云々ノ法語ハ既遂犯ハ勿論未遂犯及ヒ未遂犯ニ至ラサル者モ包含スルモノト解釋セサルヘカラス即チ意思陰謀豫備ノ所爲ト雖モ之ヲ同一ニ論セサルヘカラス」と同様の結論が導かれた[40]。

　未遂を表現する際、「罪ヲ犯サントシテ」「其事ヲ行フト雖モ」既遂に達しないのが未遂であるとすれば、「罪ヲ犯サントシテ」「行ハス」という場合があり得る、即ち「罪ヲ犯サントシテ」という場合には、着手以前の段階も含

---

(38)　司法省・前掲531頁以下。ボアソナードは、その例外として、「國ノ安寧ニ関スル罪」を掲げている（同・532頁）。

(39)　江木衷『訂正増補　現行刑法（明治13年）汎論全（日本立法資料全集別巻）』（信山社、2007年）199-200頁。

(40)　磯部・前掲（註34）40頁。

まれると、規定の文言や権衡論を援用して予備の処罰の合理性を説く見解[41]もあれば、既遂、未遂、予備、陰謀の相互の区別すら問わず、「凡ソ事ヲ爲サントスルトハ試犯ノ謂ニシテ危害ヲ加ヘントシタルトハ即チ之ヲ指スモノナリ試犯トハ犯罪ノ決意外形ニ現ハレタルヨリ其罪ト爲ルヘキ事ヲ行フニ至ルマテヲ總称スルモノナレハ既ニ事ヲ行ヒ犯人意外ノ障礙舛錯ニ因リ之ヲ遂ケサルモノモ決意ヲ爲シ事外形ニ現ハレタルモノモ皆ナ其目的トスル事ヲ爲サントスルモノナレハ總テ之ヲ罪トセサルヲ得サルナリ」とする見解[42]もある。中には法規定の文言解釈とは異なる見地から、結論的に予備の処罰を主張するもの[43]も存在した。かくして、各則上の特別な規定として位置づけられた危害罪の文言は、予備の処罰を含むとする見解が多数を占めた[44]。

危害罪規定が前提とする価値体系が根本的に変化している現在、これらの見解の当否を現代的視点で検討することには、意味がない。むしろ予備罪という犯罪の構造を理論的に解析することこそ肝要と考えられる。

5．予備の段階と可罰的予備行為

危害罪の処罰対象には、予備も含まれるとする上記見解は、いずれも予備を実行の着手以前の行為と位置づける。犯罪を時系列的に把握し、犯罪を犯す意思、決意が外部に現れて行為となるというボアソナードが講じた犯罪の発展段階に関する理解を踏襲するものである。この理解は、予備を処罰する犯罪につき、予備を超えて実行の着手に至った場合（若しくは既遂に至った

---

(41) 宮城・前掲（註31）21頁以下。

(42) 堀田正忠『刑法釋議第貳編（日本立法資料全集別巻）』（信山社、2000年）12頁。

(43) 井上操『刑法（明治13年）述義第2編上巻（日本立法資料全集別巻）』（信山社、1999年）24頁は、大宝律令の趣旨を汲み、予備をも処罰すべしと言う。

(44) これに対し、予備について言及しない見解も少数ながら存在する（高木豊三『刑法（明治13年）義解（日本立法資料全集別巻）』（信山社、1996年）344頁）。もっとも、この見解は、「危害ヲ加ヘントシタル者即チ未遂犯罪」と説くものの、危害を加えた場合と加えようとした者とを同列に扱うのは、ひとえに同罪が重罪中の最重大犯罪であるからであると述べ、予備罪を意識的に排除しているかどうかは不明である。

場合）、未遂（若しくは既遂）に吸収され、処罰される予備行為はもはや残されないという罪数上の取扱いとも一致する。予備、未遂を時系列上の同一直線に設定し、予備は着手に至る前の一段階とするものである。もっとも、このように解しても、必ずしも予備行為の性質が明確になり、かつ、その処罰範囲が限定されるわけではない。未遂については、その可罰性を認めるため、特定犯罪の実行の着手を要する、即ち、当該犯罪が完成に至る客観的危険が要請される反面、予備は、その実行に至る段階の準備とさえ言えれば、態様、既遂実現への寄与の程度に拘らず成立し、相当広範に及びかねない。予備の実体を的確に提示するためには、ただ単に実行の着手以前の段階と言うだけでは十分でなく、予備罪として特に処罰しなければならない犯罪としての性質を積極的に描写することが求められる。

　日本刑法は、予備の一般規定をもたず、各則に少数の予備を処罰する規定をもつに過ぎない。1960年代、刑法改正準備草案を契機として交わされた予備罪に関する議論の蓄積を参考に[45]、予備の可罰性について少しく検討したい。

　予備に関しては、実行の着手に至る前段階にあるとされるが、その端緒を画する基準は何かまた、予備よりもさらに前段階にあるものと解されている陰謀との関係はいかなるものかが問題となる[46]。陰謀は、二人以上の者が

---

(45) 予備罪をめぐる解釈論上の論点として、予備の中止、予備の従犯に関する論稿は少なくないが、全般にわたる研究はわずかである。斎藤誠二教授の一連の論稿は、『予備罪の研究』（風間書房、1971年）にまとめられた。その問題提起を受け、学説において研究が深められた。予備罪一般に関し、代表的なものとして、正田満三郎「予備犯について」法曹時報12巻8号（1960年）（同『刑法における犯罪論の批判的考察』（一粒社、1962年）所収1頁以下）、西村克彦「予備罪・陰謀罪をめぐる諸問題」警察研究36巻7号（1960年）（同『罪責の構造』（鳳舎、1971年）所収3頁以下）、同「予備罪の形態論」法律のひろば21巻3号（1968年）（同『犯罪形態論』（良書普及会、1969年）所収202頁）、中谷瑾子「予備罪に関する一考察」法学研究38巻10号（1965年）1頁以下等。

(46) 陰謀は、予備の一種でなく、その前段階に位置するかについても議論があるが、予備の一種と解すると、陰謀規定が別に定められていることを整合的に説明できない。斎藤・前掲（註45）『予備罪の研究』542頁以下）。予備が「物的準備」であるとすれば、陰謀は「心的準備」であると区分し、1813年バイエルン刑法典50条に倣い、陰謀といえども、予備に匹敵するほど外部的に明白な形態が必要であるとする内田文昭『刑法概要中巻〔犯罪論（2）〕』（青林書院新社、1999年）357頁も参照。

犯罪を実行するにつき謀議を行うことを指すが、法定刑に即した処罰の実質の観点からは、少なくとも犯罪の実行に関する合意形成も必要と解されている。判例は、三無事件の控訴審判決[47]において、破壊活動防止法上の予備の成否を論ずるにあたり、次のように陰謀との関係を述べた。即ち、「犯罪の具体的決意もしくは犯人二人以上の場合における犯罪の具体的合意の程度をこえ、実行着手に至るまでの間における実践的準備行為をいうものである」と。そのうえで、予備のかどでの処罰の可否については、「計画そのものの熟否の程度ないしはこれに見合う人的、物的な準備工作の実質的進捗状況を全体的、客観的立場から観察し、それらが、近く、所期の目的の達成を目指す実行着手の域にまで至り得る程度に危険性が具体化しているかどうか」を基準として相当すべしと述べたのである。この基準を刑法上の予備一般に推し及ぼすことができるかには、さらに検討を要する。しかし、予備行為自体に、その達成しようとする目的との関連において相当の危険性が認められ、実行に着手しようと思えばいつでもそれを利用して実行に着手しうる程度の準備が整えられたときに予備罪が成立する、と解する原判決の立場を踏襲したうえで、準備のための工作、奔走そのものは相当行なわれていたとしても、未だ実質的にはほとんどみるべき効果を挙げてはいなかったといってもよい状況においては、予備は未だ成立しないとする判文からは重要な示唆が読みとれる。即ち、（陰謀の段階を経て）実行の着手に至る前の段階にある準備行為といえども、それだけで予備の処罰が肯定されるわけではなく、客観的立場から、着手の域に至り得る危険性が必要だという点である[48]。

　予備罪の罪質につき、これを目的犯と解する有力な学説も、予備が基本となる犯罪を目的とし、それを目指した準備行為である点を可罰性の根拠とするのである。また、着手以前の段階の行為がすべて処罰されているわけではないことにも留意すべきである。準備段階というものが、各犯罪に想定し得

---

(47)　東京高判昭和42・6・5高刑集20巻3号351頁。

(48)　謀議に関しては、19世紀ドイツの議論の中から、複数名の謀議を段階的に3つのフェーズに分けて、同一意思傾向の者の集合、計画立案、役割分担から相互の意思確認を経て全体的な、合意形成に至る過程を収斂させたうえで、可罰性の判断に供する Berner の見解を分析、紹介する市川・前掲（註3）134頁以下が示唆に富む。

たとしても、現行刑法はその全てを処罰すべきものとせず、逆に特殊な犯罪に限って処罰している。その根拠は、特に早期に保護すべき必要のある重大法益が対象とされていることもあるが、犯罪の発展段階から推して、準備の段階が実行の着手に近いかどうかを測ることができる一定の経路が存在することが前提とならなければならない。基本となる犯罪に至る危険性が着手以前に既に具体的な形で存在し、法益を早期に保護する必要があるからこそ、予備罪の処罰を認めることができるのである。そうであれば、完成形態たる基本犯の法益侵害の態様は、明確でなければならず、具体性を欠く犯罪の予備を処罰することはできない。さらに、目的たる犯罪に対し、実質的に効果を期待できない行為を予備として処罰することもできないと言えよう。

　この点において、危害罪規定は、まず、文言自体が法益侵害の状態を具体的に示し得ていない点に問題がある。既遂はもとより、着手時点を論定することも困難であり、それに近い具体的危険性が発生した時点を示すことができず、これを処罰することは予備を処罰する本来の要請にかなわないうえ、予測可能性を保持し得ない点で、実質的な意味での罪刑法定主義にもとると言えることは既に述べたとおりである。

　その解釈に関し、旧刑法下でなされた議論に再度目を転じると、多数を占める予備処罰を肯定する論者は、「危害ヲ加ヘ」又は「加ヘントシタル」行為との同一評価を強調していたことにも注意を要する。もとより、その解釈の根底には、「加ヘントシタ」ことを主観的に捉える見方があったことは明らかである。しかし、これを「危害ヲ加ヘタ」ことに極めて近い場合に限って「加ヘントシタル」行為を処罰すると解するならば、保護法益の侵害に至る具体的危険が客観的に生じた場合に限って処罰されるべきであるとの帰結を導くことができるうえ、「加ヘ」「加ヘントシタル」者の評価の一体性の観点からは、他人の行為への予備ではなく、あくまでも自己が目的とした犯罪の実現のための準備のみを処罰すべきであるとの限定的な解釈も不可能ではないと考えられ、罪刑法定主義の要請に答えようとするならば、そのように解すべきであると言えよう。

6. 結びにかえて

現行法規には存在しない危害罪を素材として、同罪の法益侵害の論理構造の一端を明らかにした。対象の相違によって異なる危害概念の不定形性に照らし、危害を加えることを罰する規定そのものは、罪刑法定主義の要請に到底応えるものとは言えない。まして「危害ヲ加ヘ又ハ加ヘントシタル」者を包括的に、かつ同一の極刑に処す規定を文言どおりに適用することは、今日の観点からは正当化し得ない。それ故本条に基づく処罰もまた、後世の批判を免れないであろう。

第3章

判決の脆弱性

金 子 武 嗣

　幸徳秋水（傳次郎）行為は、判決の事実認定でも皇室危害罪（刑法73条）に該当しないし、また、判決の事実認定は誤りである。

1．はじめに～判決の認定構造と事実認定の脆弱性～

　本章においては、幸徳の行為の事実認定、そして皇室危害罪（刑法73条）法令適用が誤りを指摘し、判決の脆弱性を明らかにするものである。

　東京グループ以外の新宮、熊本、大阪、神戸グループ、そして内山愚童について、判決の認定された犯罪事実そのものからみても、「会話」で成り立っていて、会話当事者の「合意」すら認められず、皇室危害罪に該当しないことを明らかにした。また、東京グループ特に幸徳の犯意なるものの発生時期からみて、それ以前の接触しかない。他のグループとの関係が、ほとんどないことも明らかにした。

　幸徳は、東京グループ（幸徳秋水・管野スガ・宮下太吉・新村忠雄・古河力作・森近運平・奥宮健之・坂本清馬）であるから、これらの者の行動を明らかにする。

　本章では、まず、判決の認定事実から、それがそもそも皇室危害罪の行為（特に「陰謀」）と評価されるものかを明らかにする。

　判決では、①犯罪事実の認定、②犯罪事実の証拠表示がなされている。②では各予審調書が引用されているが、各予審調書のまとめが基礎となった予審調書からみて認められるものであるか（そのように要約できるものであるか）、また、その結果からみて、そもそも①の犯罪事実自体が認定することができるか否か（合理的認定といえるか）を問題とする。

２．東京グループ（幸徳傳次郎（秋水）・管野スガ・宮下太吉・新村忠雄・古河力作・森近運平・奥宮健之・坂本清馬）の行動

　判決第１に認定された幸徳を中心とする東京グループの犯罪事実は以下のとおりである。

（１）幸徳秋水（傳次郎）の上京（明治41年７月）

　明治四十一年六月二十二日錦輝館赤旗事件の獄起るや

　被告幸徳傳次郎は、時に帰省して高知縣幡多郡中村町に在り當局の處置を憤慨して其後圖を為さんと欲し其譯する所の無政府共産主義者ペートル、クロポトキン原著麺包の略取と題する稿本を携へ七月上京の途に就き

１）新宮行き（明治41年７月）

　被告大石誠之助を迂路和歌山縣東牟婁郡新宮町に訪ひ誠之助及び被告成石平四郎、高木顕明、峰尾節堂、崎久保誓一に會見して政府の迫害甚しきに由り反抗の必要なることを説き越へて

２）箱根行き（明治41年８月）

　八月新宮を去りて被告内山愚童を箱根林泉寺に訪ひ赤旗事件報復の必要なることを談し

３）巣鴨への転居

　帰京の後東京府豊多摩郡淀橋町柏木にと居し尋て同府北豊嶋郡一巣鴨町に轉住して同主義者に對し常に暴力の反抗必要なる旨を唱道せり

　同年九月被告森近運平、坂本清馬上京して傳次郎の宅に客居す

　初運平は無政府共産主義を奉し大阪に在りて大阪平民新聞或は日本平民新聞と称したる社會主義の新聞紙を發判し又定時茶話會を開き無政府共産説を鼓吹す

（2）宮下太吉の書面送付（明治41年11月13日）

隅々被告宮下太吉心を同主義に傾けたるも皇室前途の解決に付て惑ふ所あり

明治四十年十二月十三日運平を大阪平民社に訪ふて之を質す

運平乃ち帝國紀元の史實信するに足らさることを説き自ら太吉をして不臣の念を懐くに至らしむ

其後太吉は内山愚童出版の入獄紀念無政府共産と題する暴慢危激の小册子を携へ東海道大府驛に到り行幸の鹵簿を拝觀する群集に頒與し且之に對して過激の無政府共産説を宣傳するや衆皆傾聴するの風あれとも言一たひ皇室の尊嚴を冒すや復耳を假す者なきを見て心に以為く帝國の革命を行んと欲すれは先つ大逆を犯し以て人民忠愛の信念を殺くに若かすと

是に於て太吉は爆裂彈を造り大逆罪を犯さんことを決意し

明治四十一年十一月十三日其旨を記し且一朝東京に事あらは直に起て之に應すへき旨を記したる書面を運平に送り運平は之を傳次郎に示し且太吉の意思強固なることを推獎したるに傳次郎は之を聴て喜色あり

（3）大石誠之助の来訪（明治41年11月19日）

是時に當り被告大石誠之助上京して被告傳次郎及び被告管野スガを診察し傳次郎の餘命永く保つへからさることを知る傳次郎之を聞て心大に決する所あり

十一月十九日誠之助の傳次郎を訪ふや傳次郎は運平誠之助に對し赤旗事件連累者の出獄を待ち決死の士数十人を募りて富豪の財を奪ひ貧民を賑し諸官衙を焼鑵し當路の顯官を殺し且宮城に逼りて大逆罪を犯す意あることを説き豫め決死の士を募らんことを託し運平、誠之助は之に同意したり

（4）松尾卯一太の来訪（明治41年11月）

同月中被告松尾卯一太も亦事を以て出京し一日傳次郎を訪問して傳次郎より前記の計畫あることを聴て均しく之に同意したり

（5）坂本清馬への勧告

是に於て被告傳次郎は更に其顛末を被告新村忠雄及び清馬に告け特に清馬に對しては各地に遊説して決死の士を募るへきことを勧告したり

（6）新村忠雄

忠雄は傳次郎より無政府共産主義の説を聴て之を奉し深く傳次郎を崇信す

曾て群馬縣高崎市に於て東北評論と稱する社會主義の新聞を發行し其印刷人となりて主義の鼓吹に努め信念最熱烈なり

（7）坂本清馬

又清馬は明治四十年春頃より無政府共産説を信して傳次郎方に出入し其後熊本評論社に入り同社發行の熊本評論に過激の論説を掲載して主義の傳播に力め赤旗事件發生の後上京して傳次郎方に寄食し前示傳次郎の勸説に接するや其逆謀に同意し奮て決死の士を募らんことを快諾したり

然れに其後事を以て傳次郎と隙を生し遂に傳次郎方を去りて宮崎縣に往き或は熊本縣に入りて松尾卯一太方に寄食し卯一太及被告飛松與次郎等に對して暴漫危激の言を弄し、更に各地に放浪したる後明治四十三年三月に至り佐藤庄太郎を東京市下谷區萬年町二丁目の萬居に訪ふて爆裂彈の製法を問へり

同年（注．明治41年）十二月被告傳次郎は麺包の略取を出版す

（8）管野スガ

又被告スガは近日（注．明治41年12月）當局の同主義者に對する壓抑益甚しと為して之を憤激し爆裂彈を以て大逆罪を犯し革命の端を發せんと欲する意思を懐き一夜傳次郎を巣鴨町に訪ふて之を圖る傳次郎は喜んて之に同意し協力事を舉けんことを約し且告くるに宮下太吉か爆裂彈を造りて大逆を行はんとする計画あること及び事起るときは紀州と熊本とに決死の士出つへきことを以てせり

（9）内山愚童の来訪（明治42年1月14日）

明治四十二年一月十四日被告愚童は上京して傳次郎を訪ふ傳次郎は歐字新

聞に載せたる爆裂彈圖を愚童に貸與し清馬と共に之を観覧せしむ

翌日愚童は轉して東京府豊多摩郡淀橋町柏木に徃きスガを訪ふスガは之に對して若し爆裂彈あらは直に起で一身を犠牲に供し革命運動に従事すへき旨を告け愚童の賛否を試む

(10) 宮下太吉の来訪（明治42年2月13日）

同年二月十三日被告太吉は上京して被告傳次郎を訪ひ豫定の逆謀を告く當時傳次郎は未た深く太吉を識らさりしを以て故らに不得要領の答を為し其去るに及んて之らスガ及び忠雄に談り太吉の決意を賞揚しスガは聴て大に之を喜ひ忠雄は感奮して心に自ら其學に加らんことを誓ふ

(11) 森近運平と宮下太吉とのやりとり（明治42年2月13日）

又太吉は當時運平か傳次郎方を去りて巣鴨町に萬居したるを訪ひ逆謀を告く運平は家に係累者ありて實行に加ること能はさるを慨し且被告古河力作か曽て桂総理大臣を刺さんと欲し單身匕首を懐にして其官邸を覗ひたる事實を談り其驅幹矮小なれとも膽力は以て事を共にするに足るへしと賞揚して暗に推薦の意を諷したり

(12) 宮下太吉の幸徳秋水への連絡（明治42年5月）

越へて五月中被告太吉は愛知縣知多郡亀崎町に在りて松原徳重なる者より爆裂藥は塩酸加里十匁雞冠石五匁の割合を以て配合すへき旨を聞きたるに因り爆裂藥の製法を知り得たるを以て主義の爲めに斃るへき旨を傳次郎に通信す

時に被告スガは傳次郎と同棲し其旨を承けて太吉に成功を喜ぶ旨返信し且附記するに自己も同一の決心あることを以てしたり

同年六月被告太吉は亀崎町より長野縣東筑摩郡中川手村明科所在長野大林區署明科製材所に轉勤の途次東京に出つ

(13) 千駄ヶ谷への転居

是より先傳次郎は再ひ居を東京府豊多摩郡千駄ヶ谷町に移す

(14) 宮下太吉の来訪（明治42年6月6日、7日）

　六日七日の両日太吉は傳次郎を訪ひ傳次郎及びスガに對して逆謀の径路を詳説し傳次郎スガの両人は忠雄及び力作は各勇敢の人物なることを説き之を太吉に推薦したり

(15) 宮下太吉の明科での原料収集の行動（明治42年7月～8月）

　其後被告太吉は明科製材所に在りて同僚の職工等に對し無政府共産一説を鼓吹し、

　同年七月事を以て甲府市に往き同市柳町三丁目百瀬康吉より爆裂藥の原料として塩酸加里二磅を買入れ

　尋て愛知縣碧海郡高濱町吉濱内藤與一郎に依頼して雞冠石二斤を購求し

　又書を新宮町大石誠之助方に寄寓したる忠雄に寄せて其逆謀に同意せんことを求め且塩酸加里の送付を乞ふ越へて八月一日更に書を發して之を促し遂に其月十日忠雄より送致したる塩酸加里壹磅を受領したり

(16) 新村忠雄の新宮での行動（明治42年4月～8月）

　是より先忠雄は四月以來誠之助方に往き藥局の事務を補助し常に被告峰尾節堂、高木顯明等に對して國民尊王の信念は迷信耳之を打破せんと欲せは大逆を行ふに若かすとの激語を放ち殊に被告成石平四郎とは意氣最投合し誠之助等か急に事を擧くる意なきことを疑ひ二人挺身して大逆罪實行の衝に當らんことを約せり

　偶太吉の書を得るに及び情を誠之助に告け其承諾を得て同町畑林藥店より前示の藥品を買入れ以て之を發送したり

(17) 幸徳秋水の決意（明治42年9月）

　被告傳次郎は前に太吉の逆謀を聴て之に同意を表したりと雖も太吉の企圖は大逆罪を以て唯一の目的と爲し他に商量する所なく傳次郎か運平、誠之助、卯一太と協議したる計畫とは大小疾徐の差なきに非さるを以て顧望の念なきに非さりしか近日政府の迫害益甚しと爲して之を憤慨し先太吉の計畫を遂行せしめんと欲する決意を爲すに至れり

(18) 幸徳秋水、管野スガ、新村忠雄の協議（明治42年9月）

是に於て同年九月上旬忠雄か被告スガより壯快の事あり歸京すへしとの通
信を得歸京して傳次郎方に寓居するに及び傳次郎スガ忠雄の三人傳次郎宅に
於て相議して明治四十三年秋季を期し爆裂彈を用ひて大逆罪を決行せんこと
を定め

(19) 新村忠雄の明科行き

忠雄は其議を齎らして被告太吉を長野縣東筑摩郡東川手村字潮に訪ふて之
を告く、両人會談の際太吉は忠雄に嘱するに爆裂藥の製造に實驗ある人士の
説を徴すへきことを以てし又鑛冠石の磨碎に用うへき藥研は忠雄か他より借
入れて其用に供すへきことを約し忠雄は歸京の後太吉の希望を傳次郎に傳へ
傳次郎は之を領す

(20) 奥宮健之の行動（明治42年10月）

被告奥宮健之は無政府共産主義者には非されとも平生好んて同主義の書を
讀み頗其趣味を解し且傳次郎と舊交あり

九月下旬傳次郎を訪ふ坐談の際傳次郎は健之に對し今若し日本に於て大逆
を行ふ者あらは其結果如何と問ふや健之は我國に於て此の如き學を爲す者あ
らは人心を失ひ忽ち失敗せん耳と答へ傳次郎は之を聴て遅疑の状あり越へて
十月健之の再來訪したるに接し傳次郎は問ふに爆裂藥の製法を以てす健之
は已に傳次郎の逆謀を推知したるに拘らす自ら其製法を知らされとも知人に
質して通知すへき旨を答へ乃ち之を西内正基に質し且其曽聞せし所を參酌し
て塩酸加里六分金硫黄四分の割合を以て調製し鋼鐵片を加へ金属製圓筒形の
小一鑵に装填し外部を鍼金にて捲くへき旨を十數日の後傳次郎に通知し傳次
郎は更に其自ら知る所の他の方法と參酌して之を忠雄に授け忠雄は之を太吉
に通告したり

(21) 幸徳らと古河との会話（明治42年10月）

十月上旬被告傳次郎は被告古河力作を其宅に招致しスガ忠雄と共に大逆罪
決行の意思を告く力作は明治四十年春より社會主義に入り傳次郎の説を聴て

無政府共産主義を奉するに至り曽て雑誌自由思想の印刷人となりたること有り軀幹矮小なりと雖も膽力ある者として儕輩に推重せらる此に至りて傳次郎等の逆謀を聴き直に之に同意したり

(22) 薬研の借入（明治42年10月12日）

是より先被告忠雄は太吉と相別れ長野縣を去るに臨み同縣埴科郡埴生村西村八重治に薬研借入を乞ひたれとも會々他に貸與しありて其望を達すること能はさりしを以て其兄新村善兵衛に託す

善兵衛は八重治に依頼して之を借入れ太吉に送付す

太吉は十月十二日之を受領し其寓居に置くことを憚りて之を新田融に預け

(23) 宮下太吉の試験体製造（明治42年10月12日）

同月二十日に至り明科百七十六番地融の寓所に於て其薬研を以て前日買入れたる雞冠石を磨碎し又同月末太吉は東川手村潮の臼田鍋吉に依頼して金属製の小鑵五個を製造せしめたり

(24) 宮下太吉の実験（明治42年11月3日）

此の如くして爆裂彈の装薬容器既に成る是に於て被告太吉は前に忠雄の通告したる製造法に依り即ち塩酸加里六分雞冠石四分の割合に小豆大の礫約に十顆を混して一鑵に装填し同年十一月三日明科附近の山中に到り試に之を投擲したるに爆發の効力甚た大なり

(25) 実験結果の報告（明治42年11月）

乃ち太吉は其旨を忠雄に通報し忠雄は之を傳次郎及スガに傳告し傳次郎は更に之を健之に報告したり

(26) 宮下太吉の上京（明治42年12月31日）

同月中被告太吉は自ら鐵小鑵壹個を造り又同年十二月被告融に依頼して鐵葉小鑵二個を造らしめ其中鐵製鑵及び鐵葉製鑵壹個と前掲塩酸加里及び雞冠石とを携帯して傳次郎等と面議せんか爲めに三十一日上京したり

(27) 宮下太吉の幸徳秋水訪問（明治43年1月1日）

　明治四十三年一月一日被告傳次郎スガ太吉忠雄の四人傳次郎宅に會合して太吉携へし所の小鑵及び薬品の批評を為し且交互其小鑵を擲ちて實用に適するや否を試み

(28) 古河力作と管野スガ、新村忠雄の協議（明治43年1月）

　翌日（注. 1月2日）力作は傳次郎を訪問して傳次郎スガ忠雄より前日の形況を聽き尋て同月二十三日力作か傳次郎宅に徃きたる際スガ忠雄力作の三人は傳次郎の寝臥したる隣室に於て秋季逆の謀の實行に関する協議を為し忠雄は再ひ長野縣の郷里に帰省し太吉と來徃相課る所ありたり

(29) 幸徳秋水（傳次郎）の逃避（明治43年3月）

　同年三月被告傳次郎は近日老母より帰郷を促す信書を得且其躬親を逆謀實行の任に當るを不利とする念生し偶小泉某歴史編纂の事業を擔任せんことを慫慂する所ありしを以て一時静粛の間其編纂に従事せんと欲し被告スガと相携へて相州湯河原に徃き暫山水の間に起臥したり

(30) 再実験の中止（明治43年4月）

　同年四月被告スガは湯河原より遥に書を長野縣に在る忠雄に寄せて爆裂彈の再試験を勧告す是に於て忠雄は太吉と相會して地勢を視察したれとも適當の地を発見せす且前回試発の際に於ける爆聲頗る世人の嫌疑を招きたる形蹟あるを以て時機を待ちて之を行ふことと為し遂に中止したり

(31) 管野スガ、新村忠雄、古河力作の協議（明治43年5月1日）

　五月一日被告スガは帰京して千駄ヶ谷町増田謹三郎方に寓す十七日忠雄も亦帰京し其夜スガ、忠雄、力作の三人スガの寓所に相會して大逆罪實行の部署を議し一旦抽一籤してスガ力作の両人先発者となり忠雄太吉の両人は後発者と定まりしか忠雄は之を遺憾と為し翌日力作に對して之を變更せんことを求め遂に機を見て再ひ部署を議定すへきことを相約せり

（32）事件の発覚（明治43年5月）

　是より先四月中被告太吉は再融に嘱して前日製作せしめたる小鑵と同一の鐡葉鑵二十四個を造らしむ然れとも太吉等の擧動漸く警察官の注意する状あるを察し被告太吉は五月八日比万一の事あらは古河力作に轉送を乞ふ旨記したる書面を添へ所藏の爆裂藥と前掲小鑵とを同僚の職工清水太市郎方に寄託したれとも猶安んせさる所ありて同月二十一日更に之を明科製材所の鍛冶工場及び汽機室内に隠匿し幾ならすして事竟に發覺したり

３．節目の事実関係の図

　本件での節目となった判決の犯罪事実を図にすると145頁のとおりである。

４．判決の認定事実は皇室危害罪に該当するか

　ここでは、まず判決の認定事実（それが正しいかは、5項（179頁）以下で論じるが）、認定事実から、それがそもそも皇室危害罪（刑法78条）の行為（特に「陰謀」）と評価されるものかを明らかにする。

（1）はじめに～会話の意味～

　これらは、50、51頁で述べたようにほとんどが会話で成り立っている。
　2人以上の会話がなされたとしても、
　①合意がない、つまり、会話当事者のそれぞれの意思の表明にすぎなかった、そもそも「陰謀」ではなく「自分はこう思う」というそれぞれの意見表明にすぎない場合
　②それぞれの意思表明があって、一見「合意があるように見えても」、「やる気」（本気度　本当にやるぞ）がなかったのでないかという場合、つまり「実行の意思がない」場合
　③合意があったとしても、その合意内容に計画等の具体性そして明白かつ危険性がない場合
が認められる。

第3章 判決の脆弱性

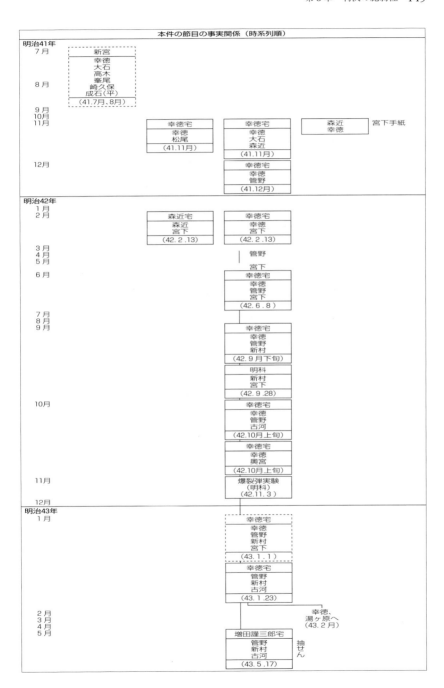

つまり、これらはいずれも刑法73条の「陰謀」ではない。

刑法73条に「陰謀」が含まれるとしても、その結果は「死刑」という重罪であるから、その認定は慎重であるべきである。

以下、事実を検討する。

（2）明治41年7月

明治四十一年六月二十二日錦輝錧赤旗事件の獄起るや

被告幸徳傳次郎は、時に帰省して高知縣幡多郡中村町に在り當局の處置を憤慨して其後圖を為さんと欲し其譯する所の無政府共産主義者ペートル、クロポトキン原著麵包の略取と題する稿本を携へ七月上京の途に就き

1）新宮行き

被告大石誠之助を迂路和歌山縣東牟婁郡新宮町に訪ひ誠之助及び被告成石平四郎、高木顕明、峰尾節堂、崎久保誓一に會見して政府の迫害甚しきに由り反抗の必要なることを説き越へて

①当事者
　幸徳秋水
　大石誠之助
　成石平四郎
　高木顕明
　峰尾節堂
　崎久保誓一

②行為
　幸徳が、大石誠之助、成石平四郎、高木顕明、峰尾節堂、崎久保誓一に會見して政府の迫害甚しきに由り反抗の必要なることを説いた。

③合意はあったのか
　合意はない。

幸徳が、政府の迫害が甚しいので反抗が必要であることを説いただけ。

④合意内容による当事者の行動
　政府への反抗と現実性のない革命談義にすぎず、行動はない。
　幸徳が「反抗の必要なること」を大石らに話をしたのであれば、帰京後、大石らから幸徳へ動きがあるか、もしくは、幸徳から大石に対して動きがあるのが自然であるが、何もない。大石らと幸徳の会話で完結（終了）しており、何らの行動もない。「放談」「革命談義」にすぎない。合意などない。

　明治41年7月に和歌山県新宮町に大石誠之助を訪ね、成石平四郎、高木顕明、峰尾節堂、崎久保誓一に會見して政府の迫害甚しきに由り反抗の必要なることを説いたが、反抗の必要性の受け止め方は、直接行動、暴力革命といろいろであったが、話は抽象的で具体性がない。一致しているのは、天皇に危害を加えるテロの話はでていないことである。
　天皇に対するテロは幸徳秋水も考えていない。ここでは、政府への反抗と現実性のない革命談義にすぎない。

2）箱根行き
　八月新宮を去りて被告内山を箱根林泉寺に訪ひ赤旗事件報復の必要なることを談し

①当事者
　幸徳秋水
　内山愚童

②行為
　幸徳と内山が、赤旗事件の報復の必要なることを談した。

③合意はあったのか
　合意はない。

幸徳と内山が、赤旗事件の報復の必要なることを談しただけ。

④合意内容による当事者の行動
　政府への反抗と現実性のない革命談義にすぎず、その後の行動はない。合意などない。
　幸徳が「赤旗事件の報復の必要なること」を内山に話をしたのであれば、帰京後、内山から幸徳へ動きがあるか、もしくは、幸徳から内山に対して動きがあるのが自然であるが、何もない。幸徳と内山の会話で完結（終了）しており、何らの行動もない。「放談」「革命談義」にすぎない。

3）巣鴨への転居
　帰京の後東京府豊多摩郡淀橋町柏木にと居し尋て同府北豊嶋郡一巣鴨町に轉住して同主義者に對し常に暴力の反抗必要なる旨を唱道せり
　同年九月被告森近運平、坂本清馬上京して傳次郎の宅に客居す
　初運平は無政府共産主義を奉し大阪に在りて大阪平民新聞或は日本平民新聞と称したる社會主義の新聞紙を發判し又定時茶話會を開き無政府共産説を鼓吹す

①当事者
　幸徳秋水
　森近運平
　坂本清馬

②行為
　幸徳が、主義者に対し、常に暴力の反抗が必要なる旨を唱道（自分から先に立って言うこと）した。
　森近が、大阪平民新聞或は日本平民新聞と称したる社會主義の新聞紙を發判し又定時茶話會を開き無政府共産説を鼓吹（意見や思想を盛んに唱えて、広く賛成を得ようとすること）した。

③合意はあったのか

　合意はない。

　幸徳が常に暴力の反抗が必要なる旨を唱道しただけ。

　森近が社会主義の新聞を発刊し、定時に茶話會を開き無政府共産説を鼓吹しただけ。

　明治41年9月頃から森近と坂本が上京し幸徳の宅に寄宿したが、同人らと幸徳が何を話したのかは定かではない。

④合意内容による当事者の行動

　幸徳が、常に暴力の反抗が必要なる旨を唱道したにすぎず、行動はない。会話で完結。

　合意などない。

（3）宮下太吉の書面送付（明治41年11月13日）

明治四十年十二月十三日運平を大阪平民社に訪ふて之を質す

　運平乃ち帝國紀元の史實信するに足らさることを説き自ら太吉をして不臣の念を懷くに至らしむ

　其後太吉は内山愚童出版の入獄紀念無政府共産と題する暴慢危激の小册子を携へ東海道大府驛に到り行幸の鹵簿を拜觀する群集に頒與し且之に對して過激の無政府共産説を宣傳するや衆皆傾聴するの風あれとも言一たひ皇室の尊嚴を冒すや復耳を假す者なきを見て心に以為く帝國の革命を行んと欲すれは先つ大逆を犯し以て人民忠愛の信念を殺くに若かすと

　是に於て太吉は爆裂彈を造り大逆罪を犯さんことを決意し

　明治四十一年十一月十三日其旨を記し且一朝東京に事あらは直に起て之に應すへき旨を記したる書面を運平に送り運平は之を傳次郎に示し且太吉の意思強固なることを推奨したるに傳次郎は之を聴て喜色あり

①当事者

　宮下太吉

　森近運平

（手紙による連絡）

・・・・・・・・・・・・・・・

　　幸徳秋水
　　森近運平

②行為

　宮下が、明治40年12月13日に大阪平民社に森近を訪ね、教えを請うたりした。

　宮下が、内山愚童出版の「入獄紀念無政府共産」と題する小冊子を携へ東海道大府駅で群集に頒與し、無政府共産説を宣伝した。

　宮下が、爆裂弾をつくり天皇に対するテロを決意した旨記載した手紙を森近に送付し、森近はその手紙を幸徳に示して宮下の意思強固なることを推奨したところ、幸徳が聞いて「喜色」（喜んだ）。

③合意はあったのか

　合意はない。

　宮下の意思強固なることを幸徳が聞いて喜んだとしても、皇室危害罪の合意があったとは到底言えない。

④合意内容による当事者の行動

　森近が、宮下の意思強固なることを推奨し、幸徳が聞いて「喜色」（喜んだ）ならば、森近・幸徳が、宮下に対し何らかの行動をおこしているはずであるが、何も行動はない。森近から宮下に連絡すらない。書面を見て話をしただけで完結（終了）している。合意などない。

　後記のとおり（11）（15）、証拠からみて、幸徳にとっては、田舎の職工にすぎない宮下は、ほとんど関心のない人物であった。そんなことを考える人間もいるのかという程度で、記憶にすら留められていないようである。

（4）大石誠之助の来訪（明治41年11月19日）

　是時に當り被告大石誠之助上京して被告傳次郎及び被告管野スガを診察し

傳次郎の餘命永く保つへからさることを知る傳次郎之を聞て心大に決する所あり

　十一月十九日誠之助の傳次郎を訪ふや傳次郎は運平誠之助に對し赤旗事件連累者の出獄を待ち決死の士数十人を募りて富豪の財を奪ひ貧民を賑し諸官衛を焼鐵し當路の顕官を殺し且宮城に逼りて大逆罪を犯す意あることを説き豫め決死の士を募らんことを託し運平、誠之助は之に同意したり

①当事者
　幸徳秋水
　大石誠之助
　森近運平

②行為
　幸徳が、森近と大石に対し、「赤旗事件連累者の出獄を待ち決死の士数十人を募りて富豪の財を奪ひ貧民を賑し諸官衛を焼鐵し當路の顕官を殺し且宮城に逼りて大逆罪を犯す意あることを説き豫め決死の士を募らんことを託し」、森近と大石はこれに同意した。

③合意はあったのか
　抽象的に「大逆を犯す意思があること、決死の士を募る」旨の合意があったといえても、いつ、どのようにという具体性がない。

④合意内容による当事者の行動
　幸徳、大石、森近との間で「大逆を犯す意思があること、決死の士を募る」合意がなされたというのであれば、幸徳または森近が新宮に赴くか、何らかの行動をするのが自然である。大石もその後、合意に従った行動をするのが自然であるが、何もない。幸徳や森近から大石への連絡、また、大石から幸徳、森近への連絡の形跡もない。
　合意がなかったか、もしくは「やる気」がない。ましてや、計画の現実性（具体性）もなく・危険性すらみうけられない。

明治41年11月に大石誠之助が上京してきた。幸徳に会うことが主目的ではなかったが、幸徳が病気なので、診察を兼ねて、幸徳宅を訪問した。その際の診察で、幸徳の余命が長くないことを述べている。

　明治41年11月19日に、幸徳宅を訪れた際、森近も同席したようであるが、幸徳秋水は大石・森近に「赤旗事件連累者の出獄を待ち、決死の士数十人を募りて富豪の財を奪ひ貧民を賑し諸官庁を焼いて、無政府状態をつくりたい。」ということを述べた。これはいわば幸徳の革命への願望を述べた「革命談義」であるが、大石も森近も、すぐに実現できる現実性のある話として受け止めておらず、いわば幸徳の「空想談」であった。ましてや、天皇への「テロ」など幸徳も大石も森近も考えてもいない。決死の士を集めるという話があったとしても、現実の話とされるはずもない。

　つまり、革命（内乱）の話も決死の士の話も現実性・具体性のない話であった。

（5）松尾卯一太の来訪（明治41年11月）

　同月中被告松尾卯一太も亦事を以もって上京し１日傳次郎を訪問して傳次郎より前記の計画あることを聴いて均しく之に同意したり。

①当事者
　幸徳秋水
　松尾卯一太

②行為
　松尾が幸徳より前記の計画あることを聴いて均しくこれに同意した。

③合意はあったのか
　松尾が幸徳から計画を聞いて同意したとしても、計画は抽象的であり、陰謀と評価できるほどの具体性がない。

④合意内容による当事者の行動

　幸徳と松尾の間で、大石と同じ計画の合意があったとしたら、松尾にその後の動きがあるか、幸徳にも熊本グループとの連携行動があるはずであるが、何もない。幸徳と松尾との連絡もない。

　合意がなかったか、もしくは「やる気」がない。ましてや、計画の現実性・具体性もなく、ましてや危険性もない。

　明治41年11月、松尾卯一太が上京してきた。幸徳に会うことが主目的でなかった。明治41年11月25日に幸徳は松尾が一人できたときに革命の話をしたが、あくまで無政府状態にしたいという「革命談義」をしたもので、松尾は深く留めてもいないものであった。

　無政府状態の話としても、「決死の士を募り貧民を日比谷公国に集め市内の富豪に向って掠奪を為さしめ且つ諸官衙を破壊し」との会話も認められない。もちろん「テロ」の話など皆無である。

　幸徳の話がそうであるから、松尾が「これに同意して決死の士を養成すべきこと」を約したこともない。革命（内乱）はもちろん、「テロ」についての謀議など皆無である。大石への話以上に現実性のない話である。

（6）（7）坂本清馬・新村忠雄への勧告

　是に於て被告傳次郎は更に其顚末を被告新村忠雄及び清馬に告け特に清馬に對しては各地に遊説して決死の士を募るへきことを勧告したり

①当事者

　幸徳秋水

　新村忠雄

　坂本清馬

②行為

　幸徳は其顚末を新村忠雄及び坂本に告け特に坂本に対しては各地に遊説して決死の士を募るへきことを勧告した。

③合意はあったのか

　幸徳は、坂本に各地に遊説して決死の士を募るへきことを勧告しただけであり、坂本の同意は認定されていない。

　新村は新聞を発行し印刷人となって主義を広めることに努めただけである。

　いずれも合意があったとはいえない。

④合意内容による当事者の行動

　坂本や新村忠雄に、各地を遊説して「決死の士」を募ることを勧告したのであれば、明治41年11月の直後に各地へ行くはずであるが、それもない。つまり合意はないのである。

（8）坂本清馬

　又清馬は明治四十年春頃より無政府共産説を信して傳次郎方に出入し其後熊本評論社に入り同社發行の熊本評論に過激の論説を掲載して主義の傳播に力め赤旗事件發生の後上京して傳次郎方に寄食し前示傳次郎の勧説に接するや其逆謀に同意し奮て決死の士を募らんことを快諾したり

　然れに其後事を以て傳次郎と隙を生し遂に傳次郎方を去りて宮崎縣に徃き或は熊本縣に入りて松尾卯一太方に寄食し卯一太及被告飛松與次郎等に對して暴漫危激の言を弄し、更に各地に放浪したる後明治四十三年三月二至り佐藤庄太郎を東京市下谷區萬年町二丁目の萬居に訪ふて爆裂彈の製法を問へり

①当事者

　幸徳秋水

　坂本清馬

　坂本清馬

　松尾卯一太

　飛松與次郎

　佐藤庄太郎

②行為

坂本は、明治四十年春頃より無政府共産説を信して幸徳方に出入し其後熊本評論社に入り同社發行の熊本評論に過激の論説を掲載して主義の傳播に力め赤旗事件發生の後上京して幸徳方に寄食し前示幸徳の勸説に接するや其逆謀に同意し奮て決死の士を募らんことを快諾した。

坂本は、宮崎縣に徃き或は熊本縣に入りて松尾方に寄食し松尾及被告飛松與次郎等に對して暴漫危激の言を弄した。

坂本は、明治四十三年三月二至り佐藤庄太郎を東京市下谷區萬年町二丁目の萬居に訪ふて爆裂彈の製法を問へり。

幸徳は、同年（明治41年）十二月、麵包の略取を出版した。

③合意はあったのか

坂本が幸徳の逆謀に同意して決死の士を募ることを快諾したという点では合意があるが、抽象的であり大逆罪の陰謀といえるほどの具体性がない。

坂本は佐藤庄太郎に爆裂彈の製法を聞いたが答えはない。坂本の佐藤への行動に幸徳の指示や同意はない。

④合意内容による当事者の行動

坂本が、幸徳と仲の良い時に「決死の士」を募ることを快諾した明治41年11月に、その募集に行かず、明治42年以降になって「幸徳と隙を生じて」から宮崎や熊本へ行くことは矛盾する。

松尾宅に寄宿しても、松尾と共に「決死の士」を募集してもいない。

飛松についても「暴慢危激な会話」をしていたかもしれないが、共同して何かをしたことはない。会話で完結している。坂本は、合意を裏付けるほどの「やる気もない」し、行動もない。

（9）管野スガ

又被告スガは近日（注．明治41年12月）當局の同主義者に對する壓抑益甚しと為して之を憤激し爆裂彈を以て大逆罪を犯し革命の端を發せんと欲する意思を懐き一夜傳次郎を巣鴨町に訪ふて之を圖る。傳次郎は喜んて之に同意

し協力事を挙けんことを約し且告くるに宮下太吉か爆裂彈を造りて大逆を行はんとする計画あること及び事起るときは紀州と熊本とに決死の士出つへきことを以てせり

①当事者
　幸徳秋水
　管野スガ

②行為
　幸徳が、「宮下太吉か爆裂彈を造りて大逆を行はんとする計画あること及び事起るときは紀州と熊本とに決死の士出つへきことを以てせり」と述べ、菅野が合意した。

③合意はあったのか
　判決上は②の合意を認定しているが、具体的な計画はない。

④合意内容による当事者の行動
　明治41年12月当時は爆裂弾の製造は現実のものとなっておらず、合意に基づく行為はない。

　明治41年12月に管野が幸徳の自宅で話しをしたことはあるかもしれないが、幸徳自体が記憶していないようなものである。話の内容は、宮下がこんなことを考えていることや、大石・松尾らとの革命談義に終始したものであろう。
　幸徳が「宮下太吉か爆裂彈を造りて大逆を行はんとする計画あること及び事起るときは紀州と熊本とに決死の士出つへきことを以てせり」と述べ、管野が合意したということは、前記の抽象的な大石・森近との話、そして松尾との話からみて、あまりにも唐突である。
　管野の供述であれば、これは幸徳秋水としての初めての天皇に対する「テロ」についての発言となるものであるが、幸徳が記憶していないということは考えられない。宮下の爆裂弾製造の話は、当時現実のものになっていなか

った。これに依拠して革命を起こす話にはならないし、「テロ」の話などでてくるはずもない。ましてや、それに依拠して、「決死の士」を紀州と熊本から出てくるということをいうことは、現実離れしている。管野の供述は、信用性がない。その場の話だけで終っている。

(10) 内山愚堂の来訪（明治42年 1 月14日）
　明治四十二年一月十四日被告愚童は上京して傳次郎を訪ふ傳次郎は歐字新聞に載せたる爆裂彈圖を愚童に貸與し清馬と共に之を観覧せしむ
　翌日愚童は轉して東京府豊多摩郡淀橋町柏木に徃きスガを訪ふスガは之に對して若し爆裂彈あらは直に起て一身を犧牲に供し革命運動に從事すへき旨を告け愚童の賛否を試む

①当事者

　幸徳秋水
　管野スガ
　内山愚童

②行為
　幸徳は明治42年 1 月14日、内山に爆裂弾図を見せた。
　翌15日、管野は爆裂弾があったら革命運動に従事すべき旨を内山に告げ、賛否を試みた。

③合意はあったのか
　幸徳と内山は、幸徳が爆裂弾図を見せたのみで、具体的な計画の話はなく、合意は認定できない。
　管野と内山は、管野が告げた内容に対する内山の返答、意思が認定されていないため、合意は認定できない。

④合意内容による当事者の行為

　その後内山と管野は行動をともにしておらず、合意に基づいた行為はない。

　明治42年1月14日内山が上京し幸徳宅を訪れた。その際に幸徳が、欧字新聞（外国の新聞）に載った爆裂弾圖を愚童に見せたことは事実である。しかし、それはテロの話ではなく、諸外国での話で見せただけにすぎない。革命論議すらなされていない。

　内山は翌1月15日管野を訪ねたが、管野は爆裂弾があったら一身を犠牲に供し革命運動に従事すへき旨を告げている。管野も革命論議の一環での話であって、テロではない。

　明治42年1月14日幸徳宅で欧字新聞の爆裂弾圖を内山に見せたが、それだけで、その後内山は爆裂弾の製造など検討すらしていない。

　内山は翌1月15日管野を訪ねたが、管野は爆裂弾があったら一身を犠牲に供し革命運動に従事すへき旨を告げている。しかし、その後、内山は管野と行動をともにしたりもしていない。革命論議の一環での話であって、話として終わっていて行動はない。管野の自分の話として完結している。具体性がなく、革命談義の域を出ない。

(11) 宮下太吉の来訪（明治42年2月13日）

　同年二月十三日被告太吉は上京して被告傳次郎を訪ひ豫定の逆謀を告く當時傳次郎は未た深く太吉を識らさりしを以て故らに不得要領の答を為し其去るに及んて之らスガ及び忠雄に談り太吉の決意を賞揚しスガは聴て大に之を喜ひ忠雄は感奮して心に自ら其學に加らんことを誓ふ

①当事者
　幸徳秋水
　管野スガ
　新村忠雄
　宮下太吉

②行為

　宮下が幸徳の元を訪れ、逆謀の計画を告げた。これに対して、幸徳は賛意を示さず曖昧な態度を取った。

③合意はあったのか

　宮下の計画に幸徳が賛意を示しておらず、合意は認定できない。宮下が帰った後で、幸徳は宮下の決意を賞賛したとあるが、合意があったのであれば、その場で宮下に対して賞賛するであろうし、曖昧な態度は取らないであろう。

④合意内容による当事者の行動

　　なし

　宮下は明治42年2月13日に上京し、幸徳宅を訪れた。幸徳と宮下の最初の出会いであり重要なものであった。管野、その際、宮下は幸徳に天皇への爆裂弾による「テロ」の話をした。しかし、幸徳秋水は、宮下に、賛意を示さずあいまいな態度に終始した。明治41年12月の管野とのやりとり（9）、明治43年1月の内山とのやりとり（10）が本当であったら、賛意を示し、協力を申し出たはずである。ところが、幸徳はそれをしていない。幸徳が賛成してくれると思っていた宮下は不満をもって去っている。

　幸徳自体、宮下から「テロ」そして「爆裂弾」の話をだされ、たじろいだのである。何よりも宮下の過激性に抵抗があったと思われる。これは、幸徳がテロ自体の決意（大逆）をしていなかったことを意味する。

　幸徳が宮下の決意を賞揚するのであれば、目の前でするのが普通である。宮下が帰ったあとで、幸徳が管野や新村忠雄に、宮下の決意を賞賛するような話をすることは経験則上ありえない。仮に幸徳にそのようなことをいった事実があったとしても、それは、「自分ではできないがよくやるわ」というたぐいのものであろう。賛成というものではない。

(12) 森近運平と宮下太吉とのやりとり（明治42年2月13日）

　又太吉ハ當時運平カ傳次郎方ヲ去リテ巣鴨町ニ萬居シタルヲ訪ヒ逆謀ヲ告

く運平は家に係累者ありて實行に加ること能はさるを慨し且被告古河力作か曽て桂総理大臣を刺さんと欲し單身匕首を懐にして其官邸を覗ひたる事實を談り其駆幹矮小なれとも膽力は以て事を共にするに足るへしと賞揚して暗に推薦の意を諷したり

①当事者
　宮下太吉
　森近運平

②行為
　宮下が森近に対して逆謀を告げたが、森近は「実行に加わることはできない」と拒絶し、古河を推薦した。

③合意はあったのか
　森近が「実行に加わることはできない」と拒絶した以上、森近・宮下の間で合意があったとは認定できない。

④合意内容による当事者の行動
　なし

　宮下は、明治42年2月13日に幸徳宅を去り、森近を訪れた。
　宮下は森近に天皇への爆裂弾による「テロ」の話をした。森近も宮下の話に、あまりの過激さにたじろいだのであろう。自分はその企てに参加できないが、古河力作という人物がいて体は小さいが胆力があり一緒にやれるからと推薦した。
　ここでは森近は、宮下の計画に対して、「係累者があって実行に加わることはできない。」と拒絶している。そして、苦し紛れに古河力作を推薦していることになる。森近は逃げたのである。

(13)（14）宮下太吉の幸徳秋水への連絡（明治42年5月）

　越へて五月中被告太吉は愛知縣知多郡亀崎町に在りて松原徳重なる者より爆裂薬は塩酸加里十匁鶏冠石五匁の割合を以て配合すへき旨を聞きたるに因り爆裂薬の製法を知り得たるを以て主義の爲めに斃るへき旨を傳次郎に通信す

　時に被告スガは傳次郎と同棲し其旨を承けて太吉に成功を喜ぶ旨返信し且附記するに自己も同一の決心あることを以てしたり

　同年六月被告太吉は亀崎町より長野縣東筑摩郡中川手村明科所在長野大林區署明科製材所に轉勤の途次東京に出つ

①当事者
　幸徳秋水
　管野スガ
　宮下太吉

②行為
　宮下・菅野の間の手紙のやりとり

③合意はあったのか
　宮下・管野の間での通信であり、両名の間の合意を認定する余地はあるが、管野の手紙に幸徳の意が反映されている証拠はない
　幸徳と宮下との間は合意はなく、管野との間にも合意はない。

④合意内容による当事者の行動
　宮下は、明治41年5月に松原徳重から爆裂薬は塩酸加里10匁、鶏冠石5匁の割合を以て配合すへき旨を聞き、爆裂薬の製法を知った事実、そしてこれを無政府主義のためにに斃るへき旨を傳次郎に通信したという。しかし、その手紙は残っていない。管野が幸徳の意を受けたかどうか明らかではないが、宮下太吉に成功を喜ぶ旨返信し、且つ附記するに自己も同一の決心あることを以てしたりとする。

この時期に幸徳が天皇への「テロ」を考えていたかどうかは証拠上明らかではない。そもそも、「塩酸加里十匁、鶏冠石五匁の割合をもって配合すべき旨」の爆裂弾製造方法を聞いただけで、その現実可能性も検討できていないのに、幸徳、管野がそんな手紙をもらって大いに喜ぶであろうか。

是より先傳次郎は再ひ居を東京府豊多摩郡千駄ヶ谷町に移す

明治41年6月宮下太吉はそれまでの愛知県知多郡亀崎町より長野県東筑摩郡中川手村明科所在長野大林區署明科製材所に転勤した。また、幸徳秋水も、再ひ居を東京府豊多摩郡千駄ヶ谷町に移していた。

(15) 宮下太吉の来訪 (明治42年6月6日、7日)

六日七日の両日太吉は傳次郎を訪ひ傳次郎及びスガに對して逆謀の徑路を詳説し傳次郎スガの両人は忠雄及び力作は各勇敢の人物なることを説き之を太吉に推薦したり

①当事者

　幸徳秋水

　宮下太吉

②行為

　幸徳が宮下の計画を聞き、新村・古河を推薦した

③合意はあったのか

　幸徳は宮下の計画を聞いて、新村・古河を推薦したのみであって、計画実行についての合意はしていない。爆裂弾もできておらず、具体的な計画ではなかった。

④合意内容による当事者の行動

　宮下は、転勤の途中に上京し、明治42年6月6日、7日に千駄ヶ谷の幸徳宅を訪れた。幸徳秋水宅で、幸徳と管野に再度天皇に対する爆裂弾によるテ

ロの話をし、新村忠雄と古河を「勇敢の人物」として推薦したという。しかし、「爆裂弾をつくって天皇を斃すと言う話」も、テロの話も具体的なものではなかった。ここでは宮下が自説を幸徳らに話しただけである。

　爆裂弾もできておらず、宮下の話に具体性もなかった。管野らはそれなら古河力作に話しをしてみたらといっただけである。森近と同様（12）、逃げたと評価されてもしかたがない。それを新たな「テロの謀議」であると認定したのである。

(16) 宮下太吉の明科での原料収集の行動（明治42年6月）

　其後被告太吉は明科製材所に在りて同僚の職工等に對し無政府共産一説を鼓吹し、同年七月事を以て甲府市に往き同市柳町三丁目百瀬康吉より爆裂薬の原料として塩酸加里二磅を買入れ

　尋て愛知縣碧海郡高濱町吉濱内藤與一郎に依頼して雞冠石二斤を購求し又書を新宮町大石誠之助方に寄寓したる忠雄に寄せて其逆謀に同意せんことを求め且塩酸加里の送付を乞ふ越へて八月一日更に書を發して之を促し遂に其月十日忠雄より送致したる塩酸加里壹磅を受領したり

①当事者
　宮下太吉
　新村忠雄
（手紙による連絡）

②行為
　宮下の求めに応じて新村が塩素酸カリを購入し、宮下に送付した。

③合意はあったのか
　宮下と新村の間には「塩酸カリの調達するというという点についての合意」はあったが、「皇室危害罪」についての具体的計画についての合意は認められない。

④合意内容による当事者の行動

　原料の塩素酸カリの調達だけで宮下・新村間で今後の予定の相談や、爆裂弾の製造の進行状況の報告などがなされていない。

(17) 新村忠雄の新宮での行動（明治42年4月〜8月）

　是より先忠雄は四月以來誠之助方に往き藥局の事務を補助し常に被告峰尾節堂、高木顯明等に對して國民尊王の信念は迷信耳之を打破せんと欲せは大逆を行ふに若かすとの激語を放ち殊に被告成石平四郎とは意氣最投合し誠之助等か急に事を學くる意なきことを疑ひ二人挺身して大逆罪實行の衝に當らんことを約せり

偶太吉の書を得るに及び情を誠之助に告け其承諾を得て同町畑林藥店より前示の藥品を買入れ以て之を發送したり

①当事者
　　新村忠雄
　　峰尾節堂
　　高木顯明
　　成石平四郎
　　宮下太吉
　　（宮下は新村に対して手紙による連絡）

②行為

　新村忠雄が、峰尾節堂、高木顯明等に対して国民の尊王の信念を迷信として打破するには大逆を行うしかないと話し、成石平四郎とは意気最投合し、宮下から手紙をもらって爆裂弾の原料となるものを提供した。

③合意はあったのか

　新村忠雄が宮下太吉に塩素酸カリを送付したことは事実であるが、新宮のグループと、「大逆」についての具体的計画についての合意は認められない。

④合意内容による当事者の行動

　新村忠雄は、明治41年4月から同年8月まで新宮町の大石方に寄宿し、薬局の事務を補助していた。新村忠雄は新宮グループの峰尾節堂、高木顯明等に革命について話をしていたが、特に成石平四郎とは意氣投合している。

　しかし、新村忠雄が天皇に対する爆裂弾によるテロを新宮グループに話をしたことはない。峰尾節堂、高木顯明、成石平四郎らは、後日の新村と管野、古河、宮下らとの相談の際には呼ばれていない。会話だけで完結している。

(18) 幸徳秋水の決意そして管野スガ、新村忠雄の協議（明治42年9月）

　被告傳次郎は前に太吉の逆謀を聽て之に同意を表したりと雖も太吉の企圖は大逆罪を以て唯一の目的と爲し他に商量する所なく傳次郎か運平、誠之助、卯一太と協議したる計畫とは大小疾徐の差なきに非さるを以て顧望の念なきに非さりしか近日政府の迫害益甚しと爲して之を憤慨し先太吉の計畫を遂行せしめんと欲する決意を爲すに至れり

　是に於て同年九月上旬忠雄か被告スガより壯快の事あり歸京すへしとの通信を得歸京して傳次郎方に寓居するに及び傳次郎スガ忠雄の三人傳次郎宅に於て相議して明治四十三年秋季を期し爆裂彈を用ひて大逆罪を決行せんことを定め

①当事者
　幸徳秋水
　管野スガ
　新村忠雄

②行為

　幸徳は新村から宮下の計画を聞いてこれに同意し、幸徳、管野、新村の3名で明治43年秋季に大逆罪の計画を実行することを合意した。

③合意はあったのか

　幸徳、管野、新村の3名は、爆裂弾で天皇を攻撃するという宮下の計画の

コンセプトと実行時期について同意はしたものの、それ以上に具体的な計画についての合意は認められない。

④合意内容による当事者の行動

　同意当時においては、計画実行の可否を決める爆裂弾がまだできてもいないし存在もしておらず、話が抽象的なのである。

　幸徳らがその後も爆裂弾製造に主体的に関わった様子がない。

　実行までのスケジュールを策定しておらず抽象的なのである。

　幸徳は、宮下の爆裂弾による天皇へのテロの考え方について、全面的に賛成はしていない。あくまで、幸徳は革命の一環としての天皇への攻撃と捉えていた。

　明治42年9月、新村忠雄が新宮から戻ってきたことを契機に、幸徳がテロを決意し、幸徳と管野、新村忠雄の3名で天皇への「テロ」の計画を決めたというが、肝腎のテロの手段とされる「爆裂弾」ができていないし、できるかどうかも明確でない。またそれを製造する宮下が話に参加していない。これを幸徳秋水のテロの決意とすることは状況からみて無理がある。しかも、明治43年秋季を期してできてもいない爆裂弾を用いて大逆罪と遂行せんことを定めることなど到底できるはずがない。

　新村忠雄は宮下を長野県東筑摩郡東川手村に訪れて会談し、宮下は新村に爆裂薬の製造に実験したことのある人から聞いてほしいことを求め、雞冠石の磨砕に用うへき薬研を新村忠雄か他より借入れて調達することを約した。新村は東京に帰って、宮下の希望を幸徳に伝えた。

　ここで明らかなのは、宮下には塩素酸カリ20匁、鶏冠石10匁という配分しかわかっていなかったということである。このような状況で、爆裂弾の製造の可否、その威力を自明のものとして、重大な企で、天皇へのテロを計画できるはずのないことは明らかであろう。

　幸徳がテロを決意し実行できるような具体的な状況になっていない。

（19）新村忠雄の明科行き

　忠雄は其議を齎らして被告太吉を長野縣東筑摩郡東川手村字潮に訪ふて之を告ぐ、両人會談の際太吉は忠雄に囑するに爆裂薬の製造に實驗ある人士の説を徵すへきことを以てし又雞冠石の磨碎に用うへき薬研は忠雄か他より借入れて其用に供すへきことを約し忠雄は歸京の後太吉の希望を傳次郎に傳へ傳次郎は之を領す

①当事者
　宮下太吉
　新村忠雄

②行為
　新村が宮下を訪問して幸徳、管野との協議の結果を伝えた。
　宮下は新村に爆裂弾製造経験のある者からアドバイスを受けることを求め、また、薬研を他人から借り入れることを求め、新村はこれを了解した。

③合意はあったのか
　新村が幸徳らとの協議結果を伝えるという形で計画の実行について合意がなされた。もっとも、その合意は、（18）の事実においてみられた抽象的なコンセプトと実行時期の合意に留まる。
　宮下と新村の間で経験者のアドバイスを受けることや、薬研の調達が合意されているが、これはこのときに宮下が求めて合意されたもので、新村が宮下に伝えた幸徳らの協議結果には含まれていないものである。また、これらの宮下・新村間の合意はあくまで爆裂弾製造に向けられたものであり、皇室危害罪の実行そのものに向けられた計画ではない。
　そもそも（18）の計画があったのであれば、爆裂弾製造が計画に組込まれるはずである。
　しかし、計画実行の全体的スケジュールの中に爆裂弾製造のスケジュールを落とし込んだ様子がない。

(20) 奥宮健之の行動（明治42年10月）

被告奥宮健之は無政府共産主義者には非されとも平生好んて同主義の書を読み頗其趣味を解し且傳次郎と舊交あり

九月下旬傳次郎を訪ふ坐談の際傳次郎は健之に對し今若し日本に於て大逆を行ふ者あらは其結果如何と問ふや健之は我國に於て此の如き學を爲す者あらは人心を失ひ忽ち失敗せん耳と答へ傳次郎は之を聴て遅疑の状あり越へて十月健之の再來訪したるに接し傳次郎は問ふに爆裂薬の製法を以てす健之は已に傳次郎の逆謀を推知したるに拘らす自ら其製法を知られとも知人に質して通知すへき旨を答へ乃ち之を西内正基に質し且其曽聞せし所を參酌して塩酸加里六分金硫黄四分の割合を以て調製し鋼鐵片を加へ金属製圓筒形の小一鑵に装填し外部を鍼金にて捲くへき旨を十數日の後傳次郎に通知し傳次郎は更に其自ら知る所の他の方法と參酌して之を忠雄に授け忠雄は之を太吉に通告したり

①当事者

幸徳秋水

奥宮健之

②行為

幸徳の求めに応じて奥宮が爆裂弾の製法を他人に聞いて幸徳に教えた。

③合意はあったのか

奥宮は幸徳が爆裂弾を天皇に対するテロに使うのではないかと推測していたが、両者の間にこの点についての確認行為はなかった。爆裂弾の製法を教えるというという点についての合意はあったが、具体的計画についての合意は認められない。あくまで、爆裂弾製造という限度をこえる話ではない。

④合意内容による当事者の行動

幸徳・奥宮間で今後の予定の相談がなされていない。テロの具体的計画に奥宮は一度も参加していない。

被告奥宮健之は、無政府共産主義者ではなかったが関心をもち、幸徳と親交があったが、明治42年9月下旬、幸徳宅を訪れた際、話に中で、日本で天皇に対するテロについて聞いたところ、奥宮健之は「そのようなことを企てたら人心を失ひ失敗するだろう」と答えている。

　明治42年10月奥宮が再度幸徳宅を訪れたとき、幸徳は爆裂薬の製法を聞いたが、その際、奥宮健之は、知人に聞いて知らせる旨を答え、その10数日後、西内正基に聞いて塩酸酸カリ6分、金硫黄4分の割合を以て調製し鋼鐵片を加へ金属製の円筒形の小鑵に装填し、外部を針金でまくこと知らせた。幸徳は新村忠雄にこれを伝え、新村忠雄は宮下太吉に知らせた。しかし、奥宮はテロはもちろん無政府状態をおこすことも反対しており、まったく宮下のテロを知らなかった。

(21) 幸徳らと古河との会話 (明治41年10月)

　十月上旬被告傳次郎は被告古河力作を其宅に招致しスガ忠雄と共に大逆罪決行の意思を告ぐ力作は明治四十年春より社會主義に入り傳次郎の説を聴て無政府共産主義を奉するに至り曽て雑誌自由思想の印刷人となりたること有り軀幹矮小なりと雖も膽力ある者として儕輩に推重せらる此に至りて傳次郎等の逆謀を聴き直に之に同意したり

①当事者
　幸徳秋水
　古河力作
　管野スガ
　新村忠雄

②行為
　幸徳が古河を自宅に招いて、管野、新村と「逆謀」の話をし、古河は同意した。

③合意はあったのか

　（18）の幸徳らの話を、古河にしたということである。

　しかし、それはテロの話か、革命の話か判然としない。

　明治41年10月の時点でも爆裂弾はできておらず、爆裂弾の話も抽象的で、会話で完結している。

④合意内容による当事者の行動

　幸徳は、明治41年10月上旬古河力作を其宅に招致しスガ忠雄と共に、無政府状態をおこすことや宮下の爆裂弾によるテロの話を話題とし、古河力作は幸徳の話を聞いていたが、何らの行動も起こしていない。また幸徳の古河への指示もない。会話で完結していて、合意はない。

（22）宮下太吉の実験（明治42年11月）

　此の如くして爆裂弾の装薬容器既に成る是に於て被告太吉は前に忠雄の通告したる製造法に依り即ち塩酸加里六分雛冠石四分の割合に小豆大の礫約に十顆を混して一鑵に装填し同年十一月三日明科附近の山中に到り試に之を投擲したるに爆發の効力甚た大なり

①当事者

　宮下太吉

②行為

　爆裂弾を投擲した。

③合意はあったのか

　他者との合意は認められない。宮下が勝手に実験しただけで、誰も見ていない。

④合意内容による当事者の行動

　宮下は幸徳が奥宮から聞いた製法とは異なる製法で爆裂弾を製造した。

宮下は、容器の小罐ができたので、塩酸酸カリ6分、雞冠石4分の割合に小豆大の礫約に十個を混して一罐に装填し、明治42年11月3日の夜、明科附近の山中で、約5間の距離で、試に1個を投げたところ大きな音をたてた。宮下は音の大きさに驚き、製材所で残りの4罐を廃棄した。

宮下の実験は、宮下だけしか知らず、ぶつかった際の音については大きいものの、その威力については明らかではない。鶏冠石は、当時から花火の発音剤として戦後まで汎用されていたもので、大きな音は当然である。問題は破壊力であったが、宮下は確認していない。しかし、宮下はこれを成功として評価した。

その後、宮下も含め誰も再実験はしておらず、破壊力は不明である。なお、この試験体の製造は、奥宮の幸徳への「塩素酸カリ6分、金硫黄4分」の情報（21）と異なっている。奥宮の情報でない製造方法で試験体が製造されたのである。

前記のとおり、宮下は明治41年5月に松原徳重から爆裂薬は塩酸加里10匁、雞冠石5匁の割合（3分の2,3分の1）を以て配合すへき旨を聞いていたが、それとも違っている。なお、幸徳が新村忠雄に製法を教え、これを宮下が聞いたとされるが、幸徳の供述では明確でない。

また、試験体の材料のうち、鶏冠石は明治42年7月頃に愛知県の内藤與一郎から、また塩素酸カリは、明治42年6月愛知県の高浜村の内藤与一から2ポンドを、明治42年8月に新宮にいた新村忠雄から1ポンドの送付をうけているが、そのどちらを使用しているか明らかではない。

宮下の実験に用いた物体とその構成要素（原料）その調達、そしてその割合がはっきりしていないのである。

(23) 実験結果の報告（明治42年11月）

乃ち太吉は其旨を忠雄に通報し忠雄は之を傳次郎及スガに傳告し傳次郎は更に之を健之に報告したり

①当事者

宮下太吉

新村忠雄
幸徳秋水
管野スガ
奥宮健之

②行為

　宮下の爆裂弾製造成功の報を宮下→新村→幸徳・管野→奥宮の順に伝達した。

③合意はあったのか

　宮下と新村、新村と幸徳・管野、幸徳と奥宮のそれぞれの間には爆裂弾を用いた天皇に対するテロを構想しているとの共通認識があった、また、天皇に対するテロの構想は爆裂弾の成功をもって実現に向けて前進したとの共通認識もあったといいうる。ただ、④に述べるようにそのような共通認識をもって具体的計画についての合意は認められないのである。

④合意内容による当事者の行動

　この時点では具体的計画についての謀議（合意）はなされていない。情報（結果）の伝達だけである。すぐにも幸徳が宮下を呼んではいないのである。幸徳の行動がない。

　その後、新村や管野らが具体的計画の謀議に入ってゆくが、これに幸徳や奥宮が積極的に関与した事実はない。天皇危害罪について具体的には合意はないし、具体的計画を策定できる状況が整っただけで現実的危険性がない。

　宮下は、実験結果を新村忠雄に知らせ、忠雄はこれを幸徳と管野に知らせている。幸徳は実験結果を奥宮に知らせたことは否定し、奥宮も同様である。

(24) 宮下太吉の上京（明治43年1月1日）

　明治四十三年一月一日被告傳次郎スガ太吉忠雄の四人傳次郎宅に會合して太吉携へし所の小鑵及び藥品の批評を為し且交互其小鑵を擲ちて實用に適す

るや否を試み

①当事者
　幸徳秋水
　管野スガ
　宮下太吉
　新村忠雄

②行為
　小罐２個と薬品（鶏冠石と塩素酸カリ）を批評交互に小罐を擲ちて實用に
適するや否を試み

③合意はあったのか
　宮下の方から幸徳を訪れたのである。幸徳らがテロを予定していたなら幸
徳らの方から明科にいってもいいはずである。
　何のための会合かわからない、宮下を迎えた幸徳らは酒を飲みながらの会
合となり、真摯さがない。
　小罐２個と薬品（鶏冠石と塩素酸カリ）を見ても何もでてこない。小罐は
空き缶であり、こんなものを座敷で投げても意味はない。実用に適するも何
もない。
　会合には、（21）で話をした古河力作が呼ばれておらす、まともな話はな
かった。宮下は不満で帰っている。

④合意内容による当事者の行動
　宮下がはるばる明科からせっかく爆弾の材料をもってきているのだから、
現実の実験をすることができたはず。しかし、誰からも実験の話はでてきて
いないし、実験もされていない。

　明治43年１月１日、宮下の方から鶏冠石と塩酸加里を別々の紙に包み、空
罐二個を持参して幸徳宅を訪問した。このような重要な会議でもに幸徳、管

野、新村忠雄だけで、有力構成員とされた古河は来ていない。しかも、「元日でみな屠蘇に酔っていて、いっこうに話がまとまりませんでした。それで宮下の持ってきた罐を投げてみて、鉄のほうがよいとか、角の多い罐がよくはないかというような話がありました」。幸徳は爆裂弾の性能に関心がなかったのである。宮下はまとまった相談ができなかったので、多少不満な様子で帰っている。座敷で空罐を投げて稽古をしたというが、空罐を投げてみても、何の役にも立たないもので、酔った「座興」にすぎない。また実行計画も「酒など飲んでまとまった話はいたしませんでした。」という状況であった。

　幸徳自体が明治42年11月頃から宮下と共に計画を進めることに熱意を失い非協力的になってきて、それが宮下をはじめとする他の者にわかる程であった。明治43年１月１日の幸徳宅の酒に酔った態度からも明らかになっていた。そのため、宮下は幸徳の本気度を疑い不満をもって帰るぐらいであった。

　爆裂弾によるテロは、幸徳が除外され、宮下、管野、新村忠雄、古河により進められることになった。

(25) 古河力作と管野スガ、新村忠雄の協議 （明治43年１月２日）
　翌日力作は傳次郎を訪問して傳次郎スガ忠雄より前日の形況を聴き尋て、

①当事者
　古河力作
　幸徳秋水
　管野スガ

②行為
　古河が幸徳、管野から話を聞いただけである。話の内容は明らかではない。

③合意があったか
　何もない。古河力作が幸徳、管野から話を聞いただけ。具体的行動についての話（意思表明）もない。

④合意内容による当事者の行動ない。

　また、古河が宮下に連絡をした事実もない。合意もないし、実行意思もない。

(26) 古河力作と管野スガ、新村忠雄の協議（明治43年1月23日）

　同月二十三日力作か傳次郎宅に徃きたる際スガ忠雄力作の三人は傳次郎の寝臥したる隣室に於て秋季逆の謀の實行に関する協議を爲し

　忠雄は再ひ長野縣の郷里に帰省し太吉と來徃相謀る所ありたり

①当事者
　古河力作
　管野スガ
　新村忠雄

②行為
　秋季、逆謀の實行に関する協議を爲した。

③合意はあったのか
　実行計画を協議は幸徳を除く古河、管野、新村忠雄の３名で幸徳の自宅なされている。幸徳は、自宅にいたにも拘わらず、会合から除外されている。
　計画といっても、秋という遠い時期、場所も日時も決まっていない。宮下もおらず、爆弾の効果の認識もなく、幸徳は除外することを決めただけで、誰がどのようにするかの段取りも決まっていない。

　同年1月23日古河力作が幸徳宅を訪問した際、管野、新村忠雄と、秋季のテロの実行する協議をした。その際、幸徳を除くことを決め、実行計画を協議した。しかし、肝心の宮下もおらず、場所も日時も何も決まっていない。協議は名ばかりで、幸徳は除外することがだけを決めただけで、合図役も決まっていないし、誰がどのようにするかも決まっていない。
　この会合においても、具体的なことは決まっておらず、現実性がない。

「秋にやろう」という抽象的合意があったとしても、「新村忠雄は再ひ長野縣の郷里に帰省し太吉と來往相謀る所ありたり」としても、何も決めていないし、決められない。

　合意の具体性がなく（当事者・内容）、「やる気」も「計画の具体性」もない。

（27）幸徳秋水の逃避（明治43年3月）

　同年三月被告傳次郎は近日老母より帰郷を促す信書を得且其躬親を逆謀實行の任に當るを不利とする念生し偶小泉某歴史編纂の事業を擔任せんことを慫慂する所ありしを以て一時静粛の間其編纂に従事せんと欲し被告スガと相携へて相州湯河原に徃き暫山水の間に起臥したり

①当事者
　幸徳秋水
　管野スガ

②行為
　東京から湯河原へ逃げ込む。

③合意の内容
　それまでの発言でとされる、「無政府状態をおこす革命（内乱）の意思も、それにともなうテロの意思」も喪失状態である。

④合意内容による当事者の行動
　東京から湯河原へ逃げ込む。

　幸徳秋水は、宮下太吉の実験の前後の明治42年11月頃から、無政府状態をおこすことに関心を失ってきて、宮下の話にも熱意を示さなくなっている。明治43年1月1日に宮下がわざわざ小罐2個と塩素酸加里、鶏冠石を携えて幸徳宅を訪れても、酒を飲んでまともな対応をしていない。宮下も幸徳が本

当に実行する意思があるかを疑って帰っている。

　明治43年3月幸徳は近日老母より帰郷を促す信書をもらい、小泉三申から某歴史編纂の事業の誘いがあったので、これを編集するとして、管野と共に湯河原に赴いた。逃げ込んだのである。ここでは完全に無政府状態をおこす革命（内乱）の意思も、それにともなうテロの意思も全くない状態であった。

(28) 再実験の中止（明治43年4月）

　同年四月被告スガは湯河原より遥に書を長野縣に在る忠雄に寄せて爆裂弾の再試験を勧告す是に於て忠雄は太吉と相會して地勢を視察したれとも適當の地を發見せす且前回試発の際に於ける爆聲頗る世人の嫌疑を招きたる形蹟あるを以て時機を待ちて之を行ふことと為し遂に中止したり

①当事者
　管野スガ（書面）
　新村忠雄
　宮下太吉

②行為
　管野の宮下に対する爆弾実験の実施の勧奨

③合意があったか・合意内容による当事者の行動
　宮下は再実験の意思がみうけられずできなかったし、実行行為がない

　明治43年4月、管野は、湯河原より長野県にいた新村によせて書面で爆裂弾の再試験を勧め、新村は宮下と会ったが、宮下は再実験に消極的で、時機を待ちてこれを行うことで中止した。

　管野は、宮下とことなり、革命（内乱）のための爆裂弾であり、あくまで無政府状態をおこすことが目的であった。そして、管野は宮下の爆裂弾の破壊力について見ておらず確信をもっていなかった。つまり宮下の実験結果を信用しておらず再実験を考えていたのである。しかし宮下は、管野の疑問に

正面から答えることがなかった。

(29) 管野スガ、新村忠雄、古河力作の協議（明治43年５月17日）

　５月１日被告スガは帰京して千駄ヶ谷町増田謹三郎方に寓す17日忠雄も亦帰京し其夜スガ、忠雄、力作の３人スガの寓所に相會して大逆罪實行の部署を議し一旦抽一籤してスガ力作の両人先發者となり忠雄太吉の両人は後發者と定まりしか忠雄は之を遺憾と為し翌日力作に對して之を變更せんことを求め遂に機を見て再ひ部署を議定すへきことを相約せり

①当事者
　　管野スガ
　　新村忠雄
　　古河力作

②行為
　「テロ実行の爆裂弾投擲の順番」を話をした。

③合意があったか
　投擲の順番だけ、それも翌日には変更が求められ、決まっていない。

④合意内容による当事者の行動
　全くない。管野・新村忠雄・古河がたまたま集まっただけ、宮下もおらず、管野が入獄する前の日に、計画を話したようであるが、相変わらず計画が具体化していない。

　明治43年５月１日、管野は帰京して、入獄のため、千駄ヶ谷町増田謹三郎方に入り、５月17日帰ってきた新村と管野・古河がたまたま集まった。管野が入獄する前の日に、計画を話したようであるが、相変わらず計画が具体化していない。３人で会い、テロの実行について順番を抽選で決め、管野、古河が最初に、新村、宮下が後発と決めた。

ところが、翌5月18日新村がこれを遺憾とし、古河にその変更を求め、再協議されることになった。そもそも爆裂弾製造者の宮下抜きで投擲者も順番も決められるはずもない。

場所・時期も明らかでなく、爆裂弾も集まった3名の誰もみておらず再実験すらできていない。参加者、投擲者すら決まっていない。

具体的、現実性がないのである。

(30) まとめ

明治43年5月21日に事件が発覚し、宮下が逮捕された。そして、大逆事件として立件されていくのであるが、（2）から（29）まで述べたように、節目における判決の認定事実だけみても、当事者の会話は、それだけで終わっていて、合意がないか、具体性のないまた現実性のないものにすぎない。到底、刑法73条の皇室危害罪に該当するとは到底認定できないものであった。

まず、判決の認定事実だけみても、原判決の脆弱性が明らかになる。

さらに、個々の証拠と原判決の証拠の表示（予審のまとめ）についても、強引な認定がされている。

以下、5において、判決の事実認定と各証拠（予審のまとめ）と各予審調書の記載を検討していく。

5．判決の事実認定の批判〜判決の事実認定の脆弱性〜

幸徳秋水は、革命論議を好み、様々な場所で、内乱（革命）の必要性を説いた。しかし、幸徳の議論には具体性、計画性が欠如していた。そもそも「内乱（革命）」か、本件で問われた「テロ」（皇室危害）なのかもはっきりしない。

幸徳秋水らが「テロ」もしくは「内乱（革命）」を企てたとされる明治40年頃には、日露戦争後の状況で、軍隊基地には、兵器（爆弾・鉄砲）などがいくらでもある状況で、入手しようとすればいくらでも入手できた。また巷でも鉄砲など武器は比較的容易に入手できた。

幸徳秋水が「決死の士」を集め、武器や「爆裂弾」を取得し、「テロ」か

「内乱（革命）」を本気で起こすつもりなら、その環境は十分にあったといえる。宮下の爆裂弾に依拠し、その完成を何年も待つ必要性はない。

本件経過をみるとき、首謀者とされる宮下、幸徳、管野、新村、古河が一同に会して、計画を検討したこともない。爆裂弾が本当に効果があるかどうかを確認できたのは、宮下だけで、誰も見ていない。再実験もままならない。

幸徳の発言は、その場限りで、その後の何も行動がない。「陰謀」であれば、それに基づく行動があってしかるべきであるが、何もない。

幸徳は、内乱（革命）を唱えても、「やる気」がなかったのである。極めつけは、明治44年1月1日の幸徳の自宅での会合であるが、酒を飲みながら、小罐（爆裂弾の罐）を投げるという態度（ていたらく）である。その結果は、幸徳が、管野、新村、古河からもはずされ、幸徳自体が歴史編纂を著作するして湯河原に逃げ込む始末である。

このような、幸徳の「計画性のない」「やる気のない」行動は、判決の認定自体から明らかとなっている。

やる気もない計画を、やる気のない幸徳をはじめとする当事者を引っぱり出して皇室危害罪（刑法73条）の「陰謀」に問い、これを認めたのが、大逆事件なのである。

それゆえ、判決の事実認定だけをみても杜撰を極めている。

以下、証拠（予審調書など）から判決の認定事実を細かく検討していく。

（1）明治41年7月新宮における幸徳秋水の犯罪事実の認定
1）判決の事実認定

判決の事実は第1（東京グループ）と第2（新宮グループ）で以下のとおり認定されている。

第一　被告大石誠之助を迂路和歌山縣東牟婁郡新宮町に訪ひ誠之助及び被告成石平四郎、高木顕明、峰尾節堂、崎久保誓一に會見して政府の迫害甚しきに由り反抗の必要なることを説き越へて

第二　明治四十一年七月傳次郎か新宮町に來訪するや誠之助は之を延て数日

自宅に滞留せしめ其間平四郎、顕明、節堂、誓一を招集して共に傳次郎より當局の壓迫に對する反抗の必要あることを聴き又誠之助は其反抗の手段に付て特に傳次郎と議する所あり

2）事実認定の証拠の表示

この認定の証拠は以下のとおりである。

【幸徳秋水の予審調書】

「同事件に対する政府の迫害に対しては何等かの反抗態度を取り権利を伸張するの必要あり且は帰省中の課に係る「ペートルクロポトキン」著麹の略取を出版せんと思ひ七月二十日に以て上京の途に就きたり、其途次紀州新宮町に到り大石誠之助を訪問したるは赤旗事件の善後慮分に付相談を為す考なりしに相違なかりしも被告より森近運平に郵送したる葉書即ち押牧第一号の二二一に「今後の事を色々禄亭君と相談中云々」と記載しあるは主として金銭の問題に付相談中なることを記載したるものにして赤旗事件の善後慮分に関しては何等具体的相談を為したることなし然れども新宮滞在中大石始め成石平四郎高木顯明峯尾節堂崎久保誓一等に対し政府の迫害甚しきを以て反抗手段を取るの必要なることを説き又大石と共に熊野川に舟を浮へたる際大石に対し爆裂弾の製法を尋ねたることは相違なし」

【大石誠之助の予審調書】

「明治四十一年七月中旬幸徳か土佐より上京の途次被告方に立寄り八月上旬まて滞在したり仝人は赤旗事件に劃する政府の鹿置を憤慨して上京する模様なりしも其善後慮分に付何等具体的の談話を為したることなし只仝人か中心となりて仝志の連絡を取らさるを得さる旨申し居たり、幸徳は被告方に滞在中成名平四郎高木顕明峯尾節堂崎久保誓一等に対し暴力革命の必要を説きたる為め彼等は何れも革命と云ふことに趣味を持つことなりたるか如し或日幸徳と共に熊野川に舟を浮へたる際幸徳より爆裂弾の製法を聞かれたることあるも被告は知らさりしを以て其旨の答を為したり、」

【成石平四郎の予審調書】

「明治四十一年赤旗事件の後なりしか幸徳伝次郎か土佐より出京の途次新宮に立寄り大石誠之助方に十日間計滞在したることあり其際幸徳は被告等に対し是までは公然新聞雑誌等を以一自主義の伝道を為し居りたるも斯る伝道の方法は赤旗事件にて一段落を告けたり今後は秘密出版に依り伝道を為すの必要あるは勿論何れの固に於でも平和的に革命の成就したる例なけれは結局は暴力に訴へさる可らさる旨を説明したり、」

【高木顕明の予審調書】

「明治四十一年六月中東京に赤旗事件の起りたる後なりしか幸徳伝次郎か郷里土佐より出京の途次大石誠之助方を訪問し数日間滞在したることあり、其際幸徳は被告等に対し今日は最早言論や文章を以て伝道を為すへき時にあらす主義の目的を達せんとするには直接行動に擦るの外他に途なき旨を説明したるか被告は其説明を聴き益々社会主義に熱中するに至りたり、」

【峯尾節堂の予審調書】

「同年七月頃幸徳伝次郎か出京の途次大石を訪問したり其際幸徳は被告等に対し近来政府の社会主義者に対する迫害甚しく最早直接行動に擦るへきの時代にして筆やろを以て伝道し得へき時代にあらすと一説き大石も亦之に和して貫に直接行動を取るへきの時機なりと申し居たり尚ほ幸徳は其際浄泉寺に聞きたる談話会の席に於て凡そ社会の崩解するは其原因経済状態にあり現今日本の経済状態を見るに費富の懸隔最甚たしきを以て共産主義を賞行するには適富の時機なりと一説明したり、被告は幸徳の言語態度か頗る悲杜なりし為め大に感動し益々無政府主義を確信するに至りたり、」

【崎久保誓一の予審調書】

「明治四十一年夏大石に招かれて行きたるに幸徳伝次郎か滞在し居りて社会主義の歴史や現在の状態を語り今日は筆やらを以て伝道すへき時代にあらすして直接行動に擦るへき時代なることを説明したり、大石も亦其頃より幸徳と同様の説を唱へ一屋々露国的革命を起すの必要ありと申し居たるを以て現

政府を顛覆し大逆罪を犯すことも亦其説明中に包含し居るものと思ひ居たり、」

3）証拠とされる予審調書

2の認定の根拠となった予審調書は以下のとおりである。

幸徳秋水の【43/10/17予審調書】

大石誠之助の【43/7/16予審第5回】【43/10/15予審第11回】【43/10/21予審第12回】

成石平四郎の【43/7/3聴取書】【43/7/6聴取書】【43/7/14予審第1回】【43/10/22予審第3回】

高木顕明の【43/7/7聴取書】【43/7/14予審第1回】【43/10/22予審第3回】 峯尾節堂の【43/7/6調書】【43/7/12予審第1回】【43/10/22予審第4回】

崎久保誓一の【43/7/5調書】【43/7/7聴取書】【43/7/9調書】【43/10/22予審第2回】

4）証拠から検討すべき問題点

幸徳が新宮で何を言ったのか、つまり、何時、どこで、誰に、何をいったのか、幸徳の発言が問題である。また、熊野川の船遊びでどんな話があったか、誰と、どのような状況で、どんな話があったかである。

5）各予審調書の詳細と変遷

各予審調書は以下のとおりであり、変遷がある。

（1）幸徳秋水予審調書

【43/10/17予審第13回】

答　同年七月二十日頃と思います。

問　その頃すでに暴力革命を起す考えがあったのか。

答　政府の追害が甚だしいから、何か反抗的態度をとって権利の伸張をはからねばならぬという考えはもっていましたが、いかなる手段をとるかという成算

はなかったのです。

問　土佐を出発する前に森近にやった葉書に、「新宮に立ち寄って今後の相談をする」とあるが、大石と何か相談するつもりであったのか。

答　さようです。今後のやり方について相談するつもりでした。

問　大石方から森近にやった葉書に、「今後のことをいろいろ緑亭君と相談」とあるが、どうか。

答　私は大石と、主として金銭問題について相談したのです。雑誌を出すことや、私の生活上のことなどを相談したのです。

問　政府に対する反抗手段についても相談したのであろう。

答　私は、政府の追害に対して反抗せねばならぬということを何人にも申しておりましたが、大石と別に具体的な相談をした覚えがありません。

問　新宮滞在中、峯尾節堂、成石平四郎、高木顕明、崎久保誓一らに革命の話をいたしたであろう。

答　それらの人に対しても、政府の追害には反抗せねばならぬということは申しましたが、当時私の意中には具体的な計画があったわけでもありませんから、それ以上のことは話しておりません。

問　新宮滞在中に夜分、大石と熊野川に舟を浮かべて遊んだことがあるか。

答　さようです。

問　その舟に誰々が乗っていたか。

答　私と大石と船頭とだったと思います。ほかに乗っていた人があったかどうか、記憶がありません。

問　その船中で、大石と爆裂弾の製法について研究したのであろう。

答　研究したというごとはありませんが、私は大石に爆裂弾の製法を知っているかと尋ねましたところ、大石は知らぬと答えました。

問　そのとき革命の話が出て、それに必要だというので製法をきいたのではないか。

答　私は革命をやるにしても、またストライキをやるにしても、場合によっては爆裂弾が必要だと思ってきいてみたのです。

問　其方は大石から英書の百科辞典を借りて、爆裂弾の製法を調べてみたのではないか。

答　大石宅に百科辞典がありましたから、ちょっと調べてみましたが、わかりませんでした。

　　この予審調書の結果は以下のとおりである。

　　大石への相談はお金の話であった。

峯尾節堂、成石平四郎、高木顕明、崎久保誓一らには「政府の追害には反抗せねばならぬということ」だけ、それ以上の話はしていない。

船遊びでは、大石の他に人がいたかは記憶がない。

私は大石に爆裂弾の製法を知っているかと尋ねましたところ、大石は知らぬと答えた。

（2）　大石誠之助予審調書

【43/ 7 /16予審第 5 回】

問　幸徳は明治四十一年夏頃、既に暴力の革命を主張して居たのてはないか

答　幸徳は直接行動の必要かあるとは申して居りましたか、其頃は未た暴力の革命説は唱へて居なかつた様てす

【43/10/15予審第11回】

問　明治四十一年七月中、幸徳か土佐より上京する途中、其方宅に立寄つたことは相違ないか

答　相違ありませぬ　七月中旬に来て、七月末迄滞在したと思ひます　是迄月日の事を能く記憶して居なかつたから、或は申立か誤つて居る点かあるかも知れませぬ

問　其際は錦輝館赤旗事件の後てあるから、幸徳は既に暴力革命の意見を持つて居つたてはないか

答　或は左様てあつたかも知れませぬ、幸徳か明かに、其際暴力革命の話を致した事は私の記憶に残つて居りませぬ

問　其際、夜分、幸徳と共に熊野川に舟を浮へて、遊んだことがあるか

答　あります　一夜夕食後、熊野川に舟を浮へ、七、八丁も遡つて遊んて帰りました

問　幸徳は其舟中に於て、暴力革命の話を為し、爆裂弾製造の方法を其方に尋子たてはないか

答　幸徳か私宅に滞在中、東京の何人よりか、手紙か参りました處、其を見て、赤旗事件の為めに同志の入監するもの多く、東京には今同志者の中心となるへき人かないから、早く上京せ子はならぬと言ふて居りました　爾して、舟遊をした時は別に暴力革命の話はなかつたのてすが、爆裂弾は如何して造るものてあらうかとの質問を出しましたから、私は爆裂弾に付ては一向に知る譯かないと答へたのてす　其翌日かと思ひますが、私は幸徳に向ひ、英書の

新萬国百科辞典かあるから、調へて見よと言つて、夫れを貸したるに、幸徳は、
一、二ヶ所見た様てすか、要領を得なかつた様に思ひます

問　併し、舟中にて革命談か出て夫れより爆裂弾の話に移つたのてはないか

答　勿論、突然、爆裂弾の話か出たのてはありませぬ　露国杯の革命の話か出て、
夫れに引續ひて、爆裂弾の話か出た様に思ひます　実は、其際は主義者以外
の人も居り、幸徳も之に憚つて、自己の計画し居る事は言ひ出し兼たのては
ないかと思ひます

問　其舟の中には、主義者は居なかつたか

答　高木顕明は居たかと思ひますか、他は一向に覚へて居りませぬ　五、六人は
居た様に思ひます

問　併し、新宮滞在中、幸徳は革命に付ての話を致した様に思はるるか、如何

答　淨泉寺に於て、談話會のあつた時、幸徳か革命は政府に責任かある、何れの
革命を見るも、政府か挑発した様な傾かあると云ふ話を致して居りました　尚、
幸徳か私宅に滞在中、高木、成石、峰尾等は度々出入しましたから、幸徳よ
り革命談は聞ひて居るたろうと思ひます　夫れか為めに、四十二年一月中、
私か同人等を呼んで、幸徳の暴力革命説を話した時、同人等か直に夫れに應
したのてあろと思ひます

問　幸徳か高木、成石、峰尾等に革命談を話したとすれは、其方にも夫れを話す
へき筋合てはないか

答　左様な筋合てすか、私は業務の方も忙しかつたから、幸徳の私宅に滞在して
居る当時は革命の事に付ては、深く聞きませぬてした　高木、成石、峰尾等
と雖も、幸徳より具体的の話を聞ひたのてはなく、只革命説と聞ひた為、人
に自然革命に趣味を持つ様になつたのてあろうと思ひます

問　幸徳は、其方宅滞在中、赤旗事件に付て、入監したる者の為めに、吊合戦を
するとは云はなかつたか

答　左様な事は申しませぬてしたか、当時、熊本評論、其他社會主義の雑誌には、
赤旗事件に関する政府の處置に付、憤慨したる説も出て居たのてす　幸徳も
政府の迫害か甚たしいから、何とかせねはならぬと申して居りましたが、其
時は別に如何なる事をすると言ふ話はなかつたのてす

【43/10/21予審第12回】

問　同年七月中、幸徳は上京の途次、被告方へ立寄つたか

答　左様てす　七月中旬に参つて、七月末か八月上旬迄、滞在しました

問　幸徳は、赤旗事件の善後策の為に上京したのか

答　幸徳は、赤旗事件に對する政府の處置に憤慨して、上京する模様てしたか、
　　善後、處分に就て私に具体的に話した事はありませぬ
問　幸徳は赤旗事件入監者の為めに弔合戦をするとか、復讎をするとか言はさり
　　しか
答　左様な事は申しませぬ　只、何とかせ子はならぬとは言ふて居りました
問　何とかせ子はならぬと云ふのは、政府に對して復讎すると云ふ意味てはない
　　か
答　私は入監者の家族杯を救助したり、又入監者へ差入すると云ふ事てあると思
　　ひました　尤も、幸徳は、自分か中心と為つて、同志の連絡を取ら子はなら
　　ぬと言ふて居りました
問　其際、夜分、被告は幸徳と共に熊野川に舟を浮へて遊びしか
答　左様てす
問　幸徳は舟中で、暴力革命を起こさ子はならぬから、爆裂弾の製造法を知り度
　　ひとは言はさりしか
答　具体的の話てはありませぬが、幸徳は革命の時には爆裂弾か要るが、其製法
　　を知らないかと申しましたから、私は知らないと言ひました
問　其際は、其方と幸徳と船頭のみ居つたのてはないか
答　私と幸徳の外に、其舟を貸して呉れた人も居つたと思ひます　高木か居つた
　　と云ふ事は不確てす
問　幸徳か被告宅滞在中、新宮の同主義者か訪問したてあらう
答　左様です　成石平四郎、高木顕明、峯尾節堂、崎久保誓一、等か訪問しまし
　　た
問　幸徳は其人等に對して、暴力革命説を説きしか
答　左様に思ひます　成石、峯尾、高木、崎久保等は、其時より以来、革命と云
　　ふ事に趣味を持つて、常に話して居つた様てす

　大石誠之助の予審調書を要約すると以下のとおりである。
　幸徳が高木、成石、峰尾、高木等に暴力革命の話をしたかは変遷している。
最終で暴力革命を話をしたことになった。大石は、英書の新萬国百科辞典が
あるから、貸したが、幸徳は、見たがわからなかった。
　船遊びに大石以外の者がいた。爆裂弾の製造法をきかれ、知らないと答え
ている。

（3） 成石平四郎予審調書

【43/7/3聴取書】

問　其頃被告は幸徳伝次郎と交際し居りたりや

答　知りません　明治四十一年夏頃、同人が土佐の兄の家より来たとて新宮へ参り大石方に泊つて居り私は大石方へ参つて初めて面会致しました

問　其際社会主義の話又は実行の手段等を話さざりしや

答　話は出ましたが実行する手段等の話は何も出ませなんだ　只た、ぱん略取の飜訳したものを持つて来たと申して居りました

問　夫は「くろぽときん」著のぱんの略取か

答　仰の通りです

【43/7/6聴取書】

我国が何千年来、皇統連綿として居る事を誇りとし、一般人民が皇室を尊敬する迷夢を醒して遣ら子ばならぬと云ふ事は、四十一年夏、幸徳秋水が新宮に来たとき聞きました

【43/7/14予審第1回】

問　幸徳か明治四十一年夏、新宮に参つた時面会致したか

答　左様てす　明治四十一年度赤旗事件の後に幸徳は高知より上京するの途次、新宮に来り十日許り大石宅に滞在しました　其際、一、二度面会しました

問　其際幸徳より社会主義の話を聞ひたか

答　聞きました　幸徳は是迄別に秘密出版と言ふ事も行はす、公然新聞雑誌等て伝道して居たが、斯る伝道方法は赤旗事件て一段落を告げたと言はねはならぬ、今後は秘密出版によつて伝道せねはならぬと申して居りました

問　其際幸徳は直接行動の話をしては居なかつたか

答　幸徳は何時迄も言論や文章て済む訳のものてはない、何れの国の革命も平和的に成就した事はないから結局は暴力の革命に訴へねはならぬ、去り乍ら社会主義者か暴力の革命を起さんとしても一方に政府は軍隊なるものを持つて居るから、之と戦つて容易に勝つ事は出来ぬ、就ては先つ軍隊に社会主義を注入せねはならぬか、夫れは入営前の人に向つて伝道するの外、道はないから其方法を採るの必要かあると言ふて居りました

問　幸徳は其際既に暴力の革命の機運に向つて居るとは言はなかつたか

答　左様には申しませぬでしたが、結局は暴力の革命を以て解決せねはならぬと申して居たのてす

【43/10/22予審第3回】

問　錦輝館赤旗事件の後明治四十一年七月頃幸徳と新宮に於て面会したか

答　左様てす

問　其際幸徳は暴力革命説を唱へて居た事は相違ないか

答　具体的に革命を計画して居ると云ふ話は聞きませぬ　議論としては色々革命
　　の話が出ました

　成石平四郎の予審調書では、幸徳は暴力革命の話をしていたが、具体的な
計画はない。

（4）　高木顕明予審調書

【43/7/7聴取書】

成石と熊本に居る大石の甥と居り、峯尾も次て来りました　幸徳は言語や文章を
以てすへき時機にあらず、直接行動すへき時なりと言ひ居りました

【43/7/14予審第1回】

答　明治四十一年夏東京に於て赤旗事件か起り、社會主義者の入監するもの多数
　　にて、幸徳傳次郎は土佐より上京の途次、大石方に立寄り、兩、三日滞在し
　　ました　其際、私は一度大石方に参つて、幸徳に面會致しました　幸徳は最
　　早言論や文章を以て主義の傳導を為すへき時ではない、直接行動を為さねは
　　到底目的を達することは出来ない米国の如きも貧富の懸隔か甚たしいから、
　　大に主義者か運動して居る露西亜の同志すら米国に参つて運動して居る様な
　　次第てあると言ひ、其夜淨泉寺に於て幸徳の為めに談話會を開きたるときも
　　幸徳は矢張り同様の説を主張して居りました　私は幸徳の説を聞ひて、益々
　　社會主義に熱心になりました

【43/10/22予審第3回】

答　幸徳は明治四十一年七月、赤旗事件の其後、處分の為、上京する途中、新宮
　　に立寄り政府の迫害か甚しく、筆や口ては駄目たから、反抗的態度を探ら子
　　はならぬと言ふ様な話を致したと思ひます　尚ほ、其時、米國の社會主義者
　　の話をしました

　高木顕明の予審調書では、幸徳は直接行動の話をしていた。暴力革命では
ない。

（5）　峯尾節堂予審調書

【43/7/6調書】

答　全年七月頃、幸徳が土佐より来たとて大石方へ立寄り、拾日程滞在し居り、私は依然東京にて面会し居るのみならず、全主義者のこととて二回面会しました　其一度面会のとき、大石方へ尋ね行きたるに、成石、及石橋落笛、高木の三人が居合せ、大石も居り話を致しました　其時、幸徳は主義の目的を達するには矢張り暴力を以てせねばならぬとの話でした　幸徳は主として大石に話し大石は幸徳の言に和し、実に暴力革命の時機てあると言って居りました　列席の一同も皆賛成して居りました

【43/7/12予審第1回】

問　四十一年夏、幸徳が大石宅に滞在中、同人に会ったか。

答　会いました。

問　そのとき幸徳から、暴力革命について聞いたか。

答　聞きました。幸徳は社会主義者に対する政府の迫害が甚だしいから、もはや筆や口では目的が達せられない。どうしても暴力の革命が必要だと申しました。そのとき、成石平四郎、高木顕明もいて、幸徳の話をきいておりました。

【43/10/22予審第4回】

問　大石誠之助は明治四十一年夏頃以来、政府の迫害が甚だしいから、筆や口では駄目だ、暴力革命を遣らねば不可と主張して居るか

答　幸徳が赤旗事件の後、其善後、處分、及「麵麭の畧取」の出版の為め、上京する途中、新宮に立寄り、近来政府の迫害が甚だしいから、筆や口では駄目だ、暴力革命を要すると言って居りました　其以来、大石も同様の事を申して居りました

　峯尾節堂の予審調書では、幸徳は暴力革命の話をしていた。しかし、具体性のあるものではない。

（6）　崎久保誓一予審調書

【43/7/5調書】

問　大石の手紙は幸徳の来りたることを書してありたるならん、如何

答　はがきにて幸徳が来たから遊に来れとの文面でありました

問　大石方へ来りたる中、居合したる人名、如何

答　幸徳と大石とだけで他の人には、面会致しませんでした

問　其際、幸徳は何れより来りたるとの話なりしや

答　土佐より来たとの話でした

問　其際、同人は「くろぽときん」の著の飜訳を持ち居りたるならん、如何

答　仰せの通り、ぱんの署取の飜訳を以て居りました

問　其際、幸徳の話は如何

答　暴力にて革命すると言ふが如き話は少しも出ません　單に主義の歴史の話で
　　ありました

問　証人は虚言を申立て居るに相違なし、如何

答　左様ではありません

問　去とも、大石方へ寄寓前、既に大石、成石より前陳の通り極端なる話を聞き
　　ながら、寄寓中、聞かざる筈なし

答　寄寓中には聞きませぬが、実際は昨年二月頃、大石方で前陳述の露国的暴力
　　を以て革命をすると言ふ話を聞きましたとき、大石の話に幸徳は天皇を暗殺
　　するのは本意であるが、警衛堅固で不可能である故に、先、大臣を暗殺すれ
　　ば革命が早く出来るから大臣を暗殺する決心であると云て居ると語られまし
　　た

問　夫は大石が何処にて幸徳より聞きたることか

答　其頃、大石は東京に行き、幸徳、其他同志の者と親しく話をして帰って来た
　　ときのことでして、大石は東京で幸徳より聞いて来た話でありました

問　左すれば、前陳大臣暗殺の外に種々の話ありたるにあらずや

答　其外には暴力の話はありませなんだが、労働者を説て自覚せしむる必要があ
　　ると幸徳が申して居るとの話もありました

問　天皇を如何するとか言ふ話出たるにあらずや

答　左様の話は出ませなんだ

問　其話を聞きたる際、居合したる人名、如何

答　成石平四郎は居りました

問　高木、峯尾、両人は如何

答　来つて居ったようには思ひますが、確かには答られません

問　実行に付ては如何なる人々が其衛に当る話なりしや

答　一々人名は申しませなんだが、他にも決死の者があれば、共に決行すると幸
　　徳が言ふて居るとの話でありました

問　如何なる時機に如何なる方法にて決行するとは申さざりしや

答　左様の点に付ては、話がありませなんだ

問　其後、爆裂弾製造のことを聞きたるならん、如何

答　左様のことに付ては何も聞いたことがありません

問　実行の機会、及方法等を聞かざる筈なし、如何答聞きません

【43/ 7 / 7 聴取書】

四十一年夏、幸徳が大石方に来りし時　大石から幸徳が来たから遊びに来れとの手紙が参りしに付、幸徳を訪問し、二、三時間面談致しましたが、其時、幸徳は社會主義の歴史を説き、世界の形勢は益々過激になりつつある、我國に於ても其傾向があり、今は言論傳導の時期に非ずして直接行動の時代であると申しました

【43/ 7 / 9 調書】

問　明治四十一年夏、幸徳傳次郎が大石方に来り滞在中證人は、幸徳に面會せん為め、大石方に幸徳を訪ね、同人の話を聞き、如何に感じたるや

答　幸徳より種々話を聞き、如何にも左様であると思ひ、夫れを信念する様になりました

問　其頃、大石の説、如何

答　同人も矢張、幸徳と同様で、直接行動を取らねばならぬと私共へ話されて居りまして、私は主として大石の感化を受け、信念を確めたのであります

【43/10/22予審第 2 回】

問　明治四十一年七月中、大石宅に於て幸徳傳次郎に面會したのか

答　左様です

問　幸徳は其際、暴力革命を主張して居たではないか

答　幸徳は筆舌傳導は駄目である、総同盟罷工、又は暴力革命等、直接行動を探ら子ばならぬと申して居りました

問　大石も其頃以来、暴力革命を主張して居たか

答　左様です

問　暴力革命と云ふのは腕力、又は武器を以て政府を倒し皇室をも倒すと云ふ事であるか

答　さようです　理論上は政府を轉覆し、皇室をも倒すと云ふ事になるのです併し、幸徳、大石等は其時は皇室の事は話さなかったと思ひます

崎久保誓一の予審調書では、幸徳の話の内容が変遷している。最終的に直接行動に暴力革命が追加されている。ただ、天皇に対するテロについては、何もいっていない。

6）証拠からわかること

（ア）幸徳が何をいっていたか

幸徳が、大石、成石平四郎、高木顕明、峯尾節堂、崎久保誓一に会った時の話の内容が一致していない幸徳秋水は、「反抗」の必要性のみを訴えている。

新宮グループは、バラバラであり、

①直接行動のみ……高木

②暴力革命も……峯尾、成石

③大石、崎久保の供述は変遷し、最後に暴力革命が付加されるが、しかし、話は抽象的で具体性がない

一致しているのは、天皇に危害を加えるテロの話、そして爆裂弾の話はでていない。

（イ）熊野川の船遊びでの幸徳の言動

船遊びの参加者が確定していない。大石以外の者がいた可能性がある。大石は幸徳に、爆裂弾の製造法をきかれ、知らないと答えている。これも経過からみて不自然である。前に百科事典を幸徳に貸したが、でていなかったからである。それをわざわざ、船遊びの場で、他者のいるところでオープンでの会話があるとは考えられない。

（ウ）予審調書のまとめの誤り

崎久保の予審調書のまとめで、

「大石も亦其頃より幸徳と同様の説を唱へ一屡々露国的革命を起すの必要ありと申し居たるを以て現政府を顚覆し大逆罪を犯すことも亦其説明中に包含し居るものと思ひ居たり、」

とされている。

﨑久保の供述は、

問　暴力革命と云ふのは腕力、又は武器を以て政府を倒し皇室をも倒すと云ふ事であるか

答　さようです　理論上は政府を轉覆し、皇室をも倒すと云ふ事になるのです　併し、幸徳、大石等は其時は皇室の事は話さなかったと思ひます

と述べているだけ、であり、この要約は誤りである。

7）判決の事実認定の誤り

　第二「誠之助は其反抗の手段に付て特に傳次郎と議する所あり」は、事実に反する認定である。幸徳秋水と大石誠之助そして新宮グループの間には、革命（内乱）の談義がなされただけで、「反抗の手段について」具体的に「議論」をしたことはない。ましてや、天皇に対するテロの話はでていない。天皇に対するテロは幸徳秋水も考えていない。

（2）明治41年11月13日の宮下の手紙送付について

1）判決の事実認定

　第一　その後太吉は内山愚童出版の『入獄紀念・無政府共産』と題する暴慢危激の小冊子を携え、東海道大府駅に至り、行幸の鹵簿を拝観する群集に頒与し、且つこれに対して過激の無政府共産を宣伝するや、衆みな欣聴の風あれども、言一たび皇室の尊厳を冒すや、また耳を籍す者なきを見て思えらく、帝国の草命を行わんと欲すれば先ず大逆を犯し、以て人民忠愛の信念を殺ぐに若ずと。ここに於て太吉は爆裂弾を造り大逆罪を犯さんことを決意し、明治四十一年十一月十三日その旨を記し、且つ一朝東京に事あらば直ちに起てこれに応ずべき旨を記したる書面を運平に送り、

運平はこれを伝次郎に示し、且つ太吉の意志強固なることを推奨したるに、伝次郎はこれを聴き喜色あり。

2）事実認定の証拠の表示

【宮下太吉の予審調書】

「同年十一月三日入獄記念無政府共産と題する小冊子の送付を受け、これを一読す

るに頗る過激なる字句を羅列し、皇室を尊崇するの迷信なることを説明しありしため、益々皇室を軽侮するの念を深くするに至りたり。明治四十一年十一月十日、至尊の東海道大府駅を通御せらるゝに当り拝観の群衆に対し、小冊子無政府共産を配布し、無政府主義の伝道をなしたれども、事苟も皇室に関するときは一人の耳傾くる者なし。吾国民にして斯くまで皇室を尊崇する以上は到底普通の手段によってその迷信を打破するの不可能なることを感知し、竟に爆裂弾を造り大逆罪を犯さんとの覚悟をなし、同月十三日、右の顛末及び覚悟並びに東京に事あらば直ちに起て実行に加わるべき旨を書認め、森近運平に郵送したり。」

【森近運平の予審調書】
「同年十一月中、宮下太吉の寄越したる書面中、同人は東海道大府駅に於て至尊の通御を拝観せる群衆に対し、無政府共産主義の説明をなりたるも、苟も事皇室に関するときは一人として耳を傾る者なし、是れ畢竟皇室に対する迷信に基くものなればこの迷信を打破せんがため、爆裂弾を造り大逆罪を敢行せんと決心したり。よって東京に事あらば、何時にても出京し実行に加はるべき旨を記載しありたり。被告はその書面を幸徳に示し、宮下は剛瞻なる男にて斯様の計画をなし居れりと告げたるに、幸徳は内山愚童入獄紀念無政府共産主義の反響なりと申し大いに喜び居たり。」

【幸徳秋水の予審調書】
「同年十一月中、森近運平より宮下太吉の書面を示されたることあるは相違なきも、森近の申立る如く、其書面中に東海道大府駅に於て至尊の通御を拝観する群衆に対し、皇室の尊敬するに足らざることを説明したるも、一人として耳を傾る者なかりしを憤慨し、遂に爆裂弾を造り大逆罪を犯さんとの決心をなしたる旨記載しありやは記憶せず。然れどもその旨記載しありしならば、被告は定めを喜びたるならん。」

3）証拠とされる予審調書
宮下太吉の【43/ 6 / 4 予審第 1 回】【43/ 7 /27予審第20回】【43/10/20予審第21回】
森近運平の【43/ 7 / 7 予審第 5 回】【43/ 7 /26予審第 7 回】【43/ 7 /28予審第 8 回】
　　　　　【43/10/21予審第13回】
幸徳秋水の【43/ 7 / 8 予審第 7 回】【43/ 7 /16予審第 8 回】【43/ 7 /28予審第10回】
　　　　　【43/10/17予審第13回】

4）証拠から検討すべき問題点

ここでは、

①宮下太吉が森近に手紙を書いて送ったか

②森近が手紙を幸徳に見せたか

③幸徳が喜んだかということである。

5）各予審調書の詳細と変遷

（1）宮下太吉・予審調書

【43/6/4予審第1回】

問　社会主義を奉ずるようになってから、幸徳の著述を読むようになったのは亀崎工場にいる間か。

答　さようであります。その間に日本文の同主義に関する著述はかなり読みました。そのうち内山愚童の著で、錦輝館赤旗事件記念出版の本には非常に感心しました。

問　いかなることを感じたか。

答　その本にはすべての迷信を打破せよと説いてあります。第一に小作人が地主に小作料を納めるのはどういうわけであるか。地主は自然に存在する土地を強奪したのに過ぎない。その地主に日夜はげんで得たものを納めるというのは、つまり地主に対する迷信からである。第二にはなぜ政府に納税しなければならぬか。政府などは別に設けておかなくとも、人間は自然に相助け合って生存してゆくのが道理であるから、政府はなくてもよろしい。従って納税をする必要はないのに、これをやらなくてはならぬと考えるのは、やはり迷信である。第三に壮丁は兵隊に出なければならぬというのはどういう理由によるのか。無政府共産主義というのはひとり日本ばかりでなく、欧州では第一にフランス、第二にロシヤというように、早晩無政府共産主義の革命が起るべき徴候がある。だからやがて世界中みなこの主義になれば、戦争などというものはなくなり、兵隊などは不要になる。それを、兵隊にゆかなくてはならぬと思うのも、一つの迷信であるというのであります。私はこの説を信じまして、そのことを亀崎地方の人に説いてみたことがあります。すると政府の役人などを攻撃したときには誰もそれはそうだと賛成いたしますが、天皇のことになると、みな我国は他国とその国体を異にするとか、皇統連綿の天皇は神だとか申して、私の言うことに承知いたしません。それで私は、天皇もわれわれと同様に血の出る人間だということを示して迷信を破らなくてはな

らぬ、天皇を斃さなければならぬと決心いたしました。

問　その決心をしたのはいつ頃か。

答　一昨年十一月十日です。

問　どうして日まではっきりしているのか。

答　その日天皇が関西に行幸になり、東海道大府駅を御通過になりましたので、私もその駅に出て亀崎の人々に私の抱いている老えを説いてきかせたのですが、少しも効果がありません。これに反して、警官などが御通行について注意をあたえているのをみると、みな従順です。そこで私は只今申上げたような決心をいたしました。

問　その決心を実行するについて、どんな方法をとるつもりだったのか。

答　警固が厳重ですから普通の手段では駄目だと思いましたから、爆裂弾をつくって馬車に投げるつもりでありました。

問　その爆裂弾はどういう方法でつくるのか。

答　それは国民百科辞典を調べたり、私と同じ工場にいた職工の徳重というものから火薬の分量などをきいてつくりました。

【43/ 7 /27予審第20回】

問　同年十一月十三日、森近へやった手紙にはどんなことが書いてあったか。

答　十一月十日に大府駅で天子の通行するのを見、そこに集まっていた群衆に社会主義の伝道をしたがいっこうに効力がなく、また警察官が天子通行の道筋の二丁以内で農業を禁止し、そのほか個人の業務にも干渉して甚だ不都合だと感じたから、自分は爆裂弾をつくって天子を斃す決心をしたという趣意をしたためて送りました。

問　その手紙には暴力革命ということは書かなかったか。

答　特に暴力革命ということは書きませんが、東京で何か計画があれば、いつでも出京してその実行に加わるから通知してくれと書き添え、なお四十二年の一、二月頃には上京するから、委細はそのとき話すということも書きました。

問　東京で何か計画があれば出京して実行に加わるというのは、暴力の革命でも起すならばという趣旨か。

答　さようであります。

問　其方が爆裂弾をもって至尊に危害を加えようと考えていたのは、暴力革命の一部を実行しようとしたのか。

答　さようです。多数の決死の士と金があれば大仕掛に暴力革命をやりたいという考えはその当時からもっておりましたが、とても多数の決死の士の集まる

見込みもなく、また金策もできませんから、まず革命の一部として、天子だけを斃すという考えを持ったのです。

【43/10/20予審第21回】

問　其方が爆裂弾をつくって至尊に危害を加えようと決心したのは、いつ頃か。

答　私は明治四十年以来亀崎地方の人々に社会主義を説いてきましたが、政府や役人などについて話すときには社会主義を納得してくれるようでしたが、皇室に関することをいうと、我国は外国とは国体が違うとか、皇統連綿であるとか申して私の説に耳を貸しません。それで私は社会主義を実行する上でこれは困ると思い、漠然と皇室を倒さねばならぬと考えておりましたが、四十一年十一月十日、天子が大府駅を通過されるということでありましたから、私も同所へゆき、『無政府共産』という小冊子を拝観の群衆に配り、前同様の説明をいたしましたが、やはり人々は皇室のことになると、私の説にいっこう耳を傾けようとしないのです。そして警察官が天子の通行する道筋の二丁以内で農業することができないという触を出せば、人々は喜んでそれに従うのでした。それで私は、我国の人々はこのように皇室に対して迷信をもっているのだから、とても社会主義を実行することはできない。そこでまず爆裂弾をつくって天子に投げつけ、天子も我々と同じく血の出る人間であるということを示し、国民の迷信を破らねばならぬと覚悟いたしました。

問　同年十一月十三日、森近に右の決心を通知したのか。

答　さようです。私は爆裂弾をつくって天子を斃し、国民の迷信を醒まそうと決心したのですから、そのことをくわしく書いて森近に送ったのです。なおその書面には、東京で事があれば出京してその実行に加わるからと書き添えました。

問　事があれば云々というのは、やはり革命運動でも起ればという趣意か。

答　さようです。

問　森近は其方の手紙を幸徳に示し、幸徳または森近から返事がきたのではないか。

答　いずれからも返事がきませんでした。それで私は少少不満に思いました。

要約

宮下が森近に私は爆裂弾をつくって天子を斃し、国民の迷信を醒まそうと決心したことを書いて森近に送った。その書面には、東京で事があれば出京してその実行に加わるからと書き添えた。

宮下太吉は天皇へのテロを考え、その考えを森近運平に手紙で知らせたことは事実である。返事はなかった。

問題はそれを森近、幸徳がどのように考えたかである。

（2）　森近運平・予審調書

【43/7/7予審第5回】

問　而すると明治四十一年十一月十日頃は被告が単身にて巣鴨の幸徳の家に同居して居る時期になるな、

答　左様夫れに相違ありませぬです。

問　其十一月十三日附にて宮下太吉より去る十日の日に東海道大府駅に出て無政府共産と云ふ小冊子を停車場附近の群衆に配布して伝道を試みたが効果が無つたと云ふ手紙が来たろうが如何、

答　成る程左様の事を書た手紙を其当時宮下から受取りました。

問　同手紙の中に斯くの如く効果がなひ以上は爆裂弾を使用して迷信を破る為めに天皇を斃すと云ふ事を書て寄越したろう。

答　私は其当時衣食住に追はれて居て手紙の内容は能く覚へて居りませぬが其手紙を破つて捨た様に記憶して居りますから何れても過激の事は書てあつた様に思ひます。

問　其過激と云ふのは只今申聞けた様な主趣の事では無つたのか、

答　左様でしたろうが能くは記憶して居りませぬ。

問　宮下の所に数十部無政府共産と云ふ小冊子を送つた者があるそーだが夫れは被告ではなひか、

答　夫れは愚童自身が送つた様に聞て居ります。

問　被告は宮下から受取つた其手紙に対して返書を出したか、

答　私は返書は出さなかつたと思つて居ります。

問　何故出さなかつたのか、

答　何故出さなかつたのか其理由は能く覚へて居りませぬ。

問　人から手紙を寄越した時には其手紙に対して主趣を賛成するとか否定するとか云ふ事を出すべき筈のものではなひか、

答　天皇を斃などと云ふ事は容易に出来る事ではなひと思つて居りましたから夫れに対しては格別返事を与へなかつたのです。

問　被告は宮下から左様な過激の事を云つて来た事を其当時幸徳に咄したろうね如何、

答　幸徳には咄しましたです。
問　菅野には如何、
答　咄しましたです。
問　幸徳に被告が其咄しをした時には幸徳は如何なる事を云つて居たか、
答　教育の少ひ労働者は短気でそんな事をするものだと云ふ様な事を申して居りました丈で、宮下の挙には賛成とも不賛成とも云ひませぬでした。

【43/ 7 /26予審第 7 回】
問　宮下は明治四十一年十一月十三日付を以て其方に手紙を寄越したであろう、
答　左様です手紙を寄越しました。
問　其手紙には明治四十一年十一月十日大府駅にて至尊の通御を拝観せる群衆に向ひ社会主義の伝道を為したるに何等の効果なかりしを以て之を憤慨し爆裂弾を造つて至尊に危害を加へる決心を為したる旨認めありしにあらずや、
答　能く考へて見ると左様な事が書いてありました、夫れで私は宮下は豪い決心を持つて居る男じやと思ひました。
問　其方は右宮下の手紙を幸徳に示したか、
答　左様です其手紙を幸徳に示しました、私は豫て宮下の事を幸徳に話して居たのですが右手紙が来たから夫れを幸徳に示して、宮下は確りした人物にて斯様な決心をして居ると申したるに幸徳は大に喜びました。尤も私は幸徳に対し今至尊に危害を加へると云ふ事は主義の為め不利益ではあるまいかと話したのです。

【43/ 7 /28予審第 8 回】
問　同年十一月十三日付宮下の手紙の中に東京に於て何か事かあるならは何時にても出京して其実行員に加はるから通知して呉れよとの事か書ひてあつたてはないか
答　其様な事か書ひてあつたかも知れませぬが私は其辺を能く記憶して居りませぬ
問　其方より幸徳の暴力革命説を通知し夫れに対して宮下か何か事のある時は出京して実行に加はると申して寄越したのてはないか
答　能く覚へませぬ

【43/10/21予審第13回】
問　同年十一月十三日付を以て宮下より手紙か来た事は相違ないか

答　相違ありませぬ

問　其手紙には亀崎地方にて社会主義の傳道を為し尚十一月十日大府駅にて
　　至尊通御の拝観人に傳道したるに人民は自分か政府又は官吏等に関し説明す
　　れは人民も之に同意するか　　皇室の事になると皆我国は外國とは国体か違
　　ふとか或は皇統連綿てあるとか申し一向に自分の説に耳を傾けない之は人民
　　か　　皇室を迷信して居るからてある依つて爆裂弾を造り至尊に危害を加へ
　　其迷信を醒すと言ふ様な事か書ひてあつたか

答　宮下は餘り文字のない男てすから左様に詳細には書いてなかつたのてすか御
　　申聞けの様な趣意は書てありました

問　尚其手紙には東京に於て革命運動か起れは通知して呉れよ何時ても出京して
　　実行員に加はると言ふ事も書添へてあつたか

答　夫れも書ひてありました

問　其手紙を幸徳に示したか

答　左様てす私は宮下は豪い決心ある男と思ひ宮下の手紙を幸徳に示し宮下は確
　　りした人物にて斯様な計画を為して居ると話したるに幸徳は内山愚童の無政
　　府共産の小冊子の反響か直く来たと申し非常に喜んて居りました

　森近が宮下からの天皇へのテロを考えているとの手紙を受け取り、幸徳に
示したことは認められる。

　幸徳がどのようにいったかには、供述の変遷があり。

　当初は、①教育の少ひ労働者は短気でそんな事をするものだと云ふ様な事
を申して居りました丈で、宮下の挙には賛成とも不賛成ともいわなかった。
②幸徳は大に喜びました。
と変化している。

　「東京に於て革命運動か起れは通知して呉れよ何時ても出京して実行員に
加はる」と書いてあったということも当初は否認していたが、最終になって
認める。

　そして、幸徳はそれについても「おおいに喜んだ」ということになってい
る。

（3）　幸徳秋水・予審調書
【43/7/8予審第7回】

問　其方は明治四十三年二月平民社で宮下に会う前から、宮下の名前は知っていたのであろう。

答　四十一年九月か十月、森近運平が上京したとき、同人から宮下という名はきいたと思います。

問　同年十一月中、森近から、宮下名義森近宛の手紙をみせられたことがあるか。

答　あったかも知れませんが、よく覚えております。

問　その手紙に、宮下が至尊御通行の際拝観の人に皇室を尊敬するいわれがないということを説いたが、群衆はいっこうに耳を傾けようとしないので憤慨し、爆裂弾をつくって至尊に危害を加えようと計画したということが書いてあったそうだが、どうか。

答　そのような過激なことが書いてあったものなら多少記憶に残っているはずですが、何の記憶もありませんから、あるいはその手紙はみなかったかも知れません。

問　同年十二月中管野は、其方から、宮下が爆裂弾をつくって至尊に危害を加える計画であるということをきいたと言っているが、どうか。

答　よく記憶しません。

【43/ 7 /16予審第 8 回】

問　四十一年十一月中宮下が森近に、爆裂弾をつくって至尊に危害を加えるという手紙をよこし、その手紙を森近が其方に示したであろう。

答　宮下の手紙を森近から見せられたことはありますが、その文章は覚えておりません。当時森近から宮下はしっかりした人物だということはきいておりましたが、私は会ったことはありませんから、ふかく意にも留めなかったのです。

【43/ 7 /28予審第10回】

問　同年十一月十三日付の宮下の手紙に、東京で何か事あるときに出京して実行に加わるから知らせてくれと書いてはなかったか。

答　よく覚えておりません。

問　森近は同年十一月中、平民社で、大石と其方から、爆裂弾をつくって諸官省を焼き払い、二重橋に迫るという相談をうけたと申しているが、どうか。

答　私は森近に、いつ、どこで、そのようなことを言ったかはっきり記憶ありませんが、森近がそのように申すのなら、あるいはそうだったかも知れません。

問　森近は、至尊に危害を加えるのは主義のために不利益であるとの説だったのか。

答　よく覚えておりません。

問　森近は一旦其方らの計画に同意していたが、後に自分には親も妻子もあるから実行に加われないと言わなかったか。
答　そのようなことがあったかも知れませんが、よく覚えておりません。

【43/10/17予審第13回】
問　宮下太吉は、四十一年中其方に手紙をやったと申しているがどうか。
答　さようなことはないと思います。
問　同年十一月十三日付で宮下から森近にきた手紙を、見せられたであろう。
答　宮下から森近によこした手紙は一、二回みせられたようにも思いますが、記憶しておりません。ただ森近から、宮下はしっかりした人物だということはきいております。
問　森近は、その手紙には宮下が大府駅で至尊の通御を拝観している群衆に向って社会主義の伝道をしたが、少しも効果がなかったので憤慨し、爆裂弾をもって至尊に危害を加えるという決心をしたと書いてあって、それを幸徳にみせたら、幸徳は、大いに喜んでいたと申しているが、どうか。
答　どうも覚えがありません。もしそのようなことが書いてあったら、私は喜んだでありましょう。
問　なお宮下の手紙には、東京で何か事が起れば実行に加わるから通知してくれと書いてあったそうだが、どうか。
答　覚えておりません。

　幸徳は、一貫して、手紙を見せてもらったことすら「記憶にない」としている。また、手紙の内容も「記憶にない」としている。天皇へのテロは重要なことである。しかし、幸徳はほとんど記憶していない。これは幸徳が天皇のテロは考えていなかったことになる。幸徳は、手紙を見たとしたらという仮定の質問に、「もしそのようなことが書いてあったら、私は喜んだでありましょう。」といわされている。

6）証拠からわかること
　宮下の手紙自体が存在しておらず、その内容は明確ではない。森近は手紙をもらったこと、幸徳に見せたことは認めている。幸徳の反応について森近の供述が転々としている。
　幸徳は、

①見せられたことを「記憶にない」と否認

②見せられたかもしれないが、内容は「記憶にない」と否認

③見せられたとしたら「喜んだかもしれない」としている。

（1） 予審調書のまとめの誤り

幸徳秋水の予審調書のまとめでは、「記憶せず」とまとめているが、「然れどもその旨記載しありしならば、被告は定めを喜びたるならん」という記述は、認定上おかしいのである。

（2） 判決の事実誤認

判決では「運平はこれを伝次郎に示し、且つ太吉の意志強固なることを推奨したるに、伝次郎はこれを聴き喜色あり。」と認定しているが、「見せたかどうか」「伝次郎はこれを聴き喜色あり」という認定は、森近の供述の変遷を検討していないし、幸徳が一貫して否定していること、幸徳の仮定の質問への回答をそのまま事実認定しており、事実誤認がある。

（3）明治41年11月19日の幸徳と大石の謀議

これは、幸徳秋水と大石誠之助と新宮グループそして森近運平との「テロ」の謀議の発端とされた会話である。

１） 判決事実認定

第１の認定

幸徳と大石との関係

十一月十九日誠之助の伝次郎を訪うや、伝次郎は運平、誠之助に対し、赤旗事件逮累者の出獄を待ち、決死の士数十人を募りて富豪の財を奪い貧民を賑し、諸官衙を焼燬し、当路の顕官を殺し、且つ宮城に迫りて大逆罪を犯すの意あることを説き、予め決死の士を募らんことを託し、運平、誠之助はこれに同意したり。同月中被告松尾卯一太もまた事を以て出京し、一日伝次郎を訪問して伝次郎より前記の計画あることを聴て、均しくこれに同意したり。

森近の関係

「是時に当り被告大石誠之助上京して被告傳次郎及び被告管野スガを診察し傳次郎の餘命永く保つへからさることを知る傳次郎之を聞て心大に決する所あり

十一月十九日誠之助の傳次郎を訪ふや傳次郎は運平誠之助に對し赤旗事件連累者の出獄を待ち決死の士数十人を募りて富豪の財を奪ひ貧民を賑し諸官衙を焼鐵し當路の顕官を殺し且宮城に逼りて大逆罪を犯す意あることを説き豫め決死の士を募らんことを託し運平、誠之助は之に同意したり」

第2の認定

数月を越えて被告誠之助は上京して伝次郎及びスガの病状を診察し、伝次郎の余命数年を保つべからざるを知る。ここに於て十一月十九日東京府北豊多摩郡巣鴨町伝次郎宅に於て、伝次郎が誠之助及び森近運平に対し赤旗事件連累者の出獄を待ち、決死の士数十人を募りて富豪を劫掠し、貧民に賑恤し、諸官衙を焼き、当路の顕官を殺し、進んで宮城に迫り大逆を犯すべき決意あることを告ぐるや、誠之助は賛助の意を表し帰国して決死の士を募るべきことを約す。

2）事実認定の証拠の表示

【幸徳秋水の予審調書】

「第一　同月中巣鴨の平民社に於て大石誠之助の訪問を受たるを幸い、病気を診察し貰いたるに腸間膜羸痩なりと鑑定し、被告に対しては摂養其当を得れば十年や十五年は存命し得べしと申したれども、余人に対しては余命長からざるように話したる趣なり。その際大石に対し、決死の士五十人もあらば爆裂弾其他の武器を与えて暴力革命を起し、諸官衙を焼払い、富豪の財を掠奪し、余力あらば二重橋に迫り、番兵を追払い、皇居に侵入して大逆を敢行せんと計画し居る旨を告げ、予め決死の士を募り、置きくるべきことを委嘱したるに、大石は即座に同意したり。又その頃松尾卯一太の訪問を受けたるを以て大石に話したるだけのことは松尾にも話し、その同意を得たりと記憶す。

第二　明治四十一年十一月中大石誠之助の訪問を受たる際決死の士五十人もあらは爆裂弾其他の武器を与へ暴力革命を起し諸官衙を焼払ひ富豪の財を掠奪し余力あらは二重橋に迫り番兵を追払ひ皇居に侵入して大逆を敢行せんと計画し居るに

付ては決死の士を見付置呉るへき旨を依頼し大石の承諾を得たる

第三　明治四十一年十一月平民社に於て大石誠之助に対し近来政府の迫害甚しき
を以て決死の士五十人計あらは爆裂弾其他の武器を与へ暴力革命を起し諸官衙を
焼払一にに富豪の財を掠奪し、余力あらば二重橋に迫り番兵を追払ひ皇居に侵入
して大逆罪を敢行せんと計画し居る旨を告け付いては決死の士を見付置呉るへき
ことを委嘱し大石の同意を得たり而して大石に話したる丈のことは松尾卯一太に
も話し其同意を得たる」

【大石誠之助の予審調書】
「同年十一月中出京して幸徳を巣鴨の平民社に訪問したり其際幸徳及管野スガの病
気を診察したるに幸徳は腹間膜結核にてにに一年の外齢命なかる可く管野も亦肺
結核の初期にて長命は覧束なく思はれたり、其節幸徳は被告に対し近来政府の社
会主義者に劃する迫害甚しく到底口や筆のかを以て政府に反抗し得へき時にあら
す自分は病身にて齢命幾何もあるましきに付決死の士五十人許あらは爆裂弾其他
の武器を与へ貧民を集めて掠奪を為さしめ諸官衙を焼掛ひ二重橋に迫りたき考を
持居れり就ては意思堅固の人物を見付置き呉るへき旨申出たるを以て被告は帰国
の上同志に謀るへき旨答へ置きたり而して幸徳か二重橋に迫まるとに一しは皇居
に侵入し大逆罪を犯す意味に聞取りたり」

【森近運平の予審調書】
「明治四十一年十一月大石誠之助か出京して幸徳伝次郎を訪問したるか、其際幸徳
は大石と被告とに対し近来政府の迫害甚しきを以て決死の士を募り爆裂弾其他の
武器を与へ暴力革命を起し諸官衙を焼払ひ二重橋に迫り番兵を追払ひ皇居に侵入
して大逆罪を敢てせんとの議を提出したる」

3）証拠とされる予審調書

幸徳秋水の【43/ 6 /11予審第 2 回】【43/ 7 /16予審第 8 回】【43/ 7 /25予審第 9 回】
　　　　　【43/ 7 /28予審第10回】【43/ 8 /31予審第12回】【43/10/17予審第13回】

大石誠之助の【43/ 6 / 8 予審第 1 回】【43/ 7 /16予審第 5 回】【43/10/21予審第12
　　　　　回】

松尾卯一太の【43/ 8 / 3 予審第 1 回】【43/ 9 / 7 予審第 2 回】【43/10/23予審第 3
　　　　　回】

森近運平の【43/ 6 / 5 予審第 1 回】【43/ 6 /17予審第 2 回】【43/ 7 /19予審第 6 回】

【43/ 7 /26予審第 7 回】【43/ 7 /28予審第 8 回】【43/10/21予審第13回】

4）証拠から検討すべき問題点

幸徳と大石の明治41年11月の平民社での会談の時期、出席者、内容は何だったのかということである。特に森近運平が同席し会話していたかが問題である。

5）各予審調書の詳細と変遷

（1） 幸徳秋水予審調書

【43/ 6 /11予審第 2 回】

問　同四十一年中、大石誠之助が其方宅にきたか。

答　まいりました。

問　そのとき其方は大石にフランスのコムミュンの話をしたか。

答　したかも知れません。

問　コムミュンとはどんなことか。

答　それは、普仏戦争の後フランスのパリの労働者が一揆を起し、パリだけを一時自治体にして政府の羈絆（きはん）外に独立したことがあります。それをいうのです。

問　其方は大石に、日本もロシアやフランスのように暴力の革命が必要である。決死の士が五十人もあれば、これに爆裂弾その他の武器を与え、諸官庁や富豪の米庫などを破壊し、一時社会の勢力を占領したいというようなことを話したか。

答　あるいは申したかも知れませんが、よく覚えておりません。

問　大石が其方宅にきたとき、二十四、五歳位の男がいたと申しているが、それは誰か。

答　記憶ありません。

【43/ 7 /16予審第 8 回】

問　明治四十一年十一月、大石誠之助が出京して、平民社に三日ほど滞在したか。

答　滞在しました。

問　そのとき大石に、近来政府の迫害が甚だしく、到底言論や筆をもっては対抗できないし、それに自分も病身でながく生きる望みもないから、決死の士を五十人募って爆裂弾を与え、暴力の革命をやろうと思うから、紀州でも決死

の士を募ってくれと依頼したのか。

答 これまでも申しましたように、赤旗事件のときの政府の処置に対しては、社会主義者は非常に憤慨しております。ただ「無政府」と書いた旗をもって歩いたというだけで、あのように同志が牢獄に投ぜられ、苛酷な取扱いをうけるようでは致し方ない。相当の方法で反抗的態度をとらねばならぬと考えておりました。しかし革命を起すといっても、多数の決死の士を得ることは困難であるし、また資金も容易にできるものではありませんから、私はおいおい準備をしようと思っていたのです。それで大石がまいりましたとき、私の考えを話し、決死の士五十人もあれば、爆裂弾をもって富豪を襲い、米倉をひらいて貧民を救い、なお余力があれば諸官省をも焼き払いたいと思っているから、ともにしっかりした同志をみつけておこうではないかと申しましたところ、大石も同感でした。

問 諸官省を焼き払い、無政府状態を現出したいと申したのか。

答 申したと思います。

問 二重橋に迫って番兵を追い払い、皇室に危害を加えるということも言ったか。

答 そのようなことも申したかも知れません。しかしそれは三年先のことか五年先のことかわからないのですが、私の考えでは少なくも三、四年後でなくては実行でないと思っておりました。

問 その頃、すべての同志のものが政府の処置について激昂していたのだから、大石に言ったようなことは他の同志にも言ったであろう。

答 同志の間では、いつもそのような話があったのですから、むろん大石以外の同志にも話しておりました。熊本の松尾卯一太もその頃上京しておりましたから、同人にも話したと思います。

問 松尾もやはり同感であったか。

答 さようです。しかし直ちに事を挙げるというわけでありませんから、松尾はその後『熊本評論』の方に関係していました。

問 それでは大石も松尾も、徐々にしっかりした人物をみつけておくということに意見が一致したのか。

答 さようであったと思います。

問 大石と松尾は其方が呼び寄せたのか。

答 そうではありません。大石は何か自分の用件で出京したようでした。また松尾は、志賀某という者が『熊本評論』の負債整理に出京していたのが、失敗したというので、出てきたようでした。

問 松尾と大石と、同時に平民社に落ち合って協議したようなことはないか。

答　二人は偶然一緒になったことがあるかも知れませんが、特に協議のために落
　　ち合ったということはありません。
問　森近運平にも右のような話をしたか。
答　森近も同主義者ですから、同様なことを話したろうと思いますが、よく覚え
　　ておりません。
問　大石がきたとき二十四、五歳位の男が二人きていたと言っているが、それは
　　誰か。
答　書生がたくさん出入していましたから、そのときに誰がいたか記憶ありません。

【43/7/25予審第9回】
問　明治四十一年十一月頃森近に対しても、大石、松尾らに話したと同様に、政
　　府の迫害が甚だしいから決死の士を募って革命を起し、諸官省を焼き払い、
　　二重橋に迫って皇室に危害を加えるということを申したのか。
答　森近はその当時平民社に同居しておりましたから、むろんそのような話もい
　　たしましたと思います。しかし革命などは容易にできるものではありません
　　から、私の当時の考えでは、決死の士があれば諸官省を焼き払い、富豪の米
　　庫を開いて貧民をうるおし、一時たりとも無政府状態にしてみたいという程
　　度でありましたから、二重橋に迫るというようなことは深く考えておりませ
　　んでした。
問　当時其方は、無政府主義者の牛耳をとっていたのか。
答　ややそんな傾きでした。

【43/7/28予審第10回】
問　森近は同年十一月中、平民社で、大石と其方から、爆裂弾をつくって諸官省
　　を焼き払い、二重橋に迫るという相談をうけたと申しているが、どうか。
答　私は森近に、いつ、どこで、そのようなことを言ったかはっきり記憶ありま
　　せんが、森近がそのように申すのなら、あるいはそうだったかも知れません。
問　森近は、至尊に危害を加えるのは主義のために不利益であるとの説だったのか。
答　よく覚えておりません。
問　森近は一旦其方らの計画に同意していたが、後に自分には親も妻子もあるか
　　ら実行に加われないと言わなかったか。
答　そのようなことがあったかも知れませんが、よく覚えておりません。
問　四十一年十一月頃大石、松尾、森近らと相談した爆裂弾のことと、四十二年
　　二月宮下と相談したこととは継続しているのか。

答　四十一年十一月の相談は、その決死の士もできず、また金もないので、自然中止の形になっておりました。その後宮下が元首を斃すという計画をたて、私共は一応それに同意したのですから、前後の事情が継続しているというわけでありません。しかし主義の大目的からいえば、もちろん同一の方向に向って進んでいるのですから、無関係ということはありません。

【43/ 8 /31予審第12回】

問　其方は大阪の武田九平、岡本穎一郎、三浦安太郎、岩出金次郎、佐山芳三郎などを知っているか。

答　私は四十年十一月帰郷の途中大阪で森近を訪問し、茶話会に出席したことがあります。そのとき多数の同志と会いましたが、武田、岩出のほかはよく存じませんでした。ただ岡本はしっかりした人物だということは、きいておりました。

問　大石が上京中、其方と革命の相談をして、それから帰郷の途中大阪に立ち寄り、熊本方面とも連絡して運動すると話しているようだが、その点はどうか。

答　大石が上京していた当時、松尾も出京しておりましたから、私は松尾とも相談すると言ったように思いますから、大石が推測して熊本とも連絡するように話したものと思います。

【43/10/17予審第13回】

問　同年十一月大石誠之助が出京して、十九日に平民社にきたことは相違ないか。

答　相違ありません。そのとき大石は三日ばかり平民社に泊りました。

問　同月二十二日、大石のために平民社で茶話会をひらいたか。

答　さようです。

問　その茶話会に出席したものは誰々か。

答　守田有秋、森近運平はおりましたが、そのほか多数ありましたから一々覚えておりません。

問　そのとき革命の相談はなかったか。

答　具体的な相談は何もいたしません。

問　同月中、平民社で大石に、決死の士五十人ばかりあれば爆裂弾その他の武器を与えて暴力革命を起し、諸官省を焼き払い、富豪の財物を掠奪し、なお余力があれば二重橋に迫って番兵を追い払って皇居に侵入し、皇室に危害を加えたいから、紀州でも決死の士を募ってくれと申したか。

答　さようです。そのようなことを話し、大石も同意しました。

問　そのとき森近も同席していて、其方の意見に賛成したと言っているが、どうか。
答　よく記憶しておりませんが、同人がそのように申せば、それが事実かも知れません。
問　同年十一月中、松尾が平民社にきたときにも、大石に話したと同様のことを話して、松尾の同意を得たであろう。
答　松尾にも話して同意を得たように思いますが、くわしいことは記憶しておりません。

幸徳秋水の予審調書のまとめでは

　大石との会話内容は「決死の士五十人ばかりあれば爆裂弾その他の武器を与えて暴力革命を起し、諸官省を焼き払い、富豪の財物を掠奪し、なお余力があれば二重橋に迫って番兵を追い払って皇居に侵入し、皇室に危害を加えたいから、紀州でも決死の士を募ってくれ」とされた。しかし、「一時たりとも無政府状態にしてみたいという程度でありましたから、二重橋に迫るというようなことは深く考えておりませんでした」とも述べ、無政府状態をおこすということが主で、現実性のある話ではなかった。つまり、現実性のない「革命談義」にすぎなかった。

　会話の場所は平民社で会話がなされているが、時期が11月とあるだけで特定されておらず、また森近が同席していたかはわからない。

（2）　大石誠之助・予審調書

【43/6/8予審第1回】

問　幸徳は如何なる方法手段を探つて其主義を実行せんとして居るのか
答　私は明治四十一年十一月中、上京の際、二回巣鴨の平民社に幸徳を訪ねました。最初来りし時は色々主義の事に付て話の末、幸徳は日本に於ても露拂ひの如く、暴力の革命が必要であると言ひました。其後、両三日経て、又平民社に幸徳を訪ねたる際、同人は佛國「こんみうん」の話を致したる末決死の士五十人計りあれば之に爆裂弾其他の武器を与へ裁判所監獄市役所其他の官廳并の富豪の米庫抔を破壊し一時暴力によつて社會の勢力を占領すれば革命の目的に対して非常なる利益であるとの話を致しました
問　幸徳は暴力により政府を轉覆し、或は皇室を倒すと言ふ様な事の話しはしな

かつたか

答　夫れ迄の事は申しませぬでした。兎に角、當廰等を破壊して革命を遣り度い
　　と言ふて居りました。私は之か本人の希望であろうと思ひました。

問　其当時、其様な事に着手して居る様な模様はなかつたか

答　夫れは認めませぬでした

【43/7/16予審第5回】

問　其方は明治四十一年十一月、出京したに相違ないか

答　相違ありませぬ　十一月十日頃に出京し、二十日頃まて滞在して、大阪に廻り、
　　十二月初頃帰宅しました

問　其際、幸徳方に於て同人より暴力の革命を起し度と云ふことを聞いたてはな
　　いか

答　實は聞きました　是迄は紀州の同志の迷惑にならんことを恐れ、秘して居り
　　ましたか、紀州方面の事實も明白になつた様に検事より聞きましたから、今
　　日は包ます申立ます

問　然らは、其際、幸徳より聞きたることを詳に申立よ

答　幸徳は私に向ひ、近来政府の社會主義者に對する迫害甚たしく、到底言論や
　　等の力を以て、政府に勝つことは出来ない、自分も病身にて長く生命を保つ
　　ことは難いから、五十人計り決死の士々あるならは、爆裂弾其他の武器を與へ、
　　裁判所、監獄、市役所、并に諸官省を焼き拂ひ、二重橋に迫つて番兵を追ひ
　　拂ひ、革命を起し、或は富豪の米倉を開き、或は三井呉服店の如きものを破
　　壊して、一時たりとも無政府の状態を現出せしめたいと思ふか、紀州の同志
　　の状態は如何うてあろうか、勿論決死隊か五十人位出来たとても、直に着手
　　する事は困難てある、先つ半ヶ年位は皆東京に出てて、時機を待たねはならす、
　　其間の費用も少からぬ事てあると云ひ、私に同意を求むる様な様子てした
　　夫れて、私も帰郷して同志に相談致さんと申して置きました　其席には、他
　　に氏名知らさる男か二人居りました

問　然らは、幸徳は五十人の決死隊あらは暴力の革命を爲すに付、紀州の同志を
　　勧誘して呉れよと、其方に依頼したのか

答　左様てす　私は其様な意味にとりました

問　幸徳か諸官省を焼拂ふと言ふのは、政府を倒し、大臣を暗殺すると言ふ意味
　　か

答　暗殺とは申しませぬてしたか、諸官省を焼拂ひ、一時たりとも無政府の状態
　　を現出せしめたいと言ふのてすから、政府を倒し度と云ふ意志はあつた事は

明かです

問　二重橋に迫つて番兵を追ひ拂ふとは、如何なる事か

答　番兵を追ひ拂ふと言ふのてすから、無論皇居に侵入して、主上其他に危害を加へる意味に申したものと思ひます

問　幸徳は至尊通御の際、危害を加へるとは申さなかつたか

答　其様なことは聞きませぬ　総て手段方法に付ては定まつては居なかつたのてす

問　其方は其際、幸徳に對し、紀州にも四、五人決死の士かあると申したか

答　申しました　尤も、幸徳は紀州の同志の事は既に知つて居たのてす

問　右の話を幸徳より聞く時、他に氏名知れさるに名の者か居つたと申しましたか、其容兒等は如何

答　其容貌等は能く覺へませぬ　私と幸徳と對話中、其人等は床の方の机に倚つて何か致して居りました

問　其二人の者も同主義者にして幸徳より暴力の革命を起したいと言ふ話を聞いて居るのてはないか

答　其二人の者は時々其室を立去り終始話を聞ひて居たのてはありませぬか、幸徳の意見は其人事も豫て聞ひて居たてあろうと思ひます

問　森近運平も其話を聞ひたのてはないか

答　其當時、森近は幸徳に同居して居りましたから、無論幸徳より其話を聞ひたてあろうと思ひます左れとも、幸徳と私と對話の際は其席には居ませぬてした

問　菅野すかも幸徳より其話を聞いたてあろう

答　菅野は當時幸徳方に同居して居たのてはありませぬか、私の参つた際、大杉安子と共々、幸徳方に参りました　其際は、菅野とは別に主義の話はせす、私は只、菅野を診察して遣つた丈けてすか、無論幸徳の意見は菅野も聞ひて居るたろーと思ひます

【43/10/21予審第12回】

問　夫れては、十一月十九日に、平民社に参り、廿二日に、茶話會が済んで、椎橋方へ帰つたのか

答　左様でした

問　其際、幸徳を診察したか

答　左様てす　参つた日、即ち、十九日に診察しました

問　幸徳の容躰は、如何なりしか

答　幸徳の病気は、腸間膜結核と認めました　養生さへ良くは、天寿を全ふする
　　事か出来ますか、幸徳の如く、貧乏て相当の営養を攝らすに居つては、二、
　　三年の外、保つまいと思ひました　併し、幸徳にはそんな事は言ひませぬて
　　したか、森近が強く聞くから、話して置いたと思ひます
問　其方は其際、菅野を診察したか
答　左様てす　私は菅野は肺結核の初期にて、餘り長生きも出来まいと思ひまし
　　た
問　其方は、其際、幸徳から暴力革命の相談を受けたのか
答　幸徳は、佛蘭西の、こんみゅんの話をした上、近来、政府の社會主義者に對
　　する迫害か甚しいから、到底、言論や筆の力を以て、政府に勝つ事は出来ない、
　　自分は病身で、餘命も長くあるまいから、決死の士五十人計りあらは、爆裂弾、
　　其他の武器を與へ、貧民を集めて、掠奪を為さしめ、裁判所、監獄、市役所、
　　其他、諸官廳を焼拂ひに、二重橋に迫つて、見度ひから、確つかるし人物を
　　見付けて置いて呉れよと云ふ事でした　私は、國に帰つたらは、同志に話し
　　て見様と言ふて置きました
問　諸官廳を焼拂ひに、二重橋に迫ると云ふのてあるが矢張、政府を顛覆して、
　　皇居に侵入し、至尊其他、皇室に危害を加へると云ふ意味てあるか
答　左様に思はれました乍、併、幸徳は五十人の決死の士か出来た、處が直ちに
　　実行は出来ない、半数許りは東京に同志を集めて、時機を待た子はならぬから、
　　其間の費用も金策せ子はならぬと言ひました　夫れで、私は容易に実行の出
　　来るものてはないと思ふたのです
問　其際、森近も被告と一緒に幸徳の話を聞きしか
答　私は自分一人て聞いたと思ひます
問　或は一度は自身一人で聞き、又、一度は森近と共に聞いたでゃないか
答　左様てありませぬ　私は、一度聞いた丈けと思ひます

大石の供述は変遷している。

　日時については、①明治41年11月中、⑤11月10日頃に出京し、20日頃まて
滞在、⑫11月19日に平民社に参りと変遷している。また、会話については①
幸徳、⑤其席には、他に氏名知らざる男か二人おりました（容貌等は能く覚
へませぬ）、（森近は）幸徳と私と対話の際は其席には居ませぬでした、⑫私
は自分一人て聞いたと思いますと森近との会話は認めていない
　場所は、すべて平民社である。

内容は、革命をおこして無政府状態をつくりたいという点は一致しているが、テロについては否定している。

問　二重橋に迫つて番兵を追ひ拂ふとは、如何なる事か
答　番兵を追ひ拂ふと言ふのてすから、無論皇居に侵入して、主上其他に危害を加へる意味に申したものと思ひます

と事実でなく、意見や推測をいわされている。
　また、

問　諸官廳を焼拂ひに、二重橋に迫ると云ふのてあるが　矢張、政府を顛覆して、皇居に侵入し、至尊其他、皇室に危害を加へると云ふ意味てあるか
答　左様に思はれました乍、併、幸徳は五十人の決死の士か出来た、處が直ちに実行は出来ない、半数許りは東京に同志を集めて、時機を待た子はならぬから、其間の費用も金策せ子はならぬと言ひました　夫れで、私は容易に実行の出来るものてはないと思ふたのてす

と述べているように、計画は具体的現実的なものではない。将来の準備のため、決死の士を集めるというものである。

（3）　森近運平予審調書
【43/6/5予審第1回】
答　尤も其前幸徳が爆裂弾を拵へる事を調べ度と申すので私は当時所有して居た「ねるそん」の百科字典で「だいなまひと」の原料たる「にとぐりせりん」の部を出して此所にあると私が申したらば幸徳は其所へ紙を挟んで置きましたから後で見たろうと思ひますが私は夫れ限り見た事はありませぬです。
問　其字典は今でも被告が持て居るか、
答　四十一年十一月中に神田の古本の市場へ持て参つて十八円五十銭で売て仕舞ました。
問　幸徳は何故爆裂弾を必要と云ふのだろうか、
答　矢張り暴動を起すに必要だと云ふのです。
問　夫れは何時頃の咄しか、
答　四十一年の十月か十一月頃の咄しでした。

問　被告は宮下に対して爆裂弾を製造するに付ては日本の百科字典の様な物を見る方が良ひと云ふ様な咄しを致した事はなひか、

答　左様な事を申した覚へはありませぬ。

問　幸徳は何時頃暴動を起すので爆裂弾が必要だと云ふたか、

答　其時期は申しませぬ只だ将来に於て起すと云ふのです。

問　被告は其字典に付て「だいなまいと」の原料を捜す位だから無論幸徳と事を共にする積りで在つたのだな、

答　左様夫は一緒に遣る積りでした。

問　今日でも其心は失せなひのだろうが如何、

答　左様主義は何所までも変へなひのです今暫く光栄の下に生活の基礎を立て、其時期の来るのを待て居ります然し其時期の来るのは五年で来るか十年で来るか夫れは今からは到底分りませぬのです。

【43/6/17予審第2回】

問　平民社で咄したとすれば其傍には誰が居たか、

答　幸徳が居つたかも知れませんが能く記憶して居りません。

問　菅野及び忠雄は其場に居らなかつたのか、

答　菅野も居つたかも知れませんが忠雄は其時分未だ上京致しませんでしたから忠雄は居らなかつたと云ふ事は間違ひありませんです。

問　前回被告は暴動を起す事を幸徳と相談した事があると云つたが夫れは如何なる範囲で暴動を起そうと云ふのか、

答　夫れは具体的には極めた事はありません、御承知でもありましようが我々同志の新聞は尽く発行禁止を受け錦旗館の赤旗事件では多くの同志の者は入獄すると云ふので同志の者は殊の外憤慨して居りましたから寄ると障ると過激の咄しは致した事があるのです、笑ひ咄しの様ではありましたが幸徳の咄しますのには病気に罹つたから到底長活きは出来なひ死ぬ前に何らか目覚しき仕事をして死に度ものだ其方法として通信交通機関を爆裂弾で打崩し続て税務署登記所を襲つて所有権の存在を打ち消し夫れと同時に一方貧民には施しをするから日比谷公園にても集れと通し置けば貧民は集て来て其間に略奪を擅にすれば東京市の秩序は一時紊乱するだろうと申しました、又た幸徳は是れと同時に爆裂弾を以て番兵を逐ひ払ひ二重橋から侵入したならば真逆皇城に向て外から兵隊が鉄砲を撃つものはあるまひと云ふ事も申しました、其時私は同時に無政府共産と云ふ主義を行ふと云ふ詔勅を受けたらば良かろうと云ふ事をも申しました。

問　左様な事をするのにはどの位の同主義者を集めると云ふのか、

答　夫れは三百人も有つたらば良かろうと申しました。

問　其咄しをする時には如何なる人が其席に居つたか、

答　四、五人は居りましたけれども能く覚へて居りません。

問　菅野、高橋、福田、川田などと云ふ者は居りはしなかつたか、

答　何うも能く記憶して居りませんです。

【43/ 7 /19予審第 6 回】

問　明治四十一年十一月中被告が幸徳方に同居して居る際に紀州の大石誠之助熊本の松尾宇（まま）一太が来た事があるだろう、

答　日は確に覚へませぬけれども私が幸徳方に居る時に参りました。

問　其両人は何用が有つて上京して来たのかね、

答　大石は年に壱回位宛旅行致しますから例に依て旅行して来たのだろうと思ひました。松尾は何にか外に用事が有つたのかも知れませぬが私共が其の当時相談に与つたのは私の主管して居た熊本評論も発行停止に成つて居るから、夫れに類似した新聞紙を東京で発行した方が宜しーと云ふので終に熊本で夫れは発行すると云ふ事に成つたのでした。

問　其時席に列て居た者は誰々か、

答　私、幸徳、大石、松尾と坂本清馬、宮崎民蔵の六名であつたと思ひます。

問　其時にも矢張り革命の咄しが有つたと云ふではなゐか、

答　幸徳、大石、松尾、私などが寄て居る時に革命とか暴動とか云ふ咄しを致したのではなく、四十一年十一月中私が幸徳方に同居して居る時で確か大石や松尾が来る少し前、幸徳と私と両人丈けで第二回御調の時に申上げた様な咄しを致したので、確か其時には申漏したと思ひますが幸徳は人間は一度は死なければならぬ故好ひ死所を見付けたらば死ぬ方が良ひと申しまたです。

問　其事を行ふには三百人も人が要ると云ふ様に被告は第二回取調の時に申立たが五十人死士を得れば良ひと云ふ咄しでは無つたのか、

答　私と幸徳と咄した時には三百人位同志の士が要ると申して居たのでした。

問　幸徳は他の同志に対しては、五十人位死士があれば良ひと云ふ様に咄して居た様に見へる、大層被告に咄したと云ふ数とは違つて居るではなゐか、

答　夫れでは幸徳は三百人はとても夫れ丈けは得られなひと思つて他の同志には数を減して咄したのでしよう、私と咄した時には確かに三百人と申したに相違ありませぬ。

問　幸徳より被告は其月大石、松尾が幸徳方に寄つた時に各々帰郷の上決死の士

を募ると云ふ事に成つたと聞たろう、

答　左様な事は聞きませぬ。

問　聞かぬと云ふ事は訝ひ、被告は幸徳と共に無政府共産主義の幹部ではなひか、

答　御尤の御尋ねではありますけれども幸徳は只今申す通り人は好き死所を見付けたらば死ぬ方が良ひと申した時に、私は何うも己れは死ぬ気にはなれぬと申したら幸徳は成る程私が妻があり子があると云ふ関係だから其様な気になるかも知れぬ、しかし位置を代へて幸徳に子でもあれば斯んな気は出さぬかも知れなひと申しました事があるので夫故私には幸徳が何れにも咄さなかつたのだろうと思はれます。

問　被告が周囲の事情から死を決する事が出来なひとしても、主義を捨てた人ではなひのだから其主義を実行する計画をした場合には矢張り幸徳に於て其事情を漏しそーなものであるが如何、

答　夫れは幸徳は其当時私に何事も隠すと云ふ事は無つたのですが私から進んで聞くとも致しませぬでしたから夫故終に決死の士を募るなどと云ふ事を他人と打合せたと云ふ咄しは私に致さなかつたのでしたろう、つい聞かなかつたのです。

問　第二回取調の時には被告は爆裂弾を以て諸官衙を襲つて打ち毀はしたり二重橋へ侵入するなどと云ふ事は笑ひ咄しで有つた様に云つて居るが事実は左様ではなくして真面目に其手段を取つて居つたのではなひか如何、

答　私は笑ひ咄しで即ち空想談と思つて居りましたのです。

問　けれども空想談でなひと思はれる節があるか如何、

答　私は幸徳方に同居して居る間は幸徳は是れから死ぬまでの間、全力を注て唯物論を書て見様かとか又は只今の様な過激の事を申し又或時は小田原の方に引籠て同主義の小冊子を書て秘密に配布仕様かとか色々申して居りましたので何れを実行するのか私には一向分りませぬでした、夫れですから過激の事の咄しを致しても空相談と思つて居たのでありました。

【43/7/26予審第7回】

問　宮下は其方が同年十月廿一、二日頃幸徳の話を通知したから右様の手紙を寄越したのではないか、

答　或は左様であつたかも知れませぬが能く判りませぬ。

問　其際幸徳は大石に対し、自分も病身にて余命は長くないから決死の士三十人若くは五十人を募り爆裂弾其他の武器を与へ暴力のkakumeiを起し諸官省を焼払ひ大臣を暗殺し富豪の米庫を開き、余力あらば二重橋に迫つて番兵を追

ひ払ひ皇室に危害を加へんとの相談を為したではないか、

答　先般以来豫審判事及検事より夫れに関係した事の御訊問がありましたが私は記憶を失つて居り御答が出来なかつたのです。

答　然るに只今具体的の事実を承つて能く考へて見ると御申聞けの様な事実がありました、幸徳は平民社に於て大石と私に向ひ政府の迫害が甚だしいから決死の士を募り爆裂弾其他の武器を与へ暴力の革命を起し諸官省を焼払ひ二重橋に迫つて番兵を追ひ払つて　皇居に侵入し　皇室に危害を加へたいと云ふ相談を致しました、大石も私も夫れに同意しました、尤も其際直ちに革命に着手すると云ふ事は出来ませぬから先つ決死の士を募る準備として急進的の秘密伝道を遣ろうと云ふ事になりました。

問　急進的の秘密伝道の方法は如何、

答　秘密出版を致すと云ふ事に相談したのです、夫れで大石は国家論を、幸徳は法律と強権を飜訳すると云ふ事になりました。

問　大臣を暗殺すると云ふ事も相談したのか、

答　其様な相談も致した様に思ひますが判然致しませぬ。
　　実は前申しました如く先以て急進的の秘密伝道を遣ると云ふのですから私は反乱を起すのは数年の後の事と思つて居りました。

問　其方は幸徳より暴力革命の相談を受けたのは一度丈であるか、

答　断片的には度々話を聞きましたが纏まつた相談を受けたのは右申したる一度丈です。

問　夫れでは幸徳は大石上京中其方と大石に向つて相談した時は既に具体的の計画を為さんと決心して居たので一場の笑話の様には思はれぬが如何、

答　其頃は幸徳も具体的計画を為さんと決心して居たのです、私は幸徳が宮下の手紙を見て決心したのではないかと思ひました。

問　其方は宮下の手紙を幸徳に示した際幸徳に向ひ、至尊に危害を加へると云ふ事は主義の為め不利益ではあるまいかと話した様に先刻申されたが其後幸徳の‐暴力革命の意見を聞ひて之に同意したのか如何、

答　恐入りました一時幸徳の暴力革命の意見に同意しました、然るに私は親もあり妻子もあり後に能く考へて見ると到底実行に加はる事は出来ないと思ひ、平民社に同居中幸徳に其事を話した事もあります。

問　夫れでは其方は一旦暴力革命に同意したるも其後意思が変つたのか、

答　誠に恥入る次第ですが私は度々意思が変つたのです、
　　幸徳より暴力革命の説を聞けば夫れに同意を表するも、後に考へて見れば到底実行は出来ない様に思はれ甚だ煩悶して居たのです。

要するに始終私の心中には意思の矛盾があつたのです、夫れが為め同志からも多少不快に感ぜられた様でした。

尚幸徳と雖も終始一貫して暴力の革命を遣ると云ふ意見であつたか如何か疑問です。

【43/ 7 /28予審第8回】

問　明治四十一年十一月中大石と共に幸徳より暴力革命の相談を受けた事は相違ないか

答　夫れは相違ありませぬ尚前回申落しましたか急進的傳道の方法として秘密出版を遣ると言ふ事になつた際私は當時古本屋を開業せんと思ひ居たのであるから秘密出版物を取扱ひ難いと申したるに幸徳は君の職業上に妨かあつてはならぬから秘密出版の方には関係するなと言ひ私は如何にも自分の境遇を腑甲斐なく思ひました夫等の事は昨日上申書を差出して置きましたから御覧を願ひます

【43/10/21予審第13回】

問　同月中大石誠之助か出京した事は相違ないか

答　相違ありませぬ

問　其際大石は幸徳を診察したか

答　左様てす爾して私共に對しては幸徳の余命は長くない今後二年を出ないと言ふ様に話しましたか幸徳に向つては養生か良けれは天壽を全ふする事か出来ると言ふて居りました

問　同年十一月中幸徳は平民社に於て大石及其方に向ひ政府の迫害か甚たしいから決死の士を募り爆裂弾其他の武器を與へ暴力革命を起し諸官署を焼拂ひ二重橋に迫つて番兵を追拂ひ皇居に侵入して皇室に危害を加へんとの相談を為し大石も其方も之に同意した事は相違ないか

答　幸徳より其様な話は聞きましたか到底急に出来る譯のものてはないから先つ急進的秘密傳道の為めに法律と強権及国家論の出版を為すと言ふ事に相談か極つたのてす

問　併し暴力革命にも同意したのてはないか

答　暴力革命は容易に出来るものてもなく又其時期も極つて居ないのてあるから只漠然と同意したのてす併し其当時親や妻子の事を考へて居り寧ろ主義を捨てようかと思ふて居た位てあるから幸徳の相談を受けて後は益々一身上如何したらよかろうかと煩悶して居りました従つて内山愚童の秘密出版に付ても

私は賛成して居ないのてすか不賛成を明言する丈の勇気もなかつたから只黙つて居りました

問　其決死の士を募る準備として急進的秘密傳道を為すと言ふ事になつたのてはないか

答　夫れは左様てす

　森近運平の供述はあいまいであって信用できない。明治41年11月の幸徳と大石との会話の場には松尾がいたというが客観的事実に反する。

　一貫しているのは、内乱（革命）ということであるが、「二重橋に迫つて番兵を追ひ払つて皇居に侵入し皇室に危害を加へたいと云ふ相談を致しました、大石も私も夫れに同意しました、尤も其の際直ちに革命に着手すると云ふ事は出来ませぬから先つ決死の士を募る準備として急進的の密伝道を遣ろうと云ふ事になりました。」というもので、テロではなく、あくまで具体性・計画性のない「革命談義」にすきない。

6）証拠からわかること

　明治41年11月大石と松尾とは同時に幸徳と話をしたことはない。

　まず、誰と誰が大石と話しをしたかである。また、大石は、森近と話しをしたことは認めていない。幸徳も森近がいたかどうかはあいまいである。

　会話内容は無政府状態をつくりたいという点は一貫しているが、皇室（天皇）を斃すことについては変遷している。ただ、最終的には革命（内乱）の一環の話である。

　また、無政府状態にするというが、その計画に現実性はなく、決死の士を集めるといいっても現実性のある話ではない。

（1）　予審調書のまとめの誤り

　幸徳については

　「大石に対し、決死の士五十人もあらば爆裂弾其他の武器を与えて暴力革命を起し、諸官衙を焼払い、富豪の財を掠奪し、余力あらば二重橋に迫り、番兵を追払い、皇居に侵入して大逆を敢行せんと計画し居る旨を告げ、予め

決死の士を募り、置きくるべきことを委嘱したるに、大石は即座に同意したり。」とあるが、無政府状態をおこすということが主でテロではない。また無政府状態についても、現実性のある話ではない。大石がテロに同意をしたことはない。

　また、時期が11月とあるだけで特定されておらず、また森近が同席していたかは幸徳や大石が否定しており、森近の供述は信用性がなく、認定できない。

大石については
「幸徳か二重橋に迫まるとにしは皇居に侵入し大逆罪を犯す意味に聞取りたり」というのは事実に反する。

森近については
「明治四十一年十一月大石誠之助か出京して幸徳伝次郎を訪問したるか、其際幸徳は大石と被告とに対し近来政府の迫害甚しきを以て決死の士を募り爆裂弾其他の武器を与へ暴力革命を起し諸官衙を焼払ひ二重橋に迫り番兵を追払ひ皇居に侵入して大逆罪を敢てせんとの議を提出したる」は証拠からみてまとめられない。また、それを現実性のある話、合意とすることはおかしい。

（2）　事実認定の誤り

　第一　十一月十九日誠之助の伝次郎を訪うや、伝次郎は運平、誠之助に対し、赤旗事件逮累者の出獄を待ち、決死の士数十人を募りて富豪の財を奪い貧民を賑し、諸官衙を焼燬し、当路の顕官を殺し、且つ宮城に迫りて「大逆罪を犯すの意あることを説き」という認定は、事実に反するものである。

　森近が同席していたかも明らかでなく「運平、誠之助はこれに同意したり」は事実に反する。

　そもそも、テロが会話の中味になっていない。「進んで宮城に逼り大逆罪を犯さんとするの意志あることを聴き、これに同意して決死の士を養成すべきことを約し」とテロの合意が成立したとの認定は事実に反する。しかも、無政府状態について現実性がない。これらは重大な事実誤認である。

（4）明治41年11月の幸徳と松尾の謀議

これが、幸徳秋水と熊本グループを「テロ」について結びつける重要な謀議（会話）となったものである。

1）判決事実認定

第1、十一月十九日誠之助の伝次郎を訪うや、伝次郎は運平、誠之助に対し、赤旗事件連累者の出獄を待ち、決死の士数十人を募りて富豪の財を奪い貧民を賑し、諸官衙を焼燬し、当路の顕官を殺し、且つ宮城に迫りて大逆罪を犯すの意あることを説き、予め決死の士を募らんことを託し、運平、誠之助はこれに同意したり。同月中被告松尾卯一太もまた事を以て出京し、一日伝次郎を訪問して伝次郎より前記の計画あることを聴て、均しくこれに同意したり。

第3、その年十一月卯一太もまた上京して伝次郎を東京府豊多摩郡巣鴨町に訪問し、伝次郎より赤旗事件連累者の出獄を待ち、決死の士数十人を募り、富豪の財を奪い貧民を賑し、諸官衙を燐毀し、当路の顕官を殺し、進んで宮城に逼り大逆罪を犯さんとするの意志あることを聴き、これに同意して決死の士を養成すべきことを約し、

2）事実認定の証拠の表示
【幸徳秋水の予審調書】
「第一　同月中巣鴨の平民社に於て大石誠之助の訪問を受たるを幸い、病気を診察し貰いたるに腸間膜羸痩なりと鑑定し、被告に対しては摂養其当を得れば十年や十五年は存命し得べしと申したれども、余人に対しては余命長からざるように話したる趣なり。その際大石に対し、決死の士五十人もあらば爆裂弾其他の武器を与えて暴力革命を起し、諸官衙を焼払い、富豪の財を掠奪し、余力あらば二重橋に迫り、番兵を追払い、皇居に侵入して大逆を敢行せんと計画し居る旨を告げ、予め決死の士を募り、置きくるべきことを委嘱したるに、大石は即座に同意したり。又その頃松尾卯一太の訪問を受たるを以て大石に話したるだけのことは松尾にも話し、その同意を得たりと記憶す。
第三　明治四十一年十一月平民社に於て大石誠之助に対し近来政府の迫害甚しきを以て決死の士五十人計あらは爆裂弾其他の武器を与へ暴力革命を起し諸官衙を

焼払ーにに富豪の財を掠奪し、余力あらば二重橋に迫り番兵を追払ひ皇居に侵入して大逆罪を敢行せんと計画し居る旨を告け付いては決死の士を見付置呉るへきことを委嘱し大石の同意を得たり　而して大石に話したる丈のことは松尾卯一太にも話し其同意を得たる」

【松尾卯一太の予審調書】
「明治四十一年十一月中出京しに十三日及二十五日の両度巣鴨の平民社に幸徳博次郎を訪問したり其二度目に訪問したる際幸徳は被告に対し自分は病身にて齢命も長かるましきに付決死の士を募り貴民を日比谷公国に集め市内の富豪に向って掠奪を為さしめ且つ諸官衙を破壊し一日たりとも無政府の状態を現出せしめ他日起るへき大革命の動機と為したき考なるも先たつものは人物なるに付意思堅固の人物を見付置呉るへき旨申出たるを以て被告は其計画を賛成し且人物を見付置くへきことを約したり、」

３）証拠とされる予審調書

幸徳秋水の【43/ 6 /11予審第 2 回】【43/ 7 /16予審第 8 回】【43/ 7 /25予審第 9 回】
　　　　　　【43/ 7 /28予審第10回】【43/ 8 /31予審第12回】【43/10/17予審第13回】
松尾卯一太の【43/ 8 / 3 予審第 1 回】【43/ 9 / 7 予審第 2 回】【43/10/23予審第 3 回】

４）証拠から検討すべき問題点

　幸徳と松尾の明治41年11月の平民社での会談の時期、出席者、内容は何だったのか。

　そもそも、判決の松尾の予審調書のまとめでも、「テロ」についての記述はなく、幸徳がいったのは無政府状態を作り出すことだけである。松尾は「テロ」については、聞いてもいないし、同意もしていないことは、判決からも明らかとなっている。ましてや、これが幸徳と熊本グループとの「テロ」についての謀議の発端となることは考えられない。

5）各予審調書の詳細と変遷

（1） 幸徳秋水予審調書

【43/7/16予審第8回】

問 明治四十一年十一月、大石誠之助が出京して、平民社に三日ほど滞在したか。

答 滞在しました。

問 そのとき大石に、近来政府の迫害が甚だしく、到底言論や筆をもっては対抗できないし、それに自分も病身でながく生きる望みもないから、決死の士を五十人募って爆裂弾を与え、暴力の革命をやろうと思うから、紀州でも決死の士を募ってくれと依頼したのか。

答 これまでも申しましたように、赤旗事件のときの政府の処置に対しては、社会主義者は非常に憤慨しております。ただ「無政府」と書いた旗をもって歩いたというだけで、あのように同志が牢獄に投ぜられ、苛酷な取扱いをうけるようでは致し方ない。相当の方法で反抗的態度をとらねばならぬと考えておりました。しかし革命を起すといっても、多数の決死の士を得ることは困難であるし、また資金も容易にできるものではありませんから、私はおいおい準備をしようと思っていたのです。それで大石がまいりましたとき、私の考えを話し、決死の士五十人もあれば、爆裂弾をもって富豪を襲い、米倉をひらいて貧民を救い、なお余力があれば諸官省をも焼き払いたいと思っているから、ともにしっかりした同志をみつけておこうではないかと申しましたところ、大石も同感でした。

問 諸官省を焼き払い、無政府状態を現出したいと申したのか。

答 申したと思います。

問 二重橋に迫って番兵を追い払い、皇室に危害を加えるということも言ったか。

答 そのようなことも申したかも知れません。しかしそれは三年先のことか五年先のことかわからないのですが、私の考えでは少なくも三、四年後でなくては実行でないと思っておりました。

問 その頃、すべての同志のものが政府の処置について激昂していたのだから、大石に言ったようなことは他の同志にも言ったであろう。

答 同志の間では、いつもそのような話があったのですから、むろん大石以外の同志にも話しておりました。熊本の松尾卯一太もその頃上京しておりましたから、同人にも話したと思います。

問 松尾もやはり同感であったか。

答 さようです。しかし直ちに事を挙げるというわけでありませんから、松尾はその後『熊本評論』の方に関係していました。

問　それでは大石も松尾も、徐々にしっかりした人物をみつけておくということ
　　に意見が一致したのか。

答　さようであったと思います。

問　大石と松尾は其方が呼び寄せたのか。

答　そうではありません。大石は何か自分の用件で出京したようでした。また松
　　尾は、志賀某という者が『熊本評論』の負債整理に出京していたのが、失敗
　　したというので、出てきたようでした。

問　松尾と大石と、同時に平民社に落ち合って協議したようなことはないか。

答　二人は偶然一緒になったことがあるかも知れませんが、特に協議のために落
　　ち合ったということはありません。

問　森近運平にも右のような話をしたか。

答　森近も同主義者ですから、同様なことを話したろうと思いますが、よく覚え
　　ておりません。

問　大石がきたとき二十四、五歳位の男が二人きていたと言っているが、それは
　　誰か。

答　書生がたくさん出入していましたから、そのときに誰がいたか記憶ありません。

【43/ 7 /28予審第10回】

問　森近は同年十一月中、平民社で、大石と其方から、爆裂弾をつくって諸官省
　　を焼き払い、二重橋に迫るという相談をうけたと申しているが、どうか。

答　私は森近に、いつ、どこで、そのようなことを言ったかはっきり記憶ありま
　　せんが、森近がそのように申すのなら、あるいはそうだったかも知れません。

問　森近は、至尊に危害を加えるのは主義のために不利益であるとの説だったのか。

答　よく覚えておりません。

問　森近は一旦其方らの計画に同意していたが、後に自分には親も妻子もあるか
　　ら実行に加われないと言わなかったか。

答　そのようなことがあったかも知れませんが、よく覚えておりません。

問　四十一年十一月頃大石、松尾、森近らと相談した爆裂弾のことと、四十二年
　　二月宮下と相談したこととは継続しているのか。

答　四十一年十一月の相談は、その決死の士もできず、また金もないので、自然
　　中止の形になっておりました。その後宮下が元首を斃すという計画をたて、
　　私共は一応それに同意したのですから、前後の事情が継続しているというわ
　　けでありません。しかし主義の大目的からいえば、もちろん同一の方向に向
　　って進んでいるのですから、無関係ということはありません。

【43/ 8 /31予審第12回】

問　其方は大阪の武田九平、岡本穎一郎、三浦安太郎、岩出金次郎、佐山芳三郎
　　などを知っているか。

答　私は四十年十一月帰郷の途中大阪で森近を訪問し、茶話会に出席したことが
　　あります。そのとき多数の同志と会いましたが、武田、岩出のほかはよく存
　　じませんでした。ただ岡本はしっかりした人物だということは、きいており
　　ました。

問　大石が上京中、其方と革命の相談をして、それから帰郷の途中大阪に立ち寄り、
　　熊本方面とも連絡して運動すると話しているようだが、その点はどうか。

答　大石が上京していた当時、松尾も出京しておりましたから、私は松尾とも相
　　談すると言ったように思いますから、大石が推測して熊本とも連絡するよう
　　に話したものと思います。

【43/10/17予審第13回】

問　同年十一月中、松尾が平民社にきたときにも、大石に話したと同様のことを
　　話して、松尾の同意を得たであろう。

答　松尾にも話して同意を得たように思いますが、くわしいことは記憶しており
　　ません。

幸徳秋水の要約

　幸徳の予審調書では、幸徳と松尾との会談の時期、内容については、ほと
んど供述はない。

（2）　松尾卯一太予審調書

【43/ 8 / 3 予審第 1 回】

問　明治四十一年十一月出京の際度々巣鴨の平民社を訪問したか

答　両三回参りました

問　其際平民社に於て幸徳より暴力革命の相談を受けたてはないか

答　暴力革命の相談は受けませぬか最初は同志者か多人数居る處て幸徳は政府の
　　迫害が甚たしいから何んとかせ子はならぬ貧民を日比谷公園にでも集めて施
　　與を為したならは夫れより貧民か掠奪にでも赴くてあろう杯と申して居り別
　　に取止めた話てもなく只座談中に申したのてす其次に私か平民社を訪問した
　　時は幸徳と私と差向ひて話したのてすが幸徳は近来政府の迫害甚たしく到底

……（不明）……要かある確かりした人物を養成せ子はならぬと申して居りました左れとも今直ちに具体的に如何なる計画を為すと言ふ話はなかつたのてすから私も深く意に留めなかつたのてす

問　其際幸徳は近来政府の迫害甚たしく言論や筆て対抗する事は出来ない自分も生命力長くはないから決死の士四五十人を募り爆裂弾を造つて暴力革命を起し諸官省を破壊し二重橋に迫ると言ふ様な事は話さなかつたか

答　私に對しては一向其様な具体的の話はなかつたのてす

問　其決死の士を募る準備として確かりした人物を見付けて置かうと言ふ話ははかつたか

答　決死の士と言ふ事は一向に聞きませぬ確かりした人物を見付けて置かうと言ふ話は確かにありました

【43／9／7予審第2回】

問　明治四十一年十一月出京の際、巣鴨の平民社に幸徳を訪問し、暴力革命の相談を為したではないか、

答　私は其際三度平民社に参つて幸徳に面会しました。最初は宮崎民蔵等と同行しましたが、幸徳は其時私共に向ひ、無為に過す訳には行かぬ。何か革命動機となるべき事を致したい、と言ひましたが纏つた話はなかつたのです。其頃に私が単独にて参つた時、幸徳は、自分も病身にて余命が長くないから決死の士を募り之をして施米すると云つて貧民を日比谷公園に集めしめ勢いに乗じて富豪に向つて掠奪を為し且警察署或は諸官省等を破壊せしめ一日たりとも無政府の状態を現出せしめたい、左すれ夫れが大革命の動機となるであろう。何と云つても人物が必要であるから確かりした人物を見付けて置かうと申したのです。

問　夫れでは幸徳は決死の士を募りたる上之をして施米すると称して貧民を日比谷公園に集めたる上富豪に向て掠奪を為さしめ且警察官署又は諸官省を破壊せしめて無政府の状態を現出せしめんと考へて居たのか、

答　貧民を利用すると言へば甚だ変に聞へるのですが、夫れによつて革命の動機を作らんとしたのです。

問　其際幸徳は、余力あらば二重橋に迫り番兵を追払ひ、皇居に進入して見たいとの話は致さなかつたか、

答　左様なことは聞かなかつた様ですが幸徳は自ら全国を廻り主義発展を計りたいと思ひ居るも健康と財力が許さぬから夫れも出来ないと話して居ました。

問　其際坂本清馬が下戸塚町の其方の下宿に来て決死の士を募る旨の話をして居

つたではないか、

答　坂本は私の下宿平山に来り幸徳が地方を廻つて確かりした人を見付けて置て呉れよと申すから左様に致さんと思ふと言ひました。

問　坂本も幸徳より、貧民を集めて掠奪をなさしめ警察官署又は諸官省等を破壊せしめんとの話を聞いて居るのか、

答　其辺は能く存じませぬ。

問　其方は明治四十一年十一月上京中、幸徳より全国の同志者中共に事を謀るに足るものは紀州の大石と其方のみと言はれた事があるか、

答　左様な事はありませぬが、坂本が私に向ひ、幸徳は大石と君を力として居ると話したことがあります。

問　熊本へ帰つて後、其事を新美、佐々木等に話したか、

答　左様な覚はありませぬ。

【43/10/23予審第3回】

問　明治四十一年十一月出京して二十三日と二十五日の両度巣鴨の平民社に幸徳を訪問した事は相違ないか

答　日は能く覚へさるも両三度平民社を訪問しました

問　最初平民社を訪問した時幸徳は政府の迫害か甚たしいから無為二週きる譯には行かない官憲に反抗して何か致さなければならぬと言ふて居たか

答　其時私は宮崎民蔵と同道したのてすが外に主義者か五六名も居りました幸徳は何か革命の動機となるへき事をしたいと申して居りまいた併し何も具体的相談はなかつたのてす

問　同月二十五日平民者を訪問した時幸徳より暴力革命の話かあつたてはないのか

答　其際は私一人参つたのてすが幸徳は自分は病身て余命も長くあるまいと思ふから決死の士を作つて貧民を日比谷公園に集め市内の富豪に向つて掠奪を為さしめ且警察官署或は諸官省を打壊し一日たりとも無政府の状態を現出せしめたい夫れか他日起るへき大革命の動機となるてあろうと思ふ併し何を言ふても人物か必要てある確かりした人物を見つけて置て呉れよと言ひました私も夫れに同意して確かりした人物を見付けて置かうと申したのてす

問　幸徳は決死の士に三十人とか或は五十人とか申したのてはないか

答　其事も聞ひたかの様に思ひますが判然しませぬ

問　確かりした人物を見付けつと言ふのは無論決死の士を募ると言ふ意味てあろう

答　左様てす主義の為めに死を恐れぬと言ふ人物を見付けるのてす
問　其決死の士をして貧民を指揮して暴動を為さしむると言ふ意味か
答　左様な意味に聞取りました
問　幸徳か一日たちとも無政府の状態を現出せしめたいと言ふ事の中には皇室を
　　も倒したいと言ふ意味を含んて居るのてはないか
答　左様な深い意味てはないのてす只一日たりとも政府を狼狽せしめ社會を無政
　　府の状態にして見たいと言ふ意味てあつたと思ひます

　松尾は幸徳と会った時期を明治41年11月といい、自分一人の時に幸徳と話
をしたといっている。無政府状態をつくりたい。そのためには、決死の士を
あつめてほしいということであり、余力あらば二重橋に迫り番兵を追払ひ、
皇居に進入して見たいとの話は聞いていないと否定している。

6）証拠からわかること

（1）　予審調書のまとめ

　明治41年11月25日に幸徳は松尾が一人できたときに革命の話をしたが、あ
くまで無政府状態にしたいという「革命談義」をしたもので、松尾は深く留
めてもいないものであった。

　幸徳の予審調書について

　「大逆罪を敢行せんと計画し居る旨を告け付いては決死の士を見付置呉る
へきことを委嘱し大石の同意を得たり而して大石に話したる丈のことは松尾
卯一太にも話し其同意を得たる」とするのは、幸徳秋水の予審調書のまとめ
としても、全く誤っている。

　松尾卯一太の予審調書について

　「明治四十一年十一月中出京しに十三日及二十五日の両度巣鴨の平民社に
幸徳博次郎を訪問したり其二度目に訪問したる際幸徳は被告に対し自分は病
身にて齢命も長かるましきに付決死の士を募り貧民を日比谷公国に集め市内
の富豪に向って掠奪を為さしめ且つ諸官衙を破壊し一日たりとも無政府の状
態を現出せしめ他日起るへき大革命の動機と為したき考なるも先たつものは
人物なるに付意思堅固の人物を見付置呉るへき旨申出たるを以て被告は其計

画を賛成し且人物を見付置くへきことを約したり、」としているのも事実を
ねじ曲げている。しかも、無政府状態の話としても、「決死の士を募り貴民
を日比谷公国に集め市内の富豪に向って掠奪を為さしめ且つ諸官衙を破壊
し」との会話も認められない。もちろん「テロ」の話など皆無である。

（2） 事実認定の誤り

判決は、幸徳が「決死の士数十人を募り、富豪の財を奪い貧民を賑し、諸
官衙を燐毀し、当路の顕官を殺し、進んで宮城に遍り大逆罪を犯さんとする
の意志あることを聴き」、松尾が「これに同意して決死の士を養成すべきこ
とを約し」と認定しているが、何らの証拠なしに認定したものである。

（5）明治41年12月の幸徳と管野の謀議について
1） 判決の事実認定
同年（注 明治41年）十二月被告伝次郎は『パンの略取』を出版す。また被
告スガは近日当局の同主義者に対する圧抑益々甚しとなしてこれを憤慨し、
爆裂弾をもって大逆罪を犯し、革命の端を発せんと欲する意志を抱き、一夜
伝次郎を巣鴨町に訪うてこれを謀る。伝次郎は喜んでこれに同意し、協力事
を挙げんことを約し、且つ告ぐるに宮下太吉が爆裂弾を造りて大逆を行わん
とする計画あること、及び事起こるときは紀州と熊本に決死の士出づべきこ
とを持ってせり。

2） 事実認定の証拠の表示

この認定の証拠は以下のとおりである。

幸徳秋水の予審調書の証拠表示がなく供述はない。

【管野】同年十二月中一夜幸徳伝次郎に対し、爆裂弾を造り、大逆罪を犯し、
大仕掛の革命を起したき旨を語りたるに、幸徳は大いに喜び、革命を実行す
べき旨を答え、且つ宮下太吉なる者ありて、爆裂弾を造り、大逆罪を敢行せ
んと計画し居るのみならず、愈々事を挙るに至らば、紀州や熊本にも決死の
士を出すべしと申し居たり。

3）証拠とされる予審調書

管野スガの【43/7/6予審第9回】【43/7/7予審第10回】【43/10/17予審第13回】

4）証拠から検討されるべき問題点

　管野と幸徳が、「爆裂弾をもって大逆罪を犯し、革命の端を発せんとする謀議」をしたか、その内容が確かなものか。また現実性のあるものであったかである。

5）各予審調書の詳細

（1）　管野スガ・予審調書

【43/7/6予審第9回】

問　四十二年二月頃其方は、幸徳と爆裂弾をつくって至尊に危害を加えようという相談をしたであろう。

答　実は最初幸徳を庇護しようと思いまして事実をかくした点もありますが、私は四十年頃から革命を起さなくてはならぬという考えをもっており、幸徳にもそのことを話したことがあります。その後幸徳は一度土佐に帰り、四十一年夏赤旗事件のあと出京しましたから、それからもときどき革命のことを話しておりました。たしかに四十一年十二月頃のように思いますが、夜分巣鴨の平民社で幸徳に、政府がわれわれ社会主義者に対して迫害が甚だしいから、爆裂弾をつくって元首を斃し、大仕掛の革命を起したいと思うがどうかと申しましたところ、幸徳もそれに同意し、それでは徐々にその計画をすすめようと申しました。その当時はまだ私は宮下を知らなかったのですが、その後幸徳と宮下との間に書面の往復があったものと見え、宮下というものが爆裂弾をつくって元首を斃すという計画をしていると幸徳からききました。それで四十二年二月宮下が平民社にきたとき、私はすでに宮下の計画を知っていましたので、幸徳と宮下の話している席へ出て一緒に話したかったのですが、その日はほかに人がきていてそれができず、残念でした。右のような次第ですから、その頃にはむろん幸徳と私との間に爆裂弾運動の話があったに相違ありません。

【43/7/7予審第10回】

問　四十一年十二月中平民社で、社会主義者に対する政府の迫害が甚だしいから、

爆裂弾をつくって至尊に危害を加え、なお大仕掛の革命をやるという相談を、幸徳としたことは相違ないか。

答　相違ありません。

問　そのとき幸徳はすでに宮下の計画を知っていたように思われるのだが、どうか。

答　よく考えてみますと、私が幸徳と右の相談をしたとき、幸徳は宮下という者がこのような計画をしていると申したように思います。すると幸徳はその頃すでに宮下の計画を誰かにきいていたように思われます。しかし幸徳は、宮下という人をよく知ってはいなかったようです。

問　幸徳と宮下との書面の往復はそのあとか。

答　さようです。

問　それでは昨日申立てたうち、今日の申立てと相違する点は訂正するのか。

答　さようです。

【43/10/17予審第13回】

問　幸徳は四十一年十二月中其方に、決死の士五十人ばかりを募って爆裂弾そのほかの武器を与え、貧民を日比谷公園に集めて富豪を襲い、諸官省を破壊し、二重橋に迫って皇居に侵入し、皇室に危害を加え、一日たりとも無政府の状態を現出したいと申したか。

答　ときどきそのようなことは申しておりましたが、具体的な計画としての相談をうけたことはありません。

問　同年十一月中大石、松尾らが上京したとき、幸徳は暴力革命の相談をしたという事実があるか、其方は知っているか。

答　大石、松尾らに具体的に相談したというようなことはきいておりません。

問　幸徳は坂本清馬に暴力革命の必要を説き、地方を遊説して決死の士を募れと言ったことがあるか。

答　幸徳は坂本に地方を遊説して、しっかりした同志を探しておけと言ったように思いますが、革命について決死の士を募れというようなことは存じません。

問　其方は同年十二月中夜分平民社で幸徳に対し、政府の社会主義者に対する迫害が甚だしいから、爆裂弾をつくって元首を斃し、なお大仕掛の革命を起したいと相談したことは相違ないか。

答　それは相違ありません。

問　幸徳は其方の意見に同意したか。

答　私の意見によろこんで賛成し、ぜひやろうと申しました。

問　そのとき幸徳は、宮下太吉が爆裂弾をつくって至尊を斃す計画をしている、

またいよいよ事を挙げることになれば、紀州にも熊本にも決死の士ができる
であろうと申したのか。
答　そのように申しました。
問　その前から幸徳と宮下との間に手紙の往復があったと申しているが、其方は
その手紙をみたことがあるか。
答　みたことはありませんが、幸徳が宮下のことを知っていましたから、多分手
紙の往復があったのだろうと想像して申したのです。

　管野は、幸徳から宮下の計画を聞いた。
　幸徳と、明治41年12月に「政府の社会主義者に対する迫害が甚だしいから、
爆裂弾をつくって元首を斃し、なお大仕掛の革命を起したい」と相談した。
しかし、具体的計画として相談をうけたものではなく、現実性はない。

（２）　幸徳秋水・予審調書
　判決には幸徳秋水の予審調書のまとめはないが、幸徳は一貫して否認してい
る。
【43/ 7 / 8 予審第 7 回】
問　同年十二月中管野は、其方から、宮下が爆裂弾をつくって至尊に危害を加え
る計画であるということをきいたと言っているが、どうか。
答　よく記憶しません。

【43/10/17予審第13回】
問　四十一年十二月中のある夜、管野が其方に、政府はわれわれ社会主義者に圧
迫を加えるから、爆裂弾をつくって元首を斃し、さらに大仕掛けの革命を起
したいと思うがどうであろうかと相談したところ、其方はそれに同意し、お
いおいその計画をしよう、宮下という男も元首を斃す計画をしているし、い
よいよ事を挙げるときは紀州にも熊本にも決死の士が出るであろうと申した
そうだが、どうか。
答　どうも記憶がありません。もちろんその当時死を決して主義のために革命を
起そうというようなことは折折話していたかも知れませんが、私と管野の間
で具体的に相談したことはありません。また宮下のことは前に森近からきい
ていましたから、あるいは話のついでにしっかりした人物だ位のことは申し

たかも知れません。紀州にも熊本にもしっかりした同志がいるということも言ったかも知れませんが、いずれにしても具体的に相談したことはありません。

　幸徳秋水は、管野との協議は記憶しない、具体的な相談はしていないと否認している。

6）証拠からわかること
　管野の供述の核心部分は以下のとおりである。

問　其方は同年十二月中夜分平民社で幸徳に対し、政府の社会主義者に対する迫害が甚だしいから、爆裂弾をつくって元首を斃し、なお大仕掛の革命を起したいと相談したことは相違ないか。
答　それは相違ありません。
問　幸徳は其方の意見に同意したか。
答　私の意見によろこんで賛成し、ぜひやろうと申しました。

　この会話は、管野の供述のみである。管野のこの供述は、会話内容が唐突で矛盾している。無政府状態をおこすことについて具体的に聞いていないのに、急に宮下の話から、爆裂弾、革命の話、そして、テロに話がとんでいる。
　前記のとおり、幸徳と大石・森近の話も、革命談義にすぎず、テロや爆裂弾の話もでてきていない。決死の士も将来の話であり、大石や森近もまともに聞いていない。
　管野の供述であれば、これは幸徳秋水としての初めての天皇に対する「テロ」についての発言となるものであるが、幸徳が記憶していないということは考えられない。
　そもそも、爆裂弾の使用が革命のためなのか、「テロ」なのはっきりしない。管野は、これについて、具体性がないことは認めている。
　判決が
（注　明治41年）十二月……また被告スガは近日当局の同主義者に対する圧抑益々甚しとなしてこれを憤慨し、爆裂弾をもって大逆罪を犯し、革命の端を発せんと欲する意志を抱き、一夜伝次郎を巣鴨町に訪うてこれを謀る。伝

次郎は喜んでこれに同意し、協力事を挙げんことを約し、且つ告ぐるに宮下
太吉が爆裂弾を造りて大逆を行わんとする計画あること、及び事起こるとき
は紀州と熊本に決死の士出づべきことを持ってせり。」
と認定するのは証拠から認められない。

　そもそも、宮下の爆裂弾製造は、当時現実のもの（実験すらされていな
い）になっていなかった。これに依拠して革命を起こす話にはならないし、
「テロ」の話などでてくるはずもない。ましてや、宮下のできるかどうかわ
からない「爆裂弾」に依拠して、革命をなし、「決死の士」を紀州と熊本か
ら出てくるということをいうことは、現実離れしている。

（6）明治42年1月14日、15日の内山愚童と幸徳等とのやりとり
1）判決の事実認定
第一

明治四十二年一月十四日被告愚童は上京して伝次郎を訪う。伝次郎は欧字新
聞に載せたる爆裂弾図を愚童に貸与し、清馬と共にこれを観覧せしむ。翌日
愚童は転じて東京府豊多摩郡淀橋町柏木に往き管野スガを訪う。スガはこれ
に対して若し爆裂弾あらば直ちに起って一身を犠牲に供し、革命運動に従事
すべき旨を告げ愚童の賛否を試む。

第四

明治四十二年一月十四日伝次郎を東京府豊多摩郡巣鴨町に訪うや、坂本清馬
と共に欧字新簡に載せたる爆裂弾図を借覧し、清馬は此の如き爆裂弾を造り
て当路の顕官を暗殺する要ありと言い、愚童は不敬の語をもって皇太子殿下
を指斥し、むしろ弑逆を行うべき旨を放言し、
また翌十五日管野スガを東京府豊多摩郡淀橋町柏木の寓居に訪い、スガは若
し爆裂弾あらば身命を擲て革命運動に従事すべき意思あることを告げて同意
を求むる状あるを見て、愚童は予すでにダイナマイトを所持せり、革命運動
の実用に適せざるべきも、爆裂弾研究の用に資するに足るべしと答え、且つ
革命の行わざるべからざる旨を附言せり。初め愚童は秘密出版の方法により、
無政府主義の文書を発行し以て人心を鼓舞作興するを急務となし専ら計画し

たる所ありたりと雖も、しばしば上京して伝次郎、スガ等の言動を見聞し、謀逆の意ようやく決す。

2）事実認定の証拠の表示
　この弘永の証拠は以下のとおりである。
【幸徳秋水の予審調書】
第一
明治四十二年一月十四日内山愚童の訪問を受けたる際、欧字新聞紙中より切抜きたる爆裂弾の図を示したることあり。その図は花束に仕掛たるものと、時計に仕掛け、鞄に入れたるものと二種類なりしように記憶す。

第四なし

【坂本清馬の予審調書】
第一
明治四十二年一月幸徳宅に欧字新聞を切抜きたる爆裂弾の図か在りしことは相違なきも之を内山愚童に示し且つ斯の如き爆裂弾を以て大臣又は警視総監を発さん杯と揚言したる記憶なし、

第四なし

【内山愚童の予審調書】
第一
明治四十二年一月十四日幸徳伝次郎宅に於て坂本清馬は被告に対し先生か爆裂弾の図を所持する旨申せしを以て之を借覧したり、其際坂本は斯様の爆裂弾を造り権力階級の当路者たる警視総監や内務大臣を暗殺せんと放言せしを以て被告は坂本に対し全しくは皇儲に対し危害を加ふる方効力多大ならんと申したることある

第四

明治四十二年一月十四日幸徳を訪問したる際坂本清馬より幸徳か爆裂弾の図を所持し居ることを聞き之を借覧したるに欧字新聞の切抜か口絵の様のもの三枚ありて其一枚は榔弾の図他の一枚は鞄に電気仕掛の時計か入り居る図其他の一枚は花束の図なりしか何れも爆裂弾を仕掛あるとの話なりし其時坂本は斯の如き爆裂弾を造り権力階級の当路者たる警視総監や内務大臣を暗殺せさる可らすと放言したるに依り被告は清馬に対し同し暗殺を遣るなれは枠を発す方効力多大ならんと申したり、

翌十五日柏木に管野スガを訪問したるに管野は爆裂弾さへあらは何時にても起って暴力革命を実行すへき旨申出たるを以て被告は管野に対し自分は坑夫より「ダイナマイト」を預り居るも革命の用に供し得へきものにあらす併し爆裂弾の研究位には使用せらるへきかと申したることあり然れに敢て賛成の意見を述へたるものにあらす、

【管野スガの予審調書】

第一

明治四十二年一月十五日柏木なる被告の寓所に於て内山愚童の訪問を受たる際被告は一望里に対し爆裂弾あらは何時にても身を犠牲に供して革命を起すへき旨を語りたるに愚童も亦革命を起すの必要ありと申し居たり

第四

明治四十二年一月十五日柏木なる被告の寓所に於て内山愚童の訪問を受たることあり其際被告は内山に対し爆裂弾あらは何時にても身を犠牲に供し革命を起す可き旨申述へたるに内山も亦革命を起すの必要ありと申したる

3）証拠とされる各予審調書

幸徳秋水の 【43/ 7 /29聴取書】【43/10/15予審第13回】

坂本清馬の 【43/ 9 /29聴取書】【43/10/24予審第 5 回】

内山愚童の 【43/ 9 /19参考人予審第 7 回】【43/ 9 /26聴取書】【43/ 9 /28聴取書】
　　　　　【43/10/15参考人予審第 9 回】【43/10/27予審第 1 回】

管野スガの【43/ 7 /30予審第13回】【43/ 9 /26聴取書】

4）証拠から検討すべき問題点

　内山と幸徳・坂本との間にどのような会話があったのか、また内山と管野との間にどのような会話がなされたか

5）各予審調書の詳細

（1）　幸徳秋水・予審調書等

【43/ 7 /29聴取書】

一、坂本が私方に居た頃には爆裂弾の製造法研究と申す程のことは致して居なかつたと思ひます尤も外國の新聞に露国に於ける暗殺事件の時に用ゐたる爆裂弾の図がでて居るのを見て居りたことは相違なく少なくとも其迄の知識はある筈であります又一昨年九月頃内山愚童が爆裂弾の製造法を間合せ来りたる時に私は坂本に対し工業字典にでも就きて調べて見よと申したることはあれとも坂本は暇が無くて其調はしなかつたと思ひます

【43/10/15予審第13回】

問　四十三年（四十二？）一月十三日内山が出京したとき、大石、松尾らに話したと同様のことを内山にも話して、同意を得たのではないか。

答　内山には話さないと思います。

問　そのとき内山に、われわれは実行に当るよりは伝道のほうが適当であろう。もしわれわれが倒れて後継者がなくなっては困ると話したか。

答　私はその頃やや革命熱が冷めておりましたから、あるいはそのようなことを話したかも知れません。

問　その翌日また内山がきたとき、外国新聞の爆裂弾の図を見せたであろう。

答　欧字新聞の切抜きにその図がありましたから、内山に見せたように思います。

問　その図は花束に仕掛けたものと、時計に仕掛けたものとであったか。

答　さようです。

問　そのとき坂本も同席していて、坂本はこのようなものをもって警視総監や内務大臣をやっつけねばならぬと言い、内山はやっつけるなら怦であると言い、皇太子殿下に危害を加える意思をもらしたのではないか。

答　あるいはさようなことがあったかも知れませんが、私はよく覚えておりません。

問　内山が皇太子殿下に危害を加えると言ったのは、其方らの革命に同意してい

たからではないか。

答　私と内山との間で、革命についての具体的な相談をしたことは全くありません。
　　しかしその当時社会主義の間では一般に革命の思想が流れておりましたから、
　　内山もその渦中に入って、そのような考えをもっていたのだろうと思います。

問　内山はその後横浜、名古屋、大阪、神戸などにゆき、皇太子に危害を加える
　　ということを話して同志を勧誘していたのであるから、やはり具体的に計画
　　をしていたものと思われるがどうか。

答　あるいはそのような事実があったのかも知れません。

（2）　坂本清馬・予審調書等

【43/ 9 /29聴取書】

一、一昨年末頃と思ひます私が巣鴨の平民社に居りたるとき函根の内山愚童より
工業全書に爆発物のことが書いてあると云ふことから取調べて呉れと幸徳に依頼
し来りたる趣にて幸徳より図書館にでも行きて取調べて返事をして遣れと申付け
られましたけれども当時多忙であつた為に図書館へ行かず其儘になつて居ります。

二、昨年一月中内山が平民社に来て宿泊したことはありました、それはなんでも
雪の降つた日ではなかつたかとも思ひます、内山が泊つたとき内山其他の人々と
共に爆裂弾の図を見たと云ふことは記憶がありません。

其頃内山が暗殺をやらねばならぬと申したるや倅をやつつけると申したるや否や
私は近頃脳が悪くありますから記憶を喚び起すことが出来ません、森近運平は其
頃平民社に度々参り神川まつは平民社に手伝として宿泊して居りました。

【43/10/24予審第 5 回】

問　明治四十二年一月十三日、及十四日、内山愚童が平民社へ来て滞在したか

答　左様な事があった様に思ひます

問　其時、幸徳宅にあった欧字新聞の切抜の爆裂弾の図を愚童に示したか

答　爆裂弾の図が幸徳宅にあった事は記憶して居ますが愚童に夫れを示したと云
　　ふ事は記憶して居りませぬ

問　其方、愚童、及神川まつが其図を見て居る處へ森近が来たと云ふが如何

答　何うも覚えませぬ

問　其方は其爆裂弾の図を見て斯様な爆裂弾を以て大臣又は警視総監を遣付ける
　　と話したるに、愚童は同じ遣付けるならば倅だと言ひ皇太子殿下に危害を加
　　へると云ふ様な意を洩したではないか

答　夫れは覚えませぬ

第3章　判決の脆弱性　241

（3）　内山愚童・予審調書等

【43/ 9 /19参考人予審第 7 回】

問　参考人は上来申来た外に幸徳に面会した事がありはせぬか

答　明治四十二年一月十三日に巣鴨へ幸徳を訪問して面会致しました

問　其時の要談は

答　其時には幸徳を訪るのが主で無つて其当時私の妹が神田紺屋町十番地油商山
　　口順蔵なる者の妻に成つて居て、夫れが出産をするので国許に居る私の母「か
　　づ」が上京して参りましたから母に面会する為め一月十二日に出京致したの
　　であります

問　然し幸徳に面会した以上は矢張り主義実行の事に付て相変らず咄が有つたろ
　　うと思ふから其の時の模様を悉敷云つて見ろ

答　十三日に面会した折幸徳は私が秘密出版を為す多ひと危険であるから小数に
　　してた方が良ひと云つて忠告して呉れました夫れは午前中の事で其時幸徳は
　　我々は実行の衝に当ると云ふ事は避て伝道の方に当らなければならなひ若も
　　進んで斃れると後継者がなひからと申しましたので私は是れは思想が昨年と
　　は変つたなと思ひましたが敢て詰問も致しませぬでした、夫れから間もなく
　　幸徳方を出て森近を訪問する積りで参りました所、折柄不在で其近所に住で
　　居る岡野辰之助方へ参りましたらば徳永保之助も参り昼食を一緒に致し色々
　　の咄をして居る間に森近が午後三時頃に帰り来りしに付き再び森近の所に往
　　き豫て注文して置た大阪平民新聞の合冊は出来たかと問ふたらば未だと云ひ
　　ましたので金を一円置て夕食の仕度を致す様な風でしたから気の毒と思ひ森
　　近方を出て岡野、徳永、私三人幸徳方にへ参つて夕食を致しました

　　其晩は格別の咄はなく徳永が赤旗事件で執行猶予に成て出て来てぶらく遊ん
　　で居る為め兄との折合が悪ひと云ふので幸徳が夫れは悪ひから何んか職業に
　　就たらば良かろうと申すと徳永は嫌だと申して帰るのでもなく泊るのでもな
　　く渋々致して居るので幸徳が汽車賃がなひのかと云つて五十銭許り遣つたら
　　ば夫れで帰つた様でした

　　翌十四日午前でしたか午後でしたか忘れましたけれども兎に角昼間でりまし
　　た、其当時幸徳方に居た坂本清馬が私に対して幸徳方には外国の爆裂弾の図
　　面を持つて居ると申したるに付て私が幸徳の書斎に参り其図面が有るならば
　　見せて呉れと云つて受取て来て次の間に到り坂本と外に其当時矢張り幸徳方
　　に居た神川まつと共に其図面を見て色々批評致して居りましたが神川は我々
　　も斯様な物を研究しなければならぬと申しましたに付き私は中央に居る者は
　　已に斯様な物は研究が済んで居ると思ふたが未だ遣らなひのかと申したらば

神川は直接に露国に往て研究して見なければ分るものではなひと申し、坂本は「てろりずむ」として斯様な物を持て警視総監なり内務大臣なり遣つ付けなければならぬと申しました

其時私は遣つ付けるならば倅である倅の方が遣つ付けるには容易であると云ふ事を始めて申した様に記憶して居ります

而すると其咄中に来りたる森近は君達は激敷咄をして居るではなひかと申したに付き私は直ぐ森近に対し君は曽て大阪平民社に於て直接行動を主張した者ではなひか此の位の咄が激敷と云ふ事があるかと喰つて懸りました所、森近は己れはとてもそんな激敷仲間には這入る事は出来なひと申しました、夫れで大阪で私が倅だと云つた事や鞄入の時計仕懸けの爆裂弾の咄をしたのは此時の咄が元と成て居るのでありました

同日夕食後幸徳、坂本、神川、岡野、私と炬燵に這入て居ると坂本で有つたか幸徳で有つたか忘れましたが岡野は未だ独身で居るのは意気地がなひなどと冷かし初めました、而すると誰れでしたか何にそーではなひ神川を詰り情人として居るのであろうと申しますと、神川は冗談半分に岡野さん夫れならば止して下さい外にありますと云ひました、坂本は熱心に我々主義者は情人などの為に其意思を挫かれる様ではならぬと申しますと、神川は夫れに合ひ槌を打ち女子としても子供などの為に弱き力をさかしてはならぬ故避妊法を行はなければならなひと申しました、幸徳は其事を聞て君達は熱心にそんな事を云ふが僕は若し意中の人があれば夫れを捨ても暴力の革命に組する事は出来なひと申しますと、坂本は先輩がそんな事を云へば同志者の意を挫く事になると申して「やつき」に攻撃致しますと幸徳は夫れ程己れは強ひのではなひのだと申して居りました

私は其時に彼んな事は幸徳の本心から出るのか又は皮を冠て云ふのか分ませぬから只笑て居りました其晩は其位の咄で寝に就きました

翌十五日は朝食を仕舞ひ幸徳に暇乞をして柏木に菅野と大杉やすが同居として居りますから其家を訪問しました所、折節菅野は病臥して居りましたが床の上に坐り私に対し道具さへあれば何時にても身を犠牲にして斃れても良ひと云ふ覚悟はして居ると申しました其処で私は曽て工夫から爆裂薬を貰つて居るが之れは実用にはなるまひが研究の材料にはなるだろうと申しますと菅野はそーですかと云つたのみで呉れとも何んとも申しませぬでした、菅野が道具と申すのは爆裂弾を指して云ふのですから夫れで私が其薬の事を持ち出して云つた訳になるのです、其時私は菅野方に居た支那人と共に昼食を済して「やす」と一緒に其宅を辞して出て大久保停車場にて「やす」と別れ更に堺枯

川の留守宅を訪ね其晩は只今申した神田の親類の所に泊りました

（中略）

問　菅野に参考人が逢つた時道具があればと云つた際に外にも何得か云ふ同志者
　　があると云つたか

答　外に同志者があるとは菅野は申しませぬでした

問　参考人が材料の研究にはなるかと云ふ提議をする位であるから其当時已に参
　　考人は暴力の革命運動をいると云ふ事は其時期に於て已に決して居たのだろ
　　う

答　已に決心して居た為めに爆発薬があると云つたのではなくして只だ菅野が道
　　具があればと申したものですから聯想して云つた丈けです

問　菅野が身を犠牲に供する道具の材料研究の為に参考人が其薬があると云ふ事
　　を申出たのであるから只た聯想した位で其言葉を発したものではなひと思ふ
　　か如何

答　菅野が道具と云つたに付て偶然私の宅にある事を聯想して研究の材料にはな
　　るだろうと云つたに過ぎなひのです

【43/ 9 /26聴取書】

三、昨年一月十二日私は上京し神田の山岸方に一泊し翌十三日午前巣鴨の平民社
　　に参り其近所に居住せる森近運平、岡野辰之助をも訪問し夕刻平民社に還り
　　泊りました翌十四日午后と思ふ、私と坂本清馬神川まつと三名にて雑談のと
　　き爆弾の話が出て坂本が先生（幸徳を云ふ）が爆弾の図を持つて居ると申し
　　ましたから私が幸徳に対し爆弾の図面がありますかと尋ねたるに幸徳は其時
　　私共の傍にて火燵にあたつて居りたるが起ちて其室の書籍の間より爆弾の図
　　を取出し私に渡しました之を見るに新聞か雑誌の切抜きの様なものでありま
　　した坂本と神川とが共に之を覧たるとき神川は始めて見たものならんこんな
　　物を研究せねばならぬのですかと申しましたから私は神川に対し中央（東京
　　を云ふ）の人がそんなことを言つてどうなるか疾くに研究して居らねばなら
　　ぬのだと申しましたそれは花挿（はないけ）、鞄の中に装置したる時計の形の
　　もの擲（なげ）弾の三種が書いてありました、その擲げ弾の図の中央にがら
　　す管があり、其傍に日本字にて硫酸とぺんで書てありました、多分幸徳が
　　記したのでありましよう私が神戸に於て岡林に対し、がらす管には硫酸を入
　　れるのかと尋ねたのは此の図を見たからであります時計（鞄の中に装置した
　　るもの）花挿の形を為せる爆弾は孰れも電気仕掛にて爆発する様になつて居
　　りました、私は此の時計の爆弾は指定せる時が来たれば爆発する様に出来て

居るのであろうと他の人々に申したるに神川は露国に行て研究して見なけれ
ば分らぬだろうと申しました、神川は露西亜語を研究して居るのであります、
幸徳は其時私に対しどう云ふことを申したか覚えません、私は自分の理想と
して「経済組織の未来」に書いてある通り暴力運動をやる積りでありませぬ
から此時坂本、神川等に対し実行のときには先づ函根、碓氷のとんねるを破
壊し交通機関を止め次に小菅集治監を打壊すを必要とすとの話を致しました、
私は函根に於て交通機関を破壊することに付き地図に印を附けて持つて居り
ましたから其話も致しました

四、幸徳は一月上京のとき私に対し伝道用としての秘密出版物は沢山印刷する必
要はないから各地同志者の種本位の部数に止め各地の人々は各々写しを見て
貰へば宜しからんと思ふ、是は自分一人の意見ではない大石も其意見なりと
申しました

又幸徳は私に対し暴力運動の実行は吾々がやってはいけぬ、吾々がやると後
継者が無くなると云ふ結果になると申しましたから前年函根に於ては率先し
て実行に着手する様に申しながら今日右様のことを言ふのは幸徳は少しにぶ
つたのであると思ひました、以上の話は十三日であつたか十四日であつたす
覚へざるも一月上京のときの話であつたことは間違ありません

（中略）

七、昨年一月平民社に於て私は坂本と雑談のとき倅をやつつけると云ふことを話
したと思ひます

其時幸徳が傍に居りたるや否や又神川が居りたるや否や覚えません、其時森
近は傍に居りてそれは劇烈だねと申しましたから私は森近に対し、森近君は
弱くなつたねと申したことは確かに記憶があります、其話は爆弾図を見たと
きと同時なりしや否や覚えません

八、昨年一月十五日柏木に菅野すがを訪ねたるに菅野は病気なりとて床の上に起
き著き直りて暫時話しました、私は菅野に対しだいなまいとを手に入れたが
此れは直ぐ使へるものではない研究の材料にはなるだろうと思ふと申したる
に菅野は何とか答へたるも今は覚えません、若し菅野が其時私に対し機会さ
へあれば自分は主義の為に一身を捧げて居るのであると申したと申立て居る
ならば其通りであります、私は菅野がそれと同様のことを申して居たと云ふ
ことを当時誰かから聞きました

九、私は昨年上京のとき幸徳より大石、松尾と暴力運動に付共謀したと云ふこと
を聞きしならば私は昨年愈々永平寺に行き正法眼蔵の提唱を聴く必要はあり
ません

【43/ 9 /28聴取書】

六、昨年一月平民社に於て森近等の居る処で暗殺をやらねばならぬ倅をやる必要
　があると申しましたことはあります、それは爆裂弾の図を坂本等と見たとき
　でありました、其時森近が私に対しそれは過激であると申しましたから私は
　君は弱いことを言ふねと申したことはあります

【43/10/15参考人予審第 9 回】

問　参考人は明治四十一年十月ごろに平民社へ来て幸徳と暴動を遣ろうとか暗殺
　を遣ろうとか云ふ相談をした事があると云ふではなひか

答　いや其頃来た時には私が暗殺を遣ろうだの暴動遣ろうなど云ふた事はありま
　せぬ、
　是れまで申上げた通り柏木では維新の革命は二、三の人の力で出来たとか又
　た巣鴨では紳士閥を打ち破るとか幸徳より申出たので私は其時は未だ秘密出
　版に拠る伝道を主張して居たのであります、私が始めて倅を遣ると云ふ事を
　云ひ出したのは此前に申上た通り四十二年の一月爆裂弾の図を坂本等と共に
　見た時云ひ出したのであるのです

問　けれども森近の申立に拠ると四十一年の十月頃に参考人と幸徳と暴動又は暗
　殺の咄は有つた様に見へるが如何

答　それは多分森近の思ひ違人考へます

【43/10/27予審第 1 回】

問　其方は明治四十二年一月十三日、幸徳を巣鴨の平民社に訪問したか

答　左様です

問　其時、幸徳より革命に付ての話はなかったか

答　其時は私は別に革命を遣ると言ふ様な話は聞きませぬが、幸徳は前年中には
　自ら犠牲となって革命を遣らねばならぬと言ひ、率先して運動を遣る様な説
　でしたが、其時は前年に反し我々が自ら進んで革命運動の実行の衛に当り斃
　れては後継者がなくなって主義の伝道上宜しくない、寧ろ実行を避けねばな
　らぬと申しましたから、私は夫れは却って自分の持論であるが、幸徳は昨年
　とは思想が変ったなと思ひました
　併し幸徳は先輩であるから私は黙って聴ひて居たのです

問　同年一月十三日、森近宅へ往ったか

答　左様です

問　其際、森近に花瓶の台を遣ったか

答　左様です

　　自製の小さな花瓶台を遣りました

問　何か決する処があって記念として遣ったのではないか

答　前年森近が花瓶を持って居るのを見て帰ったから拵へて遣ったので別に深い
　　意味はありませぬ

問　同月十四日、幸徳宅に於て爆裂弾の図を見たか

答　欧字新聞の切抜か又は口絵の様なものが三枚あり夫れに爆裂弾の図がありま
　　した

　　夫れは坂本が幸徳先生が爆裂弾の図を持って居ると言ふので見せて貰ったの
　　です

　　其一枚には擲弾の図がありました

　　其形は金米糖の様なものにて其一部に断面を示し小なる硝子管が挿入してあ
　　り、其硝子管に日本文字で硫酸と書ひてありました

　　坂本は其硝子管に硫酸を入れて別に持って居、愈々使用すると言ふ際に弾の
　　中に差入れて投ぐれば振動によって管が壊れ硫酸が出て爆薬と調和して爆発
　　するのであらうと申しました

　　又他の一枚には鞄に電気仕掛けの時計が貼って居る図がありました

　　坂本は之は宴会杯紳士の多数集まる処へ持って行って置て来ると、或一定の
　　時に至り時計の針が電気に触れて爆発するのであらうと説明しました

　　其他の一枚には花束か花瓶か花を飾った図の様でしたが、之に爆裂弾が仕掛
　　けてあると言ふ様な話でした

問　其時、神川まつも居たか

答　神川は居りました

　　そして初めて見た様な風で、之れは研究せねばならぬと言ひましたから、私
　　は中央に居る者が未だ斯様な研究が出来て居ないかと申し一本やったのです

問　其時、坂本は其様な爆裂弾を以て何か遣ると申したか

答　坂本は左様な爆裂弾を造って権力階級の当路者、即ち警視総監内務大臣の如
　　きものを暗殺せねばならぬと申しました

問　其方は其際、皇太子殿下に危害を加へると言ふ話をしたか

答　私は其時、遣るならば効力多き事を遣らねばならぬ、倅を遣った方が宜しい
　　と言ひ、皇太子殿下に危害を加へると云ふ事を申しました

問　其処へ森近が来り其方の説を批評したではないか

答　私は当然硬派に属する者は其位な事は当然の事と思ふて居りました

　　其処へ森近が来て、君等は過激な事を申すではないかと云ひますから、私は

過激ではない、当然の事である、君は甚だ弱くなったではないかと申し、押問答をしたのです

問　其方は其時、既に皇太子殿下に危害を加へる決心を持って居たのか

答　左様ではありませぬ

其時は只、爆裂弾の図面が動機となって一場の談話となったのです

（中略）

問　其翌十五日、柏木に管野を訪問したか

答　左様です

問　当時、管野は病気で寝て居たか

答　左様です

問　其時、管野は革命実行の意思を洩したではないか

答　管野は暴力革命を遣りたい、爆裂弾さいあれば何時でも起つと云ふ様な話を致しました

夫れで私は自分が坑夫より預かった「だいなまいと」があるが、革命には使用は出来ないだろうが、爆裂弾の研究用にはなるだろうと申しました

併し強て管野は呉れよとも申さなかったのです

問　管野は爆裂弾せへあれば直ちに起って革命を致すと言ふ様な決心をして居たのか

答　左様です

爆裂弾さへあれば今にも遣ると云ふ様な勢を見せました

問　其方は其決心を認めて爆裂弾の研究用にはなるだろうと言ひ所持の「だいなまいと」を遣ろうと申したのであるから管野も其計画に同意したのではないか

答　同意したと言へば同意した様なものですが、其当時は管野が決行の時期、及方法等も申しませぬでしたから、私は賛否の意見を述べませぬでした

問　其当時、管野は幸徳と共に事を挙げると言ふ様な話は致さなかったか

答　其事は一向に話しませぬでした

問　「だいなまいと」は何の為めに其方は持って居たのか

答　何の為めと言ふ訳ではないのです

昨年十一月廿日、静岡在の坑夫、井上某が立寄り一泊を求めたから泊た処、金が無くて郷里に帰れないと申に付、五十銭遣りたるに「だいなまいと」を預けて帰りました

其数は十二本であった様に思ひます

問　其「だいなまいと」に付て処分を受けたのか

答　左様です

　　第一審では革命の為めに所持して居たと云ふので懲役十年に処せられ控訴して第二審で革命の為め所持して居たと言ふ証拠はないと云ふ事になり正当の理由なくして所持したと云ふ点で懲役五年に処せられました

（４）　管野スガ・予審調書等
【43/ 7 /30予審第13回】
問　四十二年一月十五日、内山が其方の当時の柏木の宅にきたであろう。
答　まいりました。
問　そのとき内山と暴力革命の相談をしたのか。
答　別に相談はいたしませんが、当時暴力革命をやろうという考えは社会主義者の間にあったのですから、内山もそのような考はもっていたと思います。
問　其方は内山に、爆裂弾さえあればいつでも一身を犠牲にして革命運動をやると話したであろう。
答　そのようなことを申したかも知れません。内山もぜひ革命をやらねばならぬと申しておりました。
問　内山は、革命が起ればまず伜（皇太子）をやっつけると言わなかったか。
答　さようなことはききません。
問　なお内山は、坑夫からダイナマイトをもらって持っている。革命の用にはたたぬが、爆裂弾研究には役立つと言わなかったか。
答　くわしいことは覚えておりませんが、坑夫からもらったダイナマイトを持っているということは話しておりました。
問　それでは内山との間には、暴力革命をやるということで自然意思が疏通していたのではないか。
答　別に具体的な相談はいたしませんが、私共が革命を起せば、内山もともにやるだろうと思っておりました。

【43/ 9 /26聴取書】
二、昨年一月中旬私か柏木の住宅に病気て寝て居りたるとき内山愚童か私を訪ねて呉れましたから私は六畳の室の蒲団の上に坐りて暫時話しました　其時内山はだいなまいとを鉱夫より手に入れたと申しましたか元来内山はしつかりした人にて私は平素彼の人を尊敬して居り革命運動の仲間になる人と信して居りましたから私はだいなまいとを手に入れたと云ふことを聞き頼母敷思ひ

内山に対し私は機会さへあれは主義の為めに一身を捧くるのてあると申しました　尤も内山に其時面会する以前に内山かだいなまいとを手に入れたと云ふことは幸徳より聞きましたけれとも内山より直接に其話を聞き深く内山を頼みに思ふ心になりました

三、其時内山より関西地方へ伝道に行くと云ふ話は聞きません　又伜をやつつけると云ふ様な話も聞きません　東京の同志中には親爺は警戒か厳重だから伜をやつてはどうだなとと一昨年秋より昨年春頃まての間に話した者はありました尤も伜は馬鹿た親爺の様にえらくないから伜の代になれは人民は皇室に対する感情か違て来るてあろうと申し伜をやるには及ばぬと云ふ様な話を致した者もありました

四、私は内山に面会して詳しく意見を交換して見たいと思ひ昨年に月中鎌倉延覚寺に居りたるとき内山に度々手紙を出し面会を求めたのてありましたけれとも機会なくして面会出来す其内に内山は入監しましたから私は残念に思つて居ります

6）証拠からわかること

　明治42年1月14日に内山と幸徳、坂本との会話において爆裂弾の話があり欧字新聞に載った爆裂弾の図を内山に示しているが、あくまで、テロではなく革命（内乱）の手段としての爆裂弾使用ということである。それも現実的な話ではない。

　また、同年1月15日の管野との会話も、革命（内乱）の手段としての爆裂弾使用である。しかも、それは具体的現実的なものではなく、革命談義である。

（7）明治42年2月13日の宮下と幸徳とのやりとり

1）判決の事実認定

　同年（注　明治42年）二月十三日被告太吉は上京して被告伝次郎を訪い、予定の逆謀を告ぐ。当時伝次郎はまだ深く太吉を識らざりしをもって故らに不得要領の答をなし、その去るに及でスガ及び忠雄に語り、太吉の決意を称揚し、スガは聞て大いにこれを喜び、忠雄は感奮して心に自らその挙に加わらんことを誓う。

２）事実認定の証拠の表示

　この認定の証拠は以下のとおりである。

【宮下太吉の予審調書】

第一【宮下】明治四十二年二月十三日、巣鴨の平民社に幸徳伝次郎を訪問し、大府駅に於てなしたる伝道の状況を語り、大逆罪を犯す決心をなしたる旨を告げたるに、幸徳は今後はそのようなる事も必要ならん、又そのようの事をなす人もあるならん等、不得要領の返答をなせり。

【幸徳秋水の予審調書】

第一【幸徳】同年二月十三日宮下太吉が来り、爆裂弾を造り大逆を敢行せんと決心したる旨申出足り。その際、被告は宮下に対し不得要領の返事をなしおきたるも、同人の去りたる後、管野、新村の両人に対し、宮下の決心を告げ、且つその人物及び計画を賞揚したるように記憶せり。

【管野スガの予審調書】

第一【管野】同年二月十三日、宮下太吉が平民社に幸徳を訪問し、爆裂弾を造り、大逆罪を犯す決心をなしたる旨を語りたることは宮下が平民社を去りたる後、幸徳より聞き及びたり。

【新村忠雄の予審調書】

第一【新村】同月十三日宮下太吉か幸徳を訪問し爆裂弾を造り大逆罪を犯す決心を為したることを告けたる趣にて幸徳は被告等に対し大に宮下の人物及其計画を賞揚せり因て被告も亦宮下と共に大逆を敢行せんとの決心を為したり、

３）証拠とされる予審調書

宮下太吉の【43/ 6/ 5 予審第 2 回】【43/ 6/ 7 予審第 4 回】【43/ 6 /10予審第 6 回】
　　　　　　【43/ 6 /11予審第 8 回】【43/ 6 /28予審第15回】【43/ 6 /29予審第16回】
　　　　　　【43/ 7 /27予審第20回】【43/10/20予審第21回】

幸徳秋水の【43/ 6/ 2 予審第 1 回】【43/ 6 /11予審第 2 回】【43/ 7/ 6 予審第 4 回】

【43/ 7 /28予審第10回】【43/10/17予審第13回】
管野スガの【43/ 6 / 6 予審第 3 回】【43/ 6 /10予審第 5 回】【43/ 7 / 6 予審第 9 回】
【43/ 7 / 7 予審第10回】【43/10/17予審第13回】
新村忠雄の【43/ 6 / 6 予審第 3 回】【43/ 6 / 9 予審第 4 回】【43/ 6 /10予審第 5 回】
【43/ 6 /18予審第 6 回】

4）証拠から検討すべき問題点

　宮下と幸徳との会見でどのようなやりとりがあったのか。特に幸徳は宮下の計画に賛意を表さなかった事実があるか。その後、幸徳が管野スガと新村忠雄にどのようなことをいったのか

5）各予審調書の詳細と変遷

（1）　宮下太吉・予審調書

【43/ 6 / 5 予審第 2 回】

問　被告が幸徳にはじめて会ったのは、四十二年のはじめだと申したが間違いないか。

答　さようです。一月下旬か二月はじめで、幸徳が四十一年というのは間違っております。

問　すると四十一年十一月十日に元首を斃すという決心をしたのは、幸徳に会う前であったのか。

答　さようです。幸徳に会わぬ前にその決心をいたしましたから、四十二年の初対面のときに幸徳に私の決心を申したわけです。

【43/ 6 / 7 予審第 4 回】

問　爆裂弾運動のことを幸徳に話した顛末をいま一度申してみよ。

答　私は四十一年頃から幸徳と書信の往復をしておりました。同人は学問もあり筆のたつ人で、その論説を新聞雑誌などで読みまして敬服しておりました。四十二年一月末か二月はじめに、私は機械据付のために上京しましたので、ある日の午後巣鴨の平民社に行って、はじめて幸徳に会いました。そのとき自分らが社会主義の伝道をするとき、政府を倒すとか大臣を斃すとか申せば、世間の人も了解して甚だしく反対するものはないが、天子とか皇族とか、ことが皇室におよぶとたちまち反対する。これは皇室に対する迷信があるからで、

この迷信を打破するには、まず爆裂弾をつくって、天子に投げつけ、天子もわれわれと同じ血の出る人間だということを示したい。自分はその決心をし、これを実行しようと思っていると話しました。これに対し幸徳は、将来その必夢もあろう、またそのようなことをやる人もあろうと申し、それ以上には申しませんでした。

問　幸徳は其方の計画に賛成したのではないか。

答　賛否の意見は言わなかったのです。

問　しかし現在其方が右のような意見をもっており、それを実行すると明言しているのに、将来その必要もあろうとか、そのような人もあろうとか、未来に関する意見を述べるわけがないではないか。

答　私も幸徳の返事を変に感じました。それで私は幸徳は筆の人で、実行の人ではないと思いまして、あまり深くは話さなかったのです。

問　其方が平民社を立ち去った後、幸徳は新村に対し其方の人物を賞揚して、其方の計画を話したというが、どうか。

答　それは存じません。

問　幸徳が新村に其方の人物を賞揚し、その計画を話したとすれば、幸徳自身も其方の計画に賛成していたのではないか。

答　幸徳の意中は私にはわかりません。

問　其方は当日二回幸徳方に行ったのか。

答　二度まいりました。一度は前に申しました通り昼間午後にゆき、一度は夜分にまいりました。夜分に行ったときは岡野活石、森近運平などがおりました。その席では爆裂弾のことは申しませんでした。

問　その日平民社で、新村に爆裂弾運動のことを話したのではないか。

答　その日新村には話しません。

問　管野にはどうか。

答　管野にも話しません。ただ会っただけです。

【43/6/10予審第6回】

問　十三日に着京したとすると、その日から繰ってゆけば、その月の幾日に幸徳を訪ねたか、はっきりわかるだろう。

答　着京の日が十三日としますと、私がこれまで十五日に幸徳を訪ねたと思っていたのは間違いで、十三日に昼食を武石の事務所ですまし、午後幸徳を訪ねたように思います。新橋に着いたのは朝七時頃でしたから、しばらく休息をする時間はありました。

問　武市方の勤怠簿をみると、二月二十八日は丸欠勤になっているが、その日も幸徳を訪ねたのか。

答　たしかに幸徳を訪ねました。

問　幸徳を訪ねるために休んだのか。

答　そうではありません。仕事が一段落しまして、あとは運転の模様をみるだけになりましたから、休んで幸徳を訪ねました。

問　機械の据付は二月十四日からはじめて、三月三日に終ったのか。

答　その位の日数がかかりました。

問　十四、五日頃に、被告は夜おそく帰ってきたそうだが。

答　十四日も十五日も十二時頃帰りましたが、そのときは諸所の夜店を見物して歩いたのです。

問　その夜も幸徳方へ行ったのではないか。

答　夜幸徳を訪ねたことはありません。

問　第一回取調べのとき、四十二年一月頃に幸徳を訪ねて爆裂弾の計画を話したところ、幸徳は今後そのような必要もある云々と申したと言っているが、これは二月十三日になるわけなのか。

答　いかにも二月十三日に相違ありません。

問　幸徳が被告に対してそのとき言ったことは、どういう気持ちからか。幸徳はたしかに被告の計画を賞めていたように思われるのだが。

答　幸徳はどんな考えから今後は云々というようなことを言ったのか、私にはわかりません。

問　被告が爆裂弾のことを幸徳に話して立去ったあとで、幸徳は新村に其方の計画を賞めたということであるから、被告はそのことを新村からきいたであろう。

答　さようなことはきいたことはありません。

【43/6/11予審第8回】

問　被告は愛人社川田倉吉と知合いか。

答　川田倉吉とはただ一回会っただけです。

問　いつ、どこで会つたのか。

答　四十二年二月十三日、はじめて巣鴨の幸徳方を尋ねたとき、同人に会いました。もっともただ名乗りあっただけで、何の話もいたしませんでした。

問　その日被告は幸徳方へ何時頃にゆき、何時頃に帰ったのか。

答　時間ははっきり記憶しませんが、昼過ぎに出掛けましたから午後二時頃平民社に着き、二時間位おりました。幸徳と会って少し話をして、それから今回

の計画について話しました。

問　そのとき幸徳方には誰々がいたか。

答　隣室に幸徳の妻の千代子が寝ており、また別の室に管野スガ、新村忠雄、川田倉吉、高橋勝作がおりました。

問　被告はそれらの人々に一々対面したか。

答　幸徳と話をしたあと、別間に行ってそれらの人々に会ったのです。会ったといっても、ただ挨拶しただけでした。

問　幸徳と被告との用談を、それらの人もきいていたのか。

答　襖がしめてあり、私は幸徳と差向いで、それに秘密という心持ちで具体的な話をしたのですから、隣室の人にはきこえなかったと思います。

問　同日被告は森近運平を訪問し、夜になって再び幸徳方へ行ったというが、そうか。

答　そうです。千代子の案内で森近方へゆき、同人方で夕食の馳走になり、夜になって森近と共に幸徳方へまいりました。

問　そして何時間ぐらい、いたか。

答　時間ははっきりしませんが、夜九時頃の汽車で巣鴨から新宿に向って帰りました。

問　夜幸徳方で、本事件の具体的な相談をしなかったのか。

答　夜は事件の話などせず、雑談だけでした。

問　夜幸徳方には誰が居合せたか。

答　千代子のほか、新村と聞野活石がおりました。そのとき管野がいたかどうか思い出せません。

問　川田や高橋はどうか。

答　川田、高橋はおりませんでした。

問　被告が昼間一度幸徳方を辞し森近方へ行つたとき、川田と高橋はまだ残つていたか。

答　その二人はまだ残っていたように思いますが、その点ははっきり申上げられません。

問　被告は前回、川田と高橋が幸徳方にいた事実を申し立てなかったではないか。

答　さようです。よく考えて二人がいたことを思い出したのであります。

【43/ 7 /27予審第20回】

問　四十二年二月平民社で幸徳と面会した際、幸徳から暴力革命の話があったのではないか。

答　そういう話はありません。
問　そのとき其方は爆裂弾の製法を幸徳にきいたか。
答　ききましたが、幸徳は知らぬと申しました。今から考えますに、当時幸徳は
　　私という人物をよく知っていないので、私の申すことにはすべて不得要領の
　　返事をしていたのであろうと思います。

【43/10/20予審第21回】
問　同四十二年二月十三日、巣鴨の平民社に行って幸徳に面会したことは相違な
　　いか。
答　相違ありません。
問　その際幸徳に亀崎地方における伝道、特に四十一年十一月十日大府駅におけ
　　る伝道の状況を話し、爆裂弾をつくって斃そうという決心をしたことを話し
　　たのか。
答　さようです。
問　そのとき幸徳はどんな返事をしたか。
答　幸徳は今後そのようなことも必要であろう。またそのような人も出るだろうと、
　　あいまいな返事をしておりました。
問　幸徳は、いまその必要はないとは言わなかったか。
答　そのようなことは申しません。
問　そのとき、森近が平民社に来ていると思って行ったのではないか。
答　森近が平民社に来ているとは思いませんでした。はじめ森近を訪ねるつもり
　　でしたが、その宅がよくわかりませんでしたので平民社に寄ったのです。
問　其方は、はじめから幸徳に自分の意中をあかすつもりで行ったのか。
答　私は幸徳と森近に、自分の意中を話して可否の意見をきくつもりでした。し
　　かし、いっこうに要領を得ませんでした。
問　その日平民社で、管野と新村にも会ったのか。
答　両人に面会しました。しかし私の決心については話しませんでした。

　　幸徳に爆裂弾による大逆罪実行について決意を伝えたが、「今後そのよう
　なことも必要であろう、そのような人も出るだろう」など曖昧な返事だっ
　た。
　　また、管野にもあったが、爆裂弾で天皇を襲うということは聞かれなかっ
　た。

（2）　幸徳秋水・予審調書等

【43/6/2聴取書】

宮下太吉はかねて私と同主義者であることは知っておりましたが、昨年二月までは面識もなく、手紙の往復をしたこともありませんでした。昨年二月頃であったと思いますが、私が巣鴨の平民社におりましたとき、宮下の来訪をうけました。そのとき初対面でありましたが、いろいろ社会主義などについて話したように思います。しかし具体的にどんなことを話したかは記憶がありません。私の見た宮下という男は、非常に過激な人物であると思いましたから、そのとき何か過激なことを言ったように思いますが、どんなことであったか記憶がありません。同人が社会主義のために爆裂弾を使用するとか、元首に対して非常手段をとるとかと申したかどうか全く記憶がありません。

【43/6/2予審第1回】

問　同四十二年二月頃宮下に会ったことがあるか。

答　巣鴨にいた頃一度訪ねてきましたから、さきほど昨昨年暮と申しましたが、あるいは昨年二月頃であったかも知れません。

問　そのとき宮下は、主義の実行手段について何か話したであろう。

答　あるいはさようなことがあったかも知れませんが、いろいろの人からいろいろのことをききますから、一一記憶しておりません。

問　宮下は爆裂弾を製造するというような話をしなかったか。

答　よく覚えておりません。

問　宮下は、爆裂弾をつくって至尊に危害を加える計画があると言わなかったか。

答　覚えておりません。かりに覚えていても、私の口からそれについての事実は申上げることはできません。

問　宮下が右の計画を話したとき、それについて意見を述べたのではないか。

答　私はその点については当廷で何も申上げられません。

問　其方は宮下に、同人のいうような方法も必要である。今後そのようなことをやる人間も出なければならぬと言ったのではないか。

答　覚えておりません。なお前に申し立てたように、かりに覚えていても、私からそのことについては当廷で申し立てることはできません。

【43/6/11予審第2回】

問　四十二年二月中、宮下が其方宅にきたか。

答　まいりました。

第3章　判決の脆弱性　257

問　そのとき宮下は、爆裂弾をつくって至尊に危害を加えるということを話したか。
答　あるいはそのようなことを申したかも知れません。何か過激な話をしたようです。
問　其方は新村忠雄に宮下の右の計画を話し、宮下はしっかりした人物であると言って、その計画を賞揚したのであろう。
答　私ははじめて宮下に会ったのですが、しっかりした人物のようでしたから、あるいは賞揚したかも知れません。
問　其方は管野に宮下の計画は成功するかどうかわからぬが、日本にもおいおいかような人物が出てくるから、ロシアのようになるであろうと言ったことがあるか。
答　記憶がありません。
問　其方は以前から宮下とは交際していたか。
答　昨年二月はじめて会ったのです。そのとき宮下は森近を訪ねて私宅にきたのですが、森近はすでに転居しておりましたから、その住所を教えてやったのです。
問　その後宮下と書面の往復をしたか。
答　一、二回いたしました。

【43/7/6予審第4回】
問　同年二月宮下が平民社にきて、爆裂弾をつくって至尊に危害を加えるという話をしたことは相違ないか。
答　相違ないように思います。
問　其方はそのときどんな返事をしたか。
答　私は現在の日本で元首に危害を加えるというようなことは、社会主義の伝道上はたして利益があるかどうかについて定見がありませんでしたから、明瞭な返答はしなかったと思います。

【43/7/28予審第10回】
問　四十一年十一月頃大石、松尾、森近らと相談した爆裂弾のことと、四十二年二月宮下と相談したこととは継続しているのか。
答　四十一年十一月の相談は、その決死の士もできず、また金もないので、自然中止の形になっておりました。その後宮下が元首を斃すという計画をたて、私共は一応それに同意したのですから、前後の事情が継続しているというわけでありません。しかし主義の大目的からいえば、もちろん同一の方向に向

って進んでいるのですから、無関係ということはありません。

　この問いは誤導である。明治41年11月には幸徳は大石、松尾、森近らと相談したのは爆裂弾のことではない。

【43/10/17予審第13回】
問　四十二年二月十三日、宮下が平民社にきて、爆裂弾をつくって至尊に危害を加える決心をしたと其方に話したことは相違ないか。
答　相違ありません。
問　其方はそのとき何と答えたか。
答　将来はその必要もあろう、またさような人が出てくるであろうというような、要領をえない返事をしたと思います。
問　其方は宮下の計画を管野や新村にも話し、宮下の人物や計画を賞揚したであろう。
答　さようなこともあったように思います。
問　その後大石や松尾から、決死の士ができたという通知があったか。
答　いっこうありません。それで私は、自然その計画は立ち消えになったものと思っておりました。

幸徳秋水の予審調書では宮下から直接、爆裂弾による大逆罪実行について聞いたが、積極的に賛成の返事がしていない。もし、その計画が自らのものと一致していたら、その場で賛意を表し、積極的に勧めたはずである。後で管野と新村に伝えて人物や計画を称揚したかもしれないが、幸徳は記憶にも留めていない。意気込みを褒めただけで、幸徳にテロ計画に参加しこれを勧める気はなかった。

（3）　管野スガ・予審調書
【43/6/6予審第3回】
問　四十二年二月中巣鴨の平民社に宮下太吉がきたであろう。
答　一月か二月かよく覚えておりませんが、宮下が一度平民社にまいりました。
問　宮下はその頃二回平民社にきているのではないか。

答 私は当時平民社に住んでいたのではありませんからくわしくは存じませんが、
一回はたしかにまいりました。

問 宮下がきたとき平民社にいたものは誰であったか。答 幸徳と新村忠雄はた
しかにいたように思います。

問 幸徳の先妻千代はどうであったか。

答 千代はどうであったか、覚えがありません。

問 森近運平はいなかったか。

答 当時森近は平民社の近くに住んでいましたから、きていたかも知れませんが、
よく覚えておりません。

問 そのとき宮下に応待したのは幸徳か。

答 幸徳を訪ねてきたのですから、幸徳が応待したと思います。

問 幸徳と宮下の対談中、ほかのものはその部屋にはいなかったか。

答 ほかのものも出たり入ったりしていました。私もしばらくその部屋にいて、
宮下と話しました。

問 そのとき宮下は、爆裂弾をつくって社会主義の運動をやるという話をしなか
ったか。

答 宮下からそのような話をきいた覚えはありません。

問 では宮下が帰ってから、幸徳が宮下からそのような話をきいたと言わなかっ
たか。

答 よく覚えておりません。ただ幸徳は、宮下という男はしっかりした人物だと
賞めておりました。

問 宮下が立去った後、幸徳、妻千代、新村忠雄らと被告も一緒に夕食をしたか。

答 あるいはそういうこともあったかも知れませんが、よく記憶しておりません。

問 その夕食のときに、幸徳から宮下の爆裂弾運動のことをきいたであろう。

答 よく覚えておりません。

問 幸徳は宮下をなんと言って賞めていたか。

答 くわしくは記憶に残っておりませんが、なかなか偉い男だといっておりました。
そして本なども送ってやっていたようです。

問 其方は幸徳から宮下の計画をきいて、それから宮下と交渉をはじめたのでは
ないか。

答 幸徳からそのことをきいたかどうかはっきりしないのですが、四十二年四月
頃からともに主義のために献身的にやろうという書面を宮下と往復していま
した。

問 そのような交渉をもつようになったのは、幸徳から宮下の計画をきいてから

であろう。

答　そうであったかも知れませんが、私は昨年来脳病にかかっていて、よく覚えがないのです。

【43/6/10予審第5回】

問　四十二年二月中宮下が平民社にきて、爆裂弾をもって元首を斃すという話をしたとき、其方も同席してきいていたのではないか。

答　私はその話を宮下から直接聞いたのではありません。宮下がきた日かその後であったか記憶しませんが、幸徳からきいたと思います。

問　幸徳は宮下の計画についてどういう意見であったか。

答　主義の上からいって、幸徳は反対するわけはありません。よく考えてみますと、そのとき幸徳は宮下の計画が成功するかどうかはわからぬが、日本にもこのような人が出てきたのだから、やがてはロシアのようになるだろうと申しました。

問　幸徳と宮下は、その以前から関係があったのではないか。

答　私は存じません。

【43/7/6予審第9回】

問　四十二年二月頃其方は、幸徳と爆裂弾をつくって至尊に危害を加えようという相談をしたであろう。

答　実は最初幸徳を庇護しようと思いまして事実をかくした点もありますが、私は四十年頃から革命を起さなくてはならぬという考えをもっており、幸徳にもそのことを話したことがあります。その後幸徳は一度土佐に帰り、四十一年夏赤旗事件のあと出京しましたから、それからもときどき革命のことを話しておりました。たしかに四十一年十二月頃のように思いますが、夜分巣鴨の平民社で幸徳に、政府がわれわれ社会主義者に対して迫害が甚だしいから、爆裂弾をつくって元首を斃し、大仕掛の革命を起したいと思うがどうかと申しましたところ、幸徳もそれに同意し、それでは徐々にその計画をすすめようと申しました。その当時はまだ私は宮下を知らなかったのですが、その後幸徳と宮下との間に書面の往復があったものと見え、宮下というものが爆裂弾をつくって元首を斃すという計画をしていると幸徳からききました。それで四十二年二月宮下が平民社にきたとき、私はすでに宮下の計画を知っていましたので、幸徳と宮下の話している席へ出て一緒に話したかったのですが、その日はほかに人がきていてそれができず、残念でした。右のような次第で

すから、その頃にはむろん幸徳と私との間に爆裂弾運動の話があったに相違
ありません。

【43/7/7予審第10回】
問　四十一年十二月中平民社で、社会主義者に対する政府の迫害が甚だしいから、
　　爆裂弾をつくって至尊に危害を加え、なお大仕掛の革命をやるという相談を、
　　幸徳としたことは相違ないか。
答　相違ありません。
問　そのとき幸徳はすでに宮下の計画を知っていたように思われるのだが、どうか。
　　答　よく考えてみますと、私が幸徳と右の相談をしたとき、幸徳は宮下とい
　　う者がこのような計画をしていると申したように思います。すると幸徳はそ
　　の頃すでに宮下の計画を誰かにきいていたように思われます。しかし幸徳は、
　　宮下という人をよく知ってはいなかったようです。
問　幸徳と宮下との書面の往復はそのあとか。
答　さようです。
問　それでは昨日申立てたうち、今日の申立てと相違する点は訂正するのか。
答　さようです。

【43/10/17予審第13回】
問　四十二年二月十三日宮下太吉が平民社にきて、爆裂弾をつくって至尊に危害
　　を加える決心をしたと幸徳に話したことは相違ないか。
答　それは相違ありませんが、私は直接宮下からきいたのではなく、後に幸徳か
　　らききました。

　管野は、宮下がテロを計画していることは幸徳は知っていたが、賛成はし
ていなかった、ただ、このような人物が出てくることは評価していたという
ことを述べている。ただ、「他人事」である。

（4）　新村忠雄・予審調書
【43/6/6予審第3回】
問　宮下が四十二年二月に出京して平民社にきたとき、爆裂弾をつくって元首を
　　斃すということを、其方や森近に話したのではなく、幸徳に直接したのでは
　　ないか。

答　あるいはそうであったかも知れません。

問　其方は宮下の計画を、幸徳からきいたのであろう。

答　私は宮下のいる席に始終いたわけではありませんから、あるいはその話は宮下から幸徳に話し、幸徳から私がきいたのかも知れません。

問　幸徳が宮下の計画を其方に話したとき、それについての批評か意見を述べなかったか。

答　よく考えてみますと、幸徳は宮下を私に紹介し、宮下が帰ったあと夕食のとき私に向って、宮下は主義のために非常に熱心で、かくかくの計画をしていると申しました。その日幸徳は宮下にはじめて会ったように見えました。

問　幸徳は宮下が主義のために熱心で、かくかくの計画をしていると言って、それを賞揚したのか。

答　その計画を賞揚したわけではなく、宮下という男は社会主義に熱心で、酒も飲まず、職業にも真面目で堅い人間であると申しました。

問　其方は幸徳から宮下の計画をきいたとき、直ちに同意したのか。

答　そのときは幸徳は宮下の計画について可否の意見を言いませんでしたが、私はすでに宮下の計画に同感であったのです。幸徳は同主義者でありますから、私も幸徳方に手伝いにきていたのですが、当時個人としては幸徳の性質を知っていませんでしたから、双方から可否の意見の交換はいたしませんでした。

問　そのとき管野はいたか。

答　管野は当時まだ幸徳の妻になっていませんから、どうであったか覚えておりません。

問　幸徳の先妻の千代は、其方らの話をきいていなかったか。

答　よく覚えておりません。

【43 / 6 / 9 予審第4回】

問　それでは幸徳も其方も、四十二年二月に宮下が平民社にきて、爆裂弾をもって元首を斃すということを話した以前から、すでに同様の意見をもっていたのか。

答　さようです。抽象的にはみなその意見をもっていました。

問　四十二年二月宮下が平民社にきて右の意見を述べて立ち去った後に、幸徳は其方に、ただ単に宮下の人物を賞揚しただけではないのであろう。

答　実は幸徳は私に対し、宮下がかくかくの計画をしており、しっかりした人物であると、その計画を賞揚したのです。

問　その後幸徳から其方に、革命運動のことについて何か申してきたか。

答　幸徳からは別に何も申してきませんが、私が大石方に滞在中、管野からはたびたび暴力革命運動をやりたいというような手紙がきました。もちろんそれは管野と幸徳と相談の上であったと思います。両人間には、計画の実行について意思が疏通していたことは疑いありません。

【43/6/10予審第5回】
問　四十二年二月宮下は先きに森近運平宅を訪問し、それから平民社にきたのではないか。
答　そうではありません。森近は以前平民社に同居していたことがありますので、宮下はその当時も平民社にいるものと思ってきたのですが、森近はいなかったのです。それで宮下は幸徳としばらく話して、それから森近へ行くというので、その家を教えてやったのです。

【43/6/18予審第6回】
問　四十二年二月中、平民社で幸徳が其方に宮下の爆裂弾運動のことを賞揚したとき、其方にその運動に加われと幸徳が勧誘したのではないか。
答　幸徳が勧誘したということはありませんが、宮下の計画は運動上必要であると申しておりました。

【43/7/5予審第11回】
問　四十二年二月中宮下が平民社に来て、爆裂弾をもって至尊に危害を加えるという計画について話したことに相違ないか。
答　相違ありません。

　新村の予審調書では、宮下の爆裂弾によるテロの計画は幸徳から聞いた。幸徳は宮下の人物と計画を称揚していたとされている。

6）証拠からわかること

　幸徳が宮下とあった最初の機会であった。幸徳が爆裂弾による天皇へのテロを考えていたのであれば、有力な同士であり、即座に賛意を示し、称揚するはずであった。ところが幸徳は当惑し、あいまいな態度に終始した。
　幸徳自体、宮下から「テロ」そして「爆裂弾」の話をだされ、たじろいだのである。何よりも宮下の過激性に抵抗があったと思われる。これは、幸徳

がテロ自体の決意をしていなかったことを意味する。

　判決によれば宮下が帰ったあとで、幸徳が管野や新村忠雄に、宮下の決意を賞賛するような話をしたかどうか、幸徳はよく覚えていない。もしあったとしても、それは、「自分ではできないがよくやるわ」というものであろう。

幸徳の予審調書の下部記載の
問　其方は宮下の計画を管野や新村にも話し、宮下の人物や計画を賞揚したであ
　　ろう。
答　さようなこともあったように思います

という曖昧な記憶を、「同人の去りたる後、管野、新村の両人に対し、宮下の決心を告げ、且つその人物及び計画を賞賛したように記憶せり」と述べているが、この供述のまとめはおかしい。

認定事実で
「その去るに及でスガ及び忠雄に語り、太吉の決意を称揚し、スガは聞いて大いにこれを喜び、忠雄は感奮して心に自らその挙に加わらんことを誓う」との幸徳の行為の認定は、宮下の前での幸徳の態度や、宮下の計画の現実性を鑑みると、おかしいのである。

（8）明治42年5月25日の手紙送付について
1）判決の事実認定
越えて（注 明治42年）五月中、被告太吉は愛知県知多郡亀崎町に在りて松原徳重なる者より、爆裂弾は塩酸加里十匁、鶏冠石五匁の割合をもって配合すべき旨を聞きたるにより、爆裂弾の製法を知り得たるをもって、主義のために斃るべき旨を伝次郎に通信す。時にスガは伝次郎と同棲し、その旨を承けて太吉に成功を喜ぶ旨返信し、且つ附記するに自己も同一の決心あることを以てしたり。

2）事実認定の証拠の表示

この認定の証拠は以下のとおりである。

【宮下太吉の予審調書】

「被告は去る二月十三日、幸徳を訪問　したる際、幸徳が不得要領の返答をなしたるは初対面なりしため、被告の移駐を疑い居たるためならんと推察し居たり。然るにより、之を機会として幸徳に対し、研究の結果、爆裂弾の合剤を知得したるについては、愈々、主義のため斃る、決意をなしたる旨を通信したるところ、同月二十八日、管野スガの名を以て幸徳に於ても爆裂弾の製法判明したるを喜ぶ旨、及び自分は女なれども主義のため斃る、位の抱持し居るを以て今後出京の際は面会したき旨の返書を寄越したり、」

【幸徳秋水の予審調書】

「同年五月二十五日宮下より爆裂弾の製法判明したる旨の通知を受けたるを以て、管野をしてその成功を喜ぶ旨の返事をなさしめたり。」

【管野スガの予審調書】

「同年五月中、宮下は幸徳に対し爆裂弾の調剤判明したるを以て愈々主義のため斃るべき旨の書面を寄越したるに付、被告は幸徳に代りて爆裂弾製造の成功を喜ぶ旨を記載し、尚被告の名を以て主義のために斃るべき旨を書添え、返事をなしたり。」

【古河力作の予審調書】

「被告は未た宮下太吉なる者に面曾したることなきも明治四十二年五六月頃幸徳惇次郎宅に於て宮下太吉は意思堅固なる人物にて爆裂弾を護明したりと申すことを聞き初めて其姓名を知りたり、」

3）証拠とされる予審調書

宮下太吉の【43/ 6 / 5 予審第 2 回】【43/ 6 / 7 予審第 4 回】【43/ 6 /18予審第12回】
　　　　　　【43/10/20予審第21回】
幸徳秋水の【43/ 6 / 2 予審第 1 回】【43/ 6 /11予審第 2 回】【43/ 7 /28予審第10回】

【43/10/17予審第13回】

管野スガの【43/ 6 / 5 予審第 2 回】【43/ 6 / 6 予審第 3 回】【43/ 6 /10予審第 5 回】

【43/ 7 / 1 予審第 8 回】【43/ 7 / 7 予審第10回】【43/10/17予審第13回】

古河力作の【43/ 6 / 5 予審第 2 回】【43/ 6 / 8 予審第 3 回】【43/ 6 /20予審第 7 回】

【43/10/19予審第 9 回】

４）各予審調書の詳細

（１）宮下太吉・予審調書

【43/ 6 / 5 予審第 2 回】

問　四十二年の四、五月頃、管野に明智光秀の言葉を書き添えた書面を送り、同七、八月頃紀州におる新村に書面をやったというが、それに相違ないか。

答　相違ありません。亀崎にいるとき管野にその手紙を出し、それから明科にゆくとき平民社に寄って管野に会い、管野から新村と古河を紹介されましたので、明科に行ってから新村に手紙を出しましたので、六月下旬か七月はじめになります。八月ということはありません。

問　そのとき新村に宛てた手紙の文句で覚えているだけ申して見よ。

答　よく覚えてはおりませんが「○○を製造して主義のために斃れる」というようなことを書いたと思います。これだけ書けば外国で爆裂弾を使用して倒れた社会主義者がたくさんありますから、新村にも推測できると思いました。

問　新村にその手紙を出したとき、大石にもそれを見せて同意を得るように依頼したのではないか。

答　大石にも同意を求めてくれなどとは、書いてやりません。

【43/ 6 / 7 予審第 4 回】

問　昨年五、六月頃、『自由思想』を幸徳から送ってこなかったか。

答　送ってもらいました。

問　その前後に幸徳へ爆裂弾を発明したとか、製造するとかいうことを書いた手紙を出しているではないか。

答　さようなことはありません。幸徳とは、あまり手紙の往復はいたしておりません。ただ昨年八月頃、幸徳から管野が入監したため困っているとのハガキをもらいましたから、私が出京して手伝ってやりたかったのですが、私は学間もなく出京したところで幸徳の事業の手伝いもできないと思って出京しなかったのです。

問　その頃古河は、幸徳から其方が爆裂弾を発明したということをきいたと言っ
　　ているが、どうか。
答　その辺の消息は私にはわかりませんが、もし古河がそのように申したとすれば、
　　あるいは私と管野との間の相談を幸徳が伝えきいて、それを話したのかも知
　　れません。

【43/6/18予審第12回】
証拠として手紙の表示ありたり。

【43/10/20予審第21回】
問　同年五月二十五日、幸徳に手紙をやったか。
答　さようです。私は二月十三日幸徳に会ったとき、幸徳の返事が不得要領であ
　　りましたが、同人らは常に無政府共産を出張し、暴力革命を鼓吹しているの
　　ですから、その心中では私の計画に賛成していながら、ただ初対面の私に対
　　して明らかに賛成とは言えなかったのではないかと考えました。それで私は、
　　その後の研究で爆薬の調合もわかったから、主義のために実行するというこ
　　とを書いてやりました。
問　それに対し同月二十八日、管野から返事がきたのか。
答　さようです。幸徳にやった手紙の返事が管野からきました。その文意は、爆
　　裂弾の製造もできるそうだが、女ではあるが自分もその位の決心はもってい
　　るから、今後出京されたときには会って話したいということでした。
問　其方が、松原徳重から爆裂弾の製法をきいたのはいつか。
答　同年五月中旬頃でした。薬品の分量は塩酸加里十匁、鶏冠石五匁の割合でした。
　　それがわかったから幸徳に手紙を出したのです。

（2）　幸徳秋水・予審調書
【43/6/25聴取書】私が管野須賀子と同棲したのは昨年三月頃からで、同年五、六
月頃から夫婦同様に生活するようになりましたが、その頃宮下から管野に手紙を
よこし、元首に対して非常手段を行なうとか、爆裂弾をつくると申して、管野に
賛成を求めてきたことがあったかどうか、管野からきいた記憶もなく、私にはわ
かりません。

【43/6/2予審第1回】

問　宮下と書面の往復をしたことがあるか。

答　近年はありませんが、前に一、二度は手紙の往復をしたように思います。しかしこれという用向きではありません。

【43/6/11予審第2回】

問　其方は以前から宮下とは交際していたか。

答　昨年二月はじめて会ったのです。そのとき宮下は森近を訪ねて私宅にきたのですが、森近はすでに転居しておりましたから、その住所を教えてやったのです。

問　その後宮下と書面の往復をしたか。

答　一、二回いたしました。

【43/7/28予審第10回】

問　古河に依頼して『自由思想』を宮下に送ったことがあるか。

答　記憶ありません。

【43/10/17予審第13回】

問　同年五月二十五日付で、宮下から爆裂弾ができるという通知があったか。

答　あったように思います。

問　その宮下からの通知に対して、管野から、ともに主義のために斃れたいという返事を出したというが、どうか。

答　さように思います。管野から返事を出させました。

　幸徳の記憶ははっきりしていない。幸徳の「管野から、ともに主義のために斃れたいという返事を出したというが、どうか。」「さように思います。管野から返事を出させました。」というのも誘導であり、自らが管野に出させたのかどうか明らかではない。

（3）　管野スガ予審調書

【43/6/5予審第2回】

問　昨年四月頃宮下からきた手紙に、「心知らぬ人は何とも言はば言へ身をも惜しまじ名をも惜しまじ」という文句のあったことを記憶しているか。

答　そんな文句の手紙をみました。

問　誰の言った文句か。

答　明智光秀でしよう。

【43/ 6 / 6 予審第 3 回】

問　其方は幸徳から宮下の計画をきいて、それから宮下と交渉をはじめたのではないか。

答　幸徳からそのことをきいたかどうかはっきりしないのですが、四十二年四月頃からともに主義のために献身的にやろうという書面を宮下と往復していました。

問　そのような交渉をもつようになったのは、幸徳から宮下の計画をきいてからであろう。

答　そうであったかも知れませんが、私は昨年来脳病にかかっていて、よく覚えがないのです。

【43/ 6 /10予審第 5 回】

問　宮下と手紙の往復をはじめたのはいつか。

答　四十二年五月頃はじめて書面の往復をし、その後数回往復しました。

問　宮下とも書面で革命の相談をしたのか。

答　さようです。

【43/ 7 / 1 予審第 8 回】

問　昨年四、五月頃宮下から幸徳にあてて主義のために斃れるという手紙がきて、その返事を其方から宮下に出したか。

答　さようなこともあったかも知れません。幸徳は手紙を書くのは面倒だといって、よく私に代筆させますから、そのときも私が宮下に返事を出したかも知れません。

【43/ 7 / 7 予審第10回】

問　四十一年十二月中平民社で、社会主義者に対する政府の迫害が甚だしいから、爆裂弾をつくって至尊に危害を加え、なお大仕掛の革命をやるという相談を、幸徳としたことは相違ないか。

答　相違ありません。

問　そのとき幸徳はすでに宮下の計画を知っていたように思われるのだが、どうか。

答　よく考えてみますと、私が幸徳と右の相談をしたとき、幸徳は宮下という者がこのような計画をしていると申したように思います。すると幸徳はその頃すでに宮下の計画を誰かにきいていたように思われます。しかし幸徳は、宮下という人をよく知ってはいなかったようです。

問　幸徳と宮下との書面の往復はそのあとか。

答　さようです。

問　それでは昨日申立てたうち、今日の申立てと相違する点は訂正するのか。

答　さようです。

【43/10/17予審第13回】

問　同年五月二十五日付の手紙で宮下から幸徳に、爆裂弾の薬品の調合がわかったから主義のために斃れると言ってきたので、同月二十八日其方から返事をやったか。

答　さようです。

問　どういう返事を出したのか。

答　私が幸徳の代筆をしたのですが、幸徳は爆裂弾ができることは大いによろこばしいと申しましたからそのように書き、なお私もともに主義のために働くというようなことを書き添えたと思います。

問　それでは宮下の手紙を幸徳がみて、其方は幸徳の意をうけてその返事を出したのか。

答　さようです。

問　これが五月二十五日に発行した『自由思想』の第一号か。

答　さようです

管野が「幸徳は爆裂弾ができることは大いによろこばしいと申しましたからそのように書き、なお私もともに主義のために働くというようなことを書き添えた」返事を出した。

（4）　古河力作・予審調書

【43/6/5予審第2回】

問　爆裂弾で元首に危害を加えるということは、そもそも誰が言い出したのか。

答　誰が言い出したというのではありません。昨年の秋の末、少し寒くなった頃、私が平民社に行ったとき、管野、新村と私と三人で主義実行のことについて

話しあっているうちに、自然そういう話が出たのです。皇室というものに対する日本人の迷信を醒ますには、元首をやらねばならぬ。また無政肘共産の主義を実行するには、どうしても皇室は邪魔になるという話もあり、しかしまだ時期が早い、いまそのようなことをすればいっそう迫害がひどくなって、かえって主義の実行が困難になるという論もありましたが、やはりどうしても日本人の迷信を醒ますには、元首をやるのが利益になるという結論になったのです。このとき、宮下が爆裂弾の準備をしているということをききました。

問　宮下が爆裂弾をつくっているということは、その前から被告は知っていたのであろう。

答　それはきいていました。宮下が爆裂弾の発明をしたという手紙を幸徳によこした、ということでした。

問　それはいつ、誰からきいたのか。

答　やはり昨年の夏、平民社で幸徳からききました。

問　幸徳伝次郎からきいたのか。

答　さようです。

問　幸徳は、そのような秘密を被告に話してきかせたのか。

答　秘密ではありません。

問　秘密のことではないか。

答　幸徳が私に話したのは、私を信用していたからでしょう。

問　宮下が爆裂弾を発明したというのは、妙な言葉ではないか。

答　宮下が発明したというわけではないのですが、幸徳は発明という言葉で申されました。私は宮下が何か新しい薬品を発明したのかと思っていましたが、後にきくと鶏冠石と塩酸加里というのですから、あえて発明というものではなかったのです。

問　宮下から幸徳にその手紙をよこしたのは、いつ頃か。

答　それはいつのことか知りません。

問　そのような手紙がときどき幸徳にきていた様子だったか。

答　そういうことはききません。

問　宮下から爆裂弾の発明をしたという手紙がきたことを、幸徳からきいたのはいつか。

答　昨年夏でした。

問　どういう機会にその話が出たか。

答　『自由思想』に帯封をして郵便局に出してくれと幸徳が言いましたので、それをやっているうちに、宮下太吉という宛名がありましたから「これはどうい

う人です」とききましたら、幸徳は愛知県亀崎の機械職工で、爆裂弾の発明
をしたと言ってきたと申しました。そのとき私は、ただ「そうですか」と言
っただけでした。

問　それは宮下から最近にきた手紙のような話であったか。

答　そこまでは意に介しませんでしたが、「発明したと言ってきた」というのです
　　から、多分手紙がきたのだろうと思いました。

問　ただ爆裂弾を発明したというだけでは不得要領だが、何か主義のために使用
　　するという話があったのではないか。

答　その頃はまだ今回の計画の話などなかったのですから、私はただそれだけの
　　話としてきき流したのです。

問　そのとき管野や新村も同席していたか。

答　当時新村は紀州に行っており、管野はその席におりませんでした。管野は、
　　よくからだの工合が悪くて寝ていましたから、そのときも自分の部屋で寝て
　　いたのかも知れません。

問　爆裂弾をもって元首に危害を加えるという計画について、幸徳の意見をきい
　　てみたろうと思うがどうか。

答　それはありません。今回の計画は管野、新村、宮下、私の四人限りときめて
　　あったのですから、はじめから幸徳を除いていたのです。

問　なるほど幸徳は実行に加わるわけではなく、また加わらないほうが人物経済
　　上利益であるから幸徳を除くというのは道理かも知れぬが、しかしとにかく
　　先輩だから、その意見だけはきいてみるべきだろう。

答　幸徳の意見をきく必要がありません。幸徳が賛成しても反対しても、それは
　　関係がありません。私は幸徳の指図をうけてやるのではありません。

問　幸徳に意見をきいても、到底賛成が得られないと思って、意見をきかなかっ
　　たのか。

答　幸徳がよいと言おうが悪いと言おうが、かまいません。

問　しかし先輩としての意見をきいてみるほうが安全ではないか。

答　無政府共産という主義ですから、元首をやるのは当然です。特に幸徳の意見
　　をきく必要はありません。

問　それでは幸徳の意見をきくまでもなく、当然幸徳の意思をひきうけて実行す
　　るという考えなのか。

答　私はそのように思っております。

問　主義の自的からいえば被告の言う通りであるが、実行の時期や方法などにつ
　　いては、一応先輩の意見をきいてきめたほうがいいのではないか。

答　幸徳は国元に母もあることであるから、今回の計画から幸徳を除くというこ
　　とに四人できめてあるのですから、私は幸徳の意見などはききません。
問　しかし管野や新村が、幸徳に意見をきいたと言っているではないか。
答　それはどうか知りませんが、二人が幸徳から意見をきいたということは、私
　　はきいておりません。
問　被告が平民社で管野や新村とこの計画について相談したとき、幸徳は在宅し
　　たか。
答　幸徳は奥の座敷で寝ており、私共は茶の間の方で秘密に話しました。
問　幸徳に秘密にする必要はどうもないように思うがどうか。
答　幸徳に話をすると幸徳がまきぞえを食うことになるから、この計画から幸徳
　　を除くということに固く約束がしてあったことは間違いありません。それで
　　相談がきまった以上は、あまり幸徳方へ立寄らないようにしようと話してあ
　　ったのです。
問　どうも理屈がわからぬ。幸徳の意見をきいたからと君って、同人がまきぞえ
　　になるわけは決してない。むしろ幸徳に計画を知らせて、同人がまきぞえに
　　ならぬよう注意させたほうが安全ではないか。
答　それはそうかも知れませんが、私はそこまで考えずに、幸徳には話しません
　　でした。
問　宮下から幸徳や管野にきた手紙を、被告にみせたことがあるか。
答　今年になってから、爆裂弾の試験は自分がひきうけてやるという宮下の手紙
　　を管野からみせられたことがありますが、そのほかにみせられたことはあり
　　ません。

【43/6/8予審第3回】
問　昨年秋平民社で管野、新村、被告の三人で具体的に本件の相談をする前にも、
　　被告はたびたび平民社へ行ったか。
答　ゆきましたが、この事件については話しませんでした。ただ新村が私宅へき
　　たとき、どうしてもわれわれが犠牲になって主義の実行をせねばならぬと言
　　いましたから、私は賛成だと言ったことがあります。しかしそのときも元首
　　だとか、爆裂弾だとかいうまでの話にはなりませんでした。
問　そのとき新村から宮下の消息ぐらいはきいたのではないか。
答　宮下のことは何もききません。
問　それでは、宮下が爆裂弾の準備をしているということは、昨年秋管野、新村、
　　被告の三人で相談したときはじめてきいたのか。

答 さようです。しかし前回申立てました通り、宮下が爆製弾を発明したということは、その前に幸徳からきいておりました。

問 『自由思想』の発行と停止の日はいつか。

答 昨年五月中だったと思います。そして二号を発行したときに新聞紙法に触れて停止になり、三号は出せなかったと記憶します。

問 前回『自由思想』の発送をするとき、宮下太吉の宛名をみて、幸徳に宮下のことをきいたと申したが、それは初号のときか、または二号のときか。

答 それは覚えておりません。

【43/ 6 /20予審第 7 回】

問 今回の爆裂弾計画は、幸徳からすすめられて決心したのではないか。

答 わが国では、最初幸徳が無政府共産主義を主唱して、同主義者ができたのです。われわれもその説を信じて主義者になったのですから、むろん君主を否認しているのです。四十二年五、六月頃幸徳から『自由思想』の発送をたのまれたとき、その宛名のなかに宮下の名前がありましたので、そのとき前に申立てましたように幸徳に宮下のことを尋ね、幸徳はこの男は爆裂弾の発明をしたしっかりした人であると申しました。しかしそのときは別に具体的な計画などきいたわけではなく、私にも何の考えもなかったのです。同年九月か十月頃平民社で管野スガと新村忠雄の両人から、宮下太吉が爆裂弾をつくって元首を斃そうとしている、幸徳もこの計画に加わっているから、強いるわけではないが同意してはどうかと言われましたので、私も同意したのです。右のような次第で、最初幸徳の鼓吹によって無政府共産主義を信じるようになり、管野、新村が幸徳も計画に加わっていると言いましたので私も決心したのです。しかし私はその当時から、幸徳は学問　があって筆の立つ人であるから、あとに残って伝道をしてもらいたいと思っておりました。

【43/10/19予審第 9 回】

問 其方は宮下太吉を知っているか。

答 まだ一度も会ったことはありませんが、四十二年五、六月頃千駄ガ谷の平民社で『自由思想』の発送をやったとき、亀崎の宮下太吉という名前があったので、はじめて知りました。そのとき幸徳はこの宮下という男は質朴なしっかりした人物で、爆裂弾の発明をしたと申しました。

5）証拠からわかること

　宮下太吉が、「爆裂弾の製法を知り得たるをもって、主義のために斃るべき旨を伝次郎に通信す。」、管野が「その旨を承けた」かどうか明確ではないが、太吉に成功を喜ぶ旨返信し、且つ附記するに「自己も同一の決心あること」を以てした。

　なお、この時期に幸徳秋水が天皇への「テロ」を考えていたかどうかは証拠上明らかではない。そもそも、「塩酸加里十匁、鶏冠石五匁の割合をもって配合すべき旨」の爆裂弾製造方法を聞いただけで、その現実可能性も検討できていないのに、そんな手紙をもらって大いに喜ぶであろうか。しかも、管野の手紙の内容自体証拠として存在していないのである。

（9）明治42年6月6日、7日の会話
1）判決の事実認定
（注　明治42年）同年六月被告太吉は亀崎町より長野縣東筑摩郡中川手村明科所在長野大林区署明科製材所に転勤の途次東京に出づ。これより先伝次郎は再び居を東京府豊多摩郡千駄ヶ谷に移す。六月七日の両日太吉は伝次郎を訪い、伝次郎及びスガに対して逆謀の径路を詳説し、伝次郎スガの両人は、忠雄及び力作は各勇敢の人物なることを説き、これを太吉に推薦したり。

2）事実認定の証拠の表示
この認定の証拠は以下のとおりである。
【宮下太吉の予審調書】
同年六月六日亀崎より明科製剤所に転勤する途次平民社に立寄り一泊し幸徳および管野に対し爆裂弾の製法判明したる以上は愈々大逆罪を敢行せんことを提議したるに両名ともに即座に同意し且新村忠雄古河力作の両人は意思堅固にしてともに事を為すに足る男なりと申したるを以て忠雄力作を実行員に加入することを賛成したり、同年六月十日明科に着し爾来製剤所の職工等に対し無政府主義の伝道を為し、

【幸徳秋水の予審調書】

同年六月中、宮下は愛知縣亀崎より長野縣明科に移る途中なりと申して、平民社に立寄り二泊せり。その際、宮下は爆裂弾の製法判明せると以て、愈々大逆罪を敢行すべしと提唱し、被告及び管野は即座に同意を表し、新村忠雄、古河力作もまたその後、同計画に加入したり。

【管野スガの予審調書】

同年六月六日、宮下は愛知縣亀崎より長野県明科に引移る途中なりと申して、平民社に立寄り、宿泊したり。その際、幸徳は宮下と共に大逆罪の実行上に付、謀議を遂げ、尚幸徳及び被告の両名にて宮下に対し、新村忠雄、古河力作は何れも意思堅固にして共に事をなすに足る者なることを告げたり。

3）証拠とされる予審調書

宮下太吉の【43/ 6 / 7 予審第 4 回】【43/ 7 /27予審第20回】【43/10/20予審第21回】
幸徳秋水の【43/ 6 /11予審第 2 回】【43/10/17予審第13回】
管野スガの【43/ 6 / 3 予審第 1 回】【43/ 6 / 5 予審第 2 回】【43/ 6 /10予審第 5 回】
　　　　　 【43/10/17予審第13回】

4）証拠から検討すべき問題点

　どのような会話がなされ、幸徳は「テロ」に同意していたか、また、それが具体性を有し、現実性をもっていたか。

5）各予審調書の詳細と変遷

（1）　宮下太吉・予審調書

【43/ 6 / 7 予審第 4 回】

問　管野と今度の計画について話したのはいつか。

答　四十二年四月頃亀崎から手紙で、主義のために身を犠牲にして、ともどもにやろうと言ってやりました。管野は先頃出京した際はちょっと会っただけで、詳しい話もできなかったから、今度会って詳しく話したいという返事がきました。しかしこのときの手紙には、爆弾の計画のことは書かなかったのです。

問　同年六月亀崎から明科にゆく途中、平民社に寄ったのであろう。

答　千駄ガ谷の平民社に立ち寄りました。

問　そのとき管野に、爆裂弾をもって元首を斃すという相談をしたのか。

答　さようです。

問　そのとき幸徳にも面会したか。

答　幸徳にも会いました。

問　幸徳にも管野に話したことを話したのか。

答　幸徳には何も申しません。

問　なぜ幸徳に話さなかったのか。

答　幸徳は学問　もあり筆のたつ人ですから、殺すのは惜しいと思って話さなかったのです。

問　幸徳にそのことを話したからといつて、幸徳はすぐに同意する人でもあるまいから、同人を殺すなどの恐れはあるまい。

答　さようです。幸徳は実行に加わることはないだろうと思いましたが、もし同意したときには同人を殺すようになるから、話さなかったのです。

【43/ 7 /27予審第20回】

問　幸徳から暴力革命の説をきいたことは一度もないか。

答　四十二年六月、明科にゆく途中に平民社に立寄りましたとき、幸徳は多数の決死の士を集め、爆裂弾を作って革命を起し、諸官省を焼払い、皇居に迫って皇室を倒すような運動をしてみたいが、金もなく、また決死の士も容易に集まらぬから、そのような大仕掛の運動はできないと言っておりました。

【43/10/20予審第21回】

問　同年六月六日と七日の両日、其方は千駄ガ谷の平民社に宿泊したか。

答　さようです。亀崎から明科に移る途中出京して泊りました。

問　そのとき爆裂弾運動の話をしたか。

答　私は幸徳、管野の両人に爆薬の調合がわかったから、いよいよ爆裂弾をつくって天子を斃すと申しましたところ、幸徳も管野もこれに同意しました。もっとも幸徳は自分も一緒に加わってやると明言はしませんでしたが、私に向って、君は田舎にいるから別に面倒なこともないが、自分らは東京にいて顔をよく知られているから、いよいよ実行する時機がきたら三ヵ月位は田舎に引込んで一時姿をかくしておかねばならぬ。またそのようなことをやるについては、その理由などを書き残しておかないと、世間から狂者の行為のように思われる、などと申しました。それで私は、もちろん同人らも私と実行を

ともにする考えがあつたものと思いました。

問　幸徳はそのとき、多数の決死の士を募り、爆裂弾をつくって暴力革命を起し、諸官省を焼払い、皇居に迫るというようなことを言ったのか。

答　五、六十人の決死の士があれば暴力革命を起し、深川の米倉を開いて貧民に施し、諸官省を焼払いたいというようなことは申しました。私はその当時、紀州や熊本の方のことはきいていませんでしたから、東京だけでは決死の士が集まらないであろうと思い、その話には深く意をとめなかったのです。

問　幸徳と管野が、新村、古河などは意志堅固であるから仲間にしてよいと申したか。

答　さようです。私は古河のことはかねて森近からもきいておりましたから、それがよかろうと言ったのです。

　明治41年6月の平民社での話について、爆裂弾をつくって天子を斃すといったところ、同意したといった、というが、幸徳がどのようなことをいったのかが以下のとおり転々として、信用性がない。

（2）　幸徳秋水・予審調書

【43/6/2聴取書】

同年六月頃であったかと思いますが、宮下が亀崎鉄工所から、信州の明科製材所にゆくと言って、当時私のおりました千駄ガ谷の平民社へきたことがあります。そのとき宮下が管野に話した結果であるかどうかはわかりませんが、管野から宮下という男は余程過激な計画をもっているというような話をきいたことがあります。しかし具体的に元首に対して非常手段をとると言ったかどうか、今日ではよく覚えておりません。実際そのようなことをきいた記憶があれば申し上げますが、不明確な記憶を明確なように申すこともできず、実際に記憶がないのであります。宮下が管野に対して、過激な手段をとるについて仲間になるようにすすめ、その結果新村と古河とを同志としてすいせんしたかどうか知りませんが、その前後に、管野は新村と古河は熱心な主義者で、過激な思想をもっていると申したことはあるように思います。

【43/6/11予審第2回】

問　同年六月中宮下が亀崎から明科にゆくとき、出京して、其方宅に二泊しているではないか。

答　一晩か二晩泊りました。
問　そのとき宮下は其方と管野に、爆裂弾をつくって至尊に危害を加えるという
　　相談をしたであろう。
答　さような話もあったと思います。
問　其方はそれに同意したか。
答　そのときは同意しました。

【43/10/17予審第13回】
問　宮下が亀崎から明科に移る途中平民社に立ち寄って、至尊に危害を加えると
　　いう計画を話し、其方も管野もそれに同意したのか。
答　さようです。宮下は同年二月平民社にきたときそのような計画があることを
　　話し、六月きたときもその話をいたしましたから、私共もこれに同意した
　　のです。
問　そのとき其方と管野は、古河力作、新村忠雄の両人は思想堅固で仲間として
　　信頼できると、宮下に推薦したのか。
答　さような事実があったかも知れませんが、よく覚えておりません。いつの間
　　にか忠雄も力作もその計画に加わっていたのです。

　幸徳の同意は、「天皇に危害を加える」という抽象的なものである。計画
性もないし、現実性もない。革命に付随して天皇に危害を加えるのかテロと
して危害を加えるのかはっきりしていない。
　そもそも、幸徳の気持ちが揺れており、判決でも、明治42年９月において
「被告傳次郎は前に太吉の逆謀を聴て之に同意を表したりと雖も太吉の企圖
は大逆罪を以て唯一の目的と爲し他に商量する所なく傳次郎か運平、誠之助、
卯一太と協議したる計畫とは大小疾徐の差なきに非さるを以て顧望の念なき
に非さりしか」とされるものであった。

（3）　管野スガ・予審調書
【43/6/3予審第1回】
問　被告が宮下や新村と大事をやろうと最初に相談したのはいつのことか。
答　宮下とは昨年六月頃干駄ガ谷の平民社に同人がきたとき話し、新村は同年八
　　月末か九月に私が出獄した後、同人が平民社にきたとき話し合いました。

問　爆裂弾を使用して革命を起こそうということを、最初に言ったのは誰か。

答　誰から言い出したというのではありません。献身的に運動をやろうということは、互いに手紙で往復していました。そして会って話し合っているうちに、誰から言い出したということもなく決定したのです。新村も元来そのような主義でしたから、別に私が勧誘したのではありません。新村を宮下に紹介したのは私であります。宮下が爆裂弾の研究をしているということは、同人から手紙で言ってきたように思いますが、それらの順序ははっきり記憶がありません。

問　古河力作を同志の一人として宮下に紹介したのは、どういうわけか。

答　私が宮下と「誰かしっかりしたものはないか」と話し合っていたとき、私は新村と古河は大丈夫だろうと言ったのです。古河は小さい男だが、しっかりしているから、宮下に紹介したのですが、宮下は古河に会う機会がなかったのです。古河は植木屋の雇人ですから忙しい人です。

問　しかし古河を推薦するからには、会って話したことがあるのではないか。

答　古河は同主義者で堅い男だから、同志としてよい人物だと申したのです。

問　新村と古河との間柄はどうか。

答　これは相識の間柄で、私方で両人が顔をあわせたこともあります。

問　すると今回の計画のことを新村から古河に話したのか。

答　私はよく知りません。

【43/6/5予審第2回】

問　被告が宮下と今回の計画を相談したのは昨年の六月だと前回に申しているが、もっと前のことではないか。

答　宮下と会って相談したのは、昨年六月上旬だったと思います

問　そのとき宮下は、目的は元首にあると言ったのか。

答　私はもっと広い範囲でやりたいというと、宮下はまず元首一人を斃せばよいと言っておりました。

問　そのとき宮下は平民社に泊ったか。

答　二晩位泊ったと思います。

問　被告と宮下と相談したことは、幸徳には秘密にしたのか。

答　さようです。

問　しかし幸徳が在宅なら秘密にもできないであろう。

答　できます。幸徳は奥の八畳の書斎におり、私たちは一間へだてた四畳の茶の間で話しておりました。

【43/ 6 /10予審第 5 回】

問　宮下が亀崎から明科に移るとき、出京して平民社にきたであろう。

答　さようです。昨年六月中出京し、平民社で二晩泊ったように思います。

問　そのとき暴力革命をやるという話をしたか。

答　革命をともにやろうという話をいたしました。

問　もっと具体的な相談はしなかったか。

答　そのときはまだ爆裂弾もできていないのですから、具体的な相談はいたしません。宮下は秋までに爆裂弾をつくると申しておりました。

問　そのとき宮下に新村と古河を革命運動に加えようと言ったのか。

答　忠雄を加えるということは、その前に手紙で宮下に言ってやったように思います。古河はその後に宮下に紹介しました。

問　其方と宮下と相談したとき、幸徳もその相談に加わったのであろう。

答　幸徳もその席にきて話はきいておりましたが、しかし幸徳が何と申したか覚えておりません。

問　幸徳も、宮下とともに革命運動をやるということを承諾していたのであろう。

答　幸徳自身が実行に加わる意思があったかどうかわかりませんが、その相談にあずかったことは相違ありません。

　宮下と管野との話会いの中で、爆裂弾で天皇に危害を与えるということや暴力革命の話がでたが、具体的な計画や相談はなかった。抽象的な話に終始した。宮下と管野の意思も合致していない。

6）証拠からわかること

　爆裂弾の製造方法を宮下が知ったことを前提に、明治42年 6 月 6 日、7 日に、宮下が平民社を訪れ、爆裂弾をつくって天皇を斃すと言う話をしたが、具体的な話ではない。またテロの話もあったが、具体的なものではなかった。ここでは宮下が自説を幸徳らに話しただけである。

　爆裂弾もできておらず、宮下の話に具体性もなかった。管野らはそれなら古河力作に話しをしてみたらといっただけである。それを大げさにテロの謀議であると認定したのである。

(10) 明治42年9月の幸徳・管野・新村の会話

　幸徳秋水が天皇へのテロの意思を決定したとされる認定である。

1）判決の事実認定

被告伝次郎は前に太吉の逆謀を聞いてこれに同意を表したりと雖も、太吉の期とは大逆罪をもって唯一の目的となし、他に商量する所なく、伝次郎が運平、誠之助、卯一太と協議したる計画とは大小疾徐の差なきに非ざるをもって、願望の念なきに非ざりしが、近日政府の迫害益々甚しとなしてこれを憤慨し、先ず太吉の計画を遂行せしめんと欲する決意をなすに至れり。ここに於て同年九月上旬、忠雄が被告スガより壮快の事あり帰京すべしとの通信を得、帰京して伝次郎方に寓居するに及び、伝次郎、スガ、忠雄の三人伝次郎方に於て相議して、明治四十三年秋季を期して爆裂弾を用いて大逆罪と遂行せんことを定め、忠雄はその議をもたらして被告太吉を長野縣東筑摩郡東川手村字潮に訪うてこれを告ぐ。

2）事実認定の証拠の表示

　この認定は以下のとおりである。

【幸徳秋水の予審調書】

同年九月上旬被告は、管野、新村の両人と謀議を遂げ、愈々宮下と共に大逆罪を敢行せんことを決定し、尚、同月下旬忠雄の帰郷するに当たり、宮下に会見して同計画の実行上に付、協議すべきことを申聞けたり。

【管野スガの予審調書】

同年七月中、紀州の大石方に滞在せる新村忠雄に対し、壮快なる運動をなすに付、帰郷すべき旨の書面を発し、その頃、被告は秘密発送事件に付、入監し、九月一日に出獄したり。出獄の後、幸徳及び忠雄と共に明治四十三年秋季を期し、爆裂弾を以て大逆罪を敢行し、暴力革命を起さんことを謀議し、同年十月上旬、古河力作を平民社に招致し、右謀議の顚末を告げてその同意を求めたり。

【新村忠雄の予審調書】

同年六月中管野スガより壮快なる運動を為すに付速に帰京すへき旨の書面を寄越せり、同月二十日大石方を出発して十二日平民社に帰着したり、同年九月上旬幸徳管野及被告の三人謀議の上宮下太吉と共に明治四十三年の秋季を期し爆裂弾を以て大逆罪を敢行し尚ほ東京市内各所に暴動を起す可きことを約し其後古河力作も亦右計画に賛同したり

【宮下太吉の予審調書】

同年九月二十八日新村忠雄は明科に来り被告に対し幸徳管野等と共に明治四十三年秋季を期し車駕の通行を待受け大逆を行い、且市内各所に暴動を起し富豪の米庫を開き貧民を賑し監獄を破壊し囚人を解放し諸官衙を焼払い大臣を暗殺すべき旨申出たり。被告は固より熱望する所なれば即座に同意を為したれども革命は容易に行わるることにあらざれば主として大逆罪を犯し世人の迷信を打破する方針を採りたき旨を申添置きたり。

3）証拠とされる予審調書

幸徳秋水の【43/6/11予審第2回】【43/6/20予審第3回】【43/7/6予審第6回】
　　　　　 【43/8/20予審第11回】【43/10/17予審第13回】
管野スガの【43/6/3予審第1回】【43/6/10予審第5回】【43/10/17予審第13回】
新村忠雄の【43/6/9予審第4回】【43/6/10予審第5回】【43/6/25予審第7回】
　　　　　 【43/7/5予審第11回】
幸徳秋水の【43/6/11予審第2回】【43/6/20予審第3回】【43/7/6予審第6回】
　　　　　 【43/8/20予審第11回】【43/10/17予審第13回】

4）証拠から検討すべき問題点

　明治42年9月上旬、幸徳、管野スガ、新村忠雄の三人伝次郎方に於て相議して、明治四十三年秋季を期して爆裂弾を用いて大逆罪と遂行せんことを定めたというが、その事実の有無、そしてそれがどの程度の具体性を有していたか

5）各予審調書の詳細

（1） 幸徳秋水・予審調書

【43/6/11予審第2回】

問　同年九月其方宅で管野、新村などと爆裂弾をもって尊通御の際に危害を加えるという相談をしたか。

答　別に改まって相談したというわけではなく、当時そのようなことはときどき話題になっていたのです。

問　四十三年秋その計画を実行するという話であったか。

答　そのような話もありましたが、はっきりきまったわけではありません。

問　其方も決行に同意したに相違ないか。

答　そのときは同意しました。

問　古河はその相談に加わらなかったか。

答　よく覚えておりません。何分改まって会合して相談したというわけではありませんから、記憶が正確ではありません。

問　しかし忠雄は、右の相談の結果を信州の宮下に伝えたと言っているが、どうか。

答　忠雄が、信州に帰って宮下と相談するということは、申していました。

問　その後、古河にも右計画の相談をしたか。

答　覚えておりません。

【43/6/20予審第3回】

問　昨年九月平民社で管野、忠雄らと爆裂弾をもって至尊を斃すという相談をしたことは相違ないか。

答　実行の時期や場所などについては何の相談もなかったのですが、その頃申し聞けのような話は管野、忠雄からききました。

問　其方はそれに同意したのか。

答　同意はいたしました。

問　その後管野や忠雄から、其方は実行に加わらないほうがよいと申したことがあるか。

答　忠雄は、先生はおやりにならないほうがよいのではありませんかと申したことがあります。

問　それはどういうわけか。

答　私は著述や翻訳をやりたいと思っておりましたので、忠雄もそのことを知っていたからです。著述または翻訳は主義に関係したものもあり、関係しないものもあります。

問　其方が実行に加わって共に斃れるのは、主義の発展上不利益であるから、む
　　しろ実行に加わらず、あとに残って伝道してもらいたいという気持から、忠
　　雄などがそのように言ったのではないか。
答　あるいはそうかも知れませんが、そのようにはっきり申したことはありません。

【43/7/6予審第6回】
問　同年九月平民社で其方は管野、忠雄らと爆裂弾をもって至尊に危害を加える
　　という相談をしたことに相違ないか。
答　それは相違ありません。
問　その計画の実行を四十三年秋ときめたのか。
答　まだ爆裂弾もできていないのですから、時期などはきめておりません。

【43/8/20予審第11回】
問　其方は四十二年八、九月頃決死の士数十名を募って宮城にのりこみ、番兵を
　　追っ払うなどと言ったことがあるか。
答　その頃、そのようなことは申しません。
問　その以前には、そのような話をしたか。
答　四十一年十一月頃には、前に申し立てましたように暴動を起す考えをもって
　　おりましたから、あるいは座談にそのようなことを申したかも知れません。
　　当時主義者の間ではしばしばそのようなことは話しておりましたが、私は四
　　十二年八月頃はすでに暴動などの考えはもっていなかったのですから、その
　　ようなことは話さなかったと思います。
問　四十二年九月中、爆裂弾をもって至尊に危害を加えるという具体的な計画の
　　あることを奥宮に話したであろう。
答　私は研究的に話したのですが、奥宮は私に具体的な計画があるように推察し
　　て反対意見を述べ、あるいは他人にも話したりしたのであろうと思います。
問　奥宮が、其方に具体的な計画があることを、飯野吉三郎に話しているではな
　　いか。
答　今回検事からそのようにききました。

【43/10/17予審第13回】
問　忠雄が紀州から帰って、成石兄弟が爆裂弾を研究していると申したか。
答　そのようなことはききましたが、その日時は記憶しておりません。
問　その爆裂弾は革命運動に使用するためだったのか。

答　それはいっこうにききませんでした。

問　忠雄が紀州から帰った後の同年九月上旬、平民社で其方と管野と忠雄の三人が、宮下とともに爆裂弾をもって至尊に危害を加えるという相談をしたことは相違　ないか。

答　相違ありません。

問　本年三月中忠雄に、今回の爆裂弾運動は成功するかどうかわからぬが、思想界には非常に利益がある、そして今後十年もたてばきっとその効果があらわれると申したか。

答　よく考えてみますと、それは昨年九月頃ではないかと思います。本年三月頃は私の考えも変っていて、管野にも歴史編纂のほうを手伝えと言っていたのです。其方は現在も無政府共産主義を主張しているのか。当分実際運動はやらない考えですが、主義に対する信念は捨てておりません。

　幸徳秋水の予審供述はあいまいなものである。

　そもそも、明治43年秋という話はあったが、時期も場所も分担も決まっていない抽象的な話である。具体性、現実性もない。

（2）　管野スガ・予審調書

【43/6/3予審第1回】

問　被告が宮下や新村と大事をやろうと最初に相談したのはいつのことか。

答　宮下とは昨年六月頃千駄ガ谷の平民社に同人がきたとき話し、新村は同年八月末か九月に私が出獄した後、同人が平民社にきたとき話し合いました。

問　爆裂弾を使用して革命を起そうということを、最初に言ったのは誰か。

答　誰から言い出したというのではありません。献身的に運動をやろうということは、互いに手紙で往復していました。そして会って話し合っているうちに、誰から言い出したということもなく決定したのです。新村も元来そのような主義でしたから、別に私が勧誘したのではありません。新村を宮下に紹介したのは私であります。宮下が爆裂弾の研究をしているということは、同人から手紙で言ってきたように思いますが、それらの順序ははっきり記憶がありません。……

問　新村と古河との間柄はどうか。

答　これは相識の間柄で、私方で両人が顔をあわせたこともあります。

問　すると今回の計画のことを新村から古河に話したのか。

答　私はよく知りません。

【43/6/10予審第5回】

問　同年九月中平民社で幸徳、新村とともに爆裂弾をもって元首を斃すという相談をしたのか。

答　さようです。

問　そのときどういうことを相談したか。

答　元首を斃し、これに乗じて革命を起そうということです。そしてそれには軍資金がいるからというので、忠雄がその金策のために信州へ帰りました。

問　革命の実行を四十三年秋ということにきめたのは、そのときか。

答　実行の時期はきめませんでした。

問　九月に忠雄が信州へ帰ったのは、宮下と打合せのためではなかったか。

答　それもありますが、主として金策のためでした。

問　その金策はできたか。

答　できなかったのです。

【43/10/17予審第13回】

問　九月出獄後平民社で幸徳、忠雄と其方の三人が爆裂弾をもって至尊を斃し、なお大仕掛の革命を起そうと相談したことは相違ないか。

答　相違ありません。

問　その決行の時期を四十三年秋ときめたのか。

答　大体その頃ときめました。

問　その頃古河にはまだ計画を話してなかったのか。

答　古河に話したのは十月上旬頃かと思います。同人を平民社によんで幸徳、新村、私などから今回の計画を話し、同人もこれに同意しました。

　抽象的な話に推移している。革命を起こす（革命談義）であり、時期も大体ということで明治43年秋頃といっているが、金策もできず、具体性もなかった。

（3）　新村忠雄・予審調書

【43/6/9予審第4回】

問　爆裂弾をつくって至尊に投げつけるという計画を、具体的に相談したのはいつか。

答　私が新宮から帰京してからで、四十二年九月中平民社でいたしました。

問　そのとき協議に加わったのは誰々か。

答　幸徳、管野、私の三人でした。そしてその結果を私が信州に帰って宮下に伝えました。

問　そのとき幸徳も同意したに相違ないか。

答　相違ありません。

問　実行の日時、場所などもきめたのか。

答　四十三年秋頃元首が通行する途中でやろうということを話し合ったのですが、日時や場所などはっきりきめたわけではありません。

問　計画と実行との間があまり長すぎるではないか。

答　当時警察官が社会主義者に尾行し、常に監視しておりましたから．しばらく静かにして政府を安心させる必要もあり、また爆裂弾も秘密につくるのですから日時もかかり、そう急速に実行することはできなかったのです。なおできれば、同志を多数集めて大仕掛けにやりたいという考えもありましたので、とにかく四十三年秋ということにいたしました。

問　その後幸徳や管野と、この計画についてときどき相談したのか。

答　さようです。

問　古河とも相談したことに相違ないか。

答　相違ありません。四十二年秋頃からたびたび古河とも相談し、同人も同意しておりました。

【43/6/10予審第5回】

問　四十二年九月中、幸徳、管野、其方らと平民社で相談したことをくわしく申してみよ。

答　第一が四十三年秋頃天子の通行する途中に爆裂弾を投げつけること、つぎにそれと同時に同志二、三十人を集めて各自爆裂弾をもって各所に暴動を起し、監獄を破壊して囚人を解放し、あるいは大臣を斃し、官庁を襲うというような相談をいたしました。

問　其方はその相談の結果を信州に帰って宮下に伝えたのか。

答　さようです。九月十五日信州に帰り、宮下に話して同意を得ました。そのときは爆裂弾製造についての打合せもあったのです。そして私は薬研の借入れにも尽力してやりました。

問　四十三年十一月三日の天長節に決行しようという相談があったのか。
答　そういう話もありましたが、天長節は警戒が厳重だから、他の時期を選ぶこ
　　とにしました。

【43/ 6 /25予審第 7 回】
問　昨年九月中に、爆裂弾をもって至尊に危害を加えるということを、幸徳や管
　　野らと相談したことは間違いないか。
答　さようです。その相談をいたしました。

【43/ 7 / 5 予審第11回】
問　同年九月中幸徳や管野と協議した結果を、其方が信州に帰って宮下に、伝え
　　たことも相違ないか。
答　相違ありません。

【43/10/17予審第15回】
問　八月二十二日幸徳方に帰って以来、幸徳と革命の相談をしたことは相違ないか。
答　相違ありません。幸徳は三十人か五十人の決死隊があれば暴力革命をやって
　　みたいといっておりました。
問　同年九月上旬平民社で幸徳、管野、其方の三人で、宮下とともに四十三年秋
　　頃至尊通御の際爆裂弾を投げつけて危害を加え、同時に決死の士を集めて各
　　所に暴動を起し、監獄を破壊し囚人を解放し、大臣を暗殺して革命を起そう
　　という相談をしたことは相違ないか。
答　相違ありません。そして天子を斃すということは主として私が主張しました。
問　右相談の結果は古河力作にも話して同意を得たか。
答　さようです。昨年秋頃たびたび古河に話して同意を得ておりました。その月
　　日はよく記憶しておりません。古河には主として私が交渉したのです。

　　新村は、幸徳と管野とで、明治43年秋頃天子の通行する途中に爆裂弾を投
げつけること、つぎにそれと同時に同志二、三十人を集めて各自爆裂弾をも
って各所に暴動を起し、監獄を破壊して囚人を解放し、あるいは大臣を斃し、
官庁を襲うというような相談をした。古河にも知らせた。宮下にも通知した。
と述べている。

（4）　宮下太吉・予審調書

【43/6/5予審第2回】

問　被告が○○という符牒を用いず、はっきり爆裂弾と言って相談したのはいつ
　　がはじめてか。

答　四十二年九月明科に新村が訪ねてきましたとき、はじめて爆裂弾をつくって
　　仕事をしようと申しました。

問　被告は決行の日を十一月三日に確定したと申立てているが、他のものはその
　　日は警戒が厳重だからほかの日にしようということになっていたと申してい
　　るが、どうか。

答　私の腹では十一月三日ときめていたのですが、今年三月新村が明科にきたとき、
　　その日はどうも警戒が厳重で目的を達せられないから、秋の陸軍大演習のと
　　きにしようと申しました。それでいずれ会合してきめようということにしま
　　した。

問　管野を合図役にするというのは、どういう標準からか。

答　われわれは田舎ばかりにおりますので、天皇のお馬車を見違えることもあり
　　ますが、管野は始終東京にいてその心配がないということと、外国でもその
　　ような例があるからということからです。

【43/6/6予審第3回】

問　被告は第一回取調べのとき、新田融に爆裂弾をつくって天皇を斃すのだとい
　　う相談をした結果、罐をつくってもらったと申立てているがそれに相違ないか。

答　前に天皇を斃すために爆裂弾をつくるのだと新田に相談したと申しましたの
　　は間違いで、先年の錦輝館事件のような暴動を起すのだと新田に話したのです。

問　それに間違いはないか。

答　間違いありません。

問　それならなぜ第一回の取調べのとき、新田に天皇を斃すために爆裂弾をつく
　　るのだと打明けたように申したのか。

答　新田は五月十五日頃製材所をやめましたが、同二十日頃まで明科におりました。
　　そして彼が郷里へ出発すると間もなくこの計画が発覚しましたから、新田が
　　これを漏したに相違ないと考えまして、それで天皇を斃すということを、彼
　　も知っていたように申し立てたのであります。

問　それで暴動は、いつ頃起すと新田に言ったのか。

答　今年秋と申しました。

問　場所をどこと言ったか。

答　東京市内各所で暴動を起すと申しました。

問　そのとき新田も加わると言ったのか。

答　東京でやるならば自分もその一人に加わると申し、もし事情ができて加われないとしても秘密は守って他言はしないと申しておりました。

【43/10/20予審第21回】

問　同年九月二十八日、忠雄が其方宅にきて革命の相談をしたのではないか。

答　そのとき忠雄は、幸徳、管野らとともに爆裂弾をつくり、四十三年秋天子通行の際これを馬車に投げつけて斃し、決死の士を集めて東京市内各所に暴動を起し、富豪を襲い、諸官省を破壊し、大臣を暗殺するような話をいたしました。

問　新田には爆裂弾をつくって至尊に危害を加えるということを話し、同人もそれに同意したのか。

答　実は、新田にはそのようにくわしいことは話さず、新田も実行に同意したのではありません。

　宮下と新村との話の内容がわからない。テロなのか革命なのかはっきりしない。時期は明治43年秋というが、具体的なものではない。しかも、新田が来たときも、同意はしていない。

6）証拠からわかること

　幸徳と管野、新村忠雄の3名で「テロ」の計画を決めたというが、テロの手段とされる「爆裂弾」ができていない。またそれを製造する宮下が話に参加していない。

　また、計画に具体性がない。爆裂弾を何のために使うのかも明確になっていない。これを幸徳秋水のテロの決意とすることは証からみて、状況からみて無理がある。

　判決の事実認定の問題からみて、「伝次郎、スガ、忠雄の三人伝次郎方に於て相議して、明治四十三年秋季を期して爆裂弾を用いて大逆罪と遂行せんことを定め、忠雄はその議をもたらして被告太吉を長野縣東筑摩郡東川手村字潮に訪うてこれを告ぐ。」とすることは証拠からにて事実誤認である。

(11) 明治42年10月幸徳・管野・古河の会話について

1) 判決の事実認定

　十月上旬被告伝次郎は被告古河力作をその宅に招致し、スガ、忠雄と共に大逆罪決行の意思を告ぐ。力作は明治四十年春より社会主義に入り、伝次郎の説を聴いて無政府共産主義を奉ずるに至り、曽て雑誌『自由思想』の印刷人となりたることあり、躯幹矮小なりと雖も胆力あるものとして儕輩に推量せらる。ここに至りて伝次郎等の逆謀を聴き、直ちにこれに同意したり。

2) 事実認定の証拠の表示

【幸徳秋水の予審調書】

古河力作に対しては九月以来、時々革命計画の話をなしたることあれども、その日時は記憶せず。

【古河力作の予審調書】

被告は明治四十年春頃より平民階級に於げる経済状態の悲惨を見て之を救済せんとの考を起しが来社会主義の研究を始め種々の書籍新聞雑誌を読み遂に無政府共産主義を奉するに至りたり、被告は未た宮下太吉なる者に面会したることなきも明治四十二年五六月頃幸徳伝次郎宅に於て宮下太吉は意思堅固なる人物にて爆裂弾を発明したりと申すことを聞き初めて其姓名を知りたり、同年十月初旬平民社に行きたる際幸徳伝次郎管野スガ新村忠雄の三人にて吾々は宮下太吉の提議に賛同し爆裂弾を造り大逆罪を敢行するの決心を為したり斯る事は強く勧むる能はさるも君も此計画に同意しては如何と聞はれたるに付被告は主義の実行上己むを得さること、考へ即座に費同の意を表したり、

【管野スガの予審調書】

出獄の後、幸徳及び忠雄と共に明治四十三年秋季を期し、爆裂弾を以て大逆罪を敢行し、暴力革命を起さんことを謀議し、同年十月上旬、古河力作を平民社に招致し、右謀議の顛末を告げてその同意を求めたり。

第3章 判決の脆弱性 293

3）証拠とされる予審調書

幸徳秋水【43/10/17予審第13回】

管野スガ【43/ 6 /10予審第 5 回】【43/10/17予審第13回】

古河力作【43/ 6 /20予審第 7 回】【43/10/19予審第 9 回】

4）各予審調書の詳細と変遷

（1） 幸徳秋水予審調書

【43/10/17予審第13回】

問　力作にその計画を話したのは、いつか。

答　昨年九月頃以来、ときどき私からも管野からも話していたと思いますが、い
　　つということは記憶ありません。

　　幸徳秋水は、記憶がないという。

（2） 管野スガ予審調書

【43/ 6 /10予審第 5 回】

問　四十二年秋頃、古河にも革命の計画を話して同意を得たのか。

答　さようです。

【43/10/17予審第13回】

問　九月出獄後平民社で幸徳、忠雄と其方の三人が爆裂弾をもって至尊を斃し、
　　なお大仕掛の革命を起そうと相談したことは相違ないか。

答　相違ありません。

問　その決行の時期を四十三年秋ときめたのか。

答　大体その頃ときめました。

問　その頃古河にはまだ計画を話してなかったのか。

答　古河に話したのは十月上旬頃かと思います。同人を平民社によんで幸徳、新村、
　　私などから今回の計画を話し、同人もこれに同意しました。

（3） 古河力作・予審調書

【43/ 6 /20予審第 7 回】

問　今回の爆裂弾計画は、幸徳からすすめられて決心したのではないか。

答　わが国では、最初幸徳が無政府共産主義を主唱して、同主義者ができたのです。
われわれもその説を信じて主義者になったのですから、むろん君主を否認し
ているのです。四十二年五、六月頃幸徳から『自由思想』の発送をたのまれ
たとき、その宛名のなかに宮下の名前がありましたので、そのとき前に申立
てましたように幸徳に宮下のことを尋ね、幸徳はこの男は爆裂弾の発明をし
たしっかりした人であると申しました。しかしそのときは別に具体的な計画
などきいたわけではなく、私にも何の考えもなかったのです。同年九月か十
月頃平民社で管野スガと新村忠雄の両人から、宮下太吉が爆裂弾をつくって
元首を斃そうとしている、幸徳もこの計画に加わっているから、強いるわけ
ではないが同意してはどうかと言われましたので、私も同意したのです。右
のような次第で、最初幸徳の鼓吹によって無政府共産主義を信じるようになり、
管野、新村が幸徳も計画に加わっていると言いましたので私も決心したのです。
しかし私はその当時から、幸徳は学問があって筆の立つ人であるから、あと
に残って伝道をしてもらいたいと思っておりました。

【43/10/19予審第9回】

問　今回の計画について最初に相談をうけたのはいつか。

答　四十二年十月初旬だったと思います。私が平民社に遊びにゆきましたら、幸徳、
管野、新村から宮下が爆裂弾をつくって元首を斃す計画をしている、われわ
れもこれに同意したから君も一緒にやらないかと言われましたので、私も主
義のためやむを得ぬと思って同意しました。

問　それでは幸徳も、その相談にあずかったことは相違ないか。

答　さようです。相違ありません。

問　そのとき、なおできればもっと広範囲の革命を起そうという話があったので
はないか。

答　さような話はありません。

問　幸徳から暴力革命のことをきいたことはないか。

答　さようなことはいっこうにありません。

問　その後も爆裂弾運動のことについて、たびたび相談があったか。

答　新村忠雄からたびたび話がありました。

問　四十二年八、九月頃から、すでにその話を忠雄からきいていたのではないか。

答　忠雄とはその頃もよく会いましたが、ただ爆裂弾運動のことはききませんで
した。

5）証拠からわかること

明治42年10月になされたのが、管野、新村忠雄と古河との会話であったことは認められるが、同年9月と同様に、具体的な話ではない。また、テロか革命の話かも判然としない。その際、幸徳秋水がいて、古河に告げたかどうかも幸徳は記憶にないとしており、これを含め、判決の認定のテロの謀議の事実を認定することはできない。

(12) 明治42年9月幸徳と奥宮との会話について
1）判決の事実認定

被告奥宮健之は無政府共産主義者には非ざれども、平生好んで同主義の書を読み頗るその趣味を解し、且つ伝次郎と旧交あり、九月下旬伝次郎を訪う。座談の際伝次郎は健之に対し、今もし日本に於て大逆を行う者あらばその結果如何と問うや、健之は、我国に於てこの如き挙をなす者あらば人心失い忽ち失敗せんのみと答え、伝次郎はこれを聞いて遅疑の状あり。越えて十月健之の再来訪したるに接し、伝次郎は問うに爆裂弾の製法を以てす。健之は已に伝次郎の逆謀を推知したるに拘らず、自らその製法を知らざれども知人に質して通知すべき旨を答え、乃ちこれを西内正基に質し、且つその曽聞せし所を参酌して塩酸加里六分、金硫黄四分の割合をもって調製し、鋼鉄片を加え、金属製円筒形の小鑵に装填し、外部を針金にて捲くべき旨を十数日の後伝次郎に通知し、伝次郎は更にその自ら知る所の他の方法を参酌してこれを忠雄に授け、忠雄はこれを太吉に通告したり。

2）事実認定の証拠の表示
【幸徳秋水の予審調書】

「四十二年九月中旬、奥宮健之の訪問を受たる際、近来政府の迫害甚だしきがため、社会主義者中爆裂弾を造り大逆を敢てする者なしとせず。仮にかかる事実ありとせば、如何なる結果を来すべきか、政府はこれがために反省し、人民はこれによって皇室に対する迷信を覚醒すべきかと質問したるに、奥宮は被告等に具体的計画あることを推知したるや否や知るあたわざるも、そのようなる過激の行動をなすものにあらずと申し居たり。同月（42年9月）三

十日、忠雄は信州より帰郷し、宮下に於て爆裂弾の製造上実験家の説を聞き
たき旨申し居るに付、誰なりとも聞合せくるべき旨申出たり。よって翌十月
上旬奥宮健之の訪問を受たるを幸い、当時田舎に於て暴動を起さんがため爆
裂弾の製造を企て居る者あり、貴殿はその製法を知らざるかと尋ねたるに、
奥宮は自分は知らざるも他にて聞合せおくべき旨を答えたるが、同月下旬に
至り、調合薬その他、鐘の寸法等を教えくれたり。しかも被告は鶏冠石と塩
酸加里の割合は幼少の時より聞居りたるを以て奥宮より聞きたる所と総合し
て忠雄に話し、宮下に通知せしめたるやに記憶す。奥宮は金硫黄と申したる
や否や記憶せざるも、被告は金硫黄と鶏冠石とは同一物なりと思い居たり。
又、薬品中に鋼鉄片を入るゝことと薬品の割合が鶏冠石四、塩酸加里六若し
くは五なることは奥宮より聞きたるものなるか、また被告が承知し居たるも
のなるかは判然せざるも、割合はその位のものなり。」

【奥宮健之の予審調書】

「幸徳伝次郎は同時人なるを以て両三年前より親しく交際を為すのみならす
幸徳は米国より帰朝以来専ら無政府共産主義を鼓吹し居ることも承知し居れ
り被告に於でも種々なる方面の書籍を読み自己の意見を定めんと思ひ無政府
共産に関する書籍をも読みたることあり、明治四十二年九月幸徳を訪問した
るに幸徳は被告に針し今若し日本に於て大逆罪を敢てせる者ありと仮定せは
其結果知何との聞を起したるに付被告は幸徳に対し露国の如く皇室か直接に
政治を為す固なれは格別日本の知き国に於て大逆を企てるか如きことあらは
忽ちに失敗すへき旨を答へたり、其後又幸徳は被告に対し同志か沸騰して制
するに途なきを以て革命を起さるを得すと申したるを以て被告八日本の如く
整頓したる国に於て僅少の同志等か革命を起さんとするも失敗に帰すること
は必然なるに付其様の企を為すものにあらすと制したることあり、多分其日
の事ならん幸徳は二重橋を襲ふて番兵を追払ひ皇域に侵入し至専ら擁して論
旨を受けん杯と申し居たるも固より一場の座談に外ならさりしなり、同年十
月上旬幸徳を訪問したる慮幸徳は被告に対し目下爆裂弾の製法を研究し居る
も未た判明せす、君は定めて爆裂弾の製造に経験あるならんと問たるに付被
告は幸徳に対し自分の干係したる事件には爆裂弾を使用せさりしを以て其製

法を知らさるも河野慶排より聞取り通知すへきことを約したり、然るに河野
の住所不明なりしを以て西内正基より聞取り幸徳に伝へたり、被告は幸徳よ
り爆裂弾の用途を聴かさりしも幸徳は会て支那人より日本にて志を得さると
きは支那に来るへきことを勧めをれ居ると申し居たるを以て或は支那の革命
にでも使用するものならん左なくは何れかの地方にて暴動を起す考ならんと
想像し居たり、押第一号の二五九は被告の手幅にて塩酸加里六分金硫黄四分
鋼鉄片加入電粉とあるは西内より聞取りたる時書留め置たるものなり、鑵の
製法に付ては西内より聞かさりしも加波山事件の際小さき茶筒の如きものを
用ひたるやに聞及居たるを以て幸徳に対し鑵は長さ二寸三寸円径一二寸にて鉄
又鉄葉を以て作製する旨を申聞たるに其事は同人も知り居る旨申し居たり、
其後幸徳より田舎に於て爆裂弾の試発を為したるに成蹟良好なりし旨の通知
を受たりと記憶す明治四十二年十二月中長谷川昌三と共に飯野吉三郎を訪問
し幸徳其他無政府主義者の緩和策に付相談を為したることは相違なし 其際
吉三郎に対し幸徳等は爆裂弾を用ひ大逆罪を敢行するも計り難き旨申述たる
やに記憶すれ任固より偲設の言語に外ならさる」

3）証拠とされる予審調書
幸徳秋水の【43/ 6 /28予審第 4 回】【43/ 6 /30予審第 5 回】【43/ 7 /28予審第10回】
　　　　　【43/ 8 /20予審第11回】【43/10/17予審第13回】
奥宮健之の【43/ 6 /28予審第 1 回】【43/ 6 /30予審第 2 回】
　　　　　【43/ 7 / 1 予審第 3 回】【43/ 7 /12予審第 5 回】
　　　　　【43/ 8 / 2 予審第 7 回】【43/10/27予審第10回】

4）証拠から検討されるべき問題点
　幸徳と奥宮とのやりとりがどのようなものであったのか。
　奥宮が、皇室危害罪に問われたのは、幸徳とのこの会話による。これが皇
室危害罪に該当し、死刑とされるべきものであるか。
　また、宮下は、既に明治42年 5 月には、爆裂弾の製造方法として「塩素酸
カリ10匁、鶏冠石 5 匁（ 2 対 1 ）の配合」を松原徳重から聞いて知っていた
のである。幸徳が、どうして奥宮に聞いたのか、また、製造方法がちがうこ

とを宮下に伝えたが、その後どうなったのか、全く明らかになっていない。

5）各予審調書の詳細と変遷

（1）幸徳秋水予審調書

【43/6/28予審第4回】

問　其方は暴力革命が必要だということを、奥宮に話したことがあるか。

答　私は将来において暴力革命が必要だということは、ときどき人に話しており
　　ましたから、奥宮にもそのようなことを話したであろうと思います。しかし
　　いつ、どこでという具体的なことではなかったと思います。

問　其方自身が暴力の革命をやると話したことはないか。

答　そのように明白に申したことはないと思います。

問　明白ではなくとも、その意味のことは話したであろう。

答　暴力の革命が必要であるから、その準備をしておかねばならぬと老えていま
　　したから、その程度のことは話したかも知れません。

問　奥宮に、その程度のことは話したのか。

答　奥宮にも話したと思います。

問　その暴力革命の準備として、奥宮に爆裂弾の製法をきいたのか。

答　さようなわけではありません。

問　昨年十月中管野が病気で寝ていたとき、奥宮は其方宅に見舞いにきたか。

答　さようなこともあったと思います。

問　そのとき其方は、四畳半の部屋で奥宮と会ったのか。

答　さようです。

問　そのとき奥宮から爆裂弾の製法をきいたか。

答　ききましたが、はっきりした答はなかったと思います。もっともその頃、と
　　きどき奥宮と雑談の間に爆裂弾の話もしたように思います。

問　奥宮は爆裂弾の錐の長さについて話してくれたか。

答　拇指と人差指をひらいて、この位であろうと申したように思います。何でも
　　長さ一寸五分か二寸位なものであったようです。

問　錐の直径は。

答　きいたかどうか、よく覚えておりません。

問　鶏冠石と塩酸加里の分量もきいたか。

答　覚えておりません。しかし私は、その分量は以前から知っておりました。

【43/ 6 /30予審第 5 回】

問　奥宮健之は、其方から爆裂弾の製法をきかれたので、ある人に尋ねて報告したと申しているが、どうか。

答　奥宮がそのように申しているのなら、やむをえませんから事実を申し立てます。私は自分が依頼して研究してもらったのですから、奥宮に迷惑をかけるのは心苦しく思いました。

問　それでは奥宮に依頼した顛末を申し立てよ。

答　昨年九月中旬と思いますが、奥宮が私宅にきましたとき、爆裂弾をつくって元首に危害を加えるものがあったとしたら、どんな結果になるだろうかと研究的に奥宮の意見をききますと、同人は現今は以前と違いそのような過激なことをしてはいかんと、反対の意見を申しました。私はこれに対しては、別に何とも言いませんでした。その後同年十月中にまた奥宮がまいりましたので、田舎で暴動を起すために爆裂弾をつくりたいと言っている者があるが、その製法を知っているなら教えてもらいたいと申しますと、同人は自分はその知識はないから誰かにきいてやろうと言って帰りました。それから十四、五日たって、多分管野の病気見舞いにきたときと思いますが、そのとき製法を教えてくれました。

問　昨年十月中奥宮に爆裂弾の製法を尋ねたのは、忠雄が信州から出京して其方にそれを依頼したからか。

答　さようです。

問　それでは奥宮には、信州の宮下が爆裂弾をつくろうとしていることを話したであろう。

答　奥宮は宮下を知っているわけではありませんから、宮下ということは申しません。ただ信州人が位に話したかも知れません。

問　暴動というのは暴力の革命のことか。

答　革命というような大きなことではありません。

問　奥宮にはただ暴動と言っただけか。それとも其方の計画を明らかに告げたのか。

答　暴動と言っただけです。

問　しかしその当時、すでに其方らの間では至尊に危害を加えるという計画をしていたのであるから、その事情を奥宮に打明けて爆裂弾の製法をきいたのであろう。

答　そういうことは全く話しませんでした。

問　奥宮は、昨年九月中すでに其方から、爆裂弾をつくって至尊に危害を加える者があったらその結果はどうであろうかという質問をうけているのであるか

ら、その後に爆裂弾の製法をきけば、同人はすぐその使用目的を推察したで
あろうと思うが、どうか。

答　いや、そうではありません。元首に関する話をしたときは奥宮は反対したの
です。その後十月中に、ただ暴動ということを言ったのです。なお申し立て
ますが、当時私共に対する政府の迫害が甚しく、それに対抗して何かやろう
という考えは始終もっていたのですから、奥宮と会えばいろいろ主義上の話
をしていたのです。元首云々の話をしたときには暴動とか爆裂弾とか申した
のではないのですから、前の話とあとの話とは直接関係がないのです。

【43/ 7 /28予審第10回】

問　奥宮が平民社にきたとき、其方は爆裂弾をつくって当時の首相桂、あるいは
元老山県などを斃すというような話をしたか。

答　山県がもっとも社会主義を迫害しているということをきいており、また桂内
閣は山県の意をうけて迫害を加えていると思いましたから、あるいはそのよ
うな話が出たかも知れません。

問　奥宮も、桂内閣を倒すということに同意であったか。

答　同人も桂内閣の処置に反対でしたから同意したかも知れませんが、いずれに
しても雑談のなかの大言壮語で、何も具体的に相談したわけではありません。

問　そのとき奥宮に爆裂弾の製法をきいたのではないか。

答　あるいはきいたかも知れませんが、よく覚えておりません。かりにきいたと
しても、それはその場限りのことだと思います。

問　そのときの話と、四十二年二月奥宮に製法をきいたのと継続しているのでは
ないか。

答　そうではありません。四十一年十月のことは私も記憶していないのですから、
むろん奥宮も記憶していないだろうと思います。

【43/ 8 /20予審第11回】

問　四十二年九月中、爆裂弾をもって至尊に危害を加えるという具体的な計画の
あることを奥宮に話したであろう。

答　私は研究的に話したのですが、奥宮は私に具体的な計画があるように推察し
て反対意見を述べ、あるいは他人にも話したりしたのであろうと思います。

【43/10/17予審第13回】

問　忠雄が信州から帰って後、同年十月上旬に奥宮が平民社にきたとき、其方は

爆裂弾の製法をきいたことは相違ないか。

答　忠雄が帰京して、宮下は製法について実験家の説をききたいと言っているから、誰かにきいてくれと申しました。それで、十月上旬たまたま奥宮がきましたので、田舎で暴動を起すので爆裂弾をつくりたいと言っている者があるが、その製法を知らないかと尋ねましたが、同人は知らないから誰かにきいてやろうと申しました。その後十月下旬にきて、錐の大きさやそのほかのことを教えてくれましたので、それを忠雄に伝え、忠雄から宮下に通知したと思います。

問　奥宮は西内正基に聞くとは言わなかったか。

答　河野広躰にきけばわかるだろうと言いました。

　　幸徳は、奥宮に抽象的な話として、爆裂弾の製造方法を聞いただけである。また、天皇へのテロを抽象的な話として奥宮に聞き、反対されている。奥宮は、塩素酸かりと金硫黄による製造方法を幸徳に教えたもので、宮下の鶏冠石とは全く異なっている。

　　ここでは、奥宮は一貫して天皇へのテロを否定している。

（2）　奥宮健之予審調書

【43/ 6 /28予審第 1 回】

問　被告は爆裂弾の製造方法を幸徳に尋ねられた事はありはせぬか。

答　私は爆裂弾の製造は知らないのですから左様な話を受けし記憶はありませぬ。幸徳は過激な説を口にして居たのは事実ですが私は只労働者の位置を高かめて一方資本家に富が偏するのを中和せむとするの持論で此点に於ては大に幸徳と説を異にするのであります。

問　幸徳は昨年十月下旬被告が来訪の折被告より爆裂弾製造の話を聴いたと云ふ事だが如何。

答　昨年の何月かは忘れましたが秋の事で管野がヒステリーで寝て居り未だ入院せぬ頃でした。私が幸徳方へ行った節同人所有の東陲民権史に加波山事件の記事があり又管野は田岡嶺雲著明治叛臣伝を読み度ひと云ふので私が前に其本を貸しましたが其本にも加波山事件のことなどが出て居る処から其話が出て幸徳は外国で爆裂弾を用ゆると云ひ又加波山事件にも爆裂弾を用いたと云ふ事だがどんな物であったかと聞きましたから私は加波山のほうには関係せ

ず名古屋事件では爆裂弾は用ひず夫故もちろん其製法は知りませぬが名古屋事件で出獄してから加波山事件の方の人から聞くに加波山では小さい茶罐位の爆裂弾を具足櫃に入れて山へ持て往き是れを用いた又同事件で小川町の質屋を襲ふた時にも同様の爆裂弾を用いたと云ふ事だ又其の罐は鉄葉製で針金で結いたものであったそうだと話した事はありました。

問　整合剤は。

答　塩酸加里に何乎合はせたと云ふ事を聞いて居ると幸徳に言ひました。

問　其割合は。

答　割合迄は知りませぬから話しませぬ。

問　塩酸加里に鶏冠石だと話したのはなきか。

答　鶏冠石と云ふ事は知りませぬでした。塩酸加里に硫黄だとか云ふ事でした。或は塩酸加里に金硫黄だと云ったかも知れませ。そして旧式の物で充分の効力は無かったと聞及むので居た通り話しました。

問　鉄葉罐を針金で捲くと云ふは何う云ふ訳なのか。

答　夫れは針金で上を捲けば爆裂の効力が宜敷と云ふ話でした。

問　幸徳は爆裂弾を何に使用するものと思ひしか。

答　幸徳が爆裂弾を用ゆると云ふ話などは毫もありませ。私は左様な考は少もありませ。只加波山事件の話から爆裂弾の話が出たのでありました。

問　併し幸徳は被告のみならず他の人にも暴力的革命は止むを得ぬと云ひ居った趣だから爆裂弾の話が出づれば何乎の計画ならずやと思ひ当るべき事と思料さるゝが如何。

答　幸徳は「是れでは仕方が無いから何乎せねばならぬ」と良く言ひ居りましたから私は過激なことは可ぬと常に言ふて居りましたが幸徳が何か計画をすると云ふ事を聞いた事などありませ。

問　幸徳が「何かせねばならぬ」と云ふは何う云ふ意味か。

答　其筋に注意せられ出版も出来ぬとて困惑して居り何か稍暴い事でもすると云ふ考かと思はれましたから過激な事はするなと私は言ったのであります。

問　暴い事と云へば暴力の革命と云ふことにでもなるか。

答　左様に御尋ねを受けては差支ひます。「何乎やらねばならぬ」と云ふ事の定義を答へろと云はれては何と答ふべきや判りませ。敢て革命と云ふ事でもありますまい。普通の出版は出来ぬから外国などで行なう処の秘密出版をして主義を鼓吹すると云ふ意味も含むのでありましょう。

問　被告は昨年秋頃以来癖々幸徳宅を訪ねたか。

答　月に一回または一ヶ月半に一回位のものでした。月に三、四回とは訪ねませ。

第3章　判決の脆弱性　303

【43/6/30予審第2回】

問　幸徳は被告と爆裂弾製造の事に就き談話したのは一席の話ではなく数席に渡っての話なるが如く申立つるが如何。

答　私は只一寸何気なく爆裂弾の話をしたに過ぎぬので幸徳が左様な申立をするのは奇異を感じます。

問　被告は爆裂弾合剤の割合をも幸徳に告げたのでは無かりしか。

答　私は割合は知りませぬから話しませぬ。

問　然るに此被告の宅に在りし手帖に「塩酸加里六分、金硫黄四分、鉄片加入雷紛」と斯の通り認めあるは何ふ云ふ訳なるか。

此時同号の「二五九」の最終のページを示す。

答　えゝ是れは加波山の方の人から聞いたことを書て置いたのに過ぎませぬ。

問　而して此割合を幸徳に教へしか。

答　其事は告げませぬ。

問　余りに事実に反する弁解は却って不利益にならずやと思う。宜敷事実の通りの申立をせられよ。

答　実は幸徳から爆裂弾合剤のことを尋ねられましたが私は実は左様な事は知らなかったので人に聴て其の手帖に書て来たのでありました。此事を申立つれば西内は呼出され気の毒ですから之れを掩ふ為め只加波山事件の人から爆弾の話を聴て居たとのみ申立てたのであります。西内は平素私と懇意で始終同人を訪ねて居り誰から聴かれたとも何とも言はず漠然合剤のことを聴いた丈の事実ですから同人を勾留などせられぬ様に頼みます。

問　幸徳が被告に合剤のことを聴く以上は爆裂弾を造る事は明かであるが同人が是を何の目的に用ゆるのであるか其点を事実通り申立よ。

答　何の目的で何れの方面に用ゆるのであるか幸徳からは私に何等の話が無いのですから判りませぬ。

問　併し爆裂弾を以って強盗をするのでもあるまい、又魚鳥を獲るのでもあるまいから何乎暴力的の仕事に用ゆると云ふ事は当然推察が出来得可き事と思はるゝではないか。

答　勿論魚鳥を獲る為めなどで無いでせうが左りとて何の方面に用ゆるかに就ては一向に話が無かったのですから判らぬのです。支那の革命者が幸徳方へ出入りしますから或は左様な方面にでも使うのではないかと后日になって思ひましたが話を受けたときには別に意には介しませぬでした。

問　幸徳から爆裂弾製造方法を尋ねられ態々西内に就き之を聴き更に幸徳云ふ事実であるから何事に幸徳が用ゆるのか第一被告より進んで尋ねて見ねばなら

ぬ事と思はる如何。

答　深く意に介しませぬでしたから何に用ゆるのかと尋ねは仕ませぬでした。実
　　は斯う云う事でした。或日幸徳が一つ「モッブ」を造らうと思ひ西洋のを研
　　究して見たが良く判らぬ君は知り居るかと聴きましたから僕は知らぬが河野
　　広躰は加波山の方であったから知ってるだらう、河野は幸徳も知ってる人故
　　自身河野に就き聴て見給へと言った処幸徳は俺は巡査が尾行するから君が聞
　　て呉れと云ふので私は河野を訪はんと思ひましたが西内は土佐の方で爆弾の
　　経験ある事を思ひ出しましたから西内方へ聴きに往った訳でした。

問　「モッブ」とは何う云う意味か。

答　「モッブ」とは西洋で手に持って投げる爆弾と云ふ意味と存じます。幸徳は
　　「モッブ」云々と原語で私に聞いたのでした。

【43／7／1予審第3回】

問　幸徳は天皇に対し爆裂弾を以て危害を加へんとの計画を為したるものにて幸
　　徳は被告に対し意見を聞いたと申立つるが如何。

答　私は幸徳が恐れ多くも天皇に危害を加へる計画などを仕たと云ふ事は信じら
　　れませぬ。勿論意見を聴かれ相談を受けた事などはありませぬ。

問　幸徳は　若今　天皇に爆裂弾を以て危害を加へたならば如何かとて被告に尋
　　ねて見たと現に申立つるのであるが如何。

答　成程夫れに似寄った話はありましたが私は深い意味を以て聞いた事ではあり
　　ませぬ。

問　何う云ふ話なりか。

答　何時の事だか忘れましたが幸徳が主権者に危害を加へるとせばどんなもので
　　あらう、何う云ふ影響を来たすであらうと坐談的に言ひましたから私は夫れ
　　は駄目だ天下の同情を得らるものでないと言ひましたが是は何も左様な企画
　　をすると云ふ様な具体的な話ではなく、只理論的に左様な話を仕たのに過ぎ
　　ぬのであります。

問　其時被告は如何に幸徳に話せしか記憶を喚起して在りの儘申立つべし。

答　極く簡単の話で一々覚えては居りませぬが天皇に向ふと云ふ事は未だ日本の
　　歴史に無い外国とは自ら国体を異にするから天皇又は皇室に向ふと云ふ事は
　　如何なる事でも天下の同情を失ふから駄目だと云ひました。露国では皇帝が
　　直接に指揮して臣民を罰ししたがって虚無党が起こるけれども日本の天皇陛
　　下は憲法上自身政務を執るのではなく只統治せらるゝに過ぎませぬから天皇
　　に向ふなどと云ふのは全然没意味の事であります。私は是迄国事犯的の罪は

遣りましたが私の祖先は勤王家であり到底天皇に向ふなどと云ふ意思など出づるべきものではありませぬ。

問　被告が右の如く反対意見を述べたに付幸徳は何と云ひしか。

答　幸徳は「然うかしら、今日は然う云ふものではなからう」と言ふた丈でした。

問　右の話は何時の事なりしか。

答　夫れは覚えて居りませぬ。

問　幸徳は其話は昨年九月中旬頃の事だと申立つるが如何。

答　或は然うだったかも知れませぬ。

問　幸徳より爆裂弾製造の話が出る前の事ではないか。

答　私は夫れより後の事かと思ひますが其前後は記憶に存じませぬ。

問　幸徳は天皇に対し爆裂弾を以て危害を加へるとせば如何と言ひし訳なりしか。

答　爆裂弾と云ふ事は申さず、只天皇、皇室に向ひ危害を加へるとせばどんなものであらうと坐談的に尚ほ理論的に話し出したのであります。一方に爆裂弾製造の話もあるので是れと結び付くように御疑かは知れませぬが是れは全然別の話であります。良く米国などから帰り立ての者が外国の君主と比較談などを（此席では申立て悪いが）遣る者がありますが恰も然う云ふ風に幸徳が話し出した事で私は深く意に介さなかった事であります。

問　何の目的に使ふかとの事を被告より進むで聞て見る可き事理ではないか。

答　全く私からは聞かなかったのであります。左程深い重い事と思はなかったのでした。

問　併し幸徳は其筋より窮迫を受け居る中で擲弾を造ると言へば何の目的であるか是れを聴て見る可きは当然と思ふが如何。

答　併し事実聞ては見なかったのですがなにも直ちに製造した爆裂弾を使ふと云ふ様な意味ではなく他日何かするときに用ゆるのではないかとは思ひましたが具体的に何に用ゆるのであるかは知りませぬでした。

問　具体的ならずとも抽象的に何う云ふ方面に用ゆると思ひしか。

答　夫れは判りませぬ。或は市内騒擾か、工場内の示威運動か、富豪に迫るのか、何か夫れは判りませぬ。

問　夫れは幸徳が然う云ふ事を遣らせると云ふ意味なのか。

答　其時期は何時とは判りませぬが幸徳の仲間の者が或は然う云ふ事を遣るのではないかと思ふのです。

問　夫れでは幸徳は迫害された結果革命的の事を行なふものと思ひしか。

答　革命と云ふや否やは判りませぬが何か暴動的の陰謀を遣りはせぬかと思ひました。

【43/7/12予審第5回】

問　幸徳は　天皇に危害を加へるとせば如何と、問題を設けて被告に尋ねた際特に「爆裂弾を以て」と云ふ言葉を使用した趣申立つるが如何。

答　左様には聞きませぬ。又幸徳は天皇とは言はず、英語でエムペロー云々と言ったのであります。

問　「ボムブ」を以てと言ふたのではなかったのか。

答　其時「ボムブ」と云う事は聞きませぬでした。

問　若し幸徳の言ふ如しとせば、其後「ボムブ」の製造を聞かれた際或は万一天皇に危害を加へるのではなかるべきかと云う懸念が起こるべき筈と思はるゝが如何。

答　いゝや、私は只幸徳が天皇に危害を加へると云う者があったらばどんなものだらうと云ひ出したから、夫れは迚も駄目な事だと言ふた丈で深意味を以て聞いた言ではなかったのです。

問　地方の奇矯なる主義者が天皇に爆裂弾を加へて以て皇室に対する世人の迷信を覚まさむと云う者があるが如何ならむと幸徳から話が出た訳ではなかりしか。

答　左様な具体の話では全く無かったのです。

問　幸徳は事実左様な奇矯者から相談を受け是れを否定せず起って之れを実行せしめて以て成り行きを傍見せむとせしものゝ様であるか夫れ等の様子は被告に於て忖度し得ざりしか。

答　一向そんな事は判りませぬ。私は幸徳がそんな計画に与かって居る者とは夢にも知らず左様な話を承って見れば或は幸徳が余命なき身体なる処から左様な奇矯な事を言ひ出つるのではなからむかと疑って居る位であります。

【43/8/2予審第7回】

問　事実は腹蔵無く申立てられよ。被告は長谷川と共に飯野訪問の際幸徳は爆裂弾の準備をも為し且つ天皇に対し危害を加へんとするやの企画があるが如しと話したのではなかりしか。

答　爆裂弾を準備した杯と云ふ事実は未だ無かったのでしたから作用なことは言ひませぬでした。只幸徳はあの様に窮迫されては爆発するに違いないと言ふたのであります。又皇室云々の事は嘗て幸徳から左様な言語を聞て居た事故或は飯野にも話したのであったかも知れませぬ。なんでも飯野は私に「そんな事をする者は日本人には無い」と言ふたのを記憶します。

問　「そんな事をする者は日本じにはない」と云うのは即ち天皇とか皇室とかに関

することではなきか。

答　然うです。然う云ふ話も出たと思ふのですから或は私が左様なことを談話中に加へたのであったかも知れませぬ。

問　然らば被告は是迄幸徳に天皇危害の計画あるものと思はず只問題として幸徳が言ひ出した事だと言ふて居るに稍矛盾を来たす様であるが如何。

答　私はま逆に幸徳が左様な計画をするとは信じませぬが是れに潤色を加へて飯野には話したのであったかも知れませぬ。

問　幸徳は既に田舎に於て爆裂弾の試験をも仕たと云ふ事を其事実通り飯野に話したではなかりし。

答　試験をしたと云ふても夫れは只是れで出来ると云ふ事を試した丈の事で未だ是を製造して何処に隠してあると云ふのではなく又何時是れを使用すると云ふ事でもなく只将来の為めに研究した位の事に私は感じて居たのですからそんな事を言いのには話しませ。只幸徳は爆発するかも知れぬと申し出はいいのにも長谷川にもたいてい意味は判ったらうと思ひます。

問　夫れでは幸徳が爆発すると云ふのは爆裂弾を以て何かすると云ふ事に飯野長谷川は解し得たと云ふのであるか。

答　少数の者が爆発すると云ふのだから今日刀剣類を用ゆるのではなく何れ「ダイナマイト」とか爆裂弾とかを用ゆる事に解したかも知れませ。私が他人から「爆発する」と云ふ事を聞けば矢張「ダイナマイト」とか爆裂弾とか云ふ意味に解釈し得るのです。

問　被告は明治四十一年秋頃巣鴨の幸徳方へ往ったのは必ず一度丈に相違なきか。

答　多くとも二度ですが私は一度ほか往かないと思って居ます。

問　其頃幸徳は森近と雑談の際決死隊数十名で二重橋に向い番兵を追ひ払ひ宮城に入り
　　天皇を擁し綸旨を受け革命を為したらば如何杯と談したことある趣だが被告は左様な事を聞いたことあるか。

答　其頃私はそんな話は聞きませぬでしたが昨年千駄ヶ谷の幸徳宅へ往った際幸徳が其様な話を仕ましたが誰が考へても行なひ得べきことではなく殆ど子供の話見たいな事ですから只笑ひ話にしました丈のことでした。併し決死隊だとか、番兵を追払ふとか云ふ話はなかったのだと思ひます。

問　幸徳から何う云ふ風に話し出したのか。

答　「一つ宮城へ乗込むで宮城から天下に号令をしたら面白からう」と云ふのです。

問　而して革命を行なふと云ふのでありしか。

答　勿論幸徳が左様な事を具体的に行なふと云ふ話ではないのですが、権臣が天

皇を擁して号令するが如く詰り御綸旨を受けて添加に号令したらば面白から
うと云ふので其時は別に天皇に危害を加へると云ふ意味の話ではなかったの
であります。

問 幸徳が若し茲に天皇に危害を加へる者があらば其結果は如何と問題を出した
時に今の様な宮城に乗込の話があったのか否や。

答 其時とは別の話です。

問 然らば其話の前後は如何。

答 其前後は覚えて居ませぬ。左様な事は幸徳が間々に言ふのですから話の前後
は判りませぬ。

問 宮城に乗込むには番兵追払ひの必要があるので決死の士数十人あれば事が行
なへると云ふ話ではなかったか。

答 左様は話は聞きませぬ。仮に決死の士が数十人あったとても左様な無謀な事
は出来るものではありませぬ。私は是迄反乱的の犯罪を遣りましたが宮城乗
込杯と云ふは事実出来得可き事ではないのですから作用な事を幸徳がするの
だとは勿論思ひはしませぬ。

問 併し幸徳のほうでは左様な空想を画き出したものにて只子供の戯談同様に言
ふたのでは無いであらう。

答 クロポトキンの著書杯を見るに空想を練り詰めた様に巧みに書いてあるので
すから、一種の迷信で他の者から見れば辻も出来ぬ事を夢想し出すのですか
ら幸徳は左様な夢想から行なひ得れば出来るならんと云ふ様な心持で居たの
かも知れませぬ。私が只好奇心から社会主義の件空をするのとは違って居る
のですから。

問 左すれば幸徳は余りに迫害せらるゝ結果未だ人の行なはざる天皇、皇室を目
的に何か計画を為すに非ずやと感ぜられしか。

答 幸徳は左様な空想を話頭には上ぼせても真逆左様な事を実行は致すまい、又
到底出来ぬことであるから作用な計画をするとは思ひませぬでした。

問 併し爆裂弾で富豪に迫る、位な事では遣り甲斐の無い事だから、同じく爆裂
弾を使用する上は目覚しい事をするに非ずやとは感せざりしか。

答 幸徳は焼糞に為って何か世の中を騒がせる様な事位は遣るかも知れぬ尤も何
時遣るかは判らぬ、又其方法杯も一向判りませぬが只では済まぬと思はれま
した。

【43/10/27予審第10回】

問 同年九月中幸徳宅に参った事があるか。

答　左様です。

問　其際幸徳は近来政府の迫害が甚だしいから若し社会主義中爆裂弾を造り至尊
　　に危害を加へる様なものかあったならば如何なる結果を生ずるであろうかと
　　質問した事があるか。

答　社会主義者とか爆裂弾とか言ふ事は聞きませぬが其時幸徳は今若し日本で
　　天子に危害を加へるものがあったらば其結果如何であろうかと言ひましたか
　　ら私は露国の如く皇室が直接に政治をする国では或は如何であろうか知れぬ
　　が日本の如き国で其様なる事をすれば忽ち人心を失ふて失敗すると答へまし
　　た。併し之は一場の談話にて別に深き意味がある事とは思ひませぬでした。

問　幸徳は其際其方の説に服したか。

答　私が其様な事は絶対に不可と云ひたるに幸徳は「そうかしら」と云ふて首を
　　傾けて居りました。

問　又其当時幸徳より暴力革命に付て意見を聞かれた事はないか。

答　夫れは少し後の様に思ひますが幸徳が同志が沸騰して困るから革命を起さね
　　ばならぬと云う様な事を申しますから私は日本の如き整頓した国では僅かの
　　同志が革命を起したとて失敗は判って居る左様な馬鹿な事をするなと云ふて
　　押へたのです。尚其時であったと思ひます。幸徳は二重橋を襲ひ番兵を追っ
　　払ひ皇城に入り天子を擁して綸旨を受けんと云ふ様な笑話をして居たかの様
　　に思ひます。

問　其話は何時あったのか。

答　爆裂弾の製法を聞かれた前後の様に思ひますが何時か能く判りませぬ。

問　其方は同年十月上旬又幸徳方に参った事があるか。

答　左様です。

問　其際幸徳より爆裂弾の製造方法を聞かれた事があるか。

答　左様です。其時幸徳は爆裂弾を造らんと思ひ色々研究して見るがどうも製法
　　が判らぬ君は其製法を知って居るだろうと云ひますから私は自分等の干係し
　　た事件には爆裂弾は用ひなかったから判らぬと申したるに幸徳は誰か知って
　　居る人があるなら聞ひて呉れよと申しました。夫れて河野広躰に聞ひてやろ
　　うと約しましたが河野の住所が判らなかった為め西内正基に聞ひて幸徳に知
　　らして遣りました。

問　幸徳は暴力革命に要する爆裂弾であると云うた様に申立るが如何。

答　左様な事は聞きませぬ。

問　或は田舎で暴動でも起す様な事を申しては居なかったか。

答　一向聞きませぬ。

問　其方は幸徳が其爆裂弾を如何なる途に使用するものと想像したか。

答　私は予て幸徳が支那の人より志を得ねば支那に来いと言はれたと話して居たから或は支那革命に用ひるものか左もなくば何処か地方で騒擾を起す為め例へば足尾暴動の如きものを起す為めに用ひるものではないかと思ひましたが今回の如き計画のあると言ふ事は更に知りませぬでした。

問　併し爆裂弾の製造は夫れ丈でも犯罪であるから今少し注意すべき筈ではないか。

答　今となって考ふれば左様ですが其当時は殆ど意に介せなかったのです。

問　飯野長谷川等は幸徳等は爆裂弾を用ひるかも知れぬ或は事が皇室に迄及ぶかも知れぬと言ふ様な話を致したと言うが如何。

答　夫れは能く記憶しませぬが緩和策の成功を希望して居たから其様なことを申したかも知れませぬ。

問　昨年十一月末幸徳に面会した時も幸徳は皇室に対し何か企て居る様な話は致さなかったか。

答　左様な話は致しませぬ。只自分の事業の破壊された事と罰金を科せられた事のみを話して居ました。

　奥宮は、決死の士による革命や天皇へのテロを一貫して否定している。幸徳の革命いついても計画自体知らないと述べている。

　また、奥宮が教えた爆裂弾の製造方法は「塩素酸カリと金硫黄」による方法で、宮下の「塩素酸カリと鶏冠石」とは異なっている。爆裂弾の罐の大きさについても奥宮の認識では「塩素酸カリと金硫黄」のもので、鶏冠石についてのものではない。

6）証拠からわかること

（1）　予審調書のまとめ

【幸徳秋水の予審調書】

「四十二年九月中旬、奥宮健之の訪問を受たる際、近来政府の迫害甚だしきがため、社会主義者中爆裂弾を造り大逆を敢てする者なしとせず。仮にかかる事実ありとせば、如何なる結果を来すべきか、政府はこれがために反省し、人民はこれによって皇室に対する迷信を覚醒すべきかと質問したるに、奥宮は被告等に具体的計画あることを推知したるや否や知るあたわざるも、その

ようなる過激の行動をなすものにあらずと申し居たり。同月（42年9月）三十日、忠雄は信州より帰郷し、宮下に於て爆裂弾の製造上実験家の説を聞きたき旨申し居るに付、誰なりとも聞合せくるべき旨申出たり。よって翌十月上旬奥宮健之の訪問を受たるを幸い、当時田舎に於て暴動を起さんがため爆裂弾の製造を企て居る者あり、貴殿はその製法を知らざるかと尋ねたるに、奥宮は自分は知らざるも他にて聞合せおくべき旨を答えたるが、同月下旬に至り、調合薬その他、鏈の寸法等を教えくれたり。

しかし、以下のまとめは証拠に反する。

「しかも被告は鶏冠石と塩酸加里の割合は幼少の時より聞居りたるを以て奥宮より聞きたる所と総合して忠雄に話し、宮下に通知せしめたるやに記憶す。奥宮は金硫黄と申したるや否や記憶せざるも、被告は金硫黄と鶏冠石とは同一物なりと思い居りたり。」とはいっていない。

「又、薬品中に鋼鉄片を入るゝことと薬品の割合が鶏冠石四、塩酸加里六若しくは五なることは奥宮より聞きたるものなるか、また被告が承知し居たるものなるかは判然せざるも、割合はその位のものなり。」と、これも述べていない。

【奥宮健之の予審調書】

「幸徳伝次郎は同時人なるを以て両三年前より親しく交際を為すのみならす幸徳は米国より帰朝以来専ら無政府共産主義を鼓吹し居ることも承知し居れり被告に於でも種々なる方面の書籍を読み自己の意見を定めんと思ひ無政府共産に関する書籍をも読みたることあり、明治四十二年九月幸徳を訪問したるに幸徳は被告に針し今若し日本に於て大逆罪を敢てせる者ありと仮定せは其結果知何との聞を起したるに付被告は幸徳に対し露国の如く皇室か直接に政治を為す固なれは格別日本の知き国に於て大逆を企てるか如きことあらは忽ちに失敗すへき旨を答へたり、其後又幸徳は被告に対し同志か沸騰して制するに途なきを以て革命を起さるを得すと申したるを以て被告八日本の如く整頓したる国に於て僅少の同志等か革命を起さんとするも失敗に帰することは必然なるに付其様の企を為すものにあらすと制したることあり、多分其日の事ならん幸徳は二重橋を襲ふて番兵を追払ひ皇域に侵入し至専ら擁して論

旨を受けん杯と申し居たるも固より一場の座談に外ならさりしなり、同年十月上旬幸徳を訪問したる慮幸徳は被告に対し目下爆裂弾の製法を研究し居るも未た判明せす、君は定めて爆裂弾の製造に経験あるならんと問たるに付被告は幸徳に対し自分の干係したる事件には爆裂弾を使用せさりしを以て其製法を知らさるも河野慶排より聞取り通知すへきことを約したり、然るに河野の住所不明なりしを以て西内正基より聞取り幸徳に伝へたり、被告は幸徳より爆裂弾の用途を聴かさりしも幸徳は会て支那人より日本にて志を得さるときは支那に来るへきことを勧めをれ居ると申し居たるを以て或は支那の革命にでも使用するものならん左なくは何れかの地方にて暴動を起す考ならんと想像し居たり、押第一号の二五九は被告の手幅にて塩酸加里六分金硫黄四分鋼鉄片加入電粉とあるは西内より聞取りたる時書留め置たるものなり、鑵の製法に付ては西内より聞かさりしも加波山事件の際小さき茶筒の如きものを用ひたるやに聞及居たるを以て幸徳に対し鑵は長さ二三寸円径一二寸にて鉄又鉄葉を以て作製する旨を申聞たるに其事は同人も知り居る旨申し居たり、奥宮は幸徳の決死の士による革命を否定しており、「何れかの地方にて暴動を起す考ならんと想像し居たり、」ということは述べていない。また、鑵の大きさについての供述もない。

（2）　事実認定

奥宮は、幸徳に爆裂弾の製造方法を聞かれ、西内正基に聞いて「塩素酸カリと金硫黄」による製造方法を教えただけである（鑵の大きさ、和紙でまくことなどについては奥宮が教えたかどうか明らかではない）。その目的については何も聞いていない。また、奥宮は幸徳から「決死の士」による革命の話を聞いているが現実性を否定し、また天皇へのテロも否定している。

これについては判決も認めている。このような、奥宮が、どのような事実をもって、皇室危害罪として起訴され、死刑判決をうけたのか、判然としない。しかも、24名の被告の中で、減刑もされず奥宮が死刑を執行されたことは、重大な事実誤認のもとでの冤罪であり、死刑執行であるといわざるを得ない。

（13）宮下による爆裂弾の実験

1）判決の事実認定

此の如くして爆裂弾の装薬容器既に成る是に於て被告太吉は前に忠雄の通告したる製造法に依り即ち塩酸加里六分鶏冠石四分の割合に小豆大の礫約に十頼を混して一鐘に装填し同年十一月三日明科附近の山中に到り試に之を投擲したるに爆種の効力甚た大なり乃ち太吉は其旨を忠雄に通報し忠雄は之を傳次郎及スガに惇告し傳次郎は更に之を健之に報告したり

2）事実認定の証拠の表示

【宮下太吉の予審調書】

第一「被告は去る二月十三日、幸徳を訪問したる際、幸徳が不得要領の返答をなしたるは初対面なりしため、被告の移駐を疑い居たるためならんと推察し居たり。然るにより、之を機会として幸徳に対し、研究の結果、爆裂弾の合剤を知得したるについては、愈々、主義のため斃る、決意をなしたる旨を通信したるところ、同月二十八日、管野スガの名を以て幸徳に於ても爆裂弾の製法判明したるを喜ぶ旨、及び自分は女なれども主義のため斃る、位の抱持し居るを以て今後出京の際は面会したき旨の返書を寄越したり、」

「全年七月五日甲府市薬種商百瀬康吉方より染物用なりと詐はり塩酸加里二礁を買入れ全月十日及に十四日の両度三河園碧海郡高濱町内藤興一郎に封し地金を鋼餓に為す方法を殻明したるに付其試験用に供する為なりと詐はり鶏冠石の買入方を依頼したるに全月三十一日興一郎より鶏冠石二斤を送付し来りたり、

全年七月十九日紀州―新宮の大石誠之助方に滞在せる新村忠雄に封し大逆罪の敢行に付其同意を求め且爆裂弾製造の材料たる塩酸加里の送付を依頼し尚ほ同年八月一日其送付を督促したるに全月十日に至り塩酸加里一礁の送付を受たり、全年九月二十八日新村忠雄は明科に来り被告に封し幸徳管野等と共に明治四十三年の秋季を期し車駕の通行を待受け大逆を行ひ且市内各所に暴動を起し富豪の米庫を開き貧民を賑はし監獄を破壊し囚人を開放し諸官衛を焼梯ひ大臣を暗殺す可き旨申出たり

被告は固より熱望する所なれは即座に同意を為したれとも革命は容易に行は

るることにあらされは主として大逆罪を犯し世人の迷信を打破する方針を採りたき旨を申添置きたり

其際忠雄に封し目下爆裂弾製造の研究中なる旨及難冠石を粉末と為す為め薬研を買入るの必要あることを告けるに忠雄は爆裂弾の製造に付ては賓験家の説を聞き通知す可し又薬研を買入れては事護覧の恐あるを以て他にて借入れ送付すへき旨申し居りたるか

「同年十月十二日忠雄の見新村善兵衛より銭道便を以て薬研を送付し来りたり、其薬研は石田嘉をして停車場より新田融方に運搬せしめ」

「同月二十日頃之を使用して難冠石を粉末と為せり又同月下旬忠雄より賓験家の説に依れは爆薬を装填す可き鐘は鉄製にて長さに寸直径一寸位を可とし薬品は鶏冠石四分塩酸加里六分又は双方各五分位を可とする旨の通知を受たるを以て臼田鍋吉に依頼し薄鉄亜鉛引の鐘五個を作らしめ

塩酸加里六分鶏冠石四分を割合せたるもの二十匁に小豆大の小石に十個を交せ之に一鐘に容れ其上を西の内と称する紙にて巻き尚ほ其上を銅の針金にて縦横に縛り十一月三日之を大足山中に持行き五間程隔りたる個所に投付たるに大音響を接したるを以て試穫の結果良好なりと思考したり、

全年十一月五六日頃右試殺の結果を忠雄及管野に通知し残齢の一鐘四個は試殺の音響高かりしを以て之か為め事の稜畳せんことを恐れ製材所の釜口に投入したり、」

【新村忠雄の予審調書】
第一「同年十一月五六日頃宮下より爆裂弾の試獲を為したるに其成蹟良好なりし旨の通知ありたるを以て其旨を幸徳及管野に報告したり、」

【幸徳秋水の予審調書】
第一「尤も被告は難冠石と塩酸加里の割合は幼少の時より聞居りたるを以て奥宮より聞きたる所と綜合して忠雄に話し宮下に通知せしめたるやに記憶す奥宮は金硫黄と申したるや否記憶せさるも被告は金硫黄と難冠石とは同一物なりと思ひ居たり又薬品の中に鋼錨片を入ることと薬品の割合か難冠石四塩酸加里六若くは双方玉なることは奥宮より聞きたるものなるか将た被告か

承知し居たるものなるかは判然せさるも割合は其位のものなり
同年十一月五六日頃宮下より忠雄に封し爆裂弾の試設を為したるに其成蹟良
好なりし旨を通知し来りたることは聞及びたるも其旨を奥宮に通知したるや
否やは記憶に存せす、」

【大石誠之助の予審調書】
第二「新村忠雄か被告方に来りしは明治四十二年四月一日なりしか其後間も
なく被告に封し宮下太吉なる者は皐問はなきも思想堅固の人物にて革命の為
めには役に立つ男なりと申し居たり、被告は第一回の訊聞を受たる時宮下か
爆裂弾を造り大逆罪を犯す計画を為し居ることを忠雄より聞きたる旨の陳述
を為したるも其陳述は間違なるを以て之を取消す、
全年八月七日忠雄は宮下の手紙を被告に示し被告の承諾を得て塩酸加里一礁
を畑林商店より買入れ宮下に送付したる旨申立居る趣なれに被告は宮下の手
紙を見たることなく又塩酸加里の買入を承諾したることなし、」

3）証拠とされる予審調書
宮下太吉の【43/ 6 / 4 予審第 1 回】【43/ 6 / 5 予審第 2 回】【43/ 6 / 6 予審第 3 回】
　　　　　【43/ 6 / 7 予審第 4 回】【43/ 6 / 8 予審第 5 回】【43/ 6 /10予審第 6 回】
　　　　　【43/ 6 /10予審第 7 回】【43/ 6 /24予審第13回】【43/ 6 /25予審第14回】
　　　　　【43/ 6 /28予審第15回】【43/ 6 /29予審第16回】【43/ 7 / 1 予審第17回】
　　　　　【43/ 7 / 9 予審第19回】【43/ 7 /27予審第20回】【43/10/20予審第21回】
新村忠雄の【43/ 6 / 3 予審第 1 回】【43/ 6 / 5 予審第 2 回】【43/ 6 / 6 予審第 3 回】
　　　　　【43/ 6 / 9 予審第 4 回】【43/ 6 /10予審第 5 回】【43/ 6 /25予審第 7 回】
　　　　　【43/ 6 /27予審第 8 回】【43/ 6 /29予審第 9 回】【43/ 6 /30予審第10回】
　　　　　【43/ 7 / 5 予審第11回】【43/ 7 /20予審第12回】【43/ 8 /26予審第14回】
　　　　　【43/10/17予審第15回】
幸徳秋水の【43/ 6 /11予審第 2 回】【43/ 6 /28予審第 4 回】【43/ 6 /30予審第 5 回】
　　　　　【43/ 7 /28予審第10回】【43/10/17予審第13回】
大石誠之助の【43/ 6 / 8 予審第 1 回】【43/ 6 /14予審第 2 回】【43/ 6 /25予審第 4
　　　　　　回】【43/ 7 /16予審第 5 回】【43/ 7 / 9 予審第 6 回】【43/10/21予審第
　　　　　　12回】

4）証拠から検討すべき問題点

　宮下の明治42年11月3日の爆裂弾の試験体がどのように製造されたか。その製造方法、材料は誰によりどのように調達されたか

　試験体による実験の結果はどうであったか

　実験結果は宮下から誰にどのように知らされたか

5）各予審調書の詳細と変遷

（1）　宮下太吉・予審調書

【43/6/4予審第1回】

問　その爆裂弾はどういう方法でつくるのか。

答　それは国民百科辞典を調べたり、私と同じ工場にいた職工の徳重というものから火薬の分量などをきいてつくりました。

問　その材料はどうして手に入れたか。

答　四十二年六月、三河国碧海郡高浜村の機械職内藤与市というものに、地金から鋼鉄をつくるのに鶏冠石が入用だが、自分の手では買うことができないからぜひ買ってくれと金をやり、二ポンド買ってもらいました。ついで同年七、八月頃に甲府市前柳町三丁目の薬店から塩酸加里一ポンドを買い、明科でつくりました。

問　新田融とはどういう関係か。

答　新田は私と同じ明科の製材所の職工であります。私が明科に行ってから、同人に社会主義の話をすると同感してくれ、警察で私を注意人物にしておりますから、秘密出版物などを同人に預けましたところ、これらを読んで非常に熱心になりました。それで爆裂弾をつくって天皇を斃すことを相談しましたが、同人はよろこんで賛成してくれ、爆薬を入れる罐を二十七個つくってくれました。また鶏冠石を粉末にするときも新田が自宅を貸してくれ、自分も手伝ってくれました。

問　爆裂弾の試験をしたことがあるか。

答　昨年十一月三日にやりました。そのことは検事局にて詳しく述べた通りです。

【43/6/5予審第2回】

問　四十二年の四、五月頃、管野に明智光秀の言葉を書き添えた書面を送り、同七、八月頃紀州におる新村に書面をやったというが、それに相違ないか。

答　相違ありません。亀崎にいるとき管野にその手紙を出し、それから明科にゆ

くとき平民社に寄って管野に会い、管野から新村と古河を紹介されましたので、明科に行ってから新村に手紙を出しましたので、六月下旬か七月はじめになります。八月ということはありません。

問　そのとき新村に宛てた手紙の文句で覚えているだけ申して見よ。

答　よく覚えてはおりませんが「OOを製造して主義のために斃れる」というようなことを書いたと思います。これだけ書けば外国で爆裂弾を使用して倒れた社会主義者がたくさんありますから、新村にも推測できると思いました。

問　新村にその手紙を出したとき、大石にもそれを見せて同意を得るように依頼したのではないか。

答　大石にも同意を求めてくれなどとは、書いてやりません。

問　大石も同主義者のことであるから、被告が特に言わなくても、新村から大石に通ずるだろうと心に思っていたのであろう。

答　そのような考えはありませんでした。

問　被告が○○という符牒を用いず、はっきり爆裂弾と言って相談したのはいつがはじめてか。

答　四十二年九月明科に新村が訪ねてきましたとき、はじめて爆裂弾をつくって仕事をしようと申しました。

問　被告は決行の日を十一月三日に確定したと申立てているが、他のものはその日は警戒が厳重だからほかの日にしようということになっていたと申しているが、どうか。

答　私の腹では十一月三日ときめていたのですが、今年三月新村が明科にきたとき、その日はどうも警戒が厳重で目的を達せられないから、秋の陸軍大演習のときにしようと申しました。それでいずれ会合してきめようということにしました。

問　管野を合図役にするというのは、どういう標準からか。

答　われわれは田舎ばかりにおりますので、天皇のお馬車を見違えることもありますが、管野は始終東京にいてその心配がないということと、外国でもそのような例があるからということからです。

【43/ 6 / 6 予審第 3 回】

問　被告は第一回取調べのとき、新田融に爆裂弾をつくって天皇を斃すのだという相談をした結果、罐をつくってもらったと申立てているがそれに相違ないか。

答　前に天皇を斃すために爆裂弾をつくるのだと新田に相談したと申しましたのは間違いで、先年の錦輝館事件のような暴動を起すのだと新田に話したのです。

問　それに間違いはないか。

答　間違いありません。

問　それならなぜ第一回の取調べのとき、新田に天皇を斃すために爆裂弾をつくるのだと打明けたように申したのか。

答　新田は五月十五日頃製材所をやめましたが、同二十日頃まで明科におりました。そして彼が郷里へ出発すると間もなくこの計画が発覚しましたから、新田がこれを漏したに相違ないと考えまして、それで天皇を斃すということを、彼も知っていたように申し立てたのであります。

問　それで暴動は、いつ頃起すと新田に言ったのか。

答　今年秋と申しました。

問　場所をどこと言ったか。

答　東京市内各所で暴動を起すと申しました。

問　そのとき新田も加わると言ったのか。

答　東京でやるならば自分もその一人に加わると申し、もし事情ができて加われないとしても秘密は守って他言はしないと申しておりました。

問　昨年十一月三日山中で爆裂弾の試験をしたことを話したか。

答　それは話しました。新田はそれでは多分大丈夫なようだが、もう一度昼に試めしてみたらよかろうと申しました。

問　新田に罐の中に何程の爆薬や小石などを入れるということを話したのか。

答　それは、これまで申した通りの分量の爆薬と小石を入れるのだと新田に話して、罐をつくらせたのです。

問　これまでに申し立てなかったが、鉄製の罐が一個あるというではないか。

答　それは昨年十一月第一回の試験をやってから、鉄製の方が破壊力が強くはないかと考えまして、それでもう一度試験してみようと思ってつくったのです。もしこのほうが強力なら、ブリキ罐よりも簡単にできるのです。それは機械に油を注ぐときに使う真鍮製の油壺があり、これの長さを少しつめるだけで罐ができます。真鍮も鉄と似ていますから、それを使ってみようと思いました。

問　被告がつくった鉄罐と、新田のつくったブリキ罐と寸法は同じものか。

答　直径も長さも大体同じですが、鉄の方がブリキより厚さがあるから、爆薬の量はブリキ罐のほうが多く入ります。なお第一回のお取調べのとき、新田に二十七個の罐をつくらせたと申しましたが、三月に二個、四月に二十四個で二十六個であります。

問　新田が製材所をやめるとき、被釜は自分はいずれ暴動を起すとき工場を去るから、君はここにいたらどうかと言ったことがあるか。

答　それはあります。新田は常に不平家で、役人に向ってこんな職工を冷遇する
　　ところはないとか、薄給でやりきれないからむしろやめたほうがよいなどと
　　申しており、あるとき酒気を帯びて役人のところへ出かけて行って不平をな
　　らべたことがあります。ところがいよいよ五月になって人減らしということ
　　になると、平生の高言に似ず青くなっておりましたから、私は気の毒に思い、
　　自分はどうせこの秋に東京に行って暴動を起すのだから、今この工場をやめ
　　てもいい。君がこの工場にいたいのなら代ろうかと申しましたが、新田は男
　　が一旦やめると言ったのだからやめるが、もし秋になって君が出るときその
　　代りに入れてくれと申しました。
問　被告は新田に罐をつくらせるとき、蚤取粉を入れるのだと言ったのではないか。
答　いや、それは新田と相談して、もし人にきかれたときは蚤取粉を入れるのだ
　　と言っておこうではないかと申したのです。新田が製材所の鍛冶工場で罐を
　　つくりましたので、人に怪しまれるのを恐れたからです。
問　それでは新田が工場で罐をつくっているとき、何にするのかときかれたこと
　　があるのか。
答　人の目にかからぬようにしておりましたから、人からきかれたことはありま
　　せん。
問　鶏冠石を粉末にしているとき、これにもう一つ薬を合せると爆発すると言っ
　　たことはないか。
答　そういうことを改めて言うはずはありません。その前に新田に、爆発物をつ
　　くるには鶏冠石が必要だが、この明科で買えるだろうかと相談したこともあり、
　　その後三河から鶏冠石を手に入れたが、塩酸加里を買いたいのだが薬屋で売
　　るだろうかと、穂高というところへ二人で散歩に行ったとき、薬屋の前を通
　　りながら話したこともあります。
問　被告は新田に対し、今年一月頃国から嬶が帰ってきて、社会主義をやめてく
　　れというから断然やめたと言ったことがあるか。
答　それは言いましたが、新田にだけ言ったというわけではありません。関とい
　　う技手から社会主義はやめたらどうかという注意をうけました。本件の露顕
　　を恐れまして、わざと大勢いる職工の前で社会主義はやめたと言ったので、
　　そのとき嬶もいやがっているとつけ加えたのです。

【43/6/7予審第4回】
問　昨年五、六月頃、『自由思想』を幸徳から送ってこなかったか。
答　送ってもらいました。

問　その前後に幸徳へ爆裂弾を発明したとか、製造するとかいうことを書いた手紙を出しているではないか。

答　さようなことはありません。幸徳とは、あまり手紙の往復はいたしておりません。ただ昨年八月頃、幸徳から管野が入監したため困っているとのハガキをもらいましたから、私が出京して手伝ってやりたかったのですが、私は学問もなく出京したところで幸徳の事業の手伝いもできないと思って出京しなかったのです。

問　その頃古河は、幸徳から其方が爆裂弾を発明したということをきいたと言っているが、どうか。

答　その辺の消息は私にはわかりませんが、もし古河がそのように申したとすれば、あるいは私と管野との間の相談を幸徳が伝えきいて、それを話したのかも知れません。

問　爆裂弾の試験のとき、罐の中に小石を入れたのはどういうわけか。

答　私は実行のときには鉄片を入れるつもりでしたが、試験のときそれがなかったので小石を入れたのです。

問　何か動物に対して試験してみたことはないか。

答　それはありません。爆裂弾は人間や動物に直接投げつけても効力はなく、その目的物の附近の堅いものに投げつけて爆発させるのですから、動物に対しては試験してみませんでした。

問　試験用に使ったもののほかに、爆薬を罐に詰めておかなかったのか。

答　危険ですから罐には詰めておかなかったのです。私は死を決しておりますから、もし爆薬を詰めてあれば、あるいは警官が逮捕にきたとき、私はこれを使って死ねるのでありました。

【43／6／8予審第5回】

問　被告が新田に爆裂弾の試験のことを話したのはいつか。また場所はどこか。

答　試験をしてから三、四日後だったと思います。そのときわざわざ工場の煙突のある附近へ新田を呼び出して話したのですが、午後二時頃でした。このとき前回申した通り、新田は昼間もう一度やってみたらよいと申しました。

問　芳川には試験のことを話したのか。

答　芳川は社会主義に熱心でしたが、酒を飲むと気の変る男ですから、大事は話すまいと思って言いませんでした。

問　新田はそのように熱心であったのなら、なぜ試験のとき同道しなかったか。

答　たしかその日、新田は松本へ見物に行って不在だったと思います。

問　しかし前もって打合せておけば、松本へゆかなかったであろう。

答　私は試験のことは十一月三日になって急に思いついたので、前からきめていたのではありませんから、新田に通じてなかったのです。それに工場が天長節に休みになるということも、前日までわからなかったのです。この日松本で花火をあげることになっていて、五里位隔っていてその音がきこえるというので、その日の昼過ぎになって今日がよいと決心したのです。

問　罐をつくるとき、人にきかれたら蚤取粉を入れるのだと言うことを新田と相談したのは、はじめの二個のときか、または後の二十四個のときか。

答　はじめのときはどうであったかよく覚えませんが、後のときにはたしかにそのように相談いたしました。

問　被告は新田に、亜鉛とブリキとどちらが丈夫かときいたことがあるか。

答　あります。

問　なぜそのようなことをきいたのか。

答　試験をしたときは亜鉛罐を使いましたが、ブリキ罐とどちらが丈夫かと新田にききましたところ、新田はそれはブリキ罐の方が丈夫だと申しましたので、新田にブリキ罐二個たのんだのです。そのとき私は鉄製のほうがもっと強力だろうと思いまして、前回申しましたように、私自身で鉄製の罐をつくったわけであります。

問　新田は特にブリキ細工が上手なのか。

答　そんなことはありません。あんな罐をこしらえるくらいのことは、鉄工の私にも簡単にできます。

問　それなら二十四個もつづいてつくるときに、新田にだけ任せきりにせず、被告もつくったらよかろうと思うがどうか。

答　私は職工長という位置にありまして、俸給をうけとるときも私の名義で全部の職工の分をうけとり、それを配分するということになっております。そして毎日あすこの機械が工合が悪い、ここの機械の調子が悪いと言ってくるので、それらを見廻らねばならず、事務所からも絶えず呼びにくるというありさまで、落ちついて罐をつくる暇がないのであります。

問　新田のところへ薬研をもって行ったときのことを、もう一度詳しく申してみよ。

答　忠雄の兄の善兵衛から鉄道小荷物の引換券を郵送してきましたから、石田という小僧を明科駅にやって莚包みを受取り、すぐ新田のところへ持ってゆけと命じました。それから私が新田の家へ行って莚包みをあけました。新田にはその前に、忠雄の周旋で薬研を借りるということを話しましたところ、そんな秘密のことをやるには、自分の家がよいと申しておりましたので、薬研

を新田のところに持ってゆきました。

問　その薬研は莚包みではなく、油紙に包んであったというではないか。

答　そうではありません。油紙で包んだ上を莚包みにしてありました。

【43/6/10予審第6回】

問　四十二年の九月中に新村は明科にゆき、被告を訪問したということだが、それは幾日か、よく考えたら思い出せるであろう。

答　九月の中頃というだけで、日はどうも思い出せません。とにかく私が芳川と、潮の藤原方に間借りをしていたときに間違いありません。

問　新村は幾晩泊っていったか。

答　一晩だけです、新村が到着したのは午後二時三十分頃で、翌朝八時十二分の汽車で東京にゆきました。

問　新村は東京の消息について、どんなことを伝えたのか

答　格別何も申しません。ただ管野が四百円の罰金を納められず、『自由思想』や秘密出版をやろうと思うが先立つものは金で、金がないのに困ると言っていたと話したように記憶しております。

問　新村はそういう話のほかに、爆裂弾を使用して革命を企てていることに幸徳も管野も賛成しているから、この上はかねて話のあった爆裂弾をつくる準備のために薬研を借入れることにしようと申したであろう。

答　そのようなことはどうもはっきり記憶がありません、ただ薬研については、これまで申した通り新村は買入れるのは危険だから、ほかから借りてやろうと申しました。

問　被告のいう通りだとすると、新村は金の算段に被告を訪ねたように思えるが、被告に金を貸せとでも申したのか。

答　私に金のないことは新村も知っていますから、金の話はいたしません。

問　それでは被告を訪ねたことが無意味ではないか。

答　東京へ出る途中、松本や塩尻の同主義者を訪問して金の調達をしたのだろうと思います。

問　松本や塩尻の主義者の姓名は。

答　私はよく知りませんが、とにかく長野県は一番社会主義者の多いところです。

問　被告は新村と、この頃警察の尾行がきびしいから社会主義はやめたと世間に吹聴し、警察にも安心させておいて爆裂弾の準備をしようと相談したのか。

答　昨年九月新村が潮にきましたとき、そのような相談をしたに相違ありません。

【43/6/10予審第7回】※　新田融との対質尋問

問　（宮下に）被告は穂高へ新田と散歩して、ある薬店の前で、塩酸加里を売るだ
　　ろうかと言ったと申したな。

答　そのように申しました。そのときは馬肉屋で飲食し、それからアイマイ屋を
　　三軒ばかり素見（ひやか）して帰りました。

問　塩酸加里の話をしたのは馬肉屋へ入る前か後か。

答　馬肉屋へあがる前で、穂高神社というお宮に参詣してから、薬屋の前で、塩
　　酸加里を売るだろうかと申しました。すると新田は、むやみには売らないだ
　　ろうと申しました。

問　（新田に）その通りか。

答　馬肉屋とアイマイ屋のことは覚えておりますが、薬屋のことは記憶がありま
　　せん。

問　（宮下に）穂高へ行ったのはいつ頃か。

答　四十二年の六月末か七月上旬でした。

問　（新田に）それに間違いないか。

答　そんなことはありません。宮下が明科へきてから間もないときで、六月中旬
　　と思います。

問　（宮下に）薬研で鶏冠石を粉末にしたのは新田ので、新田は爆裂弾をつくると
　　いうことを知っていたと申したな。

答　エー、それはよく知っておりました。

問　そのとき新田は写真を撮りに行って、被告が一人で留守していたのか。

答　そうです。新田は友達がきて写真を撮りにゆきました。

問　被告が薬研を使ったのは、新田方の何畳の部屋だったか。

答　奥の間で、私は唐紙（からかみ）をたててやりました。そこは四畳でしたか
　　六畳でしたか、よく覚えておりません。

問　写真を撮りに新田を誘いにきたのは何という者か。

答　同職工のようでしたが、私は唐紙の中におりましたからわかりませんでした。
　　何でも二、三人来ていたようでした。

問　当日新田が一時留守にするということは、かねて打合せてあったのか。

答　そんな打合せはありません。

問　（新田に）宮下の申すことに間違いないか。

答　爆裂弾をつくるなどの話は何もきいておりません。

問　（宮下に）被告が新田方に行って、薬研の莚包みを解いたのか。

答　さよう、私がまいって解きました。そのとき新田も傍におりました。

問 （新田に）それに相違ないか。

答 私は莚包みを解くところは見ておりません。それが薬研だということも、宮下が鶏冠石を粉にするとき、はじめて知ったのです。

問 （宮下に）それはどうか。

答 そんなことはありません。新田がいまそんなことをいうのは自分の利益のためだと思いますが、私は事実を申上げております。

問 被告は昨年の天長節に新田は松本へ見物に行ったと申したが、たしかにそうか。

答 猪股という職工と一緒に松本の神道町の祭に行ったように記憶します。何でも花火の揚った日でした。

問 （新田に）その通りか。

答 十一月三日は、私は穂高に行ったと思います。神道町の祭はたしか十月です。

問 （宮下に）爆裂弾の試験をした結果を新田に話した、と言ったのは事実か。

答 試験をして二、三日経ってから、工場の煙突のところで新田に話しました。そのとき新田は夜ではよくわからぬから、昼間もう一度やってみたらどうかと申しました。

問 （新田に）それに相違ないか。

答 そういうことは全然覚えありません。

問 （宮下に）新田は覚えないと言うが、どうか。

答 新田がそんな之とはきかぬというのは、計画の同意者と見られては困るからでしょう。私の申したことに間違いありません。

問 新田が最初の二個の罐をつくったのは、昨年中のように訂正したが、それに違いないか。

答 昨年十一月末か十二月上旬と思います。それを持つて十二月三十一日上京しました。

問 （新田に）その通りか。

答 今年の二月か一月と思っておりましたが、それは私の思い違いかも知れません。

問 （宮下に）被告はその罐をもって上京するということを新田に話したか。

答 それは申しません。

問 その二個の罐は、今度押収されるまで現存していたのだな。

答 そうです。

問 それで被告は、新田に蚤取粉を入れる罐だと申したのか。

答 もし人から尋ねられたときに、そう言ってごまかそうと、新田と相談したのです。

問 蚤取粉を入れる罐としては穴があいていないではないか、と人に怪しまれた

らどう答えるか。そういう点も相談したか。

答　そこまで人は尋ねないだろうと思いましたから、別に相談いたしません。

問　（新田に）只今宮下の申した通りか。

答　人からきかれたとき、蚤取粉を入れる罐だと言ってごまかそうなどと約束したことはありません。

問　（宮下に）その点はどうか。

答　それは申したに相違ありません。

問　このとき新田は（宮下に）被告はその罐をもって上京するということを新田に話したか。

答　それは申しません。

問　その二個の罐は、今度押収されるまで現存していたのだな。

答　そうです。

問　それで被告は、新田に蚤取粉を入れる罐だと申したのか。

答　もし人から尋ねられたときに、そう言ってごまかそうと、新田と相談したのです。

問　蚤取粉を入れる罐としては穴があいていないではないか、と人に怪しまれたらどう答えるか。そういう点も相談したか。

答　そこまで人は尋ねないだろうと思いましたから、別に相談いたしません。

問　（新田に）只今宮下の申した通りか。

答　人からきかれたとき、蚤取粉を入れる罐だと言ってごまかそうなどと約束したことはありません。

問　（宮下に）その点はどうか。

答　それは申したに相違ありません。このとき新田はたしかにうなずいていたと思います。

【43/6/24予審第13回】

問　塩酸加里を新宮にいた忠雄から被告に送ってきているが、忠雄はそれをどこから手に入れたのか。

答　手紙にはどこから手に入れたとも書いてありませんでしたが、むろん大石の所から出たものと思っておりました。大石は医者ですから、含漱剤として塩酸加里は常備してあるものと信じておりました。

【43/6/25予審第14回】

問　塩酸加里を新村忠雄から送ってきたときの手紙の文句を思い出せないか。

答　よく考えてみましたが、格別かわったことは申してよこさず、ただ塩酸加里を送るというだけだったと思います。

問　忠雄が新宮から帰った後、被告はたびたび忠雄と会っているが、そのとき忠雄は塩酸加里をどこから手に入れたかを話したであろう。

答　九月に忠雄に会ったとき、塩酸加里ならまだいくらでも手に入れることができると申していましたが、どこから手に入れるというようなことは申しませんでした。

問　忠雄は大石からもらったと、はっきり言ったであろう。どうか。

答　忠雄は大石にもらったとは申しませんでしたが、その出所は大石であろうと想像はしておりました。

問　忠雄が新宮から帰った後に、塩酸加里ならいくらでも手に入ると言ったのは、どこで、どんな人からと言わなかったか。

答　大石の所からもらえるという意味か、それとも東京でも手に入るという意味か、私は当時その辺のことは別に考えませんでした。

問　忠雄がすでに紀州を去った後に、その薬品を容易に手に入れることができると言ったのは、やはり大石にたのめば手に入るという意味で申したのであろう。

答　忠雄がどういう意味で申したのか、私には何とも申し上げかねます。

問　被告の申立によると、塩酸加里と鶏冠石を調合するとき、秤を用いたと言っているが、その秤はどこから手に入れたか。

答　昨年十月中旬頃、明科の何とかいう酒屋で度量衡も売っている店から、最下は一匁から最上五百匁までかかる皿付の秤を一円二十銭か一円二十五銭で買いました。その秤で四分六の割で調合したのです。その四分六の割にするについて、鶏冠石何匁、塩酸加里何匁ということは、はっきり記憶しておりません。

【43/ 6 /28予審第15回】

問　被告が徳重から爆薬のことを聞いたのは四十二年五、六月頃と言っているが、徳重は被告に教えたのは四十一年の暮頃であったと申して居る。もし徳重のいう通りだとすれば、被告が森近に会ったときは、すでに爆裂弾の製法を知っていたことになるが、この点はどうか。

答　それは徳重の思い違いと思います。私は明科に転勤になるについて、その前にどうしても薬品の調合をきいておかねばならぬと思いまして、強いて徳重からきいたのですから、やはり四十二年五、六月頃が事実であります。

問　この証拠物はどうか。（四十三年第一号一、二、七を示す。）

第3章　判決の脆弱性　327

答　この一はみな新田融のつくったもので、二十四個の口です。二十四個の口は
　　蓋も底も少し凹みがあって、最初の二個はそれがありません三はブリキ罐と
　　鉄罐とどちらが爆発力が強いか、忠雄と二人でもう一度試験してみようと相
　　談し、今年四月二十六日姥捨（うばすて）の停車場で両人落ち合って、忠雄
　　の所へゆく途中、亀々山の模様などを見ましたが、昼間試験するには適当な
　　場所がなく中止しましたが、秋までにはまだ余裕があるから、いずれそのう
　　ち場所を選定して試験することにして、鉄錘はそのままにしておきました。
　　この鉄罐は私がつくったものに相違ありません。
　　（必要ならざる問答は略す）
問　四十一年の日記すなわち三、四の上欄に「寄生虫の集合体革命の時は皆殺す」
　　または「殺すべき者」「殺生虫の経歴表」「社会の害物」などを書いたのは誰か。
答　それはみな私が書きました。その年の十一月頃に書いたと思います。
問　新社会には不必要として、印紙税または貨幣明細表の上に書いてあるのも被
　　告が書いたのか。
答　さようです。私どもの主義を行えば、そんなものは不要だというつもりで書
　　いたものです。
問　『無政府共産』の中には天子や大地主を人の血を吸う「ダニ」に比喩したり、
　　天子のない自由国にするのは反逆ではなく、正義を重んずる義士のすること
　　だとか、正義のために命をかけて運動せよとかいうようなことが書いてあるが、
　　被告はこれを読んでだんだん深みにはいったのか。
答　それに相違ありません。
問　十の証拠物は九月以後の日記であるが、九月二十八日に「新村氏来る。一泊
　　す」とあるが、これは誰のことか。
答　それは前に申し上げた通り、新村忠雄がはじめて紀州から明科へ私を訪ねて
　　きて泊ったので、そのとき薬研借入の相談をしたのです。薬研は、これまで
　　九月中に借入れたように記憶しておりましたが、その日記によると十月十二、
　　三日のところに「屋代より荷物云々」と書いてありますから、その点は御訂
　　正を願います。

【43/ 6 /29予審第16回】
問　忠雄が塩酸加里を買入れた薬屋は畑林という店で、昨年八月六日であったと
　　いうことだが、その点はどうか。
答　私の記憶では、塩酸加里の方が鶏冠石よりは遅く届いたように思っておりま
　　したが、八月六日に買入れたというのが事実とすれば、八月一日に塩酸加里

が到着したという手紙を新村に出したと申したのは間違いで、その日は三河から鶏冠石が届いた翌日にあたりますから、新村には塩酸加里を早く送れという催促の手紙を八月一日に出したものと思います。箱の側面に二十九日と書いてあるのは、郵便に関係しない文字だろうと思います。

問　すると忠雄のところへ、塩酸加里を依頼した手紙を何回位出したのか。

答　二回忠雄に申してやったように記憶します。八月一日の手紙はその二回目になると思います。

問　最初の手紙は幾日に出したか。

答　それは覚えておりません。

問　この手紙がそうではないか。

答　この七月十九日の手紙が第一回目であります。七月十九日から八月一日までの間には、忠雄から私に来た手紙はありますが、私からは出していません。

問　証拠物中八月十日の日記に、「紀新村ハー」また「新村手ニ入」とあるのは、どういうことか。

答　その「ハー」というのは、新村に塩酸加里の小包が到着したということを葉書で通知したのです。「手ニ入」というのは忠雄から封書が二通来たことで、その一通は塩酸加里を送ったという通知でしたが、他の一通は何が書いてあったか記憶しておりません。

問　その一通はよく考えてみて、記憶を呼び起すことはできないか。

答　どう考えても思い出せません。

【43／7／1 予審第17回】

問　証人を調べてみると、被告が昨年の天長節に爆裂弾を試験したときに用いた罐はブリキ罐であったというが、どうか。

答　ブリキではありません。亜鉛です。五個つくってもらって、十銭払ったと思います。

問　その罐を被告から依頼されてつくったのは臼田という者で、それを取りに行ったのは石田という見習工であるが、この両人ともブリキ罐だったと申しておるが、どうか。

答　それは両人とも間違っております。私は亜鉛引の罐と言ってたのんだのです。それは製材所で使う油差しを臼田がつくりましたので、それと同じ材料でこしらえてくれと申したのですから、私の申すことに間違いはありません。

問　被告がそのように注文しても先方ではその材料がなかったので、ブリキでこしらえ、それを亜鉛引といって渡したのではないか。

答　私も鉄工でありますから、当時受取ってきたとき、それをみて記憶している
　　ことを申し上げるので、亜鉛引であったに相違ありません。
問　忠雄が爆薬の調合方法や罐の製法を東京のある者に尋ねてくれたというのは、
　　東京の何という人に尋ねてくれたのか。
答　渋谷とかに住んでいる奥宮健之という人に尋ねるのだと、忠雄は申しており
　　ました。
問　それでその結果を忠雄から通知してきたとき、その奥宮という人に聞いたと
　　書いてあったか。
答　七三では弱く、五分五分では強すぎるから、四分六分の調合が一番よい。ま
　　た罐の大きさはこれこれの寸法と書いてきましたが、奥宮から聞いたとは書
　　いてありませんでした。
問　奥宮はどうしてそんなことを知っているのか、そのわけを忠雄は話したか。
答　奥宮は加波山事件とかに加わっていた人だから、爆裂弾のことは知っている
　　と申しました。
問　忠雄から鶏冠石のほかに、塩酸加里と金硫黄とを混合すれば、鶏冠石がなく
　　とも爆裂薬ができると言ってこなかったか。
答　金硫黄などのことは申してきません。
問　それでは今年の一月、幸徳のところで投げる練習をしたときに、金硫黄の話
　　が出なかったか。
答　それはよく覚えておりません。

【43/7/9予審第19回】
問　爆裂弾の製造について実際家の説をきかねば不安だというので、昨年十月下
　　旬新村忠雄に依頼し、忠雄が東京で実際家からきいてその製法を被告に通知
　　した事実は相違ないか。
答　それに違いありません。
問　その製法をどのように忠雄から申してきたか。
答　塩酸加里六分、鶏冠石四分がよいということ、罐は直径八分か一寸位とあり
　　ました。
問　鋼鉄片を入れるということは書いてなかったか。
答　さようなことは書いてありません。
問　塩酸加里に金硫黄を混合するとは書いてなかったか。
答　金硫黄のことは書いてありませんでしたが、その後忠雄が信州へきたとき、
　　鶏冠石の代りに金硫黄を用いてもよいという話をちょっと聞いたように思い

ます。

問　雷粉というものを爆裂弾に用いるということを聞かなかったか。

答　さようなことは聞いておりません。

問　爆裂弾の製法を教えてくれたのは奥宮健之だということを、忠雄から聞いたか。

答　昨年九月中忠雄が信州へきたとき、私が研究した爆裂弾の製法を同人に話しましたところ、忠雄は東京に知っている人があるから、その人に一応きいて手紙で知らせると申しました。それで私はそれは誰かと尋ねますと、渋谷にいる奥宮健之という人だと言いましたから、多分その人にきいて手紙をくれたものと思っておりました。

問　奥宮という人はどんな人物かをきかなかったか。

答　加波山事件に関係して爆裂弾のことを知っているときききました。

問　奥宮は社会主義者かどうかについて聞かなかったか。

答　かつて平民新聞に奥宮の寄稿があったことは知っていますが、社会主義者かどうかはわかりません。

問　奥宮は幸徳の古い友人で、昨年秋頃たびたび幸徳方へ来ていたのだから、幸徳から奥宮に爆裂弾の製法をきき、それを忠雄に伝え、そして忠雄から被告に通知したのではなかったか。

答　それはどうですか知りません。忠雄は自分で奥宮のところへ行って聞いてくると言っていましたが、その後長く手紙がきませんので、忠雄に催促したところ同人から手紙がきたのです。

問　忠雄と奥宮はどうして知っているのか。

答　それらのくわしいことは私にはわかりません。

問　昨年十二月三十一日、被告が罐をもって上京し、幸徳方で投げる練習をしたとき、幸徳か管野から奥宮について何か話が出なかったか。

答　別に奥宮についての話はありませんでした。

問　幸徳は天皇に危害を加える計画について、奥宮の意見をきいたと言っている。このことは同人の取調べではっきりしているのだから、被告も知っていることを安心して申立てよ。

答　私は今日に至っては何事も包まず申立てますが、奥宮のことは、幸徳からも管野からもきいたことは全くありません。

問　被告は奥宮という人物を知っているか。

答　知りません。しかし昨年七月中大井、池田、奥宮などが甲府で国民議会の演説をしたとき、私は傍聴に行って奥宮という人を見ましたが、いま会ってもよくわからないと思います。むろん先方では私のことは知らないでしょう。

【43/ 7 /27予審第20回】

問　四十二年二月平民社で幸徳と面会した際、幸徳から暴力革命の話があったの
　　ではないか。

答　そういう話はありません。

問　そのとき其方は爆裂弾の製法を幸徳にきいたか。

答　ききましたが、幸徳は知らぬと申しました。今から考えますに、当時幸徳は
　　私という人物をよく知っていないので、私の申すことにはすべて不得要領の
　　返事をしていたのであろうと思います。

問　幸徳は四十一年十一月頃、奥宮に爆裂弾の製法を研究してもらったのではな
　　いか。

答　そのようなことはいっこうに存じません。四十二年九月に新村が明科に来た
　　とき、製法を実際家にきいて通知すると言って東京に帰り、その後実際家の
　　説として薬品の分量やその他のことを知らせてきたのです。

【43/10/20予審第21回】

問　同年五月二十五日、幸徳に手紙をやったか。

答　さようです。私は二月十三日幸徳に会ったとき、幸徳の返事が不得要領であ
　　りましたが、同人らは常に無政府共産を出張し、暴力革命を鼓吹しているの
　　ですから、その心中では私の計画に賛成していながら、ただ初対面の私に対
　　して明らかに賛成とは言えなかったのではないかと考えました。それで私は、
　　その後の研究で爆薬の調合もわかったから、主義のために実行するというこ
　　とを書いてやりました。

問　それに対し同月二十八日、管野から返事がきたのか。

答　さようです。幸徳にやった手紙の返事が管野からきました。その文意は、爆
　　裂弾の製造もできるそうだが、女ではあるが自分もその位の決心はもってい
　　るから、今後出京されたときには会って話したいということでした。

問　其方が、松原徳重から爆裂弾の製法をきいたのはいつか。

答　同年五月中旬頃でした。薬品の分量は塩酸加里十匁、鶏冠石五匁の割合でした。
　　それがわかったから幸徳に手紙を出したのです。

問　同年六月十八日、新田と穂高に同道し、塩酸加里のことを話したのか。

答　さようです。そのとき私は塩酸加里を買いたいのだが、売ってくれる店はな
　　いかときいたのです。

問　そのとき塩酸加里の用法を新田に話したのか。

答　それは言わなかったと思います。

問　同年七月五日、爆裂弾用の塩酸加里二ポンドを、染物用と偽わって甲府市の薬店百瀬方から買ったことは相違ないか。

答　相違ありません。

問　同年七月十九日、当時紀州新宮の大石方に滞在中の新村忠雄に宛て、爆裂弾をつくって至尊に危害を加える計画をしているから共にやろう。そして爆裂弾用の鶏冠石は手に入ったが、塩酸加里がないから送ってくれと申してやったのか。

答　さようです。

問　忠雄から塩酸加里一ポンド送ってきたか。

答　さようです。

問　同年九月二十八日、忠雄が其方宅にきて革命の相談をしたのではないか。

答　そのとき忠雄は、幸徳、管野らとともに爆裂弾をつくり、四十三年秋天子通行の際これを馬車に投げつけて斃し、決死の士を集めて東京市内各所に暴動を起し、富豪を襲い、諸官省を破壊し、大臣を暗殺するような話をいたしました。

問　新田には爆裂弾をつくって至尊に危害を加えるということを話し、同人もそれに同意したのか。

答　実は、新田にはそのようにくわしいことは話さず、新田も実行に同意したのではありません。

問　しかし其方は、新田にはくわしく話して賛成を得たと申立てたではないか。

答　最初本件は新田の密告によって発覚したものと思いましたから、私は憤慨のあまり、長野地方裁判所で小原検事の取調べをうけました際、今回の計画を新田にも話し賛成を得ておると申しましたが、当庁にきて河島判事の取調べをうけましたとき、事実を曲げてはよくないと思い、それを取消しました。

問　其方所有の地図の表に、二重橋から櫻田門に出て虎の門、溜池、赤坂田町、一ツ木町、表町を経て青山練兵場に至る道筋に赤インクの線が引いてあるのは何のためか。

答　それは昨年十一月中、東京の新聞紙で天長節に天子が青山練兵場に行幸されたときの道筋を知りましたので、それに印をつけておいたのです。爆裂弾実行のときの場所を選定する準備のためです。

（2）　新村忠雄・予審調書

【43/6/3予審第1回】

問　其方は宮下と相談の上、爆裂弾を製造したことがあるか。

答　私が製造したのではありません。宮下が製造するというので、私が薬研を借りてやりました。

問　薬研を借りてやった顚末を申立てよ。

答　私は四十二年九月に帰郷しましたとき、明科の宮下を訪ねましたところ、宮下は社会の人が天皇を神だという迷信をもっている。そのために我々が社会主義を説いても信用しない。それで爆裂弾をつくって天皇に投げつけ、その迷信を覚醒させなくてはならぬと思っている。ついてはその爆裂弾をつくるのに薬研が必要だから、一個買ってくれないかと申しました。私は買うのは危険だから借りてやると言い、私がかつて英語を教えてもらった小県郡東塩田村小学教員有賀信義の妻西村八重治が薬研をもっていることを知っていましたので、私は八重治に会って薬研を貸してくれと申しましたところ、いま他に貸してあるから取戻して用立てると申しました。それで私は知人の柿崎嘉六に西村方から薬研を取ってきてくれと依頼し、その後十月中に出京しましたので、書面で兄の善兵衛に、もし嘉六が薬研を持ってきたら、それを宮下方に送ってくれとたのんでやりました。

問　西村八重治はそのときどこにいたか。

答　実母の病気看護のために私の隣村埴生村の実塚に帰っておりました。

問　爆裂弾のことは昨年夏、其方が紀州にいるとき宮下から申してきたのか。

答　私が大石方に滞在中、宮下から手紙で爆裂弾をつくるということを申してきました。しかしその目的については何も書いてありませんでしたから、いずれ会って相談しようと返事を出しました。

問　その後其方は、宮下の計画に同意したのか。

答　私は今年二月五日帰郷し、六日に宮下方を訪問して一泊しました。そのとき宮下は爆裂弾はいつでもできるようになったから、本年十一月三日の天長節に、天皇が青山練兵場の観兵式に行幸されるとき爆裂弾を投げつけようと申しました。私は天長節は警戒が厳重だから、むしろ他の日を選んだ方がよいだろうと申しましたので、宮下も秋になってよい機会に実行しようと申したのです。実は私は宮下の計画に同意しましたが、一方では元首を斃すような非常手段は、かえって社会の誤解を招き、社会主義の伝道のために不利益になりはしまいかということも考えておりました。

問　それでは、其方は宮下の計画に同意したのではないのか。

答　同意はいたしました。しかし多少の不安もあったのです。宮下はぜひこの計画を実行せねばならぬと、その決心は非常に堅固でしたが、私は前に申しま

したような考えもあり、またいろいろの事情のため、宮下ほどの固い決心は
なかったのです。

問　二月に宮下方に行ったとき、其方は爆裂弾を見たか。

答　爆裂弾は見ませんが、錐が二個宮下方にあったのを見ました。

問　そのときはすでに爆裂弾ができていたのではないか。

答　宮下はまだ爆裂弾はできていないが、薬品はととのえてあるから、いつでも
できると申しておりました。

問　五月十四日宮下方へ行ったとき、すでに爆裂弾はできていたのか。

答　宮下は薬品はととのっているが、調合しておくと爆発するおそれがあるから、
調合せずに清水太市郎方に預けてあると申しました。

問　その当時、試験的に薬品を調合して爆裂弾をつくっていたのではないか。

答　よく存じません。

問　宮下は爆裂弾をつくって試験してみると言わなかったか。

答　本年二月宮下を訪問したとき、同人は昨年十一月三日の天長節の日に、ある
山に行って試験をしたところ、非常な音響を発し、煙が出て呼吸がつまるよ
うで逃げて帰った。効力は十分だと申しました。

【43/6/5予審第2回】

問　大石方に滞在中、宮下から書面がきたことは相違ないか。

答　相違ありません。同年六月頃宮下から手紙がきて、いよいよ爆裂弾をつくる
から会って相談したいということでした。

問　その手紙は大石に見せたか。

答　その手紙がきて二、三日たって、雑談のとき大石に見せました。すると大石
はただ「フン」と言っただけで、別に何とも申しませんでした。

問　大石が「フン」と言ったのはどういう意味か。

答　宮下が爆裂弾をつくるなどと言っても、大したことはできないと軽蔑してい
たのだろうと思います。

問　大石は宮下の爆裂弾の計画は知っていたのか。

答　私はその前に、宮下が爆裂弾をつくって天子を斃す計画をしていると話した
ことがありますから、知っておりました。

問　それから帰郷したのか。

答　同年九月十五日帰郷しました。そして宮下を訪ね、管野と相談したことをく
わしく話しましたところ、宮下もそれを承知し、爆裂弾をつくるについて薬
研を買ってくれと言いましたから、私は買うよりは借りてやろうと言い、前

回申しましたように西村八重治から借りてやることにしました。
問　その後また東京に出たのか。
答　九月三十日に出京して平民社にゆき、宮下と打合せたこと、薬研を借りることにしたことも管野に話しました。その後も管野とは始終この計画について相談し、ロシヤでアレキサンダー二世暗殺のとき、ソフィヤという女の人が合図役をやったから、管野にも合図役がよいと申しました。同女は十月八日脳病で卒倒し、加藤病院に入院しましたので、私は隔日に病院にゆきました。そして十一月はじめ、宮下が爆裂弾を信州の山中で試験したことも管野に告げました。
問　古河に本件の計画を話した顛末を申述べよ。
答　古河はときどき平民社へ来ましたので、昨年秋頃からその話をいたしました。本年一月五日から幸徳は病気で寝ておりました。そして一月二十三日に古河が平民社にきましたので、別室で、宮下が爆裂弾をつくったから、いよいよ管野、古河、宮下、私と四人で実行しようときめました。その役割は、古河はからだが小さく警察の注意をひくことが少ないから、天子通行の道筋を調べて四人の位置をきめること、管野は合図役ということにし、四人が各自に爆裂弾をもって適宜に馬車に投げつけ、目的を達しようと相談しました。
問　それから直ちに帰郷したのか。
答　私は昨年八月末大石方を宏るとき、家族の人や子供たちが私に馴染んでおりまして、別れにくかったのです。それで、都合がつけばまた来るからと言って帰ったのです。すると本年一月末だったと思いますが、大石からまた来てくれと手紙がきました。しかし私はすでに宮下・古河らと計画の実行を決心しておりましたので、その旨を手紙に書いて、ゆけないと返事を出しましたが、その手紙とゆき違いに大石から、他にも医者ができて仕事もさほど忙しくないから、こなくてもよいという手紙がきました。それで私は三月五日郷里に帰りました。
問　郷後はどうしたか。
答　それから宮下方に行き、一月二十三日平民社で管野、古河らと協議したことを宮下に話し、もう　度爆裂弾の試験をしようと申しましたが、雪が降りだしてついに試験することができず、宮下方に二泊して帰宅いたしました。

【43/6/6予審第3回】
問　四十二年二月平民社で宮下と会ってから、書面の往復をしたか。
答　同年三月中亀崎の宮下に宛て、自分は名古屋の方に遊びにゆくから、そのと

き君に面会したいという葉書を出しましたところ、宮下は九州に出張してい
るという返事がきました。それで私はこれから一ヵ月ばかり新宮にゆくが、
その帰りに亀崎に立寄るから、九州から帰ったら知らせてくれと言ってやり
ました。それから同年六月中、宮下から突然新宮へ爆裂弾云々のことを言っ
てよこしたのです。

問　大石は宮下から其方にきた手紙を見て、爆裂弾をもって至尊に危害を加える
　　という計画を知り、これに同意したのではないか。

答　さようではありません。大石の心中はよくわかりませんが、彼はただ「フン」
　　と言っただけです。それで私は甚だ不満に思い、紀州南牟婁郡坂松原の僧侶で、
　　同主義者である峰尾節堂に対し、大石は新聞などにはよく書いているが、主
　　義のためには冷淡で、何か運動をやろうとしても仲間には入らないと話した
　　ことがあります。

問　新宮からの帰途亀崎に立寄ったか。

答　その頃宮下は、すでに信州へ行っておりましたから、立寄りません。

問　其方は大石誠之助宅に、いつからいつまでいたのか

答　四十二年四月一日から八月二十日まで滞在いたしました。

問　其方が大石に対し、宮下の計画を話したのはいつか。

答　大石方へ行ってから四、五日たってからです。東京の様子を話しているうち
　　にそのことに触れましたので、その話をしたのです。私は、幸徳から宮下が
　　爆裂弾をつくって元首を斃そうと計画していることをきいたと話しました。

問　その後宮下から、いよいよ爆裂弾をつくるという手紙がきたので、それを大
　　石に見せたのだな。

答　さようです。

問　その後大石に爆裂弾のことを手紙で言ってやったか。

答　さようです。本年一月末か二月はじめです。私はいま一度貴家へゆく約束で
　　あったが、ある人が爆裂弾をつくって社会主義のために運動することになっ
　　ているから、自分もこれに加わるために一応信州に帰らねばならぬ。それで
　　貴家へはゆくことができないという書面をやりました。それとゆき違いに大
　　石から、新宮には新たに一人の医者が開業したので、自分のところにも影響
　　して閑（ひま）になったから来なくてもよいという手紙がきました。私は大
　　石が私を危険に感じて、そんな手紙をよこしたのではないかと考えました。

問　其方が本年一月か二月中に、爆裂弾運動に加わるということを大石に申して
　　やった頃、宮下はすでに爆裂弾をつくっていたのであろう。

答　宮下が一回実験したあとでありましたが、薬品を調合しておくのは危険です

から、鶏冠石と塩酸加里とを別にして持っており、いつでも調合できるように
なっておりました。

【43/ 6 / 9 予審第 4 回】
問　宮下が爆裂弾をつくり、その試験をしたことは、当時幸徳も知っていたので
　　あろう。
答　それは幸徳も知っていたのです。

【43/ 6 /10予審第 5 回】
問　四十二年九月中、幸徳、管野、其方らと平民社で相談したことをくわしく申
　　してみよ。
答　第一が四十三年秋頃天子の通行する途中に爆裂弾を投げつけること、つぎに
　　それと同時に同志二、三十人を集めて各自爆裂弾をもって各所に暴動を起し、
　　監獄を破壊して囚人を解放し、あるいは大臣を斃し、官庁を襲うというよう
　　な相談をいたしました。
問　其方はその相談の結果を信州に帰って宮下に伝えたのか。
答　さようです。九月十五日信州に帰り、宮下に話して同意を得ました。そのと
　　きは爆裂弾製造についての打合せもあったのです。そして私は薬研の借入れ
　　にも尽力してやりました。
問　四十三年十一月三日の天長節に決行しようという相談があったのか。
答　そういう話もありましたが、天長節は警戒が厳重だから、他の時期を選ぶこ
　　とにしました。
問　宮下から爆裂弾の試験の結果を通知してきたのはいつか。
答　昨年十一月三日の天長節に試験したところ大成功であったと喜んで、同月五、
　　六日頃手紙がきました。それで同人は四十三年の天長節に決行しようと申し
　　たのですが、前に申しました通り他の日を選ぶことにしたのです。
問　宮下から通知してきた試験の結果は、幸徳にも話したのか。
答　話しました。

【43/ 6 /25予審第 7 回】
問　其方は四十二年七月に塩酸加里を宮下に送っているな。
答　さようです。小包便で送りました。
問　それはどうしてか。
答　宮下から爆裂弾をつくるについて、鶏冠石はあるが塩酸加里がないから送っ

てくれという手紙がきましたから、その手紙を大石に見せ、取引先の薬店から買って送りました。

問　そのとき大石に、爆裂弾をつくって至尊を斃す計画から塩酸加里が必要なのだということを申したのか。

答　そのときは申しませんが、その前から今回の計画のことは大石に話してありましたから、大石はもちろん使用の目的は知っていたと思います。

問　其方は爆裂弾の薬品の割合を宮下に知らせてやったか。

答　さようです。昨年秋頃宮下に四と三の割合だと知らせました。

問　誰からそれをきいたのか。

答　幸徳からききました。

問　昨年八月紀州から東京に帰り、それ以来本件に関して相談したことをすべて大石に通知したか。

答　特にそれだけを通知したというのではありませんが、大体は通知しました。

【43/6/27予審第8回】

問　其方は宮下に、爆薬調合のことを幸徳からきいて知らせたに相違ないか。

答　相違ありません。

問　幸徳はそれを奥宮からきいたのではないか。

答　昨年九月私が信州へ帰って宮下に会ったとき、爆裂弾の製法についてまだよくわからぬと宮下が申しましたから、それでは私が東京に出て調べてくると言って別れたのです。

問　それからどうしたか。

答　私が東京に来て幸徳と管野に、宮下は爆裂弾の製造に苦心しているが、実験家からくわしくききたいと言っていると申しました。すると幸徳は、奥宮は爆裂弾について経験があるからきいてやると申しました。その後十月二十日過ぎ、奥宮が管野の病気見舞いに平民社にきたとき、幸徳は同人を四畳半の部屋につれてゆき、その製法などをきいたのです。そして奥宮が帰ってから私を六畳の部屋に呼んでそれを話してくれたのです。

問　そのとき幸徳からきいた製法はどんなことか。

答　薬品は鶏冠石四、塩酸加里山六の割合である。あるいは五と五でもよいときききましたから、これを宮下に知らせ、経験家の話であるから大丈夫だと言ってやりました。

問　幸徳は奥宮に今回の計画をくわしく話したのか。

答　それはよくわかりません。

問 宮下に奥宮からきいたと言ってやったのか。

答 それは申してやりません。しかし本年二月私が信州に帰って宮下に会ったとき、加波山事件に関係した奥宮という人に会ったと話しましたから、宮下はその人からきいたものと推察したかも知れません。

【43/ 6 /29予審第9回】

問 宮下から大石方の其方に塩酸加里を送ってくれと言ってきた手紙は、昨年八月一日付であったか。

答 さようであったかも知れませんが、よく記憶しておりません。

問 明科と新宮との間は郵便物が何日ぐらいかかるか。

答 不便な土地ですから、五日ぐらいかかるときがあります。

問 新宮の薬種店畑林新十郎は、昨年八月六日に塩酸加里一ポンドを大石に売り渡したと言っているが、それに相違ないか。

答 日ははっきり覚えておりませんが、そうであったかも知れません。

問 その塩酸加里は其方が畑林へ取りに行ったのか。

答 さようです。内証で買って送るのですから、大石の家人にも知らせぬように買ったのです。ただ大石誠之助は知っておりました。

問 畑林から大石にきている通帳には記入してないのか。

答 それは存じません。私は通帳を持ってゆきませんでした。

問 右の薬品を八月七日に小包郵便で送ったとすれば、同月十日頃に明科に着いていることになるか。

答 船便などの都合がよければ、その頃に着いていると思います。

問 この小包にした箱の外側に紙片が貼ってあって、二十九日という字がみえるが、これは何か。

答 それは大石方の土蔵内にあった古箱を小包用に使いましたので、その紙は前からついていたものです。

【43/ 6 /30予審第10回】

問 宮下のこの手帳によると、宮下から昨年七月十九日と八月一日に其方に手紙を出しているようであるが、その二通とも塩酸加里を請求したものか。

答 そうであったかも知れません。

問 八月十日に其方から宮下宛の手紙が二通届いているようであるが、どうか。

答 塩酸加里のことは承知したという手紙と、それを送ったという手紙を出したかも知れませんが、よく覚えておりません。

問　其方は本年三月中宮下から社会主義の本を受取り、これを兄善兵衛にやったのではないか。

答　兄にやったのではありません。本年三月宮下に会ったとき、宮下は君とあまり往復すると怪しまれるから、なるべく遠ざかるようにしよう。また自分は社会主義をやめたということを人々に言っているから、主義の本など持っていては都合がわるい。それで君の方へ持っていってくれと申しましたから、同人のところにあった主義の本十四、五冊持ち帰って、私の居間に置いたのです。

問　宮下がすでに死を決していたので、その所持の本を善兵衛に遣わしたのではないか。

答　そうではありません。私がその本を持って帰りましたら、兄は「つまらぬものだ」と申しておりました。

問　この手紙によると、西村に薬研を返してくれと兄に依頼しているが、兄は返してくれたのか。

答　兄に返してくれとたのんでやりましたが、返してくれませんでしたから、本年二月私が帰郷したとき、夜分返しにゆきました。

問　この手紙のなかの詩と歌は、幸徳が善兵衛にやるために作ったのか。（このとき口号の六二を示す。）

答　そうではありません。幸徳が前に作っていたもので、それを私が書いてくれとたのみましたが、君はいつも一緒にいるからいいではないかと申しました。それで私は兄にやるのだからと言いますと、幸徳は小さな紙に書いてくれたのです。その紙は私の荷物のなかにあったのですが、どうなったかわかりません。

問　この手紙によると、其方が兄に密をうちあけているようであるがどうか。

答　一見疑わしいような手紙ですが、兄には今回の計画については決して話してはおりません。手紙のなかに「家宅捜索が来る」というのは、当時『自由思想』密発送のことが調べられていて、あるいは大石宅も捜索をうけるのではないかと思いましたから、そのことを書いたのです。また「密云々」とあるのは、私は大石方で薬局生をしているのではなく、実は社会主義の本の翻訳をやっているのだと兄に知らせてやったのです。「目下の仕事云々」というのもそのことです。当時はまだ宮下へ塩酸加里を送る前ですから、兄に今回の計画のことなど言ってやるはずはありません。

なお申し立てますが、社会主義者は常に政府から注意されていますので、往復の手紙などはみな破って捨てるのです。しかるに兄は私からやった手紙な

どは全部保存しております。このことからも兄は社会主義者でないという御推測がいただけると思います。

【43/7/5予審第11回】

問　同年四月上旬に其方が紀州に行って、宮下という者が爆裂弾をつくって至尊に危害を加えるという計画があるということを、大石に話したに相違ないか。

答　それは話しました。しかし大石はそれについて可否の意見は申しませんでした。

問　大石が其方から宮下の計画をきいて、冷笑したようなことはなかったのであろう。

答　さようです。冷笑などしなかったのです。私ははじめ大石を庇護するために冷笑したように申したのです。

問　同年七月十九日付の手紙で、宮下から爆裂弾をつくって元首に危害を加える計画だからそれに同意してくれ。そして爆裂弾に使う鶏冠石はあるが、塩酸加里がないから送ってくれ、と申してきたか。

答　その手紙の日付は記憶しませんが、七月頃そういう手紙がまいりました。

問　同年八月一日付の手紙で、宮下からまた同様の主旨を申してきたか。

答　さようです。

問　その手紙を大石に見せ、その許しを得て、塩酸加里一ポンドを畑林から買って宮下に送ったのか。

答　さようです。

問　当時大石方には塩酸加里の買置きはなかったのか。

答　買置きがなかったわけではないのですが、家人にも密にしたいと思って、薬局の品は送らなかったのです。

問　大石は宮下の手紙をみたのだから、その用途を承知していたのだな。

答　それは承知していました。

問　同年八月六日畑林からそれを買い、翌七日小包にして出したのか。

答　さようです。

問　それから平民社に帰り、幸徳と今回の計画について相談したことも相違ないか。

答　相違ありません。

問　また同年九月中平民社で、幸徳、管野らと今年秋に計画を決行するときめたことも相違ないか。

答　それも相違ありません。

問　同年九月中幸徳や管野と協議した結果を、其方が信州に帰って宮下に、伝えたことも相違ないか。

答　相違ありません。

問　そのとき宮下に薬研を借りてやる約束をいたしたか。

答　さようです。そして西村方へ行って薬研を貸してくれと申したのですが、他
　　へ貸してあるというので、柿崎嘉六にたのんでおいたのです。

問　そのとき兄に薬研の用途を話したのではないか。

答　それは話しません。私が東京に来てから兄に手紙で、柿崎が薬研をもってき
　　たら、すぐ宮下へ送ってくれとたのんでやったのです。

問　本年二年中其方が信州へ帰って薬研を西村に返したのか。

答　兄に、宮下から薬研を返してきたら西村へ返却してくれとたのんでおいたの
　　ですが、本年二月私が帰宅してみるとまだそのままありましたから、私が西
　　村方へ返しにゆきました。

問　最初に薬研のことを兄にたのんだとき、宮下が爆裂弾をつくるのだというこ
　　とを知らせたのであろう。

答　さようなことはありません。用途については何も言ってやらなかったのです。

問　しかし善兵衛は薬研の用途を知っているようであるが、どうか。

答　私は兄に、薬研の用途については何も話してなかったのですから、兄は何気
　　なく宮下に送ってくれたのです。しかるに今回兄が私共の共犯として拘禁さ
　　れているのは、兄に対して申しわけがないのです。ただ本件について兄が知
　　っているのは、本年二月私が帰宅したとき、兄が薬研は何に使ったのかとき
　　きましたので、そのときはじめて宮下が備かの運動のために爆裂弾をつくっ
　　たのだと申しました。

問　それでは兄は宮下が爆裂弾をつくったということを、本年二月に知ったのか。

答　さようです。二月にはじめて知ったのです。そのとき兄は「それは大変だ。
　　お前がそんなことに関係してはいかん」と申しましたから、私は自分はそれ
　　には関係していない。本年秋には外国にゆくから安心してくれと兄をだまし
　　ておいたのです。兄はそのとき、私からたのんで、宮下が明科の製材所に雇
　　われるとき保証人になったことを後悔していました。

問　西村から借りた薬研はこれか。

答　さようです。

問　同年九月中奥宮が平民社にきたとき、幸徳は奥宮に今回の計画を話し、その
　　意見をきいたのではないか。

答　昨年九月、私が信州に帰っていた当時、奥宮が平民社にきたそうですが、幸
　　徳との間にどんな話があったかは存じません。

問　同十月中幸徳が奥宮に爆裂弾の製法をきいたとき、その後十四、五日たって

奥宮からその返事があったのではないか。

答　そのようにきいております。そして幸徳から製法をきき、それを私から宮下に通知したのです。

問　奥宮の報告では金硫黄を用いるというのではなかったか。

答　それは存じません。私は幸徳から鶏冠石と塩酸加里とききました。

問　奥宮は鋼鉄片も入れると言わなかったか。

答　あるいはそのような話があったかも知れませんが、鉄片を入れるということは、その以前から私共は知っておりました。

問　本年四月二十六日、宮下と姥捨（うばすて）停車場の附近で爆裂弾の試験をしようとしたのか。

答　管野からもう一度試験したほうがよいという手紙が宮下にきましたので、宮下から姥捨停車場まで迎えにきてくれと言ってきました。それで私は同停車場で宮下を待ち、二人でその附近を視察しましたが、適当な場所がないので中止し、私宅に帰って昼食を共にしたのです。

問　同五月中武田真亀太というキリスト信者が其方宅にきたとき、其方ら兄弟が同人に社会主義を説いているではないか。

答　それは四月頃と思います。しかし兄は別に社会主義を説いたのではありません。

問　同五月中宮下から、上封を善兵衛宛にし、中を其方・宛にした手紙が二通きているであろう。

答　まいりました。その一通は宮下が煩悶していることがあるから私にきてくれというものでした。それで宮下方にゆきますと、細君についての問題でした。もう一通は私が出発したあとへきたもので、それには来てくれなくてもよいという手紙でした。

【43/ 7 /20予審第12回】

問　其方が大石方に滞在中、幸徳に薬品を送ったか。

答　腸の薬をたびたび送りました。

問　紀州の同志の状況などは、帰京後幸徳や管野に話したか。

答　さようです。すべて話しました。

問　帰京後東京の状況を大石に知らせたか。

答　知らせました。帰京後の昨年九月、平民社で幸徳・管野らと爆裂弾運動の相談をしたこと、宮下が十一月三日爆裂弾の試験をして好結果を得たこと、また本年一月一日と同二十三日平民社に会合したことなど、すべて大石に知らせました。なお本年四月中宮下が私のところにきて、五月一日に爆裂弾の再

試験をしようと約束しながら、同十四日至急私にきてくれという手紙がきたので宮下方にゆくと、宮下は細君のことで煩悶しており、そして清水太市郎に今日の計画を打明け、われわれの手紙までも見せたと申しましたから、そのことも大石に知らせました。

問　右のことは、そのときどきに大石に知らせたのか。

答　さようです。

問　清水太市郎のことは幸徳にも知らせたか。

答　幸徳にも知らせました。私は結果のいかんにかかわらず、幸徳と大石は先輩ですから、今回の計画はすべて両人の耳に入れておきたいと思ったのです。

【43/ 8 /26予審第14回】

問　四十二年九月郷里に帰る途中明科へ立寄ったか。

答　さようです。その後も明科に行っております。

問　其方の兄善兵衛は、明科に宮下太吉という社会主義者がいることを知っていたか。

答　私は兄に宮下という社会主義者が明科にいるが、きわめて温順な男だと申したことがあります。

問　兄が薬研を送ったとき、宮下がそれで爆裂弾をつくるのだということを知っていたようだが、どうか。

答　そんなことはないはずです。

問　兄は其方が紀州から出した手紙で、其方らが革命の意志をもっていることを知っていたのであろう。

答　それは知っていたかも知れませんが、兄はいつも革命などは容易にできるものではない。温和な手段をとらねばならぬと申しておりました。

問　其方は兄に暴力革命を起すのだと言ってやったのか。

答　そのようにはっきり申してやったのではありません。ただ漠然と革命が必要だと言ってやったのです。

【43/10/17予審第15回】

問　同年三月二十九日幸徳方を出発して四月一日紀州の大石方に行ったことに相違ないか。

答　相違ありません。

問　同年四月上旬、大石に宮下が爆裂弾をつくって至尊に危害を加える決心をしているということを話したことも相違ないか。

答 相違ありません。幸徳からきいた事実を話しました。

問 同年七月十九日付の手紙で、宮下から、爆裂弾をつくって天子に危害を加える計画をしたから同意してくれ。そしてそれに必要な鶏冠石は手に入ったが、塩酸加里がないから送ってくれといってきたのか。

答 さようです。

問 その手紙は大石に見せたか。

答 見せました。すると大石は畑林薬店からとって送れといいましたから、私は八月六日畑林から塩酸加里一ポンドをとりよせ、夜分大石宅の裏座敷で小包をつくり、翌七日宮下宛に発送しました。

問 八月一日付の宮下の手紙には、爆裂弾をつくって至尊に危害を加えるということは書いてなくとも、大石は塩酸加里の用途は知っていたのか。

答 それは知っております。私は四月中その事情を話していたのです。

問 其方は最初宮下から六月中に爆裂弾運動の手紙がきたと申したが、それは七月十九日の間違いか。

答 さようです。

問 同年九月上旬平民社で幸徳、管野、其方の三人で、宮下とともに四十三年秋頃至尊通御の際爆裂弾を投げつけて危害を加え、同時に決死の士を集めて各所に暴動を起し、監獄を破壊し囚人を解放し、大臣を暗殺して革命を起そうという相談をしたことは相違ないか。

答 相違ありません。そして天子を斃すということは主として私が主張しました。

問 右相談の結果は古河力作にも話して同意を得たか、

答 さようです。昨年秋頃たびたび古河に話して同意を得ておりました。その月日はよく記憶しておりません。古河には主として私が交渉したのです。

問 同年九月十五日東京を出発して信州に帰ったのか。

答 さようです。

問 そのとき明科の宮下を訪問して東京での相談の結果を報告したのだな。

答 さようです。天子を斃し、革命を起そうということを申しました。宮下も同意しましたが .宮下は世人の迷信を醒ますために天子を斃すのが第一だと言い、革命ということには重きをおかなかったようです。

問 そのとき宮下は鶏冠石を粉末にするのに薬研を買いたいと言ったのか。

答 宮下は薬研を買ってくれと言いましたが、私は買うのは発覚の恐れもあるし、それに新しい薬研では鶏冠石を粉末にするとき発火する心配もあるから借りてやろうと言いました。そして西村八重治に交渉したのですが、他に貸してあるということでしたから、柿崎嘉六にあとから西村方に取りにゆき、兄の

ところに届けてくれとたのんだのです。それで私は出京後兄に、柿崎が薬研を届けてきたら宮下に送ってくれと手紙で依頼しておきました。

問　其方は昨年九月帰郷したとき、宮下は社会主義者だが至極温順な男だと話したことは相違ないか。

答　さようです。宮下は社会主義者ではあるが至極温順で、職工には稀な堅い男であると言い、今回の計画については兄には何も申しませんでした。

問　革命運動の資金を調達する用件もかねて、信州に帰ったことは相違ないか。

答　さようです。資金は私と管野とで総額一万円以上は調達するという話でしたが、工藤六太郎に会うことができなかったために金策ができませんでした。

問　なおそのとき宮下は、爆裂弾の製法を実験家にきいてもらいたいと申したのか。

答　宮下は爆裂弾の製法を研究中だがよくわからぬから、誰かにきいてくれと申しましたので、実験家にきいてやろうといって帰りました。

問　同年十月中管野、幸徳らにそのことを話し、幸徳から奥宮に依頼してその製法を調べてもらい、それを幸徳からきいて宮下に通知したことは相違ないか。

答　相違ありません。

問　その製法はどんなことか。

答　罐の大きさは長さ二寸位、直径一寸位ということで、私はそれを原稿用紙に描いてやりました。また薬品は鶏冠石四と塩酸加里六の割合、あるいは五と五でもよく、それに鉄片を入れるということでした。

問　昨年秋頃福田武三郎と百瀬晋が平民社にきていたであろう。

答　さようです。裾田は七月十五日から、百瀬は八月二十五、六日頃からきていて、十月四日に引越しました。

問　福田、百瀬らに今回の計画を話したのか。

答　さようなことは話しません。

問　福田が移転する晩に何か話しているではないか。

答　十月四日の昼私は百瀬の引越しの手伝をしたのです。その夜福田が帰ってきて、百瀬が一人引越したことに不平を言いましたから、私はいろいろなだめましたが、革命とか暴動とかいう話はしなかったと思います。

問　同十一月五、六日頃宮下から、十一月三日爆裂弾の試験をしたが、その結果は良好だったという手紙がきて、それを幸徳と管野に話したか。

答　さようです。

問　幸徳は、奥宮に暴力革命の計画があることを話して、爆裂弾の製法をきいたのではないか。

答　昨年十二月中と思いますが、幸徳は私に、奥冨には暴力革命の計画があると

いうことを話して爆裂弾の製法をきいたのであるが、奥宮は東京市内を騒擾する位に考えていたらしいと言っておりました。

問　この手紙を知っているか。（同号の七五号を示す。）

答　それは同年十一月中兄にやったものです。

問　この手紙に「ここ数ヵ月のうちに生等も新方面に出るかどうか云々」また「新機運云々」とあるのはどういうことか。

答　ここしばらくの間に革命の機運が熟するであろうという意味を書いたのです。

問　同（四十三年）二月六日宮下方にゆき、七日まで滞在したか。

答　さようです。

問　そのとき、一月二十三日平民社で協議したことを報告したのか。

答　報告しました。そして爆裂弾の再試験をやってみようと言いましたが、宮下は第一回の試験でその効力を確信していると言い、それに雪が降りましたので中止しました。

問　同四月二十三日に、爆裂弾の再試験をするために姨捨停車場で宮下と落ち合ったのではないか。

答　そうではありません。手紙では見られる恐れがあるから、姨捨に落ち合って試験の時期その他のことを相談したのです。

（3）幸徳秋水・予審調書

【43/ 6 /11予審第 2 回】

問　同年九月其方宅で管野、新村などと爆裂弾をもって尊通御の際に危害を加えるという相談をしたか。

答　別に改まって相談したというわけではなく、当時そのようなことはときどき話題になっていたのです。

問　四十三年秋その計画を実行するという話であったか。

答　そのような話もありましたが、はっきりきまったわけではありません。

問　其方も決行に同意したに相違ないか。

答　そのときは同意しました。

問　古河はその相談に加わらなかったか。

答　よく覚えておりません。何分改まって会合して相談したというわけではありませんから、記憶が正確ではありません。

問　しかし忠雄は、右の相談の結果を信州の宮下に伝えたと言っているが、どうか。

答　忠雄が、信州に帰って宮下と相談するということは、申していました。

問　その後、古河にも右計画の相談をしたか。

答　覚えておりません。

問　同年十一月五、六日頃、宮下から、爆裂弾の試験をしたところ成功したと知らせてきたか。

答　宮下から忠雄にそのようなことを申してきたようです。

問　其方もそのことを忠雄からきいたのか。

答　さようです。

【43/6/28予審第4回】

問　昨年十月中管野が病気で寝ていたとき、奥宮は其方宅に見舞いにきたか。

答　さようなこともあったと思います。

問　そのとき其方は、四畳半の部屋で奥宮と会ったのか。

答　さようです。

問　そのとき奥宮から爆裂弾の製法をきいたか。

答　ききましたが、はっきりした答はなかったと思います。もっともその頃、ときどき奥宮と雑談の間に爆裂弾の話もしたように思います。

問　奥宮は爆裂弾の錐の長さについて話してくれたか。

答　拇指と人差指をひらいて、この位であろうと申したように思います。何でも長さ一寸五分か二寸位なものであったようです。

問　錐の直径は。

答　きいたかどうか、よく覚えておりません。

問　鶏冠石と塩酸加里の分量もきいたか。

答　覚えておりません。しかし私は、その分旦墨は以前から知っておりました。

問　どうして知っていたのか。

答　幼少の時から、ときどき人からきいて知っていたのです。

問　新村忠雄は其方から鶏冠石四、塩酸加里六、あるいは五と五の割合でもよいということをきいたと申しているが、どうか。

答　記憶がありません。

問　其方は、奥宮からきいて爆裂弾の製造法を忠雄に話したのではないか。

答　私はそのようなことはかねて知っていましたから、奥宮からきいたことと総合して忠雄に話したかも知れません。

問　忠雄は其方の話をきいて、それを宮下に報告したのか。

答　そうだろうと思います。

問　奥宮にそのことをきいたのは、管野や新村から依頼されたのか。

答　さようです。

問　奥宮は爆裂弾の製造について経験があるのか。

答　同人は名古屋事件などに関係していましたから、経験があるだろうと思っていましたが、案外知識がないようでした。

問　其方は暴力革命が必要だということを、奥宮に話したことがあるか。

答　私は将来において暴力革命が必要だということは、ときどき人に話しておりましたから、奥宮にもそのようなことを話したであろうと思います。しかしいつ、どこでという具体的なことではなかったと思います。其方自身が暴力の革命をやると話したことはないか。そのように明白に申したことはないと思います。

問　明白ではなくとも、その意味のことは話したであろう。

答　暴力の革命が必要であるから、その準備をしておかねばならぬと考えていましたから、その程度のことは話したかも知れません。

問　奥宮に、その程度のことは話したのか。

答　奥宮にも話したと思います。

問　その暴力革命の準備として、奥宮に爆裂弾の製法をきいたのか。

答　さようなわけではありません。

問　昨年十二月頃忠雄は其方宅にいたか。

答　おりました。

問　そのとき忠雄に、奥宮に暴力の革命をやるについて爆裂弾が必要だからと言って、その製法をきいたと申したか。

答　記憶がありません。

【43/6/30予審第5回】

問　奥宮健之は、其方から爆裂弾の製法をきかれたので、ある人に尋ねて報告したと申しているが、どうか。

答　奥宮がそのように申しているのなら、やむをえませんから事実を申し立てます。私は自分が依頼して研究してもらったのですから、奥宮に迷惑をかけるのは心苦しく思いました。

問　それでは奥宮に依頼した顛末を申し立てよ。

答　昨年九月中旬と思いますが、奥宮が私宅にきましたとき、爆裂弾をつくって元首に危害を加えるものがあったとしたら、どんな結果になるだろうかと研究的に奥宮の意見をききますと、同人は現今は以前と違いそのような過激なことをしてはいかんと、反対の意見を申しました。私はこれに対しては、別

に何とも言いませんでした。その後同年十月中にまた奥宮がまいりましたので、田舎で暴動を起すために爆裂弾をつくりたいと言っている者があるが、その製法を知っているなら教えてもらいたいと申しますと、同人は自分はその知識はないから誰かにきいてやろうと言って帰りました。それから十四、五日たって、多分管野の病気見舞いにきたときと思いますが、そのとき製法を教えてくれました。

問　昨年十月中奥宮に爆裂弾の製法を尋ねたのは、忠雄が信州から出京して其方にそれを依頼したからか。

答　さようです。

問　それでは奥宮には、信州の宮下が爆裂弾をつくろうとしていることを話したであろう。

答　奥宮は宮下を知っているわけではありませんから、宮下ということは申しません。ただ信州人が位に話したかも知れません。

問　暴動というのは暴力の革命のことか。

答　革命というような大きなことではありません。

問　奥宮にはただ暴動と言っただけか。それとも其方の計画を明らかに告げたのか。

答　暴動と言っただけです。

問　しかしその当時、すでに其方らの間では至尊に危害を加えるという計画をしていたのであるから、その事情を奥宮に打明けて爆裂弾の製法をきいたのであろう。

答　そういうことは全く話しませんでした。

問　奥宮は、昨年九月中すでに其方から、爆裂弾をつくって至尊に危害を加える者があったらその結果はどうであろうかという質問をうけているのであるから、その後に爆裂弾の製法をきけば、同人はすぐその使用目的を推察したであろうと思うが、どうか。

答　いや、そうではありません。元首に関する話をしたときは奥宮は反対したのです。その後十月中に、ただ暴動ということを言ったのです。なお申し立てますが、当時私共に対する政府の迫害が甚しく、それに対抗して何かやろうという考えは始終もっていたのですから、奥宮と会えばいろいろ主義上の話をしていたのです。元首云々の話をしたときには暴動とか爆裂弾とか申したのではないのですから、前の話とあとの話とは直接関係がないのです。

問　奥宮は爆裂弾の製法を河野広躰、西内正基からきいてきたのでないか。

答　それは私にはわかりませんが、当時何かの折に河野広躰のことをきいたように思います。

問　其方が暴動と言っているのは、政府を転覆するという意味か。

答　さような大きなことを意味するのではありません。しかし、奥宮がどのように感じたかは、私にはわかりません。

問　奥宮からきいた製法はどんなことか。

答　前回にも申したように、錐の長さはこの位と拇指と人差指で示しましたが、そしてブリキ鑵よりも鉄のほうが破壊力がつよいと言っていました。薬品は塩酸加里と鶏冠石を用いると言いました。

問　金硫黄を用いるとは言わなかったか。

答　あるいは申したかも知れませんが、私は鶏冠石と金硫黄は同一のものと思っておりました。

問　薬品の割合は鶏冠石四、塩酸加里六、もしくは五と五と申したか。

答　それは奥宮からきいたのか、あるいは私がかねて知っていたのかはっきりしませんが、割合はその位のように思います。

問　奥宮は薬品のなかに鋼鉄片を入れるとは言わなかったか。

答　よく記憶しておりません。

問　昨年十一月中宮下から爆裂弾の試験をしてみて好成績だったという報告を、奥宮に話したのではないか。

答　あるいは話したかも知れませんが、よく覚えておりません。

問　其方が奥宮に爆裂弾の製法をきいたとき、「モップ」という言葉をつかったか。

答　そうではありません。「モップ」というのは暴民ですが、私は「ボム」と言ったかも知れません。「ボム」は弾です。

【43/ 7 /28予審第10回】

問　奥宮が平民社にきたとき、其方は爆裂弾をつくって当時の首相桂、あるいは元老山県などを斃すというような話をしたか。

答　山県がもっとも社会主義を迫害しているということをきいており、また桂内閣は山県の意をうけて迫害を加えていると思いましたから、あるいはそのような話が出たかも知れません。

問　奥宮も、桂内閣を倒すということに同意であったか。

答　同人も桂内閣の処置に反対でしたから同意したかも知れませんが、いずれにしても雑談のなかの大言壮語で、何も具体的に相談したわけではありません。

問　そのとき奥宮に爆裂弾の製法をきいたのではないか。

答　あるいはきいたかも知れませんが、よく覚えておりません。かりにきいたとしても、それはその場限りのことだと思います。

問　そのときの話と、四十二年二月奥宮に製法をきいたのと継続しているのでは
　　ないか。
答　そうではありません。四十一年十月のことは私も記憶していないのですから、
　　むろん奥宮も記憶していないだろうと思います。

【43/10/17予審第13回】
問　同年五月二十五日付で、宮下から爆裂弾ができるという通知があったか。
答　あったように思います。
問　その宮下からの通知に対して、管野から、ともに主義のために斃れたいとい
　　う返事を出したというが、どうか。
答　さように思います。管野から返事を出させました。
問　忠雄が紀州から帰った後の同年九月上旬、平民社で其方と管野と忠雄の三人が、
　　宮下とともに爆裂弾をもって至尊に危害を加えるという相談をしたことは相
　　違ないか。
答　相違ありません。
問　力作にその計画を話したのは、いつか。
答　昨年九月頃以来、ときどき私からも管野からも話していたと思いますが、い
　　つということは記憶ありません。
問　奥宮に、政府を倒さねばならぬということを話したであろう。
答　さような覚えはありません。
問　忠雄が信州から帰って後、同年十月上旬に奥宮が平民社にきたとき、其方は
　　爆裂弾の製法をきいたことは相違ないか。
答　忠雄が帰京して、宮下は製法について実験家の説をききたいと言っているから、
　　誰かにきいてくれと申しました。それで、十月上旬たまたま奥宮がきました
　　ので、田舎で暴動を起すので爆裂弾をつくりたいと言っている者があるが、
　　その製法を知らないかと尋ねましたが、同人は知らないから誰かにきいてや
　　ろうと申しました。その後十月下旬にきて、錐の大きさやそのほかのことを
　　教えてくれましたので、それを忠雄に伝え、忠雄から宮下に通知したと思い
　　ます。
問　奥宮は西内正基にきくとは言わなかったか。
答　河野（広躰）にきけばわかるだろうと言いました。
問　同年十一月五、六日頃宮下から忠雄に、爆裂弾を試験した結果は良好であっ
　　たという通知があり、忠雄から其方にその話があって、それを奥宮に報告し
　　たのではないか。

第3章　判決の脆弱性　353

答　試験の結果は忠雄からききましたが、それを奥宮に知らせたかどうか、記憶
　　ありません。
問　奥宮が、社会主義者と失意の政治家とを集めて、ある団体を組織するという
　　ような話をしなかったか。
答　さようなことはいっこうに存じません。

（4）大石誠之助・予審調書
【43/6/8予審第1回】
問　明治四十二年六月頃、宮下より其方宅に居る忠雄に宛て手紙か来たてあろう
答　参りました　私は其手紙は封筒の上から一寸見ました　其内容は存じませぬ
問　如何なる趣意の手紙か
答　忠雄は其後数日経て、宮下が今爆裂弾の製造に着手して居るか、甘く成効し
　　そうであると言ふて寄越したとか申しました
問　宮下の手紙は忠雄より其方に見せたのではないか
答　手紙の文面は見た事はありませぬ
問　其頃、菅野より忠雄に宛て手紙か来たてあろう
答　度々参りました
問　如何なる趣意の手紙てあつたか
答　夫れは能く存しませぬ
問　幸徳より忠雄に手紙か来たか
答　幸徳よりも度々まいりました
問　夫れは如何なる趣意の手紙であつたか
答　其内容は記憶に存して居りませぬ
問　忠雄は其方宅に滞在中、宮下、菅野等と革命運動を起し、天皇を弑逆する様
　　な話はしなかつたか
答　忠雄は宮下、菅野等と革命運動を起すと言ふ事は度々申しました
　　特に天皇を弑逆するとは申しませぬでしたが、前申立る如く、親爺を遣つ付
　　けるとは常に申して居りましたから、其意思はあつたものと思はれます
問　幸徳は其革命運動に加はるのてはないか
答　忠雄は私宅に居る際、幸徳も革命運動を遣る考かあるとは申して居りました
　　幸徳と菅野、宮下、及忠雄とは離るへからさる関係があるのであるから、其
　　運動を共にする事は疑ひありませぬ　尤も、忠雄は特に幸徳と其運動を共に
　　すると言ふ様な話を致した事はありませぬ

問　忠雄が明治四十二年八月、其方宅を立去つたのは如何なる譯か

答　幸徳より平民社の方に用かあるから、忠雄を返へして呉れよと言ふ手紙が參りました

　　夫れて忠雄を帰京せしめたのです　尤も私は忠雄を薬局生として使ふてあるから永く置て貰ひ度かつたのてすが、幸徳が返して呉れよと言ふから遂に引き止むる事も出来なかつたのです

問　之れは同年八月廿日に忠雄か其方宅を立去つて途中より其方に寄越した葉書か

此時四十三年押第一号の一九六の一を示す

答　左様です　三輪崎の湊より忠雄が寄越したのです

問　右葉書の末に「母親の傍へどうしても帰らぬ方が革命の為めによいですね」とあるは如何

答　幸徳は明治四十二年七月頃、忠雄を帰京せしめよと申越しました

　　其後八月頃、忠雄は屡々、今度帰京すれは宮下等の革命運動に加はつて大に遣ると申して居りました

　　夫れ故に母の傍に帰つては決心か鈍つて革命運動の為めに不都合てあると書いて寄越したのてす

問　此葉書も同時に忠雄が寄越したのか

此時同号の一九六の、二を示す

答　左様です

問　此葉書に「新宮の四ヶ月半は嵐の前の静けさとも言ふへきか、進めばとて止る事は出来ませぬ」とあり、革命運動に向つて進み行く訣別の語の様であるが如何

答　左様な意味を書いたものと思はれます

問　尚「戦士は他に何人もある労したるもの衰へたる士をして慰め励ます唯一の地を失ふは最も悲むへき事です　何卒自重して下さいまし」とありて革命運動の後援を其方に求めたるものの様であるが如何

答　左様です

問　右等の葉書によると其方も革命運動の後援約した様に見へるか如何

答　左様な事は決してありませぬ　彼か餘り形容に過きた書方をしたのです

問　新村忠雄は其方宅を立去る時、今一度手傳に參ると言ふ約束をして居たか

答　左様です　平民社の用が済めば又来ると言ふて居りました

問　其後、忠雄に対して手傳に来る様に申遣はした事かあるか

答　度々申遣はしました

問　忠雄より宮下か爆裂弾を作つたと云ふ事を申して寄越したてはないか

答　昨年十二月中、宮下の或る計画か成效したと申して寄越しました

問　其際其方は宮下が爆裂弾を作つたものと思つたか

答　爆裂弾の製造が出来たものと思ひました

問　本年一、二月中に忠雄は宮下の爆裂弾運動に加功するから一度信州へ帰ら子ばならぬ、夫れ故新宮へ行く事は出来ないと言ふて寄越した事はないか

答　左様な事もあつた様に思ひます

問　其書面と行違ひに、其方は幸徳に対し忠雄を寄越して呉れなくてもよいと申遣はしたてはないか

答　新宮には別に醫師か出来て自分方は餘り忙しくなくなつたから、平民社の方か忙しけれは、忠雄は寄越して貰はなくてもよいと幸徳に申遣はしました夫れは昨年十二月中の事です

問　夫れは其方か忠雄を危険人物と思ひ避けたのてはないか

答　左様てはありませぬ　私は忠雄を彼か口て言ふ如き危険人物とは思はなかつたのです
　　尚、申立ますか、私は社會主義者と申しても殆んど慰みに社會主義を唱へて居る位なもので、之を実行せんとの意思はないのですから、他人も其様に危険な事を容易に致すものてはあるまいと思ふて居りました

【43/ 6 /14予審第 2 回】

問　其方は忠雄より同人、及宮下等か爆裂弾を作り革命運動を為すことを聞いて居たであろう

答　左様てす

【43/ 6 /25予審第 4 回】

問　明治を四十二年七月頃、新村忠雄より宮下太吉へ塩酸加里を送つた事実を知つて居るか

答　一向に存しませぬ

問　其頃、宮下より、其方宅滞在の忠雄に對し、塩酸加里を送つて呉れよとの手紙を寄越したてはないか

答　左様な事は存しませぬ

問　宮下は爆裂弾を作るに付、塩酸加里を送り呉るへき旨、忠雄に申遣はし、忠雄は其手紙を其方に示して塩酸加里の分與を請求したと言ふか、如何

答　左様な事は毫頭ありませぬ

問　忠雄は其方の許可を得て新宮本町畑林薬店より塩酸加里一磅を買入れ、宮下
　　へ送つたと言ふか、如何
答　左様な事は一向存しませぬ
問　併し、其方の被告事件に重大な関係を有する事実てあるから、能く考へて申
　　立よ
答　検事廷ても、塩酸加里の事に付、御尋子かありましたか、私は一向に覚あり
　　ませぬ
問　忠雄は何か其方に對し怨を抱ひて居るのてはあるまい
答　忠雄は私に対し、怨を抱く譯はありませぬ
問　然るに忠雄は右様申立るか、如何
答　私は殆んと了解に苦しみます
　　尚、私は第一回御訊問の際の陳述に付き、御訂正を願度と存します
問　如何なる處を訂正するのか
答　私は第一回御訊問の時、忠雄より宮下太吉なる者か爆裂弾を作り、天子を斃
　　さんとの計畫を為し居る旨、及忠雄か私宅滞在中屢々爆裂弾を作り親爺を遣
　　つけると申したるを聞きし旨、陳述致しましたか、夫れは全く間違てしたから、
　　取消ます
　　又、其後忠雄より爆裂弾の成效せる通知を受けた様に陳述しましたか、夫れ
　　も間違てしたから取消ます
　　実は私は紀州より引致せられて、當廳に到着するや否や、直ちに検事より厳
　　重なる御訊問を受け、検事か其様な事実ありしならんと言はれしに付、左様
　　なる事実ありし旨を答へましたから、當廷に於ても夫れに違つた陳述をして
　　は悪いと思ひ、検事廷の陳述同様なる事を申上ましたが、能く考へて見れは
　　間違つた事実にて裁判を受けるのは不都合てすから、今日訂正を致します
問　併し、當廷に於ては、其方の身に重大なる関係を持つ被告事件てあるから、
　　能く精神を落付け、間違いのない様に陳述せよと注意を與へて置いたてはな
　　いか
答　其御注意はありましたが、検事廷の陳述を直ちに取消すのも如何なるものて
　　あろうかと思ひ、事実相違の陳述を致しました

【43/7/16予審第5回】
問　忠雄は暴力の革命を起して、総同盟罷工を為すとか、或は爆裂弾を遣つて親爺、
　　又は権力者を遣つ付けると申して居たてはないか
答　暴力の革命を遣ると云ふことは申して居りました　爆裂弾を造り親爺、又は

権力者を遣つ付けると申して居りましたか知れませぬか、能く記憶しませぬ

問　尚、忠雄は宮下太吉か爆裂弾を造り、至尊に危害を加へる計画を爲し居る旨、其方に話したてあろふ

答　或は其様な事を忠雄より聞ひたかも知れませぬか、能く覺へませぬ

問　昨年七、八月頃、宮下太吉より忠雄に寄越した手紙を其方は見たてあろう

答　見たかも知れませぬか、能く覚へませぬ

問　其手紙には爆裂弾を造るに付、鶏冠石は手に入れたか、塩酸加里ないから送つて呉れよとの事か書ひたつたてはないか

答　或は診察等の忙しき時、左様な手紙を見せられ、熟讀せすして薬品は畑林より取つて送れと忠雄に指図したかも知れませぬか、能く覚へませぬ

【43/ 7 / 9予審第6回】

問　明治四十二年九月中、新村忠雄より幸徳、菅野等と爆裂弾を造つて、至尊に危害を加へる計画を致し居る旨、其他暴力革命の運動に関する状況を通知して寄越したてはないか

答　忠雄よりは度々手紙か参りましたが、何時も「○○」或は「──」か澤山あつて、要領を得ないのてす　其様な事も通知かあつたかも知れませぬか、私の記憶に留つて居りませぬ

問　同年十一月中、忠雄より宮下の爆裂弾製造か成功したと言ふ通知か來たてはないか

答　之も前同様、能く覚へませぬ

問　本年一月一日、平民社に於て、宮下の造つた爆裂弾を容るる鑵を投けて見たと言ふ事を忠雄より通知して寄越したてはないか

答　之も前同様、能く覚へませぬ

問　本年一月二十三日、平民社に於て、幸徳、菅野、古河、及忠雄か、爆裂弾製造運動に付て相談した事を忠雄より通知して寄越したてはないか

答　之も能く覚へませぬ

【43/10/21予審第12回】

問　明治四十二年九月中、新村忠雄より幸徳、菅野等と爆裂弾を造つて、至尊に危害を加へる計画を致し居る旨、其他暴力革命の運動に関する状況を通知して寄越したてはないか

答　忠雄よりは度々手紙か参りましたが、何時も「○○」或は「──」か澤山あつて、要領を得ないのてす　其様な事も通知かあつたかも知れませぬか、私

の記憶に留つて居りませぬ

問　同年十一月中、忠雄より宮下の爆裂弾製造か成功したと言ふ通知か來たてはないか

答　之も前同様、能く覚へませぬ

問　本年一月一日、平民社に於て、宮下の造つた爆裂弾を容るる鑵を投けて見たと言ふ事を忠雄より通知して寄越したてはないか

答　之も前同様、能く覚へませぬ

問　本年一月二十三日、平民社に於て、幸徳、菅野、古河、及忠雄か、爆裂弾製造運動に付て相談した事を忠雄より通知して寄越したてはないか

答　之も能く覚へませぬ

問　同年七月下旬、宮下より、忠雄に宛たる手紙が來た事を知つて居るか

答　手紙か來た事は知り居ります

問　其手紙に爆裂弾を造つて、至尊に危害を加へる計画を為したから、是れに同意す可き旨、及其爆裂弾を製造するに付、用ゆる鶏冠石は手に入つたか、塩酸加里か無いから、送つて呉れよと云ふ事が書てあつたではないか

答　其手紙の内容は存しませぬ

問　同年八月上旬、宮下より、忠雄に宛たる塩酸加里催促の手紙が來たてはないか

答　良く存しませぬ

問　忠雄は其方に其手紙を見せたと言ふか、如何

答　存しませぬ

問　忠雄は、其方の許を得て、畑林薬店より、塩酸加里一磅を買入れ、是れを小包郵便に仕て、八月七日、宮下に送付したと言ふか、如何

答　左様な覺はありませぬ

問　尚、忠雄は其方宅に滞在中、幸徳、菅野、等と暴力革命を遣ると言ふ事を話して居つたか

答　左様な事を話して居ました
　　夫れで、私は忠雄を五十人決死隊の一人と思つて居ました

問　被告は、昨年夏頃、屢、高木、峯尾、等に對し、皇室を尊敬する謂れはないとか、何うしても親爺を遣つ付け子はならぬと話したか

答　記憶しませぬ

問　忠雄は昨年八月廿日、其方宅を出立して、帰京したか

答　左様てす

問　忠雄より、昨年九月以来、幸徳、菅野、宮下、等と、爆裂弾を造つて、至尊

に危害を加へる計画を為したる事、爆裂弾の製造か成効したる事、其他爆裂
弾試発の上京等を報知し、来らさりしか
答　度々、手紙は参りました　而して、其手紙は社會主義の運動上に関係した様
に思はれましたが、何時も○○が多くて、其意味か良く判りませぬでした
夫れで、私は、幸徳の五十人決死隊計画に関係した事と思ひましたが追窮し
て向合は仕ませぬでした

6）証拠からわかること

　宮下は、容器の小鑵ができたので、塩酸酸カリ6分、難冠石4分の割合
（5分の3、5分の1）に小豆大の礫約に十個を混して一鑵に装填し、明治
42年11月3日の夜、明科附近の山中で、約5間の距離で、試に1個を投げた
ところ大きな音をたてた。宮下は音の大きさに驚き、製材所で残りの4鑵を
廃棄した。

　宮下の実験は、宮下だけしか知らず、ぶつかった際の音については大きい
ものの、その威力については明らかではない。鶏冠石は、当時から花火の発
音剤として戦後まで汎用されていたもので、大きな音は当然である。問題は
破壊力であったが、宮下は確認していない。しかし、宮下はこれを成功とし
て評価した。

　その後、宮下も含め誰も再実験はしておらず、破壊力は不明である。
なお、この試験体の製造は、奥宮の幸徳への「塩素酸カリ6分、金硫黄4
分」と異なっている。奥宮の情報でない製造方法で試験体が製造されたので
ある。

　前記のとおり、宮下は明治41年5月に松原徳重から爆裂薬は塩酸加里10匁、
難冠石5匁の割合（3分の2, 3分の1）を以て配合すへき旨を聞いていたが、
それとも違っている。なお、幸徳が新村忠雄に製法を教え、これを宮下が聞
いたとされるが、幸徳の供述では明確でない。

　また、試験体の材料のうち、鶏冠石は明治42年7月頃に愛知県の内藤與一
郎から、また塩素酸カリは、明治42年6月愛知県の高浜村の内藤与一から2
ポンドを、明治42年8月に新宮にいた新村忠雄から1ポンドの送付をうけて
いるが、そのどちらを使用しているか明らかではない。

実験結果は、宮下から新村忠雄に、新村から幸徳・管野に知らされたが、おおきな音だけでその威力について詳しい説明はない。奥宮や大石への結果報告もない。

新村忠雄の送付への関与について、大石は一貫して否定している。なお、大石がテロに関与し、材料供給に関与していたとしたら、その後の宮下の実験後はもちろん検挙までに、大石への宮下や東京グループとの何らかの関与の事実があると思われるが、全くない。ましてや新宮グループ内でも、明治42年8月以降も、宮下の実験のあった同年11月後成石兄弟を含めテロについての動きもない。

ちなみに塩素酸カリウムは、酸化剤として明治の時代から市販されていた。マッチ、花火の原料になり、漂白剤染料の製造に用いられていた。現在でも市販されている。忠雄が、大石の「許しを得て」購入する特別なものではない。

また鶏冠石も花火の発音剤に使われるなど入手に困難はなく、入手経路について、問題にもされていない。

なお、この頃から幸徳は無政府状態をおこすことも爆裂弾についてもその関心を失っていく。

(14) 明治43年1月1日の幸徳宅での謀議について

明治42年10月に宮下が試験体を製造し、同年11月3日に実験をして、「大きな音」を立てたことを実験成功として、宮下がその年の年末に上京し、明治43年1月1日の幸徳宅で謀議がなされたとされる重要な会議であった。

1）判決の事実認定

同月中被告太吉は自ら鉄葉鑵一個を造り、また同年十二月被告融に依頼して鉄葉小鑵二個を造らしめ、その中鉄製鑵一個と前掲塩酸加里及び鶏冠石とを携帯して、伝次郎等と面議せんがために三十一日上京したり。

明治四十三年一月一日被告伝次郎、スガ、太吉、忠雄四人伝次郎宅に会合して太吉の携えし小鑵及び薬品の批評をし、且つ交互その小鑵を擲ちて実用に適するや否やを試み、

2）事実認定の証拠の表示

【幸徳秋水の予審調書】

「同年十二月三十一日、宮下は爆薬を装填すべき鉄鑵及び鉄葉鑵各一個と鶏冠石及び塩酸加里を携え出京したるを以て、本年一月一日平民社の座敷に於て管野、宮下、忠雄と共に鑵を投擲し、その破壊力如何に付、多少の批評を試みたり。その鑵は押第一号の一の一、一の二、及び押第一号の一四四の内なる鉄鑵及び鉄葉鑵各一個に相違なし。」

【管野スガの予審調書】

「同年十二月三十一日宮下は爆裂弾の鑵二個と塩酸加里及び鶏冠石を携え、出京したるを以て、本年一月一日、宮下、幸徳、忠雄及び被告の四人にて、鑵を投付け、実用に適するや否を批評し、

【新村忠雄の予審調書】

同年十二月三十一日宮下は爆裂弾の一鑵及薬品を携帯し平民社に来り一泊したるを以て其翌日即ち本年一月一日幸徳管野宮下及被告の四名にて交々其鑵を梛ち貫用に適するや否やの批評を為し

【宮下太吉の予審調書】

「押第一号の二の鉄鑵一個は被告自ら製作したるものにて、押第一号一四四の一及二の鉄葉鑵二個は新田融に依頼して作成せしめたるものなり。同年十二月三十一日、右鉄鑵鉄葉鑵各一個と塩酸加里及鶏冠石を携帯し、平民社に至り一泊し、本年一月一日右に個の鑵及薬品を幸徳、管野及新村に示し、且交々其鑵を投して実用に適するや否の批評を為したるが、幸徳は鉄片を混入せば其効力甚大ならんと申したり。」

3）証拠とされる予審調書

幸徳秋水の【43/ 6 /11予審第 2 回】

管野スガの【43/ 6 /10予審第 5 回】、【43/ 6 /13予審第 6 回】、【43/10/17予審第13回】

古河力作の【43/ 6 /10予審第 6 回】、【43/ 7 / 9 予審第19回】、【43/10/20予審第21
　　回】
新村忠雄の【43/ 6 / 9 予審第 4 回】、【43/ 6 /10予審第 5 回】、【43/ 7 / 5 予審第11
　　回】【43/10/17予審15回】

4）証拠から検討すべき問題点

　明治43年 1 月 1 日に幸徳宅で何があったのか。宮下が爆裂弾の鑵を持参し
たのに、まじめに計画をたてたのか。この時点で計画性、具体性があったの
か

5）各予審調書の詳細と変遷

（1）　幸徳秋水・予審調書

【43/ 6 /11予審第 2 回】

問　本年一月一日其方宅の座敷で、其方と管野、宮下、新村の四人でその鑵を投
　　げてみたのか。

答　さようです。

問　其方も投げてみたか。

答　さようです。

問　そのときの鑵はブリキ製と鉄製であったか。

答　よく覚えていません。

問　爆裂弾用の鶏冠石と塩酸加里をみたか。

答　みたように思います。

問　そのとき爆裂弾運動の実行方法について、何か話し合ったであろう。

答　別に相談はなかったと思います。

問　古河はその日はこなかったか。

答　こなかったように思います。

（2）　管野スガ・予審調書

【43/ 6 /10予審第 5 回】

問　同年十二月三十一日、宮下が出京して平民社に泊ったか。

答　さようです。

問　そのとき宮下は爆裂弾の空鑵二個と、薬品をもってきたか。

答　さようです。

問　本年一月一日平民社の座敷で、幸徳、宮下、新村、其方の四人で、爆裂弾の
　　空罐を投げて試験したであろう。

答　試験というほどのことではありませんが、めいめいで投げてみました。

問　そのとき、罐は多少改良の余地があるという話があったか。

答　宮下はブリキ製と鉄製をもってきましたが、私は鉄製の方が爆発がつよいか
　　らよいと申しました。

問　角の多い罐をこしらえたらどうかという話はなかったか。

答　そんな話もあったように思います。ロシアにある金米糖形のものがよいとい
　　う話もありました。

問　実行の方法などについても協議したのであろう。

答　そのときは古河もこず、また幸徳もあまり熱心でないように見えましたから、
　　何もまとまった相談はしませんでした。

問　幸徳はその頃革命運動に熱心でなかったのか。

答　四十二年九月私が出獄してから、前に申立てましたように幸徳らと革命運動
　　の計画をしまして、徐々に進行していたのですが、その頃幸徳は、人間とし
　　て生をこの世にうけながら、自ら求めて死ぬるのはどうであろうか。しばら
　　く平和の生活をした方がよくはないか。われわれの主義は必ずしも直接行動
　　だけではなく、書物をあらわし新聞を出して人民を教育するのもやはり主義
　　のためにつくす一方法であると申しておりました。しかしそれで幸徳が革命
　　運動に不熱心になったものと思えなかったのですが、一月一日の会合のとき、
　　幸徳は革命運動に不熱心になったように感じました。

問　幸徳は、母親があるから革命運動をやることはできないと申してはいなかっ
　　たか。

答　非常に恩をうけた母があるから、到底実行に加われないと申しておりました。

【43/ 6 /13予審第 6 回】

問　一体幸徳が要領を得ないような態度になったのは、いつ頃からか。

答　本年一月一日頃からのことです。

問　其方らが申し合せて、幸徳をあとに残そうと考えたのではないか。

答　今回の計画で私たちが斃れても、幸徳が残っていれば外国の同主義者へも知
　　らせることができます。もし幸徳も一緒に斃れしまえばそれもできず、自然
　　日本の無政府辻共産主義の発展のためにも不利益だと思いましたので、ほか
　　のものも幸徳があとに残ることを希望しておりました。

問　其方は湯ガ原にゆくときは、普通の細君になるという約束だったのか。

答　小泉が、しばらく普通の細君になって家事をやり、また幸徳の著述も手伝ってやれと申しましたから、私もそのときはそれを承諾したのですが、湯ガ原にいって二人で生活してみるとどうも幸徳と気が合わず、自由を束縛されるように思って別れることにしたのです。

問　幸徳は断然、自分は今回の計画には加わらないと言ったわけではないのか。

答　湯ガ原にいるとき私は幸徳に実行に加わるように言ったのですが、幸徳はそんなにあせらなくてもよい、信州の連中も果してこの秋実行するかどうかもわからぬと言い、とかく態度があいまいでしたから、私は到底実行の意思がないのだと思いました。それで私は、自分は計画を実行するつもりだから、夫婦という関係になっていればあなたに迷惑のかかることもあろう。だからはっきり別れることにして、そのことを世間へも吹聴してもらいたいと申したのです。それで幸徳は友人などに、私を離別したと言っていただろうと思います。なお幸徳は、私によこした手紙などはすべて火中にしてくれと申しました。

問　それでは幸徳は、其方らの計画が発覚したときに嫌疑のかかることを恐れて、書面などを火中にしてくれといったのか。

答　さようです。それで私は幸徳からの手紙はみな火中に投じました。

問　幸徳が実行から身をひこうとしたのは、自分があとに残った方が、主義の発展上利益だと考えたからではないか。

答　幸徳の意中はよくわかりませんが、私はそのように考え、湯ガ原で幸徳にも申したことがあります。

問　幸徳は無政府共産主義を捨てたのではないのか。

答　主義を捨てたのではありません。

【43/10/17予審第13回】

問　その頃幸徳は革命に冷淡になっていたというのは事実か。

答　そのように思います。しかし人に向っては弱いことも言えないので、過激なことを申しておりました。本年一月一日罐を投げてみたときなどは、甚だ冷淡に見えました。

問　昨年十二月三十一日、宮下が爆裂弾用の空罐二個と薬品の紙包みをもって、平民社にきて一泊したことは相違ないか。

答　相違ありません。

問　その罐はこれか。

答　さようです。鉄製のもの一個とブリキ製のもの一個です。

問　翌一月一日平民社で幸徳、宮下、忠雄、其方の四人でその罐を投げてみたのか。

答　さようです。

問　翌一月二日古河が平民社にきたので、前日の模様を話したか。

答　さようです。

（3）　宮下太吉・予審調書

【43/6/10予審第6回】

問　昨年十二月三十一日に被告は東京へ来ているであろう。

答　はい、まいりました。そのときは平民社が巣鴨から千駄ガ谷へ移っておりましたから、その方へまいりました。

問　その日の何時に行ったか。

答　なんでも夜十一時頃だったように思います。

問　そのとき何を携帯したか。

答　別に何も持ってまいりません。

問　そんなはずはない。其方は鶏冠石と塩酸加里を別女の紙に包み、空罐二個を持参して幸徳の座敷でその罐を投げて稽古をしたというではないか。

答　私の身はどうなってもよいのですが、他人の身に拘わることですから申しませんでしたが、そのようにわかっていれば致し方ありませんから申上げます。私は只今お申聞けのような品物を持って上京し、今年一月一日幸徳、新村、管野と私の四人でかわるがわる一間半か二間離れたところで投げる稽古をいたしました。その罐は最初に新田がつくってくれたものです。

問　その罐の中に砂でも入れて、以前被告が試験した通りの重量にしたのか。

答　いや空罐でやりました。それで四人とも空罐では調子がわるいと申しておりました。

問　壁へ投げつけたのか。

答　畳に投げたのです。

問　罐を横にもってか、竪（たて）にもってか。

答　横にもってやりました、そのとき罐の蓋か底が目的物に当ればたしかに爆発するなどと話し合いました。

問　そのとき罐の工合がわるいから、も少し改良したいというような話はなかったか。

答　そういうことは記憶がありません。

問　その日古河はこなかったか。

答　来るという約束でしたが、まいりませんでした。

問　それでは、そのときのことを古河に伝えるということにしたのか。

答　そうです。

問　その一月一日に、幸徳は母親や友人に迷惑がかかるからと言わなかったか。

答　よく覚えておりません。

問　しかし被告は、幸徳が母親や友人の身の上を思うと言ったとき、不満の色を
　　みせたというではないか。

答　そのようなことは覚えがありません。

問　それで被告は、いつ明科に帰ったか。

答　いよいよ爆裂弾をもって革命を起すということがきまりましたから、私は二
　　個の罐と薬品を鞄に入れ、一日の午後新宿から汽車に乗って甲府にゆき、山
　　本久七方に二泊して、三日の夜の六時三十分明科に帰りました。

問　今年五月管野が湯ガ原から帰京したことは知っているであろう。

答　それは知っております。

問　その後爆裂弾計画に幸徳は除外するということを、管野、新村等から通知し
　　てきたことはないか。

答　管野からでしたか新村からでしたか忘れましたが、幸徳は今後我党のために
　　著述する人だから除外することにして、管野、新村、古河と私の四人だけで
　　することにしたと言ってきました。

問　いまの罐では調子がわるいので、金米糖のように、針の出ている罐の方が効
　　力があるという話はなかったか。

答　あったように思いますが、よく覚えておりません。

問　もう一度念のためにきいておくが、昨年十二月三十一日に最初に新田がつく
　　った二個の罐をもってきたとすると、それをつくった時期がこれまでの申立
　　と違うではないか。

答　これまで最初の二個は今年二月新田がつくったように申しましたが、これは
　　間違いで、昨年十一月下旬か十二月上旬につくらせたものに相違ありません。

【43／7／9予審第19回】

問　昨年十二月三十一日、被告が罐をもって上京し、幸徳方で投げる練習をした
　　とき、幸徳か管野から奥宮について何か話が出なかったか。

答　別に奥宮についての話はありませんでした。

問　幸徳は天皇に危害を加える計画について、奥宮の意見をきいたと言っている。

このことは同人の取調べではっきりしているのだから、被告も知っていることを安心して申立てよ。

答　私は今日に至っては何事も包まず申立てますが、奥宮のことは、幸徳からも管野からもきいたことは全くありません。

問　被告は奥宮という人物を知っているか。

答　知りません。しかし昨年七月中大井、池田、奥宮などが甲府で国民議会の演説をしたとき、私は傍聴に行って奥宮という人を見ましたが、いま会ってもよくわからないと思います。むろん先方では私のことは知らないでしょう。

【43/10/20予審第21回】

問　本年一月一日、平民社の座敷で幸徳、管野、新村らに罐と薬品を示し、その罐を投げる練習をしたことは相違ないか。

答　相違ありません。

（4）　新村忠雄・予審調書

【43/6/9予審第4回】

問　宮下はその後出京したことはないか。

答　十二年十二月三十一日出京して平民社にまいりました。その夜は平民社に泊り、私と二時頃まで話しました。

問　宮下は何のために出京したのか。

答　爆裂弾用の空罐二個を持って出京しました。そして翌一月一日平民社の座敷で幸徳、管野、宮下、私の四人でそれを投げてみました。

問　そのとき薬品は持ってこなかったのか。

答　宮下は、塩酸加里と鶏冠石の粉末を別々の紙に包んで持ってきました。しかし危険ですから調合はしなかったのです。

問　宮下はいつ信州へ帰ったか。

答　一月一日の午後出発して帰りました。私は汽車で中野まで見送りました。

問　その日古河はこなかったか。

答　その日古河もくる約束でしたが、来ませんでした。そして翌二日平民社にきましたから、一日に罐を投げる練習をしたことを話しました。古河は同夜平民社に泊りました。

問　一月二十三日にも平民社で会合したのではないか。

答　さようです。幸徳、管野、古河、私の四人で会合し、今回の計画の実行方法

について相談しました。幸徳はその前から、自分には母があるとか、世話に
なった友人に迷惑をかけるとか言って、臆病風をふかして話がまとまりませ
んので、管野と古河と私と三人で別室に行って相談し、いよいよ秋に実行す
るということにきめました。

問　幸徳はいつ頃からそのように臆病になったのか。

答　四十二年十一月末頃からです。母があるとか、友人がどうとか言っていつも
ぐずぐずしており、一月一日の会合のときもやはりはっきりせず、それで宮
下は不満の様子で帰りました。

問　それでは幸徳は、革命運動の仲間から逃げたのか。

答　そうではないのですが、ただぐずぐずしていて、相談しても話がきまらない
のです。それで管野と私は、幸徳も病身で永くは生きられないのだから、こ
の際われわれと一緒にやって共に死ぬほうが同人のためであろう。だから管
野から幸徳にすすめて決心させようとしましたが、やはり幸徳の返事が要領
を得ないのです。三月湯ガ原へ行ったときも、私は管野に湯ガ原に滞在中幸
徳を決心させるように申し、管野もそのつもりであったのですが、五月に管
野が東京に帰り、幸徳はやはりはっきりしないから、もう同人は除外しなく
てはならぬと申しました。

問　幸徳は最初、其方らの計画実行に同意したことは間違いないか。

答　さようです。しかし最初からもっとも熱心だったのは管野と私でありました。

問　宮下が爆裂弾をつくり、その試験をしたことは、当時幸徳も知っていたので
あろう。

答　それは幸徳も知っていたのです。

問　幸徳がだんだん臆病になったといっても、其方らの計画に反対するというの
ではなかったのか。

答　反対したのではありません。

【43/6/10予審第5回】

問　本年一月一日平民社で協議した顛末を申立てよ。

答　宮下は実行の方法、日時、場所などを決定するために出京したのですが、ち
ょうど元日でみな屠蘇に酔っておりまして、いっこうに話がまとまりません
でした。それで宮下の持ってきた罐を投げてみて、鉄のほうがよいとか、角
の多い罐がよくはないかというような話がありました。宮下はまとまった相
談ができなかったので、多少不満な様子で帰りました。

問　古河が一月二日平民社にきたとき、前日の模様を話したのか。

答　さようです。

【43/7/5予審第11回】
問　宮下は同十二月三十一日に罐と薬品を持って平民社にきたのか。
答　さようです。
問　そのときの罐はこれか。
答　そのブリキ罐の分一つと、鉄の分一つを持ってきたように思います。
問　本年一月一日平民社で幸徳、管野、宮下と其方四人で右の罐を投げてみたのか。
答　さようです。各自が投げてみました。

【43/10/17予審15回】
問　同年十二月三十一日、宮下が罐と薬品をもって平民社にきて一泊したことは
　　相違ないか。
答　相違ありません。
問　その罐はこれか。
　　同号一ノ一、一ノ二、二ノ一四四を示す。
答　その鉄罐とブリキ罐各一個です。
問　本年一月一日平民社で幸徳、管野、宮下らとその罐を投げて批評したことは
　　相違ないか。
答　相違ありません。
問　そのとき爆裂弾運動の実行を協議したのか。
答　さようです。しかし酒など飲んでまとまった話はいたしませんでした。
問　一月二日の夜古河が平民社にきたか。
答　さようです。そして古河に前日の模様を話しました。

（5）　古河力作・予審調書
【43/6/10予審第4回】
問　昨年十二月大晦日に、宮下が爆薬を入れる罐をもって千駄ガ谷の幸徳方にき
　　たことは知っているか。
答　私は存じません。
問　被告もその空罐を投げて、具合をみたのではなかったか。
答　そんなことはありませんが、宮下がきたということは後にききました。
問　いつ誰からきいたか。

答　昨年一月元日か二日に平民社にいったとき、宮下がきて私にも会いたいと言っていたが、急ぐために今朝出立したということでしたから、私はそれは残念だったと言いました。

問　そのとき幸徳も在宅したか。

答　さようです。

問　宮下がきたということは、幸徳も知っていたであろう。

答　それは知っていたと思います。

問　宮下が被告にも会いたいと言って待っていたということは、誰からきいたか。

答　新村だったか、あるいは幸徳だったかにききました。

問　それでは、この事件のことは万事幸徳に秘密にしたというわけではないではないか。

答　この事件の実行から幸徳を除くということは、はじめからきめてありましたが、宮下のきたことは幸徳も知っていたろうと思います。

問　幸徳を除くというのは、実行のとき幸徳がその場所へ出ないということなのか。

答　そればかりでなく、実行の時期や方法についても幸徳には話すまいということです。

問　幸徳はかねてから暴力革命を鼓吹していたのだから、実行についての相談にも、同人を除くというのはおかしなことではないか。

答　新村が言うには、幸徳は国元にいる母のことを思い、そのことを詩にも作っている。また幸徳を残して計画実行後のことを外国に通信するという役目もあるから、実行はわれわれ四人限りにする。だから幸徳には何も相談しないようにということでした。それで私は幸徳には何も言わなかったのです。

問　しかし爆裂弾を発明したという宮下が昨年の大晦日にきたのは、幸徳も知っているのだから、あえて密にすることもないではないか。

答　ですから、幸徳は計画のことを知っていたかも知れませんが、われわれのほうで同人を除外することにしたのです。

問　被告が宮下がきたということをきいたのは、元日であったか、または二日であったか、よく考えてみよ。

答　たしか二日だと思います。問　何時頃幸徳方へ行ったか。答　午後六時か七時頃でした。

問　宮下が空罐をもってきたということはきいたか。

答　さようです。宮下が大晦日に空罐をもってきて、私にも会いたいと言っていたが、今朝帰ったということでした。

問　空罐をもってきて、何か試験をしたということであったか。

答　さようです。座敷で投げてみたとか言って、互いに笑い話をしていました。
問　そのとき幸徳は何とか言っていたか。
答　幸徳も管野もその席にいましたが、ただいまの話は新村が私にしてくれました。幸徳はただ笑っておりました。
問　罐の調子がよいとか悪いとか、言っていなかったか。
答　そのようなことはききません。
問　被告のいうようだとすれば、幸徳に密にしたというのは事実に反するではないか。
答　そうかも知れませんが、私は新村から幸徳には話さぬことにしようと、たしかにきいていたのです。
問　それでは、はじめにそのようにきめてあったが、それが実行できなかったということになるのか。
答　そうかも知れませんが、私の申すのは事実です。

【43/10/19予審第9回】
問　そのとき宮下が上京したことをきいたか。
答　宮下は十二月三十一日に上京し、一月　日平民社で空罐を投げてみたということをききました。
問　一月二日に平民社に行ったとき、幸徳と爆裂弾運動について話しあったのではないか。
答　幸徳に会いましたが、運動上の話は何もしませんでした。

6）証拠からわかること

　宮下が、鶏冠石と塩酸加里を別々の紙に包み、空罐二個を持参して幸徳宅を訪問したことは事実である。

　しかし、このような重要な会議でも幸徳、管野、新村忠雄だけで、有力構成員とされた古河は来ていない。「ちょうど元日でみな屠蘇に酔っておりまして、いっこうに話がまとまりませんでした。それで宮下の持ってきた罐を投げてみて、鉄のほうがよいとか、角の多い罐がよくはないかというような話がありました。宮下はまとまった相談ができなかったので、多少不満な様子で帰りました。」（新村予審調書）という不真面目なもので、座敷でその罐を投げて稽古をしたというが、空罐を投げてみても、何の役にも立たないも

ので、酔った「座興」にすぎない。また実行計画も「酒など飲んでまとまった話はいたしませんでした。」という状況であった。

　幸徳自体が明治42年11月頃から宮下の計画を進めることに熱意を失い非協力的になってきて、それが他の者にわかる程であった。明治43年1月1日の幸徳宅の酒に酔った態度からも明らかになっていた。そのため、宮下も不満をもって帰るぐらいであった。そのため、爆裂弾によるテロは、幸徳が除外され、宮下、管野、新村忠雄、古河により進められることになった。

　判決の「明治四十三年一月一日被告伝次郎、スガ、太吉、忠雄四人伝次郎宅に会合して太吉の携えし小鑵及び薬品の批評をし、且つ交互その小鑵を擲ちて実用に適するや否やを試み、」との認定は、以上の事実を除外した重大な誤認がある。

(15) 明治43年1月23日謀議について
1) 判決の事実認定
第一　次で同月二十三日力作が伝次郎宅に往きたる際、スガ、忠雄、力作の三人は伝次郎の寝臥したる隣室に於て秋季逆謀の実行に関する協議をなし、忠雄は再び長野縣の郷里に帰省し、太吉と来往相謀る所ありたり。

2) 事実認定の証拠表示
【幸徳秋水の予審調書】
「同月二十三日、大逆罪の実行方法に付、謀議したるや否や記憶せざるも、管野、宮下、古河及び忠雄の四名にて実行の任に当ることはその以前より聞及び居りたり。」

【管野スガの予審調書】
「同月二十三日、忠雄、力作、及び被告の三名会談の上、宮下、古河、忠雄及び被告の四人にて大逆を実行し、幸徳を除外することに決定したり。」

【新村忠雄の予審調書】
同月二十三日管野古河及被告の三名平民社に会合し秋季の貫行方法に関して

謀議を遂け

管野は女子古河は体額最小にして共に警察官の注意を惹くこと少かる可きに付古河に於て場所の踏査を為し管野は実行の場合に於ける合図役と為り管野古河宮下及被告の四人にて爆裂弾を投付け大逆を整行す可きことを約したり、同年二月初旬帰郷し同月六日宮下を訪問し一月二十三日に於る謀議の顛末を報告し且爆裂弾の再試殻を為すへきことを依頼したり、然るに宮下は第一回の試発に因り既に其効力の確実なるることを信するのみならす其際音響高くして世人に怪まれ居るに付再ひ試発を為さは事露顕の恐ありと云ひ加ふるに降雪中なりしを以て遂に再試発を見合せたり、其際被告は宮下に対し幸徳は兎角躊躇の色あるを以て同人を除外し他の四人にて大逆を実行せん若又管野古河も躊躇するに於ては吾々二人にでも敢行せんと約し置き同年五月十七日に出京したり、

【古河力作の予審調書】
同月二十三日平民社に行きたる処幸徳は病臥し居たるか忠雄は被告を別室に伴ひ幸徳は兎角躊躇の色あるに付秋季の計画は管野宮下及吾々の四人にて実行しては知何と申すに付被告も之を賛成し且諌め実行の場所を踏査し置くへきことを約したり、

【宮下太吉の予審調書】
同年二月七日忠雄は明科に来り去る一月二十三日管野、古河及忠雄の三名、平民社に会合し、大逆罪の実行方法に付、相談を為したる末、管野、古河、忠雄及被告の四名にて各爆裂弾を所持し、道路の両側に二人、別れ先づ、車駕前方に居る者より投付け、若し車駕が後ろに引返さば、後方一居る者が投付るという手筈を定めたる旨の報告を為したり。

３）証拠とされる予審調書
幸徳秋水の【43/6/11予審第２回】
管野スガの【43/6/5予審第２回】【43/6/5聴取書３】【43/6/10予審第５回】
　　　　　【43/10/17予審第13回】【43/10/27予審第14回】宮下太吉の【43/6/10

予審第6回】

新村忠雄の【43/6/5予審第2回】【43/6/9予審第4回】【43/6/10予審第5回】
【43/7/30予審第13回】【43/10/17予審第15回】【43/10/27予審第16回】

古河力作の【43/5/30聴取書2】【43/5/31聴取書3】【43/6/4聴取書4】
【43/6/4予審第1回】【43/6/5予審第2回】【43/6/10予審第4回】
【43/6/20予審第7回】【43/10/19予審第9回】

4）証拠から検討すべき問題点

管野、宮下、新村、古河の明治43年1月23日の謀議がどれだけ具体性があったのか

幸徳がどの程度知っていたか

5）各予審調書の詳細と変遷

（1） 幸徳秋水・予審調書

【43/6/11予審第2回】

問　同一月二十三日、其方宅で、其方と管野・古河・新村らが実行方法について相談したであろう。

答　相談はあったように思いますが、よく覚えていません。

問　至尊通御の際、管野、古河、宮下、新村の四人が爆裂弾を投げつけるという話にきまったのではないか。

答　よく記憶がありません。

問　当時其方は病気で寝ていたか。

答　さようです。

問　其方は、自身で爆裂弾を投げつけると言ったのでないか。

答　いろいろ話があったのですが、誰が実行の任にあたるというようなことはきめなかったと思います。

　幸徳は、「4名にて実行の任に当ることはその以前より聞き及び居たり」とはのべていない。

（2）　管野スガ・予審調書

【43/ 6 / 5 予審第 2 回】

問　本年一月二十二、三日頃新村、古河が平民社にきたとき、計画実行の手筈（て
　　はず）をくわしく相談したのか。

答　さようです。

問　その計画は被告と新村、宮下、古河の四人だけで実行するときめたのか。

答　さようです。

問　陛下の御馬車に接近して決行するときの役割も、四人だけできめたのか。

答　さようです。実行は四人だけで堅く密を守ろうということにきめました。

【43/ 6 /10予審第 5 回】

問　本年一月二十三日平民社で幸徳、古河、新村、其方の四人で相談したことが
　　あるであろう。

答　さようなこともあったと思います。しかし幸徳はすでに革命熱が冷めており
　　ましたから、幸徳を除外して忠雄の部屋で話したと思います。

問　そのとき忠雄は、ノートへ鉛筆で実行のときの順序を書いて示したのか。

答　さようなことがあったように思います。

問　その後、其方と忠雄で、幸徳にすすめて実行に加えようと相談したか。

答　忠雄とそのように相談しましたが、幸徳は結局駄目だと思って話しませんで
　　した。

問　幸徳が結局駄目だと思ったのはいつ頃か。

答　本年二月頃からです。私がときどき革命の話をしても、幸徳はそのようなこ
　　とは到底成功するものではないとか、あるいは自分が書物を著述するからそ
　　れを手伝えとか申しておりました。

問　しかし幸徳は昨年九月頃には、革命運動をやる決心であったのではないか。

答　幸徳もはじめはその決心があったようにみえましたが、その本心はどうであ
　　ったかわかりません。あるいは自分が革命運動を鼓吹していましたから、あ
　　とにひくこともできず、一応は相談にあずかっていたのかも知れません。

【43/10/17予審第13回】

問　一月二十三日平民社で幸徳、古河、忠雄、其方の四人で実行の方法などにつ
　　いて協議したのか。

答　さようです。しかし幸徳は病気でしたし、それに実行の意思もなくなってい
　　るようでしたから、三人が別の部屋に行って相談しました。

問　そのとき古河は至尊通行の道筋を調査して実行のときの位置をきめ、其方は
　　合図役となり、宮下、忠雄らと四人で爆裂弾を投げるという相談をしたのか。
答　さようです。
問　その四人で実行するということは、前からきまっていたのか。
答　一月二日古河がきたとき、幸徳の態度が甚だあいまいでしたから、幸徳を除
　　外してやろうということにしました。それ以後私共は幸徳を加えるという考
　　えはなかったのです。

【43/10/27予審第14回】
問　四十三年一月二十三日平民社で会合したとき、其方は銭湯に行っていて不在
　　だったと古河が申しているが、どうか。
答　私は中途からその席に出たのですが、たしかに相談に加わりました。
問　同年五月十七日の夜増田方の会合のときに、革命の方はやめて至尊に危害を
　　加えるだけということになったのか。
答　革命の方はやれるかどうかわかりませんから、まず元首一人を目的にすると
　　いうことになり、人物経済上二人で実行するということになったのです。し
　　かし私が出獄してから、さらに大仕掛の革命ができるようならやろうという
　　ことになったのです。
問　古河は革命のことはきかないと言っているが、どうか。
答　古河には革命のことを話し、古河も承諾しておりました。

（3）　宮下太吉・予審調書
【43/6/10予審第6回】
問　一月二十三日に管野、新村、古河の三人が爆裂弾の実行について相談したこ
　　とを、其方に知らせてはこなかったか。
答　あったように思います。
問　そのときの手紙に図面を添えて、実行方法のことが書いてあったか。
答　書面のなかに図面もあったようですが、その書面は焼き捨ててしまいました。
問　爆裂弾は四人で投げることにして、各々の部署がきめてあったというではな
　　いか。
答　御通行の際に、乙と丙とは道の右側に、甲と丁とは左側に立って、甲は御馬
　　車の前面から、乙は御馬車の後方から投げ、もしそれでも御馬車が進行した
　　ときは乙が前面に投げ、御馬車が後方に引返したときは丁が投げつけるとい

うように書いてあったと思います。

（4） 新村忠雄・予審調書

【43/6/5予審第2回】

問　古河に本件の計画を話した顛末を申述べよ。

答　古河はときどき平民社へ来ましたので、昨年秋頃からその話をいたしました。本年一月五日から幸徳は病気で寝ておりました。そして一月二十三日に古河が平民社にきましたので、別室で、宮下が爆裂弾をつくったから、いよいよ管野、古河、宮下、私と四人で実行しようときめました。その役割は、古河はからだが小さく警察の注意をひくことが少ないから、天子通行の道筋を調べて四人の位置をきめること、管野は合図役ということにし、四人が各自に爆裂弾をもって適宜に馬車に投げつけ、目的を達しようと相談しました。

【43/6/9予審第4回】

問　一月二十三日にも平民社で会合したのではないか。

答　さようです。幸徳、管野、古河、私の四人で会合し、今回の計画の実行方法について相談しました。幸徳はその前から、自分には母があるとか、世話になった友人に迷惑をかけるとか言って、臆病風をふかして話がまとまりませんので、管野と古河と私と三人で別室に行って相談し、いよいよ秋に実行するということにきめました。

問　幸徳はいつ頃からそのように臆病になったのか。

答　四十二年十一月末頃からです。母があるとか、友人がどうとか言っていつもぐずぐずしており、一月一日の会合のときもやはりはっきりせず、それで宮下は不満の様子で帰りました。

問　それでは幸徳は、革命運動の仲間から逃げたのか。

答　そうではないのですが、ただぐずぐずしていて、相談しても話がきまらないのです。それで管野と私は、幸徳も病身で永くは生きられないのだから、この際われわれと一緒にやって共に死ぬほうが同人のためであろう。だから管野から幸徳にすすめて決心させようとしましたが、やはり幸徳の返事が要領を得ないのです。三月湯ガ原へ行ったときも、私は管野に湯ガ原に滞在中幸徳を決心させるように申し、管野もそのつもりであったのですが、五月に管野が東京に帰り、幸徳はやはりはっきりしないから、もう同人は除外しなくてはならぬと申しました。

問　幸徳は最初、其方らの計画実行に同意したことは間違いないか。

答　さようです。しかし最初からもっとも熱心だったのは管野と私でありました。

問　宮下が爆裂弾をつくり、その試験をしたことは、当時幸徳も知っていたのであろう。

答　それは幸徳も知っていたのです。

問　幸徳がだんだん臆病になったといっても、其方らの計画に反対するというのではなかったのか。

答　反対したのではありません。

【43/6/10予審第5回】

問　一月二十三日の会合のことをいま一度申してみよ。

答　その日は、幸徳が病気で八畳の座敷に寝ておりましたので、その部屋へ私と管野、古河の三人がゆき、実行の方法などについて相談したのですが、幸徳はやはりぐずぐずして、要領を得ませんでした。それで私共三人は、私の居間になっていた四畳の部屋にいって相談したのです。そのとき私は自分のノートに実行のときの順序などを書いて三人に示しました。〔このとき被告人のいうところをきき、位置などを認め本調書に添付す。※図あり〕

問　それからどうしたか。

答　右のように各人の立つ位置をきめ、誰かが合図をしてまず甲が投げ、つづいて乙が投げ、それでも馬車が進行すれば丙が投げ、馬車が後方に退くときは丁が投げるという順序にしてはどうかと申しましたところ、管野も古河もこれに同意しましたが、両人とも甲の位置に立って第一番に投げたいと言い、その順序について相談がまとまりませんので、後日抽籤をしてきめようということにいたしました。なお場所の選定は管野や私では警察の注意をひくから、古河が調査するということになりました。

問　その後、其方はいつ頃信州に帰ったか。

答　二月五日信州に帰りました。そして一月二十三日の会合のとき、爆裂弾の再試験をやる必要があるという意見でしたから、そのことを宮下に申しましたが、同人は第一回の試験で大丈夫だといい、それに当日は雪が降ったので中止にしました。そのとき私は宮下に、幸徳はぐずぐずしていて駄目だから同人を除き、他の四人で決行しよう。管野、古河は決心が固いようだが、もし彼らも躊躇するようなら、われわれ二人で決行しようと申しましたところ、宮下も同意し、それでは日時、場所などを調べてくれと申しました。そして元首の通行は秋が多いから、やはり秋にしようということになったのです。

問　其方が本年三月出京して、幸徳が湯ガ原にゆくまでの間に革命運動のことを
　　相談したか。
答　私と管野との間ではいろいろ話しました。そして幸徳の態度がはっきりしな
　　いから、同人を除外するか、あるいはすすめて決心させるかについて話して
　　おりました。

【43/7/5予審第11回】
問　同一月二十三日平民社で幸徳、管野、古河、其方の四人で、今回の計画につ
　　いて相談したことは間違いないか。
答　間違いありません。しかし幸徳はぐずぐずしていて要領を得ませんから、私
　　共三人が別室にいって相談しました。
問　其方は本年一月中大石に、宮下と爆裂弾運動をやるから新宮にゆけないと申
　　してやったのは事実か。
答　さようです。実は私は大石に言って、今回の計画について後援をたのもうと
　　思っていたのですが、大石に迷惑がかかるかもしれぬと思って中止したのです。
問　大石にやった手紙に、爆裂弾ができたということを知らせてやったか。
答　さようです。手紙のついでに書いてやりました。
問　幸徳が本件の計画に躊躇の態度を示しはじめたのはいつ頃からか。
答　昨年十一月末頃からです。
問　しかし本年三月中幸徳は、其方に激励するようなことを言っているではないか。
答　幸徳の態度があいまいでしたから、本年三月別れるとき、あなたは今回の計
　　画に加わることをやめるのかとききますと、はっきりやめるとは申しません
　　でした。そして今回の計画が成功するかどうかは断言できないが、十年後に
　　は必ず効果があらわれると言い、私を激励するような言葉でした。しかし幸
　　徳の態度はあいまいでした。

【43/7/30予審第13回】
問　それでは紀州の同志はみな駄目になったのか。
答　そのように考えましたので、誰にも通知しませんでした。
問　紀州の同志が駄目になったので、暴力の革命はやらないことになったのか。
答　紀州の同志が駄目になり、資金もありませんから大仕掛けのことはできなく
　　なりましたので、本年一月二十三日の会合で、最初の計画の通り元首を斃す
　　ということにきめたのです。しかし資金ができて、暴力革命ができるように
　　なればやろうという考えは、私は継続してもっておりました。

【43/10/17予審第15回】

問　一月二十三日、平民社に会合して実行方法を相談したことは相違ないか。

答　さようです。

問　同二月六日宮下方にゆき、七日まで滞在したか。

答　さようです。

問　そのとき、一月二十三日平民社で協議したことを報告したのか。

答　報告しました。そして爆裂弾の再試験をやってみようと言いましたが、宮下
　　は第一回の試験でその効力を確信していると言い、それに雪が降りましたの
　　で中止しました。

【43/10/27予審第16回】

問　本年一月二十三日の会合のとき、管野は銭湯に行って不在であったと古河が
　　申しているが、事実か。

答　実は管野は銭湯に行っていて、中途から出席したのです。

問　古河には革命のことも相談したか。

答　古河には元首を斃すということを話したので、革命のことはよく話してはな
　　いと思います。

（5）　古河力作・予審調書

【43/6/4予審第1回】

問　本年一月中、千駄ガ谷の平民社で新村忠雄と面会したとき、爆裂弾運動につ
　　いて話があったか。

答　さようです。別室で新村は、宮下が爆裂弾をつくって試験をしたところ、非
　　常に大きな音がして十分効力があった。それで今年秋爆裂弾をもって主義の
　　伝道に妨害になる迫害者、掠奪者に投げつけて斃す計画をしていると申しま
　　したから、私もそれに加わろうと同意したのです。

問　その決行を今年秋としたのは、どういうわけか。

答　別に深い意味はありません。

問　新村とその話をしたとき、幸徳、管野などはいなかったか。

答　両人は奥座敷にいたので、私共の話したところにはいません。

問　其方は管野から、爆裂弾の計画についてきいたことがあるか。

答　本年一、二月頃と思いますが、平民社へゆきましたとき、管野が、宮下とい
　　うものが爆裂弾をつくり、迫害者を倒す計画をしているという話をいたしま

した。しかし管野がその計画に加わっているかどうか、私はききませんでした。

問　宮下は、どういう方法で爆裂弾をつくったのか。

答　新村からきいたのですが、塩酸加里と鶏冠石とでつくったということでした。しかし私は、そのくらいのことで爆裂弾ができるものかと疑っておりました。

問　幸徳から宮下の計画について何かきいたことはないか。

答　いっこうきいたことはありません。

【43/6/5予審第2回】

問　本年一月二十二、三日頃、平民社で管野、新村と被告の三人が今回の計画について具体的な手筈をきめたであろう。

答　まだ時期が早いのですから別に具体的な相談もなかったのですが、爆裂弾の試験をもう一回新村が立ち会ってやることと、元首通行の道筋を私が調査して人の配置をきめることなど相談しました。

問　管野が合図役になるという相談もあったか。

答　私はさようなことはききません。

問　それでは、その後にそのような話をきいたことがあるか。

答　いつだったか忘れましたが、合図役が必要だという話がありましたが、管野が合図役になるということはきいていません。

問　なおそのとき、実行者は四人限りときめたのか。

答　さようです。四人限りというのは今回の計画についてはほかの誰にも話さないという意味です。管野は私に新村、宮下以外のものに断じて話してはならぬと申しました。

【43/6/10予審第4回】

答　本年一月二十三日頃平民社に行ったとき、新村から幸徳を除くという話があったのでした。その日私は偶然昼過ぎから幸徳方へゆきましたら、新村が四畳半の部屋へ私を呼んで、先刻申立てました通り幸徳は母のことを思う詩を作っているし、また事件の後に外国へ通信する役目もあるから除外すると言い、そして元首通行の道筋を私が調査して実行の場所をきめるということになったのです。

問　そのとき管野とも相談したのか。

答　管野はおりましたが、入浴に出かけた後、新村が私を別室に呼んでいまの話をしたのです。それから管野が帰ってきましたが、それからは別に事件の話はせず、雑談をして私は帰りました。

問　幸徳は病身だから、むしろ実行に加わって皆と一緒に死ぬほうがよいという
　　話はなかったか。

答　さようなことはきいたことはありません。しかし幸徳は平生から「俺は牢屋
　　に入れば死ぬだろう」と言っていました。これは社会主義者として、いつ牢
　　屋に入るかも知れぬという覚悟から出た言葉か、また人を励ますために言っ
　　たかわかりませんが、雑談のなかでよくそんなことを言いました。

【43/ 6 /20予審第 7 回】

答　本年一月二十三日平民社で、幸徳はあとに残したほうがよかろうと忠雄が申
　　しましたから、私もそれがよいと言ったのです。

問　其方や新村などは、幸徳が実行に加わってともに死ぬよりは、あとに残って
　　伝道したほうが主義のために利益であるという意見だったのか。

答　さようです。

問　幸徳も其方らと同じ意見だったのか。

答　私は幸徳とは話しませんから、幸徳の意中ははっきり申されません。

問　幸徳は著述を終り次第上京して活動すると申しているが、それはどういう活
　　動をするというのか。

答　その意味は私にはわかりません。

問　今回の爆裂弾運動に加わって活動するという意味ではないのか。

答　その辺のことは私にはわかりませんが、何か主義のための活動だろうと思い
　　ます。

【43/10/19予審第 9 回】

問　一月二十三日平民社に行って、今回の計画について相談したのか。

答　さようです。私が平民社にゆきましたとき、幸徳は病気で寝ておりましたが、
　　管野は銭湯にゆくと言って出かけました。そのあとで忠雄が私を別室に連れ
　　て行って、幸徳は母のことなどで実行を躊躇しているようだから、同人を除
　　外してわれわれ四人だけで秋に実行しようと申しましたから、私もそれに同
　　意しました。

問　そのとき管野も同席したであろう。

答　管野は入浴に行って不在でした。

問　忠雄がノートに実行のときの位置を書いて、其方に見せたであろう。

答　何か書いてみせましたが、私はそのようなことはその場で臨機にきめる方が
　　よいと申しました。そして私がまず実行の場所を調査することにしました。

問　なぜ其方が場所の調査をすることになったのか。

答　私は東京にながくいるので地理にくわしいからです。

問　管野が合図役になるという話はなかったか

答　そういうことはききませんでした。

問　管野は、一月二十三日の相談のことをくわしく知っているようだが、たしかに不在だったのか。

答　それは私が平民社にゆく前か、あるいは立去ったあとに忠雄からきいたものと思います。

問　管野が湯ガ原から其方によこした手紙に「暴動、革命、私は自分の力の足りないのがはがゆくて堪りません。少しく体力を養い、警戒の怠るを待って献身という文字に少しく色彩ある意義ある活動をして終りたい云力」とあるが、これはもっと広範囲の革命を計画していたのではないか。

答　それは長沙の暴動のことを書いたのではないかと思います。私は革命などの相談をうけたことはありません。

6）証拠からわかること

　管野、新村忠雄、古河の３名が、幸徳を除くことを決め、実行計画を協議した。しかし、肝心の宮下もあらず、場所も日時も何も決まっていない。協議は名ばかりで、幸徳は除外することがだけを決めただけで、合図役も決まっていないし、誰がどのようにするかも決まっていない。

　この会合において、具体的なことは決まっておらず、現実性がない。

　事実認定での「秋期逆謀への実行に関する協議をなし」といっても具体性が全くないものであった。

　そして、幸徳は全く関与すらしていない。

(16)　明治43年５月17日増田方での抽籤

　明治43年３月幸徳は、管野とともに、神奈川県の湯河原に静養することにした。

　テロを計画した４名からの離脱である。しかし、管野は計画をあきらめきれず、５月17日の会合に臨む。これが最後の会合となる。

1）判決の事実認定

五月一日被告スガは帰京して千駄ガ谷町増田謹三郎方に寓す。十七日忠雄も
また帰京し、その夜、スガ、忠雄、力作の三人スガの寓居に相会して大逆罪
実行の部署を議し、一旦抽籤してスガ、力作の両人先発者となり、忠雄、太
吉の両人は後発者と定まりしが、忠雄はこれを遺憾となし、翌日力作に対し
てこれを変更せんことを求め、遂に機を見て再び部署を議定せんことを相約
せり。

2）事実認定の証拠の表示

【管野スガの予審調書】

「同年五月一日湯河原より帰郷し、同月十七日千駄ヶ谷町増田謹三郎方に於
て、忠雄、力作の両名に会合し、人物の経済上、二人にて実行の任に当り、
二人は残りて再挙を図ることを評決し、抽籤を以てその実行者を定めたるに、
第一が力作、第二が被告に当り、忠雄と宮下は落籤したる」

【新村忠雄の予審調書】

「同年五月十七日に出京したり、
同日管野の仮寓せる千駄ヶ谷村増田謹三郎方に於て管野古河及被告の三名一
て談合の末大逆罪の実行に付四人同時に斃るるは人物経済上不利益なるを以
て抽籤に依り実行者に名を定め残るに名は他目を期して再挙し図ることを約
し、茲に抽籤を行ひたるに第一は管野第二は古河に当り被告と宮下とは落載
したり然れとも被告は其落載を遺憾と為し
翌十八日管野を東京監獄に送りたる後古河を夜に入て訪問し前日の抽籤を取
消したき旨を申出て古河の承諾を得たる」

【古河力作の予審調書】

「同年五月十七日夜管野の仮寓せる千駄ヶ谷村増田謹三郎方に於て管野及忠
雄の両名と会合し、四人同時に実行に干与するは人物経済上不利益なるを以
て先つ二人にて実行し残る二人は他日再挙を企るに若かすと評決し、即座に
抽籤を行ひたるに第一は管野第二は被告に首り忠雄と宮下とは落籤したるも

忠雄は翌十八日夜被告方に来りて前夜の抽籤を取消し度旨申出たるを以て被告は之を承諾したり」

３）証拠とされる予審調書
管野スガの【43/10/17予審第13回】
新村忠雄の【43/ 6 / 3 予審第 1 回】【43// 6 /10予審第 5 回】【43/ 7 /20予審第12回】
古河力作の【43/ 6 / 4 予審第 1 回】【43/ 6 / 5 予審第 2 回】【43/ 6 /10予審第 4 回】
　　　　　　【43/10/19予審第 9 回】

４）証拠から検討すべき問題点
明治43年 5 月17日段階での管野・新村忠雄・古河の計画が具体性・現実性をもっていたか

５）各予審調書の詳細
（１）　管野スガ・予審調書
【43/10/17予審第13回】
問　五月十七日の夜千駄ガ谷の増田方で古河、忠雄の両人と会合し、人物経済上二人で実行するということにしたのか。
答　さようです。それで実行者を抽籤できめました。
問　その抽籤の結果其方が第一、古河が第二にあたり、其方と古河とで実行することになったのか。
答　さようです。

（２）　新村忠雄・予審調書
【43/ 6 / 3 予審第 1 回】
問　古河力作もその計画に同意していたか。
答　私は本年一月中千駄ガ谷の幸徳宅で古河に会い、宮下が爆裂弾をつくって元首を斃そうと計画していると話しましたところ、古河はおれも一緒にやってもよいと申しておりました。その当時私の考えはまだきまっていませんでしたから、それ以上古河とは話さなかったのです。その後五月十八日の夜、古河の宅に行ったとき、宮下が本年秋に爆裂弾をもって元首を発すと言ってい

るから、自分もその計画に賛成していると申しましたところ、古河もそれでは自分もそれに加担すると言い、いよいよ三人で実行することに話がきまったのです。

問　管野スガに今回の計画を話したことはないか。

答　本年三月に上京したとき、管野に計画を話して同意を求めましたところ、管野ははっきり反対もいたしませんでしたが、幸徳が新聞を出したいと言っているからそれを手伝いたいし、また小説も書いてみたいと言い、不得要領な返事をしておりました。その後五月十八日管野が入監することになりましたので、それを見送るために十七日出京して管野方にゆき、また計画のことを話しましたが、やはり管野はあいまいな返事をいたしました。

問　管野に話したのは其方の一存か。

答　そうではありません。宮下がこの計画には女が一人必要であるから、ぜひ管野を説いて同意をさせてくれ、そして同人を実行のとき合図役にしたいと言いました。それで私が管野に話したのです。

問　其方が管野に話してから、管野と宮下との間で直接に連絡ができたのではないか。

答　それはいっこうに存じません。

問　幸徳にはその計画を話さなかったか。

答　幸徳には話しませんでした。管野に話したときには幸徳はおりませんでした。

問　この書面に爆裂弾云々とあるのはどういうことか。

答　私は五月十七日出京して翌日管野の入監を見送り、それから西大久保の著述家田岡嶺雲のところにゆき、前に平民社で使っていた謄写版が預けてありましたので、それを受取って古河方に行って一泊し、翌十九日に管野の宿所であった千駄ガ谷の増田方で一泊し、翌日前橋の方面に行って二泊して帰郷しました。ところが私は、そのとき宮下のところに行って、それから出京しましたので、警察では私が爆裂弾を持って姿をくらましたというので大騒ぎしました。そのことを幸徳が冷笑して手紙に書いたのであります。

【43/ 6 /10予審第5回】

問　それからどうしたか。

答　右のように各人の立つ位置をきめ、誰かが合図をしてまず甲が投げ、つづいて乙が投げ、それでも馬車が進行すれば丙が投げ、馬車が後方に退くときは丁が投げるという順序にしてはどうかと申しましたところ、管野も古河もこれに同意しましたが、両人とも甲の位置に立って第一番に投げたいと言い、

その順序について相談がまとまりませんので、後日抽籤をしてきめようということにいたしました。なお場所の選定は管野や私では警察の注意をひくから、古河が調査するということになりました。

問　その後、其方はいつ頃信州に帰ったか。

答　二月五日信州に帰りました。そして一月二十三日の会合のとき、爆裂弾の再試験をやる必要があるという意見でしたから、そのことを宮下に申しましたが、同人は第一回の試験で大丈夫だといい、それに当日は雪が降ったので中止にしました。そのとき私は宮下に、幸徳はぐずぐずしていて駄目だから同人を除き、他の四人で決行しよう。管野、古河は決心が固いようだが、もし彼らも躊躇するようなら、われわれ二人で決行しようと申しましたところ、宮下も同意し、それでは日時、場所などを調べてくれと申しました。そして元首の通行は秋が多いから。やはり秋にしようということになったのです。

問　其方が本年三月出京して、幸徳が湯ガ原にゆくまでの間に革命運動のことを相談したか。

答　私と管野との間ではいろいろ話しました。そして幸徳の態度がはっきりしないから、同人を除外するか、あるいはすすめて決心させるかについて話しておりました。

問　五月十七日の夜、増田方で其方と管野、古河の三人が会合し、実行のときの抽籤をやったことは間違いないか。

答　それに相違ありません。

【43/7/5予審第11回】

問　本年五月十七日、管野が入獄する前夜に増田方で管野、古河、其方の三人が会合して、本年秋に計画を実行することにきめたのは間違いないか。

答　間違いありません。なお申立てますが、私が前に当廷であったか、検事廷であったかよく記憶しませんが、クロポトキンの発行している雑誌『フリーダム』を購読していたように申しましたが、それは幸徳が購読していたのを私が借りて見たのです。

【43/7/20予審第12回】

問　本年五月十七日の夜、増田方で管野、古河らと今回の計画実行について相談したことも大石に通知したか。

答　それもすぐに知らせました。

（3）　古河力作・予審調書

【43/6/4予審第1回】

問　本年五月十八日の夜新村が其方のところへ行ったか。

答　まいりました。

問　そのとき新村から爆裂弾の話があったか。

答　新村は管野スガの入監を送るために出京したのですが、旅費が足りないから
　　貸してくれと申しましたので二円貸しました。そのとき爆裂弾の試験の結果
　　を報告するつもりであったが、宮下がこなかったから報告ができないと言い、
　　この秋にはぜひ決行しようと言いました。

【43/6/5予審第2回】

問　被告は五月十七日、管野が労役のために入監する前日に、干駄ガ谷の増田方
　　にいる管野を訪ねたとき、忠雄もきていて今回の計画実行についての役割を
　　抽籤できめたというのは事実か。

答　さようです。相違ありません。

問　そのとき管野方へ行ったのは何時頃か。

答　夜八時過ぎでした。

問　管野から呼ばれて行ったのか。

答　管野が入監するについて、私はただ暇乞いのつもりでゆきました。

問　新村忠雄はどうして来合せていたのか。

答　どういう都合できたのか知りませんが、管野方へ新村がくるという電報がき
　　ていたので、ついでだから同人に会おうと思って、くるのを待っていました。
　　新村は夜九時頃きたと思います。

問　新村がきてどういう話をしたか。

答　新村は爆裂弾の二回目の試験をするはずであったが、それができなかったと
　　言いました。それから役割をきめておこうと言って、抽籤をしたのです。

問　役割をきめるというのは誰の発意か。

答　誰の発意ということもなく、三人で言いあってきめたのです。

問　抽籤の結果はどうであったか。

答　管野が一、私が二、新村が三、宮下が四にあたりました。

問　籤は何でつくったのか。

答　管野が紙に一、二、三、四と書き、その上に棒をひいて、字の方をかくして
　　おいて、めいめい抽（ひ）いたと思います。

問　誰が最初に抽いたか。

第 3 章　判決の脆弱性　389

答　新村が自分と宮下の分を抽き、次に私が抽き、管野が残りの籤をとりました。それで一は投弾者、二はその助手ときめ、三と四は今回はやらずに後日に残るということにしました。

問　なぜ四人のうち二人だけ実行者になったのか。

答　二人で十分だと思ったからです。しかし私はあとで二人では足りないと思い、もっと仲間があるほうがよいという手紙を新村に出しましたが、抽籤のときは二人ということに賛成したのです。

問　籤を抽いたのはどんな場所か。

答　増田蠣の、入って左手の管野の借りていた部屋です。

問　籤してから新村は、自分も実行に加わりたいと言ったか。

答　その翌日、新村は抽籤は取消したいと言って私方へきましたから、私はきまった以上それはいけないと申しました。

問　その夜被告はひきつづき管野らと話したのか。

答　いえ、私は新村を残して先に帰りました。

問　それでは当選した二人は、天長節に元首の御馬車に投弾する予定であったのか。

答　秋頃ということと、元首を目的とすることは事実ですが、天長節ときめたのではありません。天長節は警戒が厳重だからよくないと思っていました。

問　なぜ被告は、前回の陳述で、ことさら元首ということを言わなかったのか。

答　それはほかの被告が申立てぬうちは、私はいかに責められても言わないつもりでした。しかしほかの被告が元首を目的にしたと申したそうですから、いまさらかくす必要がありません。

問　管野は元首ばかりでなく、できればなお同志を集めて大仕掛な革命をやりたいと言っているが、被告の考もそうなのか。

答　私はそのような考はもっておりません。そんなことは到底できないと思います。

問　管野から、もっと大仕掛けにやるという話はきかなかったか。

答　さような話はききません。

問　しかし被告は抽籤をやった後に、新村に、もっと多くの同志がほしいという手紙を出しているではないか。それはつまり、もっと大きくやろうという希望だったのではないか。

答　そうではありません。管野は病身で労役にゆくのですから、万一のことがあれば私と新村だけになるから、それでは不足だと思って、ほかに同志がほしいと書いたのです。

問　しかし第四の宮下がいるではないか。

答　新村の話では、宮下は決心が少しにぶったようだと、抽籤の日かその翌日私

のところにきたとき言いましたから、それでほかに同志がほしいという手紙
をやったのです。

問　宮下の決心が少しにぶくなったというのは、何か事実があったのか。

答　それは知りませんが、新村がそのように言ったのです。

【43/6/10予審第4回】

問　管野が帰京してから、被告は何回同人を訪問したか。

答　五月十七日の晩と、同月上旬との二回です。

問　そのとき幸徳の消息をきいたか。

答　幸徳のことは少しもききませんでした。一月二十三日に計画から同人を除外
するということを新村からきいていましたから、私はそのつもりでおりました。

問　五月上旬管野を訪ねたとき、計画について何か話があったか。

答　計画のことについては別に話しません。ただ湯ガ原では金持がぜいたくをし
ているから癪にさわると管野が言っていました。なお管野は、自分が入獄す
る前に新村もくるだろうから、そのとき相談しようと言いました。

【43/10/19予審第9回】

問　五月十七日の夜其方は千駄ガ谷の増田方で管野、新村の三人で会合したか。

答　さようです。

問　その会合で何を相談したか。

答　四人同時に実行に加わるのは人物経済上不利益だから、今回は二人で実行し、
他の二人はあとに残ってさらに同志を集め、つぎの計画をするということで
した。

問　その実行者は抽籤できめたのか。

答　さようです。そして一が管野、二が私となって、宮下と新村は籤にもれました。

問　翌十八日の夜、忠雄が其方のところに行って、前夜の籤は取消すと言ったか。

答　さようです。籤にもれて残念だからあれは取消してくれと言いましたから、
私もそれを承諾したのです。

6）証拠からわかること

　宮下がきておらず、管野・新村忠雄・古河がたまたま集まった管野が入獄
する前の日に、計画を話したようであるが、相変わらず計画が具体化してい
ない。

場所・時期も明らかでなく、爆裂弾も宮下以外誰もみておらず再実験すらできていない。参加者、投擲者すら決まっていない。現に爆裂弾の脅力は1個では限られている。その認識すら当事者にはない。

「大逆罪実行の部署を議し、一旦抽籤してスガ、力作の両人先発者となり、忠雄、太吉の両人は後発者と定まりし」と爆裂弾の投擲の順番を決めても宮下抜きの話で現実性がない。しかも、翌日には「忠雄はこれを遺憾となし翌日力作に対してこれを変更せんことを求め、遂に機を見て再び部署を議定せんことを相約せり」と新村忠雄と古河で再協議を約している。この程度のものであり現実性のないものであった。

ましてや、幸徳については全く関与していない。

(17) 事実認定の誤りと判決の事実認定の脆弱さ

以上、（1）から（16）で述べたとおり、判決は証拠から認定できない強引な事実認定をしている。

予害調書のまとめは（1）から（5）（7）（12）（15）について誤っている。また証拠からみて事実認定の誤りは（1）～（5）（10）（12）にあり、（13）は幸徳・大石の供述に反した強引な認定をしている。現実的具体性のない事実認定（6）（8）（9）（11）（14）となっている。

また幸徳について関与のないとの事実認定がない（14）（15）。

このように誤った事実認定のもとに、これを皇室危害罪（刑法73条）の「陰謀」に該当するとしている。判決の脆弱性は明らかである。

第4章

大逆事件における供述分析
～本件判決を根拠づける被告人らの供述とその形成過程～

浜　田　寿　美　男

山　田　早　紀

はじめに

　大逆事件の経過については、これまですでに詳説されているところだが、本件判決をあらためて見て気づく最大の特徴は、連座した26名の被告人のうち、24名に大逆罪で死刑の判決（あと2名は爆発物取締法違反で有期懲役刑）を下したという重大事案であったにもかかわらず、その有罪認定を支える物的証拠等は少なく（しかもそれはほとんど東京グループの一部の被告人の容疑に限定されている）、結局のところ、事件発覚後に被告人たちを長期にわたって繰り返し取調べ、そこから得た事後の供述を元に一つの犯行物語が構成されて、それでもって全員の有罪認定が行われたという点にある。しかし、事後の供述によって構成されたこの「犯行物語」は、被告人たちが本件について現実に体験した出来事をどこまで正確に反映していたのか。その点が問題となる。

（1）本件供述分析の視点～供述の起源と逆行的構成～

　じっさい、どのような事件であれ、それを語る供述は、その事件後にしか語れない。それは当然のことである。そして、事件後にその事件のプロセスを語ろうとするとき、事件の当事者にとっても、その事件を取り調べる取調官にとっても、あるいは周辺の関係者にとっても、その事件は終わっていて、結末がすでに明らかになっている。それゆえ、その結末に至るまでの事件の

プロセスを取調官が聴き取ろうとし、この取調べを受けて当事者が振り返ってこれを語り、あるいは関係者がその周辺事情を語ろうとするとき、当の事件の渦中においては「まだ将来の未明のもの」でしかなかった結末を、当の語り手はすでに知っているために、「本来ならばわかるはずがない」結末を前提にしたかような語りが逆行的に組み込まれてしまうことがある。これが供述心理学の言う「逆行的構成」である。もちろん、当事者としてその事件を「渦中」から体験した者であれば、自らの体験の記憶を時間順にたどって順行的に事件の過程を忠実に語ることができるはずで、そうである限り、語りは順行的な流れを正しく反映することになるはずである。ただ、その当事者でも事件の結末を知った後の時点でこれを語ったときには、そこに事件後の結末を前提にしたような語りが忍び込んでしまうことがありうる。まして、体験者ではない周囲の関係者や取調官たちは、渦中からの順行的な体験の記憶がないだけに、問題の事件を語るとき、事件後の結末を前提に、そこから逆行的に推論を巡らせて事件を再構成するしかなく、そこに現実を歪める筋書が埋め込まれてしまう危険性はそれだけ大きい。

　裁判においては、もちろん、事件の結末が重大な意味を持つ。しかし、裁判において裁かれるべきは、本来、当事者たる被告人が時間の順を追って順行的に体験した行為の事実であって、事後の供述によって逆行的に構成された物語によって裁かれてはならない。ところが、事後供述によって犯罪事実の認定が行われるとき、この「順行的に体験した行為」と「逆行的に構成された物語」とが判然と区別されないまま、後者によって事実の判断が左右されてしまうことがある。極端な場合、実際には問題の事件を体験してはいない者（つまり、その事件について無実でしかない者）が、当の事件の体験者であるかのように物語が構成されて、間違って有罪の判決を下されてしまうようなことすら起こる。いわゆる冤罪事件である。そこで、その危険性をチェックするためには、供述心理学の知見を活かして、当の物語を構成する供述がどこから来たかを洗い出し、その「供述の起源」を明らかにすることが必要になる。つまり、事後の取調べによって引き出された供述が、はたして順行的な「体験の記憶」に基づくものなのか、それとも結末を知ったうえで、その結末に至る過程を逆行的に、つまり「頭のなかで想像して」構成したも

のなのか、またその他の汚染要因がそこに働くことがなかったかどうかを検討しなければならない。その作業が供述分析である。ここで念のために断っておけば、ここで言う逆行的構成は、意図的になされることもありうるが、しばしば無意図的に（つまり悪意なく）行われる。だからこそ余計に注意が必要である。

（2）本件の大きな流れ～宮下事件から大逆事件へ～

　本件について言えば、大逆罪へと向かうこの事件の語りがはじまったのは、明治43年5月25日に長野において明科製材所の職工長宮下太吉が逮捕されたところからである。この宮下太吉は、逮捕後の自白によれば、自身が天皇に危害を加えるべく、新村忠雄の協力を得て、爆裂弾の製作を試みていたし、そのことを示す物的証拠も逮捕時に押収されている。そして、宮下の自白によれば、前年の明治42年11月3日に試作品を用いて長野の明科で爆弾実験を行い、これが成功したとして、協力関係にあった新村忠雄に知らせ、新村を介してこのことが平民社の幸徳秋水・管野スガにも伝えられた。ここまでの事実は、逮捕後の取調べで宮下自身が認めたことであり、爆裂弾製造についての物的証拠も押収されており、当の爆裂弾の威力・性能はともかくとして、その爆裂弾試作の事実には争いがない。また、この爆裂弾実験後、宮下太吉はその使用についても新村忠雄や管野スガ、そして古河力作とたがいに情報交換を交わし、内々に職場の部下に当たる新田融に爆薬を入れる小罐を作らせるなど、不穏な動きを重ねており、その挙句、宮下太吉は明治43年5月25日に、明科製材所同僚の通報によって爆発物取締罰則違反で逮捕され、犯行計画が未だ十分に具体的なかたちをとる以前の段階で、実行に移されることなく終わったのである。

　宮下太吉が逮捕され、松本署に護送されたその日、協力関係にあった新村忠雄も拘引され、その兄善兵衛も関与を疑われて拘引され、この二人も松本署に護送されて、そこで取調べがはじまっている。さらに、3日後の5月28日には古河力作が東京で拘引されて松本署に送られ、29日に逮捕。これらの取調べを受けて、5月31日には長野地裁検事正がこの事件を刑法第73条該当（つまり大逆罪に当たる）として検事総長に送致し、検事総長は即日、幸徳

秋水、管野スガ、宮下太吉、新村忠雄、新村善兵衛、古河力作、新田融の７名の起訴を決定して、大審院長に予審開始を請求した。こうして翌６月１日には幸徳秋水を逮捕し、別件で獄中にあった管野スガを含めて、７名に対する検事取調べおよび予審がはじまっている。

　ここまでの外形的な経過はおおよそ争いなく認められているところで、そこに顕著な逆行的構成の痕跡は見出せないのだが、この段階で予審の対象となった７名のうち、当時、検察側がもっとも注目していたのが幸徳秋水であったことには留意しなければならない。何しろ幸徳秋水は無政府共産主義の主唱者として全国的に勇名を馳せており、７名の被告人のなかでもっとも目を引く存在だったからである。しかし、後に確認するように、幸徳秋水がこの爆裂弾の試作など大逆へと向かう宮下らの動きについて、全体を主導する位置にいたとは認めがたい状況があった。むしろ、ここまでの動きを順行的に見るかぎり、その中心になって推進してきたのは宮下太吉であり、新村忠雄、管野スガがこれに深い協力関係にあったと見ることができるが、幸徳秋水の関与はむしろ周辺的であった可能性が高い。その意味で、本件の出発点となったこの初期の事件経過を、本稿では「宮下事件」と呼ぶことにする。

　しかし、大逆罪に向けての予審がはじまった後、幸徳秋水と交わりのあった無政府共産主義者らへ捜査が広げられ、東京のみならず、新宮、熊本、大阪、神戸に拠点を置く被告人たちが拘引されて、取調べが重ねられ、供述が積み上げられて、同年10月27日までに、当初の７名を含めて総計26名の被告人たちについて大逆罪での起訴が決定され、同年12月10日大審院にて特別裁判が非公開ではじまった。

　このように「宮下事件」の発覚を基点として、そこから捜査対象が次々と広げられ、被告人たちの供述が積み上げられて、やがて幸徳秋水を中心とする「大逆事件」へと大きく展開していく経緯を確認することができる。そこで問題となるのは、そもそもこの「宮下事件」と「大逆事件」とを一連一体の流れとして見なすことができるかどうかにある。そこには次の二つの可能性を考えることができる。

　仮説Ａ：もともと幸徳秋水を首謀者とする「大逆」への「計画」が先行

的にあって、そこから「宮下事件」が順行的に派生したのか

仮説B：それとも「宮下事件」の発覚によって、その事後に、幸徳秋水
を首謀者とする「大逆計画」が逆行的に構成されたのか

　ここであらためて本件の問題を提起するとすれば、「宮下事件」と「大逆
事件」とを区別したうえで、大審院判決は両事件それぞれについて、各被告
人のたどってきた順行的な行為過程をどこまで忠実に捉えて事実の認定を行
ったのか。裏返して言えば、両事件それぞれについて、その判決は事件後に
逆行的に構成された犯行物語によって汚染されることがなかったかどうか。
汚染されていたとすれば、それはどの範囲において、どの程度の汚染があっ
たのか。本件供述分析の課題はここにある。

（3）本件に対する供述分析の課題

　判決が出たのは、明治44年1月18日、審理開始からわずか1カ月余り後の
ことである。大審院特別刑事部は幸徳秋水ら24名に対して「国家の権力を破
壊せんと欲せば先ず元首を除くに若く無しと為し」、「畏多くも神聖侵すべか
らざる聖体に対し」、「兇逆」を行おうと「凶謀」したが途中でこれが発覚し
たものとして、求刑通りの死刑判決を下した。なお新田融と新村善兵衛につ
いては刑法73条の大逆罪には当たらないとして有期刑の判決を下している。
そして判決の翌日、死刑判決とした24名のうち12名は特赦によって無期懲役
刑に減刑、残りの12名は1週間後の1月24日・25日に死刑が執行された。

　大審院の本件判決は結果として「宮下事件」と「大逆事件」を区別せず、
一連一体のものとして捉え、24名の被告人を有罪として死刑の判決を下した。
つまり、それはこの両仮説のうちの前者、仮説Aを採ったことになる。しか
し、はたしてこの判断は妥当なものだったのかどうか。

　判決は、24名の被告人たちについて、予審調書上の供述等を「証拠」とし
て、「元首を除く」という「兇逆」を行うべく「凶謀」をしたものであって、
それは大逆罪に当たると認定したが、各被告人が実際に体験した順行的な行
為過程が、はたしてこの判決の認定したように、皇室に危害を加えようと
「謀議」を行い、具体的な「計画」を立て、それを「実行」しようとして、

それが未然に発覚したという類のものだったのかどうか。予審調書において
被告人たちから聴取した供述に拠りつつ判決が最終的に描いたこの犯行物語
は、どこまで被告人たちのたどった現実の順行的な行為過程を正確に描いた
ものだったのか。また、それ以前のところで、被告人たちに対する取調べが
どのようになされて、この供述「証拠」がどのようにして引き出されてきた
のか。そこにはあらかじめ描いた犯行物語が先行して、そこに引き寄せられ
るようにして逆行的に物語が構成されていくという危険性がなかったかどう
か。供述心理学的な知見に基づいてこの問題を検討することが本稿の課題で
ある。

　本稿では、複雑に入り組んでいる26名の被告人らの供述のうち、とりわけ
幸徳秋水ら東京グループの被告人たちの供述を取り上げ、その供述分析によ
って判決の認定に至るまでの過程を検討し、「宮下事件」から「大逆事件」
へと至る経過が順行的なものであったのか（仮説A）、それとも逆行的なも
のであったのか（仮説B）を明らかにする。

1．本件被告人らの供述に心理学的な視点から検討を加えるうえ
での分析枠組

（1）供述分析とは何か

　本件について心理学的な視点から供述分析を行うに当たって、まずは「供
述分析」とは何かについて、本件にかかわる範囲で簡単に説明しておきたい。

1）「供述の起源」という見方

　供述分析は、問題となる供述について心理学的にその「供述の起源」を明
らかにすることによって、「供述の信用性」を判断する資料を提供するもの
である。この点、先に簡単に触れたが、ここでいま少し詳しく説明する。

　供述とは、過去に起こった出来事について、供述者がそれを「体験の記
憶」に基づいて語ろうとする行為であり、その結果である。現行の刑事訴訟
法の下においては、その供述が任意に語られたものかどうか、その内容が信
用できるかどうかという観点から、その証拠能力および証明力が判断される

が、ここで言う供述分析は、それ以前のところで、問題の供述が当の供述者の「体験の記憶」を忠実に語ったものかどうかについて、心理学的な視点から検討を加え、その「供述の起源」を洗い出すものである。

過去の出来事を「体験の記憶」によって忠実に語ることは、一般に考えられているほど容易ではない。人間の記憶は録音・録画装置のように過去の出来事をありのままに保存するものではなく、そこには「忘却」も「間違い」も、あるいは「嘘」も存在するからである。事実を忠実に語ろうとして、忘却した空白部分を知らず知らずに「想像」で補ったり、あるいは事後の「伝聞情報」で埋めたり、「間違い」をそれと気づかず確かな事実として断定するようなことも起こる。さらには、「体験の記憶」をはっきりと持っていながら、それを他者に知られることを怖れて、自分の不利益なところを「隠蔽」したり、「虚構」を交えて語ったりすることも出てくる。つまり、人はあえて事実を偽って「嘘」をつくこともある。

そこで問題の供述の真偽を検証するためには、その個々の部分が、供述者当人の「体験の記憶」そのものに情報の起源を持つのか、それとも忘却を「想像」や「伝聞」情報で埋めたところに起源を持つのか、あるいは知覚や記憶、表現の「間違い」に起源をもつのか、さらには「隠蔽」や「虚構」などの「嘘」に起源を持つのかを、心理学的な視点から検討することが必要となる。

供述分析が目指すべきところは、この「供述の起源」の究明であり、それを通して当の供述がどこまで供述者の順行的な行為過程を正確に表現しているかを明らかにし、それによって事実認定のための基礎資料を提供することである。つまり、供述分析は、問題の供述が事実の認定の証拠としてどこまでの証明力を有しているかを検証するための心理学的なツールである。

2）本件供述分析の特異性〜通常の殺人事件での供述分析との対比で〜

これまで供述分析が行われてきたのは、主として刑事事件、とりわけ殺人などの重大事件で、虚偽自白があったとして、事件の冤罪性が主張されてきたようなケースである。つまり、犯罪行為が間違いなくあった既遂事件について、犯人として疑われた者が捜査段階でいったん犯行を自白してしまい、

しかしその後の裁判の過程で、犯行への関与を否認して争われるようなケースである。

(1) 虚偽自白の問題

　典型例は、殺人などの犯罪行為が現実に生起して、その犯人ではないかと疑われた者が取調べの場で自白し、その後、その自白が虚偽だったと訴えるような事案である。そこではまさに当の自白が、真に犯行体験者が語った真の自白であったのか、それとも無実の人、つまり犯行非体験者が語った虚偽の自白であったのか。上記の「供述の起源」という観点で言い換えれば、当の自白がその人の「体験の記憶」に起源をもつものなのか、それとも「体験の記憶」以外の別の起源によるものなのかが最大の論点となる。

　この虚偽自白については、一般に次のような分類がなされている。

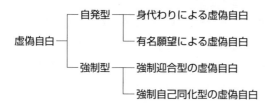

　このなかでも特に問題となるのは、取調べの最初は否認していた無実の被疑者が、厳しく執拗な取調べによって虚偽自白に落ちていく「強制型」の虚偽自白である。無実の被疑者からすれば、疑われるような立場にあったことは事実でも、被疑者自身の順行的な体験過程においては、どう考えても問題の事件をやってはいない。だからこそ正直に否認するのだが、取調官はその被疑者を問題の事件の犯人であると疑い、採取した証拠からこの被疑者を犯人とする犯行物語を思い描いて取り調べる。そこで、もし取調官が被疑者の言い分を聞いて、ひょっとしてこの被疑者は無実かもしれないと気づき、無実方向の捜査にも努力すれば、無実の被疑者を犯人として描くような犯行物語がやたらと膨らむことはないはずだが、ときに取調官は十分な証拠がないにもかかわらず、被疑者を犯人と思い込んで、ひたすら追及を繰り返す。その執拗な取調べによって無実の人が耐え切れずに虚偽自白に落ちるという不

幸な事態が起きてしまうことがある。

　この強制型の虚偽自白のなかには二つのタイプがある。一つは「迎合型」で、そこでは被疑者は自分が問題の犯罪行為をやっていないことを明確に自覚している。しかし、取調官たちの執拗な取調べが辛くて耐えきれずに、迎合して虚偽自白に落ちてしまうもので、このタイプが虚偽自白なかでもっとも一般的である。もう一つは「自己同化型」と名づけられるもので、被疑者自身、ここでも犯行を自分がやったという記憶はない。しかし、問題の犯罪行為が行われたとされる時間帯についての記憶が定かでなく、そのために取調官の追及に抵抗できず、やがてひょっとすると自分がやったのかもしれないと思うようになって虚偽自白に落ちていくタイプである。このいずれのタイプであっても、自白に落ちた後に語るその自白供述の起源は、取調べの圧力に耐えられなくなった被疑者がやむなく自ら犯人になったつもりで、もし自分がやったとすればどうやっただろうかと「想像」をめぐらし、あるいは取調官が手持ちの証拠によって事件像を想定しながら追及してくるのに合わせて語るというところにある。その意味でこの二つのタイプの虚偽自白はいずれも取調官と被疑者との「相互作用」の産物である。

（2）「行為」とその背後の「心理」

　本件大逆事件にかかわって、ここで自己同化型の虚偽自白について一点付言しておきたいことがある。一般に殺人などの過激な犯罪行為については、その行為時の自分の記憶が定かでないというような例は稀である。たとえば大分女子短大生殺し事件のように、深酒して眠り込んでしまい、問題とされた事件の前後の時間帯の記憶がなくて、そのためにひょっとして自分がやったかもしれないと思い込まされてしまうような事例があるのだが、こうした事例は珍しい。しかし、他方で、遠い昔の比較的軽微な事件となると、問題となった犯行時期あるいは犯行時間帯についてはっきりした記憶がなく、そのために取調官の追及に対抗することが難しくて、ひょっとして自分が事件に関与していたかもしれないと思い込んでしまうことがある。

　あるいは殺人事件の場合でも、真犯人がその犯行を実際にやったと認めたうえで、犯行についての「計画性」や「殺意」の有無が問われたときなど、

その点が曖昧なケースは少なくない。そのような場合、殺人そのものは認めたうえで、計画性や殺意について追及を受けて、はっきりしないままに取調官の想定に押し切られることがある。それは一種の自己同化型の虚偽自白だと言ってよい（光市母子殺し事件、石巻事件など）。

　一般的な言い方で言えば、この場合に問題になるのは、犯罪の「行為」とその背後の「心理」との関係である。人間の行為は、素朴心理学的には、その背後にその「行為」を導いた「心理」が想定される。たとえば、殺人事件を例に上げれば、以下のような流れが想定される。

「実行」行為（既遂行為←未遂行為）　←「予備」の行為　←「動機」の心理

　近代法において、処罰の対象となるのは実際に行われた「行為」であって、その背後の「心理」（思想）を罰することはできない。この原則をまずは確認しておく必要がある。じっさい、誰かを殺そうと思っても、あるいはそのために凶器を準備したとしても、実際にそれが行為として行われないかぎり、「動機」（心理）があったというだけでは、あるいは「予備」の行為があったというだけでは、これを罰することができない。

　しかし、現実にその犯罪行為が「実行」されてしまえば（既遂であれ未遂であれ）、それ以前の「動機」や「予備」行為が量刑判断に影響を及ぼすことは否めない。じっさい、殺人事件においてはその殺人への「動機」や「計画性」次第で、死刑かどうかが決まる例が少なくない。その「動機」や「計画性」の有無が問題となったとき、多くの場合、当人の自白が判断材料として重要となるし、取調官たちも自白転落後の自白内容聴取のなかでこれを重視する。

　ところが、「動機」や「計画性」の多くの部分は、当人の「心理」にかかわるもので、しばしば曖昧である。たとえば「はっきりと殺してやろうと思っていた」などというそのときの「記憶」が明確にあればともかく、事件には多分に偶発的な部分がつきまとうもので、そのときの「記憶」が曖昧である場合が少なくないし、取調べの当初「殺そうなどとは思っていなかった」と主張する事例もある。しかし、とんでもない殺人行為をやってしまった後

に、その負い目を抱えて取調べに臨み、早々に自白した真犯人が、「殺意」や「計画性」の有無を問われたとき、取調官の追及に負けて、その部分については自らの体験を偽って虚偽自白をしてしまうケースがありうる。とりわけ取調官が、これだけ酷い殺害行為をやったのだから「殺意」がなかったはずはないし、凶器を持って行ったのだから「計画」的だったにちがいないと想定して、そのことを前提に追及すれば、この点の虚偽自白が生じる危険性は大きい。その結果、残忍な見かけをもつ殺人事件の結果から、そこに至るまでの「殺意」や「計画」性が逆行的に構成されて、それを自白として語るようなことが起こる。これもまた広い意味で虚偽自白であって、これはそのときの記憶が明瞭でないために、自分もそう思い込んでしまう「自己同化型」の自白であることが少なくない。

（3） 大逆事件において問われた犯罪行為

　ここで大逆事件の場合について考えてみる。大逆事件で問われたのは、明治40年公布の刑法典第73条で「天皇、太皇太后、皇太后、皇后、皇太子又ハ皇太子孫ニ対シ危害ヲ加ヘ又ハ加ヘントシタル者ハ死刑ニ処ス」として規定された犯罪である（文字通りに取ればこれは「皇室危害罪」であるが、これが一般的に「大逆罪」と呼ばれている）。問題となるのは、この大逆罪が「危害ヲ加エタル者」だけでなく「危害ヲ加エントシタル者」に対しても一律に「死刑ニ処ス」と規定していることにある。このように「危害ヲ加エントシタル」というところまで含めてしまえば、その犯罪行為そのものが曖昧で、その部分の記憶も曖昧にならざるをえない。それゆえ、そこには「自己同化型虚偽自白」の可能性をも考えないわけにはいかない。

　幸徳秋水らの「大逆事件」は、この大逆の行為が実行されて「既遂」に至ったものでも、あるいは「未遂」に終わったものでもなく、せいぜいその「予備」的行為、あるいはそのための「謀議」的行為が問題となったにとどまる。しかし、現実には、そこにその「危害ヲ……加エントシタル」行為があったとして、24名に死刑判決が下され、12名の死刑が執行されたのである。

　本件大逆事件に連座した被告人たちは、いずれも当時の政治体制に対して批判的な思想を抱いており、上記判決の言うように「国家の権力を破壊せん

と欲せば先ず元首を除くに若くなし」とする思想をそのものとして主張することはなくとも、少なくともその思想信条に近いところにいた。また、24名の被告人たちはいずれも、幸徳秋水を軸に置いたとき、濃淡は別としてこの幸徳秋水と何らか人間関係を持っていたことは間違いないし、その関係のなかでたがいにそれぞれの思想信条を語る機会があったであろうことも否定できない。しかし、そのように思想信条を単に語り合うという行為をもって、本件判決が認定したような「兇逆」を行うべく「凶謀」をしたことになるとは考え難い。とすれば、刑法73条を前提に皇室に「危害ヲ……加エントシタル」行為は大逆に当たる犯罪だと認めたとして、本件被告人たちにその犯罪となるような「謀議」行為があったかどうか、あるいはさらにそのための「準備」行為があったかどうかについては、それだけ慎重な検討が求められるはずである。

　以上のことを確認したうえで、本件被告人たちの供述がそれぞれどこに「起源」を持つかを分析しようとするとき、その供述分析をどのような枠組みで進めていくかについて、いま少し具体的な検討が必要である。

（2）大逆事件における自白・供述について、その供述分析をどのように　　考えるか

　本件において被告人たちが問われたのは大逆の「実行」行為ではなく、そのための「謀議」行為であり、あるいは「準備」行為であった。それについて被告人たちの供述をそれぞれどのように分析すればよいか、その分析枠組を、以下、いま少し具体的に検討する。

１）大逆罪における「思想」心情から「実行」行為に至るまでのプロセス

　上に述べたように、供述分析とは、供述者が自白あるいは供述において問題の犯罪行為をその「体験の記憶」によって語ったものかどうかを判別する方法であり、それが「強盗」とか「殺人」とか「わいせつ」とか、具体的行為として特定できる場合には、これについての自白・供述が、供述者自身の「体験の記憶」として語られているかどうかを、何らかの指標によって取り出すことが可能であるし、その分析を具体的に展開することも難しくない。

しかし、本件大逆事件では、そもそも「危害ヲ加エントシタル」行為まで処罰の対象となるとされ、それに向けての「予備」の行為がなされたのかどうか、それに向けての「謀議」の行為がなされたのかどうかが問題で、しかも、そのための証拠資料として取り上げられるのが検察聴取書や予審調書に記録された供述である。その供述分析をどのような方針のもとに進めればよいのか。

本来、刑事罰は具体的な「行為」に対してなされるべきものであって、単なる「心情」（思想）についてこれを罰することはできない。では、この「行為」と「心情」とをどのように区別すればよいのか。「大逆」事案において、その心理から行為への展開を以下のように考えてみる。

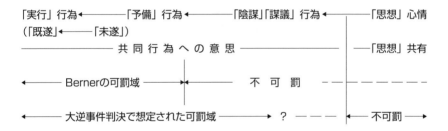

ここで「Bernerの可罰域」を記している点については、後に説明することになるが、大逆事件判決においてもそこで想定され可罰域は、さすがに「思想」心情に至る部分にまでは広げられていないはずで、それゆえここで「思想」の共有は「不可罰」として位置づけてよい。ただ、実のところ「陰謀」「謀議」行為であるか、「思想」心情にとどまるかは、その判別が微妙なところで、その点がここからの検討課題の一つとなる。いずれにせよ、可罰－不可罰の線を引くためにも、この両者の境目は明瞭でなければならない。そこで「陰謀」「謀議」について、これをまずは「行為」として明確に定義しておかなければならない。そうでなければ、その可罰域が限りなく「心情」領域に入り込んで、これを不当に罰してしまうことになりかねないからである。

2）「思想」心情から「謀議」行為、「実行」行為に至るまでの７つのレベル

　ここで参照したいのが、「内乱罪 Hochverrat」」について Albert Friedrich Berner が示した「謀議」からその「実行」に至るまでの３つのレベルの区分である（以下の論述は、市川啓「19世紀ドイツにおける謀議概念に関する一考察（２・完）」立命館法学2019年２号（384号）（2019年）53～102頁、市川啓『間接正犯と謀議』（成文堂、2021年）134～137頁による）。

（1）　Berner による「謀議」から「実行」への３つのリズム

　Berner によれば、「謀議」から「実行」までの経過について、次の３つのリズムの下に考えることができるという。

　第一のリズム：謀議の設立

　同じ意思傾向を持ち合わせた諸個人の下で、何らかの行動計画がある者から他者へと伝えられ、これがさしあたり「相互了解」の第一歩となって、各個人は、自らの参加を何かしらの方法で表明するか、推断的な行為により知らせることで、「結合の構成員」となる。ただし、これは未だ実行の開始ではないため、その時点で手を引いて計画全体を破綻させた者は、犯罪的結合に対する共犯（犯人庇護）の刑罰からも解放されるべきだと Berner は言う。つまり、準備行為にすぎない「謀議」それ自体を未遂段階で処罰することはできないとするのが、Berner の考え方である。

　第二のリズム：全体意思の形成

　何らかの行動計画について当初一致したにすぎなかった複数の意思が、統一的に実行すべき行為のための一つの全体意思に変化し、それによって集まった複数の主体は、この行動計画を統一的に実行すべく「一つの主体」となる。そのために、「主体らは相互作用という形で協議」を行い、「実行に関する共通の計画」を立て、「結果実現における役割」が各人に分け与えられなければならない。

　第三のリズム：実行

　何らかの行動計画に向かう各人の意思は、全体意思を自らに反射的に映し出し、個々の主体はかの「一つの主体」の担い手として、言い換えれば、共通の意思を実現するための手足として現れるのであり、これが最終的な帰結

として全体結果を生じさせることになる。

　Berner は、このように「謀議の設立」から「全体意思の形成」、そして「実行」に至る流れを描き、可罰域に入るのはこの第二のリズム、つまり「全体意思の形成」からだとしている。ここで問題となる大逆事件判決については、じつは、この Berner が可罰域から外した第一のリズム、つまり「謀議の設立」よりもさらにその手前の部分までもが問題にされていることに注目しなければならない。そこで以下では、まず可罰領域に入るかどうかの議論を別にして、「気楽な放談」レベルから Berner の具体的な「謀議の設立」に至るまでを射程に入れて、そこに至る段階を検討してみる。

（２）「放談」から「謀議の設立」までのレベルと「謀議の設立」から「実行」までのレベル

　ここでは Berner における「謀議の設立」から「実行」までの３つのリズムで規定された内容を参考に、「謀議の設立」の手前について、計画性の有無、その具体性の度合いの観点から、まったく計画性のない「放談」レベルを０－０として、そこから０－３まで、次頁の【表１】のように４つのレベルを区分し、そのうえに Berner における「謀議設立」から「実行」までの３つのリズム（これを１－１〜１－３とする）を加えて、レベルAからレベルGまで７つのレベルを区別してみる。

　このように区分したとき、Berner の考え方によれば、可罰域に属するのはレベルFおよびレベルGであって、その手前のレベルEまでは可罰性が認められてない。しかし、本件大逆事件の判決に見る限り、それより手前のレベルD以下の行為さえも問題視されていて、これが可罰域に含まれているように見える。この点をどのように検討するかが、ここでの重要な論点となる。

３）供述の生成過程に忍び込む「逆行的構成」の危険性

　以下、本件大逆事件において問題とされた各被告人の行為が上記の７つのレベルのどこに位置するかを検討することになるのだが、その前に、まずは供述分析において重視されてきた「逆行的構成」の理論について、重ねて簡

【表1】 Berner の 3 つのリズムとそこに至るまでの 4 つのレベル

0 − 0 　よく似た意思傾向（思想）をもつ者が、時代状況・社会状況・政治状況を憂えて、内乱にかかわる放談する （何らの計画性もない）	レベルA
0 − 1 　同じ意思傾向（思想）をもつ者が、内乱に向けて何らかの計画を漠然と思い描いて、座談する （計画は抽象的なものでしかない）	レベルB
0 − 2 　同じ意思傾向（思想）をもつ者が、内乱に向けて何らかの計画を思い描き、その計画内容の具体化を話題にして、たがいに意見交換をする （具体的な計画が成立する以前）	レベルC
0 − 3 　同じ意思傾向（思想）をもつ者が、内乱に向けて何らかの具体的な計画を「発議」し、周囲を「結合の構成員」にすべく説得しようとする （計画に加わる者どうしの具体的な相互了解がまだ成立していない）	レベルD
1 − 1 　Berner の第一のリズム：謀議の設立 同じ意思傾向をもつ者のあいだで、内乱に向けて具体的な「共通の計画」を立て、それを行うべく相互に了解し合うに至っている	レベルE
1 − 2 　Berner の第二のリズム：全体意思の形成 同じ意思傾向をもつ者が、内乱に向けて具体的な「共通の計画」を立て、それを行うべくたがいの意思を確認し、全体が「一つの主体」として動くよう、具体的にそれぞれの「役割の分担」を決定している	レベルF Berner の可罰域 ↓
1 − 3 　Berner の第三のリズム：実行 同じ意思傾向をもつ個々人が、内乱に向けて全体意思を体現し、全体で「一つの主体」として動き、それぞれの役割を担って、「共通の計画」を実行する	レベルG Berner の可罰域 ↓

単に触れておかなければならない。本件で問題とされる各被告人たちの行為は、いずれも基本的に、被告人たちがそれぞれ逮捕後にその過去の行為の想起を求められて語った供述によるものであって、その供述において語られた行為が、語られる以前の当の行為そのものをどこまで正確に再現しているかが問題となるからである。

（1）　順行的行動と逆行的構成

　そもそも人が過去の出来事について語るとき、その出来事の結末はすでに明らかになっている。そして、その出来事の語りは、それを語る時点での語り手—聞き手の問題意識によって、大なり小なり編集される。時間を遡っての構成という意味でこれを「逆行的構成」と呼ぶとすれば、過去の出来事についての語りには、つねに逆行的構成の危険性がつきまとっている。

この「逆行的構成」と対照されるのは「順行的行動」である。ここで「順行的」と言うのは、当事者が当の行為を行っているその「渦中のいま」に身を置いて、背後にそこに至る「過去」を背負い、その先に「未来」をそれなりに見通しながら、〈過去－いま－未来〉の時間をその「渦中」から生きるということにほかならない。誰もがそうしてこの先の「未来」を前にしながらも、次の瞬間に何が起こるかを知らないままに、その時その時の「いま」を生き、結果として次々と自分の身に起きていく出来事を引き受け、その出来事がまた「過去」へと去っていく。「順行的」とは、まさにそのような時間の流れを人が生きるということにほかならない。

しかしながら、人が自らのこの「過去」を振り返って語るとき、人はこの語る「いま」の時点を生き、その「いま」の関心事のままに「過去」の出来事を切り取り、これを構成する。もちろん、語ろうとしている「過去」についてもまた、そのときの「いま」を順行的に生きてきたはずで、その順行的な行為の流れを体験の記憶にとどめ、その記憶の通りに語れば、そこに順行的な行為の流れが反映するはずだが、その順行的な行為の流れについての語りそのものが「いま」の関心事によって歪められることがある。これが「逆行的構成」である。人はつねにその身体でもって「いま」を順行的に生きながら、自分の「過去」を逆行的に構成していく。

このことは如何なる過去の語りについても言えることなのだが、とりわけ犯罪行為とされる行為について被疑者がこれを取調べの場で語るとき、その語りの場を第三者たる取調官の側が主導するだけに、取調官たちの想定に引きずられるかたちでこの逆行的構成が生じてしまう危険性は大きくなる。本件大逆事件の各被告人についてもこの問題が起こった可能性があって、その供述の生成過程をそうした視点から再考することが必要である。

（2） 大逆事件は宮下事件にはじまる

本件は、宮下太吉が明治43年5月25日に、天皇に危害を加えようとの意図の下に爆弾製造を準備していたとの容疑で逮捕され、それが大逆に向けての予備「行為」と見なされたところからはじまる。これが本件の発端となるが、しかし、厳密に言えば、先にも述べたように、これは幸徳秋水が主導した

される「大逆事件」の全体とは区別して、「宮下事件」と言うべきである。この宮下事件を出発点として、この宮下と関わりのあった被告人たちが次々と逮捕され、検事による取調べ、判事による予審によって被告人たちの供述が積み上げられた。そうして録取された供述証拠が、その後の大審院特別刑事部で審理され、被告人たちに有罪判決が下されて、最終的に24名の被告人たちが大逆罪で有罪となるという経緯をたどる。これが「大逆事件」である。

　この大逆事件において有罪判決を受けた被告人たちのその行為を、事後に語られた供述から見たとき、そこに逆行的構成がどこまで入り込んでいたか。行為のその時点から「順行的」に見たとき、はたしてこれを可罰域にあるものと見なしうるかどうか。その点が問題となる。もちろん、すでに過去のものとなってしまった出来事であるから、その過去の時点の被告人の立場に身を置いて、それを順行的に追体験することは、タイムカプセルでもないかぎり不可能である。しかし、少なくともそうした視点に立って本件判決の認定が妥当であったかどうかを再検討することはできるし、それは本件の事実認定において欠かすことのできない重要な手続きである。

　本件の発端となった「宮下事件」つまり宮下らの爆裂弾の準備行為について、宮下の逮捕時点で捜査側がこれを大逆罪に当たる可能性を考えたことは間違いない。問題の出発点はそこにある。そこから、それまでの宮下らの行為が大逆罪の下に意味づけられ、さらには宮下と関係のあった被告人たちのもろもろの行為もが、これまた大逆罪の色に染められていったという可能性がないかどうか。本件の取調べ・予審において、そうした「逆行的構成」が進行することがなかったかどうか。つまり、先にも述べたように、「謀議」の行為と思想心情は地続きで、その境目は曖昧なものでしかないところ、本件捜査および裁判審理の過程で、被告人たちの思想心情までが「逆行的」に可罰的な「行為」の側に組み込まれてしまうようなことがなかったかどうか。その点の検討が本件の供述分析における最大の論点となる。

（3）　順行的な行為の流れと逆行的構成のギャップ：宮下事件は「氷山」の
　　　一角だったのか
　ここでまず本稿の問題意識を明確にするために、取り扱うべき問題の一端

をあらかじめ例示的に示しておきたい。

　本件判決で問題とされた各被告人の行為は、明治41年6月の錦輝館赤旗事件から宮下事件摘発の明治43年5月25日までの2年に及ぶ時間の流れのなかにある。その「過去の行為」が、宮下逮捕・取調べの明治43年5月末から予審の終了する明治43年10月末まで、検事による取調べや予審判事による予審において、それぞれ「現在の視点」から質され、語られて、そこで積み上げられた供述「証拠」がさらに大審院の審理において切り取られ、解釈され、整理された。

　たとえば、被告人宮下太吉が明治41年11月13日に、被告人森近運平宛の手紙で「機会があったらば爆裂弾を以て御通行の際天皇をやっ付けようと決心しました」（明治43年5月29日長野地方裁判所検事局における宮下太吉の申立より）と書いたという行為の事実がある。しかし、その手紙を書いた時点に身を置いて、そこから順行的に見れば、少なくともその当時、宮下太吉がこの手紙で語った「決心」は、「天皇」を対象とし「爆裂弾」を方法とするという内容のものではあっても、そこに「機会があったらば」と言う通り、まだ漠然とした思いを言葉にしただけで、およそ「計画」と言えるほどの具体的なものではなかった。そもそも具体的な日時や場所を特定したものではなく、その実現可能性を明確に認識したうえでの決心でもなかった。同様に、この手紙を受け取った森下運平、あるいはその内容を示された幸徳秋水たちから見ても、それはただの言葉だけの「決心」であって、根拠をもった具体的な犯行計画の提起ではない。血気盛んな男のこの「威勢のよい発言」を喜び、これに盛り上がった者もいたかもしれないが、少なくともその時点では具体性を欠いた「空威張り」でしかないように見えた可能性が小さくない。

　ところが、そこから一年半あまり経過する間に、宮下が爆裂弾の製作法の情報を集め、実際に試作を試み、これを山中で実験して、その成果を周辺に伝え、それなりの準備を進めた末に、その情報が警察に漏れ、明治43年5月25日に宮下が逮捕され、大逆の「計画」を準備していたとの自白を得るに至る。こうして摘発された「宮下事件」は、その時点で、爆裂弾をそれなりに準備し、実行の日、場所をおおよそ想定し、宮下以外に管野スガ、新村忠雄、古河力作が自らその実行者たらんとするというおよその確認はあったものの、

爆裂弾の威力は未確認で再実験を求められていた状況であり、実行の日時・場所も具体的に特定されておらず、実行者たちの役割分担も決まってはいなかった。この状況から見て、先のBernerの基準での第一のリズム（つまり具体的な「共通の計画」を立て、それを行うべく相互に了解し合うという「謀議の設立」）にもなお至らない段階だったと言わなければならない。

　ところが、捜査側はこの「宮下事件」を、巨悪集団の「氷山の一角」であるかのように見なして、その線に沿って捜査を進めることとなった。そうして取調べ・予審の過程で先の明治41年11月13日の太吉の森近宛の手紙があらためて取り出されたとき、それはまさに「ここに於いて宮下は爆裂弾を造り大逆罪を犯さんことを決意し」（判決本文）たかのように理解され、この「決意」が「大逆」という具体的な行為につながる「発議」であるかのように位置づけられて、宮下と関わり、宮下の爆弾製作の情報をそれなりに知った周囲の人々が、この「発議」のもとに「共通の計画」を練り、「結合の構成員」をなしたかのように見なされていく。そうして「氷山」の全容が明らかになったとして大審院が開かれて、26名の被告人が連座する裁判へとつながっていったのである。

　しかし、順行的な流れの下にこの過程を追って見たとき、少なくとも明治41年11月13日の宮下太吉の森近宛手紙の時点では、後の「宮下事件」への展開を予想すべくもない。そもそも宮下太吉はその頃、幸徳秋水とも、また管野スガ、新村忠雄、古河力作とも出会う以前のことであって、その手紙に記された「大逆を犯さんことを決意し」という表現は、せいぜいのところ宮下の個人的な「決意」にすぎず、そこに大逆罪を企てる現実の「氷山」があったとはとても言えない。

　そうして見れば、現実は、むしろ「宮下事件」の発覚から、逆行的に「共同意志」をもつ架空の「氷山」が想定されて、天皇らに危害を加えようとする共同意志集団が逆行的に構成されただけではなかったか。問題の焦点はここにある。

（4）　取調べの場に引き入れられた他の被告人たちの立場

　一方、宮下事件が発覚して取調べの場に引き入れられた幸徳秋水らは、ど

のような認識状況に置かれていたのか。そのなかでどのような心理状態にさらされたのか。

　無実の人は殺人罪で逮捕されたとき、「私はその殺人行為をやっていない」と否認して、自分を守ろうとする。他方の取調官は「君は殺人罪をやってはいないか」と言って追及を重ねる。そこで両者は、まずその一点をめぐって争う。その「殺人行為」が可罰行為であることは、誰にとっても明らかだからである。しかし、大逆罪が疑われるような事件で、しかもそれが「既遂」でも「未遂」でもなく、その「謀議」の有無や「謀議」への関与の有無のようなことが曖昧なかたちで問題になる場合はどうなのか。被告人にとって問われている「犯罪行為」そのものがはっきりしない。したがって「何」を「どこまで」守ればよいのかがわからない。また、取調べに当たる検事や予審判事の側でも、この被告人についてその何が「犯罪」に当たるかは明確でない。そうして問題がはっきりしないままに、取調官は追及し、被告人はそれに答える。そうした取調べの場で何が起こっていくのか。

　たとえば、本件で幸徳秋水が逮捕されたとき、幸徳は「どのような「犯罪」行為によって逮捕され、何を取り調べられることになったと思ったか」、「自分を守るためには何を肯定し、何を否認すればよいと思ったのか」。また、本件で幸徳秋水を逮捕して取調べる側に立った検事や予審判事たちは「どのような「犯罪」行為について幸徳を逮捕し、取調べにおいて、何を聴取することを目標としたのか」。取調官たちも、頭のなかに描いた単なる「思想」を裁くことはできないと知っていたはずである。つまり、問題はその「思想」の表現たる「行為」であり、その行為が「犯罪」に当たるものだとして、その「犯罪」行為を具体的に語らせることを目標としたはずである。

　大逆罪が刑法典に明記されて、しかし、まだ前例がまったくないなか、被疑者も取調官も、ほとんど暗中模索、探り合いのなかで取調べが進行したと考えられる。その相互作用の過程に供述分析のメスを入れようとするとき、判決へと集約されていく「逆行的構成」の罠に落ちることなく、順行的な視点で、被疑者たちの「思想」（心情）と「実行」（行為）とを仕分けしていくことが、まず求められる。

　そのことを前提においたうえで、その「供述の起源」をできるかぎり究明

するということが、供述分析の課題となる。

2．本件判決が認定した事実と本件供述分析の焦点

（1）本件判決の認定の構図

　本件判決は、その主文において、24名の被告人に対して死刑、2名について有期刑の判決を記したうえで、その有罪認定の「理由」を示しているのだが、ここではそのうちの東京グループについて認定された内容（判決上「第一」として記載した部分）を検討する。ここに含まれるのは宮下太吉（以下、宮下）、新村忠雄（以下、忠雄）、管野スガ（以下、管野）、古河力作（以下、古河）、幸徳秋水（以下、幸徳）が中心で、これに加えて森近運平（以下、森近）、奥宮健之（以下、奥宮）、内山愚童（以下、内山）の関与があって、計8名が関わっている。このメンバーについて、判決が認定した各被告人の行為を、時系列に沿って要約すれば以下のようになる。本件判決の認定内容には、上に見た逆行的構成の危険性が多分に含まれているのだが、ここではその問題をとりあえず横に置いて、まずこの認定した内容を前提にしたとき、被告人たちの行為がそれぞれどのレベルの「謀議」に達することになるのかを検討しておきたい。

1）本件判決が東京グループについて認定した「謀議」の全体的な流れ

　本件判決で被告人らを有罪と認定したその「理由」には、冒頭に幸徳伝次郎が「無政府共産主義」を奉じるに至ったこと、そして管野スガもまた同主義に帰し革命思想を抱き、明治41年の錦輝館赤旗事件で連座したことでその報復を期し、そのことを幸徳に告げて、幸徳が協力しようと約し、二人が契りを結んだとの記載があって、その他の被告人もまた概ね「無政府共産主義」を信条と為し、あるいはその臭味を帯びる者で幸徳を崇拝し、もしくは親交を結んでいたとして、この被告人らが錦輝館赤旗事件での政府の迫害等に憤慨して、これに報復し、「国家の権力を破壊」すべく、まずは「元首を除く」ために大逆を「凶謀」し、これが途中で「発覚した」のだとある。

　このように事件全体の流れを描いたうえで、ここに「凶謀」と呼んだ謀議

が具体的な行為としてどのようなかたちで現実化したのかについて、判決は
以下の八つの段落に分けて認定を行っている。

　　「第一」として東京グループ
　　「第二」として和歌山グループ
　　「第三」として熊本グループ
　　「第四」として内山愚童
　　「第五」として大阪グループ
　　「第六」として神戸グループ
　　「第七」として新田融
　　「第八」として新村善兵衛

　ここでは、このうちの「第一」の東京グループについて判決が認定したと
ころを、第一期から第五期に分けて、その時期ごとに取り出してみる。念の
ため断っておけば、以下は判決の文面上に記された認定をそのまままとめた
ものであって、問題はその認定がはたして妥当かどうかである。

第一期
　明治40年12月、宮下は、森近が大阪平民社で開催した講和会に参加して、
森近の演説を聞き、無政府主義を信奉する。
　また、当時すでに無政府主義者であった幸徳は、明治41年6月に起こった
錦輝館赤旗事件での国家の対応に憤慨し、「国家の権力を破壊せんと欲せば
先ず元首を除くに若くなし」と感じるようになる。

第二期
　その後、明治41年11月13日、宮下は、森近に対して「皇室を尊崇する以上
は到底普通の手段によってその迷信を打破するの不可能なることを感知し、
竟に爆裂弾を造り大逆罪を犯さん」という覚悟と「東京に事あらば直ちに起
て実行に加わるべき」旨を書いた手紙を送った。この手紙は森近が幸徳にも
見せており、内山の論文の効果だと喜んでいた。

明治41年11月19日から21日にかけて、幸徳は、「決死の士五十人もあらば爆裂弾其他の武器を与えて暴力革命を起し、諸官衙を焼払い、富豪の財を掠奪し、余力あらば二重橋に迫り、番兵を追払い、皇居に侵入して大逆を敢行せんと計画し居る旨を告げ、予め決死の士を募り、置きくるべきことを委嘱」して、無政府共産主義の新宮グループリーダー・大石、熊本グループリーダー・松尾から同意を得た。

明治41年12月、管野が幸徳に対して「爆裂弾を造り、大逆罪を犯し、大仕掛の革命を起したき旨」を語ると、幸徳は、大いに喜んで革命を実行すべきだと発言し、宮下が爆裂弾による大逆罪を計画していること、事件が起これば紀州や熊本からも決死の士が出てくることを話した。

明治42年2月13日、宮下が幸徳宅を訪ねて幸徳、森近に対して爆裂弾による大逆計画について語るが、幸徳は、不得要領の返事をした。宮下が帰った後、管野や忠雄に対して宮下という人物と彼の計画を賞揚していた。

明治42年5月25日、宮下は、幸徳に爆裂弾の製法が判明したことを手紙で知らせた。幸徳は、それを喜んでいることを管野に手紙で書いて送らせた。明治42年6月6日、宮下が幸徳宅を訪ねて幸徳、管野に対して大逆罪遂行を提唱し、幸徳と管野は賛同し、忠雄と古河も参加することを告げた。

明治42年7月中、宮下は、爆裂弾製造のための薬品を集めつつ、7月19日、忠雄に対して大逆罪の敢行に同意を求め、塩酸加里の送付を依頼した。8月1日の薬品送付の督促を受け、8月10日、忠雄は薬品を宮下に送付する。

第三期

明治42年9月1日、管野が出獄し、9月上旬、幸徳は、管野と忠雄に「明治四十三年秋季を期し、爆裂弾を以て大逆罪を敢行し、暴力革命を起さん」ことを謀議し、幸徳は忠雄に宮下にも同じ話をして協議するように伝えた。9月28日忠雄は、宮下に「明治四十三年秋季を期し車駕の通行を待受け大逆を行い、且市内各所に暴動を起し富豪の米庫を開き貧民を賑し監獄を破壊し囚人を解放し諸官衙を焼払い大臣を暗殺すべき旨」を告げた。しかし宮下は、即座に同意したものの、「革命は容易に行わるることにあらざれば主として大逆罪を犯し世人の迷信を打破する方針を採りたき」旨を告げた。また、爆

裂弾製造が不良で研究中であり、一応、実験家の意見も聞きたいと忠雄に依頼した。

明治42年9月30日、帰京した忠雄は、宮下から依頼された爆裂弾製造方法について、これを知っている実験家の意見を聞くことはできないかを、幸徳に問い、幸徳は問合せると返答した。

明治42年9月、幸徳は、奥宮に対して爆裂弾による大逆罪について座談的に話し、10月上旬、奥宮が再訪した際、幸徳は田舎での暴動のための爆裂弾製造の話をして、製法について尋ね、奥宮は問い合わせることを約束した。10月下旬、奥宮は幸徳に加波山事件の西内より聞いた「塩酸加里六分金硫黄四分鋼鉄片加入電粉」と、缶の大きさは小さい茶筒のようなものだと聞いていたので「長さ二、三寸、円径一、二寸」で鉄または鉄葉でつくると伝えた。

明治42年10月下旬、幸徳は、爆裂弾製法について奥宮から聞いたことと自分の知識を交えて「鑵の長さは二寸大さは直径一寸位又薬品は鶏冠石四に塩酸加里六又は双方各五の割合にて之に鉄片を混入すること」を忠雄に告げ、忠雄はそれを宮下に手紙で知らせた。忠雄は薬品を宮下に送付し、宮下は臼田に「薄鉄亜鉛引の鑵五個」を製造させた。

明治42年10月初旬、古河は、幸徳、管野、忠雄から、「吾々は宮下太吉の提議に賛同し爆裂弾を造り大逆罪を敢行するの決心を為したり斯る事は強く勧むる能はさるも君も此計画に同意しては如何」と聞かれたので即座に同意した。

第四期

明治42年11月3日、宮下は、「塩酸加里六分鶏冠石四分を割合せたるものに二十匁に小豆大の小石二十個を交ぜ、之に一鑵容れ其上を西の内と称する紙にて巻き、尚其上を銅の針金にて縦横に縛り」爆裂弾を完成させた。大足山中へ行って爆裂弾を5間離れた場所に投げつけたところ、大音響がしたので、試験結果は良好だと思い、11月5、6日ころに忠雄と管野に試験結果を手紙で伝えた。残りの4個の缶は職場の釜口に捨てた。幸徳は、忠雄のところに宮下の爆裂弾実験が良好であったという手紙が来たことを聞き、奥宮にも結果が良好であったことを伝えた。

明治43年1月1日、宮下が薬品と鉄缶と鉄葉缶をもって幸徳宅を訪ね、幸徳、管野、宮下、忠雄は、缶を投げて破壊力はどうか、実用向きかなど多少の批評をした。翌1月2日、宮下は帰郷した。同日、たまたま幸徳宅へ古河が来たので幸徳、管野、忠雄が前日の話を伝えた。

明治43年1月23日、管野、忠雄、古河は、三名で会談し、宮下、古河、忠雄、管野の四人で大逆を実行し、幸徳を除外することに決定した。2月6日、忠雄は宮下に会って、1月23日の謀議内容（管野、古河、忠雄及被告の四名にて各爆裂弾を所持し、道路の両側に二人、別れ先づ、車駕前方に居る者より投付け、若し車駕が後ろに引返さば、後方に居る者が投付るという手筈を定めたる旨）を伝え、爆裂弾の再実験を依頼した。しかし、前回の実験で大音響が鳴ったため周囲に怪しまれる可能性があること、その日は雪が降っていることから再実験は見合わせることになった。

第五期

明治43年3月下旬、幸徳と管野は歴史書編纂のため、湯河原へ引っ越した。

明治43年4月中、管野から忠雄に爆裂弾再試験を依頼する手紙が来たので、忠雄は宮下を4月26日に訪ねて再試験の場所を探したが適当な場所がなかったので、5月1日に山中で再試験をする予定としたが、警察官の注意が厳重になったので結局再試験はできなかった。

明治43年5月1日、管野が入獄のため帰京し、5月17日、増田宅で忠雄、古河、管野が会談して「人物の経済上、二人にて実行の任に当り、二人は残りて再挙を図ることを評決し、抽籤を以てその実行者を定めた」ところ、「第一が力作、第二が管野に当り、忠雄と宮下は落籤した」。5月18日、管野が入獄した後、忠雄は古河を訪ねて前日の抽籤を取り消したいと告げ、古河の了承を得た。

明治43年5月中、宮下は、新田に鉄葉缶24個を作らせ、薬品とともに、「自分に何かあった場合は古河に送ってほしい」と書いた紙を箱に入れていた。調合した薬品の紙包みと上記の箱は清水太市郎に預けたが、5月21日、事件が発覚しつつあったことから、清水と相談して、紙包みや箱は職場、鍛冶工場などに隠した。そして宮下が身柄を拘束されたのが5月25日である。

２）レベルの推移

さて、本件判決が東京グループの第一期から第五期までについて認定した上記の行為が実際にあったとして、これを前提に、それぞれが先の【表１】のレベル分けでどのレベルに相当するかを検討してみる。そこで、この【表１】のレベル分けを、本件認定の犯行行為に合わせて、その「対象」、「方法」、「日時・場所」、犯行を行う「構成員」、そのなかでの「合意」の有無、「準備」の状況、犯行時の「役割分担」の観点から、さらに具体的に示せば、次頁の【表２】のようになる。

ここでレベルＥまでについて、表中の「空欄」は、判決文において各行為の認定の「証拠」とされた供述に言及がないことを示し、表中の「△」は、判決文において各行為の認定の「証拠」とされた供述で言及されてはいるが、内容が明確でないことを示し、表中の「○」は、判決文において各被告の認定の「証拠」とされた供述で言及され、内容がある程度は明確であることを示す（しかし、直ちに実行行為につながるほど具体的ではない）。なお、レベルＦ・レベルＧについては、本来ならばこれが明確に認定されなければならないという意味で「◎」をつけているが（その意味でレベルＥまでの○とは明確度が異なる）、実際の供述はおよそそのレベルに達していない。

この【表２】からも読み取れるように、本件判決が東京グループについて認定した犯行行為は、そのもととなる供述の「証拠」によるかぎり、およそ十分に具体的とは言い難い。じっさい、その認定された行為を各レベルごとに簡単にまとめれば後の【表３】のようになるが、本件判決が東京グループについて認めることができたレベルはレベルＤまでであり、高く見積もってもせいぜいレベルＥにかかりかけているという程度である。しかも、これは東京グループを「一体」のものとして見るという前提の上での話で、少なくとも幸徳秋水に関する限り、およそレベルＥには届かない。

本件判決の認定した上記の行為レベルが、先の第一期～第五期においてどのように推移したかをあらためて整理してみると次のようになる。

レベルＡ：　　第一期の明治40年～41年半ばごろ。宮下、森近、幸徳それぞれが天皇制を批判する思想を座談的に行う。具体的な計画はなかった。

【表2】大逆事件判決の認定した犯行行為のレベルと本件の可罰域

「謀議」に至るまでのレベル そして「謀議」から「実行」へ至るレベル	レベル	対象	方法	日時・場所	構成員	合意	準備	役割分担	本件の可罰域
0－0　よく似た意思傾向（思想）をもつ者が、時代状況・社会状況を憂えて、放談する（何らの計画性もない）	レベル A	△							
0－1　同じ意思傾向（思想）をもつ者が、何らかの計画を思い描いて、座談する（計画は抽象的なものでしかない）	レベル B	△	△						
0－2　同じ意思傾向（思想）をもつ者が、何らかの計画を思い描き、その計画内容の具体化を求めて、たがいに意見交換をする（具体的な計画に向かうものの、まだそれが成立する以前）	レベル C	○	○	△					
0－3　同じ意思傾向（思想）をもつ者が、何らかの具体的な計画を「発議」し、周囲を「結合の構成員」にすべく説得する（日時場所を含む具体的計画はあるが、まだメンバーのあいだの具体的な了解が十分でない）	レベル D	○	○	○	△	△	△		
1－1　Berner の第一のリズム：謀議の成立　同じ意思傾向をもつ者のあいだで、共通の具体的な計画を立て、それを行うべく相互に了解し合う	レベル E	○	○	○	○	○	○		「予備を含む」可罰域
1－2　Berner の第二のリズム：全体意思の形成　同じ意思傾向をもつ者が、「共通の計画」を実現しようと、たがいの意思を確認し、全体が「一つの主体」として動くべく、それぞれの「役割の分担」を決定する	レベル F Berner の可罰域 ↓	◎	◎	◎	◎	◎	◎	◎	↓ ↓ ↓
1－3　Berner の第三のリズム：実行　同じ意思傾向をもつ個々人が、全体意思を体現し、全体で「一つの主体」として動き、それぞれの役割を担って、「共通の計画」を実行する	レベル G Berner の可罰域 ↓	◎	◎	◎	◎	◎	◎	◎	↓

レベルB：　第二期に入って、宮下が明治41年11月13日、「天皇へ爆裂弾を投げつける計画」に関する手紙を森近に送ることでレベルBに移行する。ただし、この点についての根拠となった幸徳の供述についてみてみると、「記憶す」などの断定を避けるような供述になっていることがわかる。なお、

第4章　大逆事件における供述分析　421

【表3】本件における各レベルの具体的な認定行為

レベル	具体的な認定行為
A	「天皇」もしくは「皇室」への危害に関する雑談を2人以上でする
B	「天皇」もしくは「皇室」への危害について爆裂弾を用いることを含めた雑談を2人以上でする（それが実行可能なものであるという認識はない）
C	「天皇」もしくは「皇室」への爆裂弾を用いた危害について実行日時と場所に関する議論を2人以上でする
D	「天皇」もしくは「皇室」への爆裂弾を用いた危害について実行日時と場所、構成員に関する議論を2人以上で行い、周囲を構成員にするため説得する（合意の有無は問わない）
E	「天皇」もしくは「皇室」への爆裂弾を用いた危害についてレベルDまでのすべての項目について具体的な計画を共有し、それが実行可能な計画であるという共通認識のもと、計画に参加することに同意する
F	「天皇」もしくは「皇室」への爆裂弾を用いた危害についてレベルDまでのすべての項目について具体的な計画を共有して、それが実行可能な計画であるという共通認識のもと、計画に参加することに同意し、実行のための役割をそれぞれに割り当てる
G	「天皇」もしくは「皇室」への爆裂弾を用いた危害についてレベルDまでのすべての項目について具体的な計画を共有し、それが実行可能な計画であるという共通認識のもと、計画に参加することに同意し、割り当てられた役割を果たして計画を実行する

　この手紙をみた時点では幸徳や森近が宮下に賛同することはなかった。同時期のM41年11月19日、21日と相次いで新宮グループの大石、熊本グループの松尾が幸徳のもとを訪ねており、その際に幸徳の「大逆計画」について座談的な話をしているが、それはなおレベルBにとどまる。

レベルC：　　第三期の明治42年9月に幸徳が「大逆計画」を決意したことになり、計画に「明治43年通御の際に爆裂弾を投げつける」という項目が付加されることでレベルCに移行する。

レベルD：　　第四期、宮下らが明治42年9月には爆裂弾製造のための薬品や道具を調達するなどの準備が開始され、レベルDへ移行する。

レベルD＋：　　明治42年11月に宮下が爆裂弾の実験をしたさい、「天長節当日の天皇通御のルートを調べて場所選定の準備をしていた」と宮下自身は供述しており、その限りでは爆裂弾・日時場所の選定等の考えていたことになってはいる。ただし、そのことをほかの被告人らと共有しようとはしていない（その点、宮下に限って、レベルDを超えようとしていたという意味で「D＋」レベルとする）。

しかしその後、場所の選定が実際に具体化することはなく、第五期にいたっては幸徳が計画から離脱し、役割分担についてもあいまいなまま、宮下らについてはレベルDが維持されたが、明治43年5月25日には「その目論見」が発覚することとなった。

このように第一期はレベルA、第二期はレベルB、第三期はレベルC、そして宮下が爆裂弾を製作して実験して一応の成功をおさめた第四期、そこから第五期で実行メンバーを決め計画を具体化するところで、レベルDからレベルEに向おうとする程度で、いずれも先のBernerの可罰域（レベルF、レベルG）にはおよそ及ばない。

本件大審院判決が、この程度のレベルで被告人たちの行為を有罪として死刑判決を下したこと自体が問題だったと言わざるをえない。このことを確認したうえで、次の3では、この東京グループの犯行認定のなかに、宮下事件を大逆事件の氷山の一角と見る逆行的構成の痕跡が潜んでいないかどうかを検討しなければならない。そのために、まずは被告人たちの供述形成過程のうち宮下の供述が突出していることをあらためて見ておく。

（2）本件の計画において宮下が突出していたこと

本件判決における東京グループの被告人らの各時期における行動をレベル分けすると、全体的にみて、各被告人の行動は、A→B→C→Dと徐々にレベルが上がっており、「計画の中身が具体化し、準備が進んでいる」かのように見える。しかし、その「計画」に関する各被告人の供述内容を分析すると、およそ「具体的」とはいえない内容であり、Bernerの可罰域以前の「E」のレベルにも至っていないというだけでなく、なかでも宮下の供述が全体のなかで突出している。

1）宮下とその他のメンバーとの計画の離齬

「大逆計画」について詳しくみてみると、もともと宮下が主張していたのは第一期から第五期まで一貫して「天皇へ爆裂弾を投げつけて天皇に危害を加える」というものであった。一方で、幸徳が取調べの過程で認めていたのは「決死の士を募り、爆裂弾などを与えて暴力革命を起こし、皇居へ侵入し

て危害を加える」という計画であり、実行内容に齟齬がみられる。レベルC
に移行した第三期の明治42年9月の時点でも宮下は、幸徳の上記計画につい
ては賛同せず、あくまでも革命ではなく、通御の際に爆裂弾を投げつけるこ
とを主張していた。

　これについて判決文では、「被告伝次郎は前に太吉の逆謀を聴いてこれに
同意を表したりと雖も、太吉の企図は大逆罪をもって唯一の目的となし、他
に商量する所なく、伝次郎が運平、誠之助、卯一太と協議したる計画とは大
小疾徐の差なきに非ざるをもって、願望の念なきに非ざりしが、近日政府の
迫害益々甚しとなしてこれを憤慨し、先ず太吉の計画を遂行せしめんと欲す
る決意をなすに至れり」と認定した。しかし、判決文の言う幸徳のこの「決
意」に至る一連の流れについては、予審段階の幸徳の供述を通して見ても、
その「根拠となる供述」がどこにも見あたらない。

2）宮下の「レベルD＋」の行為と爆裂弾実験

　それにまた、判決上、全体として唯一、レベルDとEの中間であるD＋へ
移行しているのは、上述の通り明治42年11月に爆裂弾実験が成功したときの
こととして宮下が認めた以下の供述のみである。

　「被告所有の地図なるが、二重橋より桜田門を出て虎ノ門溜池赤坂田町一
つ木町表町を経て、青山練兵場に至る道路に赤線を施したるは天長節の当日、
青山練兵場へ行幸の道筋にて大逆罪を犯す場合に於ける場所選定の準備を為
し置きたるものなり。」

　この情報は、宮下が実行場所を決めるために天皇通御のルートを調べたと
いう、計画遂行のためには重要な情報であると考えられる。にもかかわらず、
この情報がほかの被告人らに共有されることはなかった。宮下は長野の明科
に居住していたことから、他の被告人らと頻繁に交流ができなかったとはい
え、新村とは何度も手紙や対面での直接的なやりとりをしている。また明治
42年2月と6月、明治43年1月と5月に幸徳、管野らと直接面会もしている。
重要な情報が共有されなかった理由については、以下のような可能性が考え
られる。

① 言う必要がなかった＝それほど重要な情報ではないと考えていたことを示す
② 言う時機を逃した、後で言うつもりだった＝この時点では場所の情報を提供するほど計画が具体的ではなかったことを示す
③ あえて言わなかった＝計画に協力するという合意がとれていない状態であることを示す

　この三つの可能性を検討すると、いずれの場合であっても、計画を準備しているにもかかわらずメンバーが相互に十分な情報共有と交流を行えていなかったということになる。

　さらに、爆裂弾実験に成功したというものの、その結果は手紙で幸徳と管野へ知らされたのみであった。また、宮下が明治43年に新村を帯同してやろうとした再試験についても、時機を待って行うということで、ついに実施されることはなかった。このことから、爆裂弾の威力については宮下以外に確認した者はいないということになる。

　なお、「実行」役である宮下、新村、管野、古河が実際に顔を合わせることが最後までなかったが、この点についても判決では考慮されていない。

　以上のことから、本件では判決文自体でも被告人たちの行為は可罰域に至っていないというだけでなく、内容をみてもおよそ具体的な「計画」があったと判断することはできない。また、具体的な供述という根拠に基づかない認定も見られることから、およそ適切な判断がなされたとはいえない。

３．本件の核となる東京グループの供述形成過程

　本件判決は、被告人たちを有罪とする「理由」として、その〈冒頭〉において、幸徳傳次郎と管野スガの名を上げ、そのほか全国各地に「無政府共産主義を為す者」、「若しくは之を信條と為すに至らざるも其臭味を帯ふる者にして其中傳次郎を崇拝し若しくは之と親交を結ふ者」が数多くいるとして、「被告人共の中深く無政府共産主義に心酔する者、国家の権力を破壊せんと欲せは、先つ元首を除く若く無しと為し、……畏多くも神聖侵すへからさる

聖体に対し、前古未曾有の兇逆を遂せんと欲し、中道にして凶謀発覚したる」と認定している。つまり、幸徳が首謀者となり、全国各地の同志たちを巻き込み、「大逆」を起こそうと企てたという主旨の結論を述べている。そのうえで、判決は、その〈第一段階〉において、本件被告26名がここに関与している事実を第一〜第八に分けて認定し、さらにその後の〈第二段階〉で、この第一〜第八までの認定の根拠となる事実を、各被告それぞれの予審調書での供述をもとにして説明するという、三段階で構成されている。つまり、判決の構成として見れば、〈冒頭〉の結論、ついで〈第一段階〉として個々の被告人グループについての認定、さらに〈第二段階〉として、〈第一段階〉の認定の根拠資料として各被告の予審結果等を提示するというかたちで組まれているのだが、これを事実の認定の過程として見れば、本来は、

　　本件裁判に向けての各被告の「予審調書」や検事「聴取書」→〈第二段階〉の認定 →〈第一段階〉の認定 → 結論として〈冒頭〉の認定
という流れをたどったはずである。

　判決はこのように〈冒頭〉において幸徳を中心とした事件像を描いているのだが、〈第一段階〉および〈第二段階〉で具体的に認定された個々の内容を精査すれば、じつのところ、爆裂弾で天皇らに危害を加えんとしたというこの事件の本体部分において、幸徳が主導的な役割を果たしたという形跡が認められない。むしろ被告人らの本件準備行為に焦点を合わせて見れば、この事件で最初から最後まで先導的な役割を果たしたのは宮下であり、あるいは宮下の近くでそれを支えた忠雄や管野であって、幸徳はせいぜいその宮下らの行為を後から追認し、ほとんどの場面で傍観し、あるいは最後には中心グループの埒外に置かれて、その傍観すらしていない。そうしたなかで最終的に、まだ曖昧なものでしかなかった宮下らの本件計画が発覚し、宮下が身柄を拘束されて（それゆえここまではむしろ「宮下事件」と呼ぶのがふさわしい）、そこからはじめて幸徳を首謀者とする大事件へと逆に犯行の流れが構成されていったことが見て取れる。

　そうだとすれば、幸徳を主軸として描かれた本件判決の〈冒頭〉の認定そのものが、じつは宮下事件発覚の後に想定されたものであって、この事後の想定が時間を遡って逆行的に〈第一段階〉〈第二段階〉の認定に組み込まれ、

あるいはそのさらにもとになった「予審調書」や検事による「聴取書」の聴取の過程でも背後で大きな影響力を及ぼした可能性が浮かび上がってくる。つまり、事実上、

　〈冒頭〉にあった認定（想定）→〈第一段階〉の認定 →〈第二段階〉の認定 → 本件裁判に向けての「予審調書」「聴取書」の作成

という流れをたどって、本件の事実認定が行われてきたことが見てとれる。そうだとすれば、そこに見る逆行性はきわめて危険だと言わなければならない。

　そこで、ここではそのことを具体的に検証すべく、本件の中心となった幸徳らの東京グループに焦点を当てて、事件の流れを以下の三つのフェイズに区切り、

　　1．皇室危害を目論む宮下の「大逆」の着想からはじまり、これが東京グループに広がった経緯
　　2．宮下が爆裂弾の製法を調査し、材料等の準備し、爆裂弾の実験に至る経緯
　　3．宮下が山中での実験に成功したものの、犯行計画遂行のためのその後の展開がうまくいかず、本件が発覚していく経緯

そのそれぞれについて、幸徳や管野、忠雄、宮下ら東京グループの本件犯行がどのようなものであったかを確認し、判決が示した認定およびその基となる予審調書等の記録を参照しつつ、東京グループの供述がどのような過程をたどって形成されてきたかを時系列に沿って整理する。そうして、この東京グループの供述形成過程において、事後に明らかになる情報や想定が時間を遡って、順行的であるはずの犯行事実そのものの認定に逆行的に紛れ込むようなことがなかったかどうかを検討する。

（1）皇室危害を目論む宮下の「大逆」の着想からはじまり、これが東京グループに広がった経緯

　ここではまず出発点となる「大逆」の着想を、誰がどのようにして抱き、それが本件にどのようにつながったかについて、本件判決の〈第一段階〉の認定から検討する。

1）皇室危害を目論む「大逆」の着想は宮下にはじまったこと

　「大逆」について最初にその構想を描いたのは、本件判決の認定において
も、幸徳ではなく、宮下であった。具体的には判決の〈第一段階〉において、
以下のように認定されている（以下、引用文中の傍点は著者による）。

　偶々被告宮下太吉、心を同主義に傾けたるも、皇室前途の解決に付て惑ふ
　所あり。明治四十年十二月十三日、運平を大阪平民社に訪ふて之を質す。
　運平乃ち帝国紀元の史実信するに足らさることを説き、自ら太吉をして不
　臣の念を懐くに至らしむ。其後太吉は、内山愚童出版の入獄紀念無政府共
　産と題する暴慢危激の小冊子を携へ東海道大府駅に到り、行幸の歯簿を拝
　観する群集に頒与し、且之に対して過激の無政府共産説を宣伝するや衆皆
　傾聴するの風あれとも、言一たひ皇室の尊厳を冒すや復耳を仮す者なきを
　見て心に以為く、帝国の革命を行んと欲すれは先つ大逆を犯し以て人民忠
　愛の信念を殺くに若かすと、是に於て太吉は爆裂弾を造り大逆罪を犯さん
　ことを決意し、明治四十一年十一月十三日其旨を記し、且一朝東京に事あ
　らは直に起て之に應すへき旨を記したる書面を運平に送り、運平は之を傳
　次郎に示し、且太吉の意思強固なることを推奨したるに、傳次郎は之を聴
　て喜色あり[1]。

　判決では、この引用の前後に明治41年6月22日の錦輝館赤旗事件にはじま
る政府への抵抗や、無政府共産主義者たちの運動の経緯が語られていて、そ
こには「決死の士」を集めて暴動を起こそうなどという言動が幸徳らの周辺
で交わされていたことが記されている。そして、宮下の「大逆」の着想につ
いては、上記引用の冒頭に「偶々（たまたま）」とあるように、その前後の
脈絡とは別のものとして語られている。つまり、宮下は、森近運平との議論
や、内山愚道作成の小冊子に影響を受けて、無政府共産主義を信奉し、この

（1）　本稿における判決、聴取書、予審調書の引用においては、読みやすくするために、著者らが
　　　句読点を加えている。また、原文の漢字片仮名混じり文については、片仮名を平仮名表記に
　　　している。

無政府共産主義の説を大府駅周辺で宣伝したものの、皇室の尊厳を冒す発言をしたところ大衆から見向きもされなかった。そのため、宮下は爆裂弾を用いた「大逆」を行うことを決意し、明治41年11月13日にその旨を森近に手紙で知らせたという。これを森近から聞いた幸徳は、判決においても、せいぜい「之を聴て喜色あり」という程度のことでしかない。

宮下は、誰かから何らかの命令や提案を受けて「大逆」について行動を起こそうとしたわけではなく、自らの「自分の説に大衆が耳を貸してくれなかった」という体験からこの「大逆」を発想し、その実現に向けた決意を固めた、というのである。ここからも明らかなように、幸徳らが「大逆」を唱道して、宮下がその示唆に導かれ、あるいはその指示を受けて、本件犯行の計画がはじまったわけではない。判決もまた「偶々」という表現を使っていることからわかるように、このことを事実上認めてはいるものの、それでいてその「偶々」のものでしかなかった宮下の着想を、幸徳らの無政府共産主義の運動のなかにはめ込んで語っている。そこのところにすでに、宮下事件発覚の事後において、その事件を幸徳らの無政府主義運動に絡めて見ようとする逆行的構成の流れがあったことがうかがわれる。

2）宮下の「大逆」の着想が幸徳らに伝わっていった経緯

そこで、この判決の認定に至る根拠となった検事「聴取書」やその後の「予審調書」からこの点を確認する。

（1）宮下が「大逆」の着想を抱いたのは幸徳に出会う以前であったこと

まず、宮下の「大逆」の着想について、宮下の最初の自白供述である明治43年5月29日の長野地方裁判所検事局での「聴取書」には、以下の供述が録取されている。

『無政府共産』と題する小冊子を見て深く其意見に賛成し、当時其冊子を諸所に配つて吾々の主義に賛成を求めました所、大抵の人は書いてある事が余る激しいと云ふので賛成する人がありませんでして、茲に於て私は迚も尋常の手段では同主義の伝道が困難であるから、我国の元首なる天皇を

斃して之れ亦吾々普通人間と同一に血の出るものであると云ふ事を示さなければ、天皇を尊ぶ迷信を打破する事が出来ないから、機会があつたらば爆裂弾を以て御通行の際天皇をやつ付けよーと決心致しました。

　ここでは、内山作成の小冊子を配布しても賛成してくれる人がいなかったので、天皇を尊ぶという迷信を打破するために「機会があつたらば爆裂弾を以って御通行の際天皇をやつ付けよーと決心致しました」ということで、「大逆」の実行はまだ「機会があれば」という程度のことでしかない。また、この時点では大府駅での宣伝の失敗や「大逆」実行の決心を手紙に書いて森近に知らせたということがまだ語られていない。

　大府駅での宣伝の失敗について語られるのは、明治43年6月4日の宮下の第1回予審調書である。

答　その本（著者註：内山愚童『無政府共産』）にはすべての迷信を打破せよと説いてあります。（中略）早晩無政府共産主義の革命が起るべき徴候がある。だからやがて世界中みなこの主義になれば、戦争などというものはなくなり、兵隊などは不要になる。それを、兵隊にゆかなくてはならぬと思うのも、一つの迷信であるというのであります。私はこの説を信じまして、そのことを亀崎地方の人に説いてみたことがあります。すると政府の役人などを攻撃したときには誰もそれはそうだと賛成いたしますが、天皇のことになると、みな我国は他国とその国体を異にするとか、皇統連綿の天皇は神だとか申して、私の言うことに承知いたしません。それで私は、天皇もわれわれと同様に血の出る人間だということを示して迷信を破らなくてはならぬ、天皇を斃さなければならぬと決心いたしました。

問　その決心をしたのはいつ頃か。

答　一昨年十一月十日です。

問　どうして日まではっきりしているのか。

答　その日天皇が関西に行幸になり、東海道大府駅を御通過になりましたので、私もその駅に出て亀崎の人々に私の抱いている考えを説いてき

かせたのですが、少しも効果がありません。これに反して、警官など
が御通行について注意をあたえているのをみると、みな従順です。そ
こで私は只今申上げたような決心をいたしました。

　ここで判決の通り、宮下が「大逆」実行の決心をしたこと、その端緒とな
った大府駅での体験が語られている。一方で、森近にその決意を書いて送っ
た手紙のことが語られるのは、さらに後のことである。
　明治43年6月5日の第2回予審調書には、その後に出会うことになる幸徳
や管野、忠雄、古河について、宮下は以下のように言及している。

　問　すると四十一年十一月十日に元首を斃すという決心をしたのは、幸徳
　　　に会う前であったのか。
　答　さようです。幸徳に会わぬ前にその決心をいたしましたから、四十二
　　　年の初対面のときに幸徳に私の決心を申したわけです。
　問　四十二年の四、五月頃、管野に明智光秀の言葉を書き添えた書面を送
　　　り、同七、八月頃紀州におる新村に書面をやったというが、それに相
　　　違ないか。
　答　相違ありません。亀崎にいるとき管野にその手紙を出し、それから明
　　　科にゆくとき平民社に寄って管野に会い、管野から新村と古河を紹介
　　　されましたので、明科に行ってから新村に手紙を出しましたので、六
　　　月下旬か七月はじめになります。八月ということはありません。

　ここで宮下がはっきりと述べているように、宮下が「大逆」を考えたのは
幸徳に会う以前であり、その着想は幸徳らの思想と別起源に発するものであ
る。では、宮下はどのようにして幸徳らの東京グループに接近することにな
ったのか。そこをつなぐことになるのが森近である。

（2）　宮下の「大逆」の着想は森近を介して幸徳につながったこと
　宮下から森近への手紙に関する最初の供述は、明治43年7月7日の森近の
第5回予審調書に出てくる。

問　其十一月十三日附にて宮下太吉より去る十日の日に東海道大府駅に出
　　て無政府共産と云ふ小冊子を停車場附近の群衆に配布して伝道を試み
　　たが効果が無つたと云ふ手紙が来たろうが如何、
答　成る程左様の事を書た手紙を其当時宮下から受取りました。
問　同手紙の中に斯くの如く効果がなひ以上は爆裂弾を使用して迷信を破
　　る為めに天皇を斃すと云ふ事を書て寄越したろう。
答　私は其当時衣食住に追はれて居て手紙の内容は能く覚へて居りませぬ
　　が其手紙を破つて捨た様に記憶して居りますから何れても過激の事は
　　書てあつた様に思ひます。
問　其過激と云ふのは只今申聞けた様な主趣の事では無つたのか、
答　左様でしたろうが能くは記憶して居りませぬ。
（中略）
問　被告は宮下から左様な過激の事を云つて来た事を其当時幸徳に咄した
　　ろうね如何、
答　へー幸徳には咄しましたです。
問　管野には如何、
答　咄しましたです。
問　幸徳に被告が其咄しをした時には幸徳は如何なる事を云つて居たか、
答　教育の少ひ労働者は短気でそんな事をするものだと云ふ様な事を申し
　　て居りました丈で、宮下の挙には賛成とも不賛成とも云ひませぬでし
　　た。

　ここでは、予審判事が宮下からの手紙について尋ね、森近が応答的に「過
激の事は書てあった」と認め、予審判事が言うような内容が書かれていただ
ろうが「能くは記憶して居りませぬ」と答えている。ここで、よく記憶して
いないと言うのだが、森近はその後、以下のように、「能く考へて見ると」
として判決通りの内容を認めることになる。これが明治43年7月26日の第7
回予審調書である。
　問　宮下は明治四十一年十一月十三日付を以て其方に手紙を寄越したであ
　　ろう、

答　左様です、手紙を寄越しました。

問　其手紙には明治四十一年十一月十日大府駅にて至尊の通御を拝観せる
　　群衆に向ひ社会主義の伝道を為したるに何等の効果なかりしを以て之
　　を憤慨し、爆裂弾を造つて至尊に危害を加へる決心を為したる旨認め
　　ありしにあらずや、

答　能く考へて見ると左様な事が書いてありました、夫れで私は宮下は豪
　　い決心を持つて居る男じやと思ひました。

問　其方は右宮下の手紙を幸徳に示したか。

答　左様です、其手紙を幸徳に示しました。私は豫て宮下の事を幸徳に話
　　して居たのですが右手紙が来たから夫れを幸徳に示して、宮下は確り
　　した人物にて斯様な決心をして居ると申したるに幸徳は大に喜びまし
　　た。尤も私は幸徳に対し今至尊に危害を加へると云ふ事は主義の為め
　　不利益ではあるまいかと話したのです。

　森近のこの予審調書の内容は、判決の〈第二段階〉にもほぼ同一の内容が
要約されている。一方、幸徳自身は、そのときの宮下の手紙の内容を上記の
森近の供述のようなかたちで示されて、それについて次のように述べたと、
判決の〈第二段階〉において認定されている。

　……旨記載しありしや否は記憶せず。然れども其旨を記載しありしならば
　被告（幸徳）は定めを喜ひたるならん。

　ここで幸徳もまた、記憶はしていないが、宮下の手紙にそのようなことが
書いてあったのであれば、自分はそれを喜んだであろうというのである。い
ずれにしても、判決の認定においては、その〈第一段階〉でも〈第二段階〉
でも、宮下の「大逆」の着想が幸徳や森近の思想とは独立に、宮下自らの体
験から得たもので、これが明治41年11月13日付の宮下から森近への手紙を通
して幸徳にも示されたと認められている。問題は、ここからこの宮下の「大
逆」の着想が幸徳らの行動にどのようにつながっていくかである。

第4章　大逆事件における供述分析　**433**

3）幸徳らが明治42年9月上旬に大逆決行を決意したとされるに至った経緯

　このように、明治41年11月13日付で「大逆」の着想を記した宮下の手紙が、当時平民社に同居していた森近のもとに届けられ、その手紙を森近が幸徳にも見せた。そのことで、宮下の「大逆」の思いを幸徳も知ることになった。この「大逆」の話を幸徳がどのように受けとめ、それを行動にどう移したのか、あるいは移さなかったのかが問題となる。ここでは煩雑を避けるために、元となった「予審調書」「聴取書」の詳細な検討は措いて、判決がここでどのような事実を認定したのか、そこに不整合がないかという点に焦点を合わせて検討する。

（1）　明治41年11月19日における幸徳と大石、森近の「謀議」で幸徳が「大逆罪を犯す意あるを説いた」とする判決の認定

　判決が幸徳について「大逆」の意図を認めたのは、宮下の明治41年11月13日付手紙を幸徳に示したとされる上記の話のすぐ後のことである。新宮の大石誠之助が平民社の幸徳を訪ねた明治41年11月19日のことを判決は〈第一段階〉で次のように認定している。

　　是時に当り被告大石誠之助上京して被告傳次郎及ひ被告スガを診察し、傳次郎の余命永く保つへからさるを知る。傳次郎之を聞て心大に決する所あり。十一月十九日、誠之助の傳次郎を訪ふや、傳次郎は運平、誠之助に対し、赤旗事件連累者の出獄を待ち、決死の士数十人を募りて、富豪の財を奪ひ、貧民を賑し、諸官衙を焼燬し、當路の顕官を殺し、且宮城に逼りて、大逆罪を犯す意あることを説き、豫め決死の士を募らんことを託し、運平誠之助は之に同意したり。

　判決はここで幸徳が「大逆罪を犯す意あることを説き」としている。しかし、この文脈上で見れば、それは主眼となる企図ではない。つまり、「決死の士数十人を募りて、富豪の財を奪ひ、貧民を賑し、諸官衙を焼燬し、當路の顕官を殺し」という暴動の一部として「且宮城に逼りて、大逆罪を犯す」という位置づけでしかない。そして、それより何より、幸徳がこれらの暴動

を具体的かつ現実的な計画として提起したものと理解してよいかどうかに重大な疑問がある。

　幸徳の予審調書を採り上げた判決の〈第二段階〉の認定でも、前半の暴動が中心であって、「大逆」の部分はせいぜい「余力あらは二重橋に迫り番兵を追拂ひ皇居に侵入して大逆を敢行せんと計画し」という程度であり、宮下の構想が天皇に危害を加えようとする「大逆」に軸を置いているのとは異なっている。いずれにせよ、ここでの幸徳の「計画」には何らの具体性もない。思いを共にする者どうしの気楽な座談であればともかく、これを具体的かつ現実的な計画として説くということであれば、その前後にそれだけの緊張感のある行為の流れがなくてはなるまい。この時期の幸徳にそのような気配は見出されないし、そこに同席して「同意した」という森近や大石にもそのような気配はない。

　このことに関しては、判決自体が〈第二段階〉の認定で森近の予審調書を取り上げて、次のように認定している。ここで幸徳が言う暴力革命について、森近がおよそ緊迫感をもっていなかったことがわかる。

　被告（森近）は、時期の定まりたることにもあらす、また容易に為し得へきことにもあらすと思考したるを以て、只漠然と同意を表し置きたり。尤も其時決死の士を募る準備として急進的秘密傳道を為すことを謀議したることは相違なし。

　森近によれば、時期が特定されているわけでもなく、容易にできることでもないので、「漠然と同意を表し」たという程度のものだったというのである。ここで森近が幸徳に具体的かつ現実的な意味で「大逆罪を犯す意」があったと感じていないことは明らかであろう。

　こうして見れば、そもそも幸徳と宮下とでは「大逆」についての認識が大きく食い違っているし、そのことへの現実感にも大きな差がある。では、これ以降、幸徳と宮下とのあいだでどのようなやりとりがなされていくことになるのか。以下、その点を見ておく。

（2）　明治42年前半、宮下が幸徳とやりとりした３つの機会

　幸徳が「大逆罪を犯す意」を表明したとして判決が認定した上記の明治41
年11月19日以降、明治42年の前半にかけて、幸徳と宮下との接点は３回ある。
　１回目は、明治42年２月13日に宮下が平民社の幸徳を訪ねたときである。
実は、このとき二人は初対面である。２回目は、同年５月に宮下が爆裂弾の
製法がわかったとして幸徳に通信したとき、そして３回目は、宮下が亀崎か
ら信州の明科製材所に転勤すべく、同年６月６日に、途中で平民社の幸徳を
訪ね、そこに泊まって幸徳らと話し合ったときである。その３回の機会にそ
れぞれ何が起こったのか、そのことを判決がどのように認定しているのかを
見れば、前年の明治41年11月19日に幸徳が「大逆罪を犯す意」を持ち、それ
を周囲に説いたという判決の認定そのものが、この３回における両者の出会
いの様子と整合しないことが明らかになる。

i　明治42年２月13日

　まず、明治42年２月13日のことについて、判決は〈第一段階〉で次のよう
に認定している。

　同年二月十三日、被告太吉は上京して被告傳次郎を訪ひ豫定の逆謀を告く。
　當時傳次郎は未た深く太吉を識らさりしを以て、故らに不得要領の答を為
　し、その去るに及んて之をスガ及ひ忠雄に談り、太吉の決意を賞揚し、ス
　ガは聴て大にこれを喜ひ、忠雄は感奮して心に自ら其擧に加らんことを誓
　う。

　宮下から見て、そのときの幸徳の様子は「不得要領」だった。じっさい、
判決はその〈第二段階〉の認定で、宮下の予審調書の記録に基づいて、この
とき幸徳は「今後は其様なる事も必要ならん」また「其様の事を為す人もあ
るならん」というような言い方をしたという。これを見るかぎり、幸徳がこ
こで表向き「太吉の決意を賞揚し」たとしても、それはおよそ第三者的で、
自らがこれを引き受けて共にやろうというような緊迫感のあるものではなか
った。その点で管野や忠雄の感激ぶりとは大きく異なる。前年の11月19日に
幸徳が「大逆罪を犯す意」を抱いたとすれば、ここでの幸徳の態度はあまり

に不整合である。

ii 明治42年5月

　宮下は、この頃まだ愛知県知多郡の亀崎町に居た。そこから、自らの調査によって爆裂弾の製法がわかったと幸徳に伝えてきた。そのときのことを、判決は〈第一段階〉において次のように認定している（なお〈第二段階〉で幸徳の予審調書から認定したところによれば、幸徳がこの通信を受け取ったのは「五月二十五日」だと特定されている）。

　　松原徳重なる者より爆裂弾は塩酸加里十匁鶏冠石五匁の割合を以て配合すへき旨を聞きたるに因り、爆裂薬の製法を知り得たるを以て主義の為め斃るへき旨を傳次郎に通信す。時に被告スガは傳次郎と同棲し、其旨を承けて太吉に成功を喜ぶ旨返信し、且附記するに自己も同一の決心あることを以てしたり。

　宮下の通信に対して、返信したのは管野であり、ここで「自己も同一の決心」とあるのは、管野のことである。じっさい、判決が〈第二段階〉で管野の予審調書から認定したところによれば、「被告（管野）は幸徳に代りて爆裂弾製造の成功を喜ぶ旨を記載し、尚ほ被告（管野）の名を以て主義の為め共に斃るへき旨を書添へ返事を為したり」としている。
　また、宮下の予審調書から、判決はこのときの管野の返信を「自分は女なれとも主義の為め斃るる位の決心は抱持し居るを以て、今後出京の際は面会したき旨の返書を寄越したり」というふうに認定している。
　ここから見て、爆裂弾の製法がわかったとする宮下の知らせに、管野が気持ちを鼓舞されたことは確かだが、幸徳がどこまで心を動かされたかは不明である。判決の認定が言うように、もし幸徳がすでに前年の11月19日から「大逆罪を犯す意」を持っていたのだとすれば、宮下から爆裂弾の製法がわかったとの知らせが来たとき、当然のことながら、そのことに強い関心を示し、宮下の知ったという製法が如何なるものか、自分の知っている製法と合致するのか（のちに見るように幸徳はこの製法を「幼少の時から、ときどき人からきいて知っていた」という）、あるいは製法がわかったとして宮下に

その材料は調達できるのか、その手立てをどうするのかを考えないはずがない。ところが、幸徳は返信を管野に任せて、製法がわかったという「成功を喜ぶ」というにとどまっている。

iii 明治42年6月6日、7日

そして翌月の6月6日、爆裂弾の製法がわかったと伝えてきた日から数えて10日余り後、宮下が、信州明科の製材所に転居する際に幸徳のもとを訪れ一泊している。そこで幸徳や管野と話したことが、判決の〈第一段階〉では次のように認定されている。

> 六日七日の両日、太吉は傳次郎を訪ひ、傳次郎及びスガに対して逆謀の径路を詳説し、傳次郎スガの両人は忠雄及び力作は各勇敢の人物なることを説き、之を太吉に推薦したり。

ここで宮下との会談には幸徳と管野の両名が立ち会っている。そして、判決の〈第二段階〉では、幸徳の予審調書に基づいて「宮下は爆裂弾の製法判明せるを以て愈々大逆罪を敢行す可しと提唱し被告及管野は即座に同意を表し新村忠雄古河力作も亦其後同計画に加入したり」として、「即座に同意を表し」ということになっている。問題は、その「同意」の主語が幸徳と管野の両名となっている点である。管野については、前項で見た宮下への返信でもわかる通り、「主義の為め共に斃るへき」と思っているのであるから、「即座に同意」してもおかしくないが、幸徳はどうなのか。

判決がその〈第二段階〉で要約した管野の予審調書によれば、「幸徳は宮下と共に大逆罪の實行上に付謀議を遂け」、そのうえで「幸徳及被告の両名にて宮下に対し新村忠雄古河力作は何れも意思堅固にして共に事を為すに足る者なることを告けたり」となっている。ここで言うように、幸徳が宮下と「大逆罪の實行上に付謀議を遂け」たというのであれば、先にも指摘した通り、幸徳は宮下の知ったという爆裂弾の製法を確認し、幸徳自身が知っていた製法と照合し、さらに薬剤や必要な機材の調達をどのようにするのかなどが話題にならないはずがない。何しろ、このとき宮下は幸徳宅に宿泊しているのであるからその余裕は十分にある。ところが、そのような具体的な内容

のある「謀議」を行ったというような話は、幸徳からも、宮下からも、そして管野からも聴き取られていない。ここで言う「謀議」はほとんど名ばかりのものであると言わざるをえない。

（3）　明治42年９月上旬、幸徳が大逆決行を決意したとする判決の認定

　以上の経緯をたどったうえで、判決はその〈第一段階〉で幸徳が大逆決行を決意するに至ったとして、次のような認定を行っている。

　　被告傳次郎は前に太吉の逆謀を聴て之に同意を表したりと雖も、太吉の企
　　図は大逆罪を以て唯一の目的と為し他に商量する所なく、傳次郎か運平、
　　誠之助、卯一太と協議したる計画とは大小疾徐の差なきに非さるを以て顧
　　望の念なきに非さりしか、近日政府の迫害益甚しと為して之を憤慨し、先
　　太吉の計画を遂行せしめんと欲する決意を為すに至れり。

　ここで幸徳は「先太吉の計画を遂行せしめんと欲する決意を為すに至れり」と判決は認定している。もしその通りならば重大な決断である。ところが、その決断がいつ、どこで、どのようにしてなされたのかについては、この判決の〈第一段階〉のみならず、予審調書による判決の〈第二段階〉にも見当たらない。つまり、判決のこの部分の認定については、その根拠となるべきものが示されていないのである。また、じっさい、幸徳の予審調書を精査しても、この判決の認定を根拠づける幸徳の供述は存在しない。そうだとすれば、判決のこの部分の文言は、判決を書く段階で、その判決作成者が前後の脈絡から「作文」したものでしかないことになる。これはいったいどういうことであろうか。

　そもそも判決は幸徳がいつの時点で大逆決行を「決意」したと見ているのか。あらためてこの部分の判決の流れを見れば、ここで言う幸徳の「決意」の時期が「九月上旬」であることは、上記引用につづいて判決が次のように認定していることから明らかである。

　　是に於て同年九月上旬、忠雄か被告スガより壮快の事あり帰京すへしとの

通信を得、帰京して傳次郎方に寓居するに及び、傳次郎スガ忠雄の三人、傳次郎宅に於て相議して、明治四十三年秋季を期し爆裂弾を用ひて大逆罪を決行せんことを定め、忠雄は其議を齎して、被告太吉を長野県東筑摩郡東川手村字潮に訪ふて之を告ぐ。

「傳次郎スガ忠雄の三人、傳次郎宅に於て相議して、明治四十三年秋季を期し爆裂弾を用ひて大逆罪を決行せんことを定め」たのが「九月上旬」だったという点について、判決は〈第二段階〉で、管野の予審調書から次のように認定している。

同年七月中紀州の大石方に滞在せる新村忠雄に対し、壮快なる運動を為すに付帰京すへき旨の書面を発し、其頃被告は秘密発送事件に付入監し九月一日に出獄したり。出獄の後幸徳及忠雄と共に明治四十三年秩季を期し爆裂弾を以て大逆罪を敢行し暴力革命を起さんことを謀議し、同年十月上旬古河力作を平民社に招致し右謀議の顛末を告げて其同意を求めたり。

忠雄はこの年の3月末から新宮の大石誠之助方に寄寓しており、管野はそれを7月に東京に呼び戻すべく通信を発し、忠雄は8月下旬に東京に帰ってきていた。一方、管野は忠雄を呼び戻す通信を発した後の7月15日に別件で拘引され、9月1日に出獄して平民社に帰っている。その後、管野は9月上旬に幸徳、忠雄の三人で謀議を行い、翌年の「明治四十三年秋季」に大逆罪を決行すべく決定したということになる。

先に引用した判決の〈第一段階〉の認定をその通りに読めば、幸徳は「先太吉の計画を遂行せしめんと欲する決意を為すに至」り、この「9月上旬」の三人の謀議で「明治四十三年秋季を期し爆裂弾を用ひて大逆罪を決行せんことを定め」ということになるはずだが、先に指摘したように、そもそもこの前段の幸徳の「決意」を証拠づける根拠がなんら示されていない。しかし、判決の〈第二段階〉で認定しているように、「9月上旬」の三人の謀議で幸徳が「愈々宮下と共に大逆罪を敢行せんことを決定」したというのであれば、暴力革命に軸足を置いていた幸徳のそれまでの思いをどこかで転換させてお

かなければならない。

　その点、管野については、先に見たように、この年の5月段階で宮下の大逆の思いに同意して「主義の為め共に斃るへき」との返信を送るような状況であったし、忠雄もまた同様の状況にあって、後に見るように、それ以前から宮下と連絡を取り合っており、この年の7月から8月にかけて宮下の依頼を受けて爆裂弾製作のための薬剤を調達している。つまり、「9月上旬」の謀議を行ったとされる三人のうち、管野と忠雄はすでに宮下の大逆罪決行に向けて、その時点で決意を固めていたと言ってもいい状況だった。

　そうして見れば、「明治四十三年秋季を期し爆裂弾を用ひて大逆罪を決行せんことを定め」たということになるためには、幸徳がそれまでの考えを変えて、たとえば前年の11月19日に大石や森近との座談の場で「決死の士数十人を募りて、富豪の財を奪ひ、貧民を賑し、諸官衙を焼燬し、當路の顕官を殺し」という暴動の一部として「且宮城に逼りて、大逆罪を犯す」、あるいは「余力あらは二重橋に迫り番兵を追拂ひ皇居に侵入して大逆を敢行せん」と語っていたという、その位置づけを変換させなければならない。先の引用で見た「（暴力革命はさておき）先太吉の計画を遂行せしめんと欲する決意を為すに至れり」という文言はその結果と見てよい。しかし、先に指摘したように、この判決の文言には予審調書上の裏づけがない。つまり、そこには判決作成者が事後の想定に基づいて逆行的に構成した可能性が高い。

　じっさい、明治42年9月上旬の幸徳、管野、忠雄の謀議の結果、宮下と共に大逆罪を敢行しようと決意したとの認定は、その後の幸徳、管野、忠雄、宮下らの順行的な行為の流れと整合しない。以下、その点を検証する。

（2）宮下が爆裂弾の製法を調査し、材料等を準備し、爆裂弾の実験に至る経緯

　宮下の「大逆」の着想は、先に見たように、捜査段階の最初の自白においてすでに「機会があつたらば爆裂弾を以て御通行の際天皇をやつ付けよーと決心致しました」というもので、その手段は当初から「爆裂弾」と決められていた。では、判決において、製作に向けての宮下の行動はその後どのように展開したのか。また、宮下の行動が幸徳らの動きとどのようにつながって

第 4 章 大逆事件における供述分析 441

いくのか。以下、その点を検討するために、大きく爆裂弾の製法の調査およびその製作（材料・容器の調達と製作）と、爆裂弾の実験およびそれ以降の準備行動という二つの過程に分けて、まず前者の過程から見ていく。

　この前者のうちの爆裂弾の製法調査については、宮下がこれを独自に調べてその製造法を得たという話と、その製造法を知るべく忠雄を介して幸徳から奥宮に情報を聞いてもらい、それを伝えられたという話が混在している。そこで、まず以下の1）でこの二つの話を取り出して対比し、後者に無理があって、前後の脈絡と不整合な点が出てくることを確認し、そのうえで2）において、そのような無理筋の話がどのようにして引き出されたかを検討することにしたい。

1）宮下が爆裂弾の製法について独自に調査して情報を得たという話と幸徳や奥宮を介して情報を得たという話が混在していること

　爆裂弾の製法の調査については、判決の〈第一段階〉の該当部分を見れば、先にも見たように、宮下について、まず以下のような認定がなされている（これは、先の認定の構造での「第二～三期」に当たる）。

<u>（明治42年5月）</u>越えて五月中、被告太吉は愛知県知多郡亀崎町に在りて松原徳重なる者より、爆裂弾は塩酸加里十匁、鶏冠石五匁の割合をもって配合すべき旨を聞きたるにより、爆裂弾の製法を知り得たるをもって、主義のために斃るべき旨を傳次郎に通信す。
時に管野は傳次郎と同棲し、その旨を承けて太吉に成功を喜ぶ旨返信し、且つ附記するに自己も同一の決心あることを以てしたり。

　ここで宮下は、明治42年5月の時点で、自身の調査によって爆裂弾の製法を知ったとして、そこで「主義のために斃るべき旨を傳次郎に通信す」と言う。この後者の「傳次郎に通信す」の部分はあとで検討することにして、まず宮下が爆裂弾の製法を知った経緯について検討する。

（1）　宮下が明治42年5月段階で爆裂弾の製法についての情報を独自に入手し
　　　たこと

　宮下が「明治42年5月に百科事典や人から聞いて調べた」とする最初の供
述があらわれるのは、宮下が逮捕された後の、明治43年5月29日付の長野地
方裁判所検事局での申立内である。

　　爆裂弾の製造方を研究し当時私の手にありました国民百科辞典を調べて其
　本の内にある塩酸加里、鶏冠石、綿火薬の部分を見ましたがまだ其れ丈け
　では製法が分りませぬから、幸ひ亀崎地方は花火の盛んな所で爆裂薬の拵
　へ方を知つて居る者が多いと思ひましたから、当時亀崎工場に職工をして
　居りて能く花火を製造する徳重に事情を明かさないで爆裂薬の製法を聞き
　ましたけれども仲々教へて呉れず、漸く昨年四、五月頃に流星と爆裂薬の
　製造方法を教へて呉れました。流星のことは必要がないから忘れましたが、
　爆裂弾の薬は塩酸加里（一〇）に対して鶏冠石（五）の割合で出来ること
　を知りました。現に百科辞典の塩酸加里の部分に10、鶏冠石の部分に5と
　私が書入れて置きました。

　さらにその後、宮下は検事局での明治43年6月14日付の「聴取書」で、爆
裂弾の製法を調べた経緯をさらに詳細に供述している。

一、私が昨四十二年二月十三日頃、森近運平に今回の計画を話し、爆弾を
　　以て天皇を殺すと云ふ企てを申出し、爆裂弾の製造法を研究するに
　　適当なる書物はなからうか、又原書にても書て無からうかと聞きます
　　と、森近は爆弾の製造法の記載しある書物は全然売つて居るもの
　　（無）からうと申し、特に書物を指名したり又製造法研究の手段も教
　　へては呉れませぬでした。
一、私か　天皇弑〔逆〕の話をいたしました際に森近は反対もせぬ　又特
　　に賛成もしませぬでしたが、自分は妻や子があるから思ひ切つた行動
　　は取れぬが、熱心なる同主義者の古河力作と云ふ男は身体は小さいが
　　中々度胸の善い男て、此間も桂総理大臣を刺さうとして短刀を携帯し

て行つたが短刀では旨く行かぬから爆裂弾の様なものが欲しいと云つて居たから、天皇を斃ほすと云ふ様な企てをやるには古河力作が良からうと申しましたのて、私は森近の言により初めて古河力作と云ふ大胆なる同主義者のある事を承知して、斯る男ならば共に今回の大事を為し遂けるに足るたらうから、愈実行する際には共同て実行しやうと思ひました。そして其后菅野の紹介により、古河力作と共に今回の企画を実行する事に決定したのであります。

一、其后国民百科辞典を見て爆弾は鶏冠石と塩酸加里とで出来ると云ふ事を知り四十二年四月初めに徳重に調合の分量を聞きましたが、徳重は鶏冠石五匁に塩酸加里十匁で善い、鶏冠石を多くすれば尚ひどく爆裂すると申し教へて呉れました、何ても徳重は七と三と云つたかも判りませぬ。私が七と三とを匁に直して教へて呉れと申したのて、十匁と五匁と云ふて教へて呉れたのかと思ひます。

一、私か今回（作）りましたのは鶏冠石四分塩酸加里六分の割で作つて見たのでありますが、之は前述徳重の言に鶏冠石が多ければ爆発が強いと言つたことかありましたのと、百科辞典にも同様なる記載があつたからてあります。

一、爆薬二十匁許りを一つの鑵に詰めましたが、之は二十匁で人を斃ほし得ると承知してやつたのてはなく、初めに手に隠れる丈のぶりき鑵を造つて見て之に一杯入れましたのて、丁度二十匁許りになつたのてあります。

一、ブリキ鑵を製造しましたのは、煙山専太郎の無政府主義と云ふ書物に、魯国（ママ）ては爆裂弾には亜鉛鑵を主に用ゆると記載してありましたから、新田と相談の上、亜鉛よりは堅牢なるぶりき鑵を製造したのてあります。尤も私が試験した際には亜鉛鑵てやつて見たのてあります。

一、尚、鉄管て一個の鑵を造つて見ましたが、之は私の思ひ付きで、銅線て鑵の上を緊縛するの危険の虞あるを避けん為めと破壊力が更に強大なるを望んだからであります。

一、鑵の中へ小砂利二、三十個を入れましたのは、爆裂の際人に負傷を与

へる力が強大になるてあらうと思ひ、榴散弾の理論から考案したのて
　　あります。
一、鑵の上を原紙を貼りましたのは、以前から花火の玉を原紙て貼るのを
　　承知して居たからてあります。
一、爆薬製造法は前述の如く徳重に聞いて私か自身に考案したのてありま
　　して、他に何人からも指図を受けたのてはありませぬ。
一、私自身で今回の企てを話しましたのは、幸徳、森近、新村忠雄、菅野、
　　新田、清水太市郎丈て、其他には何人も告げませぬ。

　ここで宮下は「国民百科事典より鶏冠石と塩酸加里が材料であること」、
そして「徳重より薬品の調合割合は３：７と聞いたが、鶏冠石が多いほうが
威力が強くなるので４：６とすること」を情報として入手しており、「爆薬
製造法は前述の如く徳重に聞いて私か自身に考案したのてありまして、他に
何人からも指図を受けたのてはありませぬ」と明確に供述している。ここに
は幸徳がまったく関与していない。
　じっさい、判決の〈第一段階〉の認定によれば、宮下は幸徳と最初に出会
った同年２月13日に「予定の逆謀を告」げたが、「当時傳次郎は未た深く太
吉を識らさりしを以て故らに不得要領の答を為し」たとなっていた。ただ、
宮下の話を聞いた管野は「大いに之を喜ひ」、忠雄は「感奮して自らその挙
に加らんことを誓ふ」。そうして同年５月に宮下が爆裂弾の製法がわかった
ことを伝えてきたとき、先に判決を引用した通り、管野が宮下に対して「成
功を喜ぶ旨返信し」「自己も同一の決心あることを」伝えたという話につな
がっていく。
　そのうえで判決は〈第一段階〉の認定で、宮下が上記引用の５月時点の情
報に基づいて、同年７月以降、原材料である塩酸加里を入手し（〈第二段
階〉の認定では７月５日に甲府の百瀬から購入、８月10日に当時新宮にいた
忠雄より送付）、鶏冠石を調達し（７月31日に三河の内藤を介して購入）、さ
らに磨砕のための薬研の手配をするということになる（薬研については忠雄
の助言により、同年９月上旬段階でその借り入れを検討している）。つまり、
幸徳らからの指示も情報もなく、宮下は独自に入手した情報でもってすでに

爆裂弾の材料を調達し、その製造に向けて動き出していたことが、判決上でも認定されている。

（２）　明治42年９月以降の段階で幸徳が爆裂弾の製法について「實驗ある人士の説」を聞くべく奥宮と接触し、その結果が宮下に伝えられたと判決で認定されていること

　ところが、奇妙なことに、判決上、その後、幸徳らが大逆決行を決意したとされる９月上旬以降になって爆裂弾の製法の問題がふたたび取り上げられる。その結果、そこに犯行の流れとしていくつもの不整合が生じてくる。その点をまずは検討する。

ⅰ　判決は幸徳が大逆決行を決意してのち爆裂弾の製法について「實驗ある人士の説」を聞くというかたちで大逆計画に具体的に参加したかのように認定していること

　判決の〈第一段階〉の認定によれば、明治42年５月段階に宮下が独自に「大逆」の着想を得て、独自に動きはじめ、そうして同年６月６日、７日の両日、宮下が幸徳方を訪れた際に、幸徳と管野に対して「逆謀の経路を詳説し」、幸徳はこれに「同意を表し」、忠雄と古河力作を宮下に「推薦した」ことになっている。そのうえで同年９月上旬には「傳次郎、管野、忠雄が傳次郎宅に於て相議して、明治四十三年秋季を期し爆裂弾を用ひて大逆罪を決行せんことを定め」、このことを忠雄が信州に帰省した折に宮下に伝え、その際、爆裂弾の製法について「實驗ある人士の説」を聞こうという話が持ち上がったというのである。その経緯が判決では以下のように認定されている。

　(明治42年９月上旬) 傳次郎スガ忠雄の三人、傳次郎宅に於て相議して、明治四十三年秋季を期し爆裂弾を用ひて大逆罪を決行せんことを定め、忠雄は其議を齎らして被告太吉を長野縣東筑摩郡東川手村字潮に訪ふて之を告く。両人會談の際、太吉は忠雄に嘱するに爆裂薬の製造に實驗ある人士の説を徴すへきことを以てし、又鶏冠石の磨砕に用うへき薬研は忠雄か他より借入れて其用に供すへきこと約し、忠雄は歸京の後太吉の希望を傳次郎に傳へ傳次郎は之を領す。

9 月上旬に、幸徳、管野、忠雄が大逆決行を決意し、その決行の時期も明示的に「明治四十三年秋季」と特定したうえで、忠雄がこれを長野に帰省の際に宮下に伝えたという（判決が〈第二段階〉で参照した宮下の予審調書によればこれが 9 月15日、忠雄の予審調書によれば 9 月28日となっている）。その際に宮下は「爆裂薬の製造に實驗ある人士の説」を徴すべきだとして、これを忠雄に依頼し、この依頼を受けて幸徳が奥宮から爆裂弾の製法を聞き出すという話につながっていく。

　判決は、こうして幸徳が自ら宮下の大逆行動に具体的に関わりはじめたかのように認定する。ところが、これを前後の脈絡と照らし合わせてみれば、そこにはいくつもの決定的な不整合がある。

ii　この 9 月以降の段階においてで「實驗ある人士の説」を聞くという話は前後の脈絡と整合しないこと

　まず、この 9 月の段階で爆裂弾製作について「實驗ある人士の説を徴すへき」というが、いったい何を知りたいのかが問題である。爆裂弾の製造について宮下は、先に見た通り、この年の 5 月段階で「塩酸加里十匁、鶏冠石五匁の割合をもって配合すべき旨」を聞いており、さらに宮下は同年 7 月に爆裂薬の原材料として「塩酸加里」と「鶏冠石」をそれぞれ別のルートから買入れ済みであり、さらに 8 月には新宮に寄寓していた忠雄を通して「塩酸加里」を入手していた。加えて「鶏冠石の磨砕に用うへき薬研」についても、上記引用にもある通り、「忠雄か他より借入れて其用に供すへきこと約し」ていたと言う。つまり、この 9 月時点で宮下はすでに、幸徳の関知しないところで、爆裂弾の製作に必要な薬剤を入手していたし、薬剤を磨砕するための道具をも借入れの手はずを整えていたのである。こうした準備はすべて幸徳とは関わりのないところで宮下が独自に行っており、そこにはせいぜい幸徳と近い忠雄が関与している程度のことである。そのことは判決の上でも認められている。

　そのうえ、判決の〈第一段階〉の認定によれば、幸徳は「實驗ある人士の説」を聞きたいという宮下のこの依頼を忠雄を介して受ける前後において、奥宮健之から三度の来訪を受け、その三度目に爆裂弾の製作についての情報を得ることになるのだが、その最初の来訪時には奥宮との話し合いで次のよ

うなことがあったという。

　（明治42年９月下旬、奥宮健之が）傳次郎を訪ふ坐談の際、傳次郎は健之
に對し、今若し日本に於て大逆を行ふ者あらは其結果如何と問ふや、健之
は我國に於て此の如き擧を爲す者あらは人心を失ひ忽ち失敗せんのみと答
へ、傳次郎は之を聽て遲疑の状あり。

　判決認定では９月上旬のこととして「傳次郎スガ忠雄の三人、傳次郎宅に
於て相議して、明治四十三年秋季を期し爆裂弾を用ひて大逆罪を決行せんこ
とを定め」となっているのに、奥宮からいま大逆を行ったとすれば「人心を
失ひ忽ち失敗せん」と聞いて、幸徳は「遲疑の状あり」、つまりどうしよう
かと逡巡する様子だったというのである。そうだとすれば、９月上旬での幸
徳らの大逆決行の決意はいったい何だったのか。この時点で決行の時期まで
決めていたというのに、第三者でしかない奥宮にちょっと言われた程度で
「遲疑の状あり」とは、およそ考えられない。この不整合は、この９月上旬
の決行決定そのものが、じつは本件事件後の取調べのなかで逆行的に組み込
まれた可能性を強く示唆するものと言わなければならない。

ⅲ　奥宮が伝えたという製法情報そのものが実際とは整合しないこと

　そして、奥宮が10月に二度目来訪したときに、幸徳は爆裂弾の製法につい
て尋ね、奥宮は知人に聞いてみるということで、十四五日後の三度目の来訪
時に知人からの情報として奥宮からその結果を通知されたという。そのこと
を判決はその〈第一段階〉で次のように認定している。

　（明治42年10月）十月健之の再來訪したるに接し、傳次郎は問ふに爆裂藥
の製法を以てす。健之は已に傳次郎の逆謀を推知したるに拘らす自ら、其
製法を知らされとも知人に質して通知すへき旨を答へ、西内正基に質し、
且其曾聞せし所を參酌して、塩酸加里六分金硫黄四分の割合を以て調製し、
鋼鐵片を加へ金属製圓筒形の小鑵に装填し、外部を鍼金にて捲くへき旨を、
十數日の後傳次郎に通知し、傳次郎は更に其自ら知る所の他の方法と參酌
して、之を忠雄に授け、忠雄は之を太吉に通告したり。

ここで判決が認定したところによれば、幸徳からの依頼で奥宮は、知人の西内正基から情報を得て、幸徳に対して「塩酸加里六分金硫黄四分の割合を以て調製し鋼鐵片を加へ金属製圓筒形の小鑵に装填し外部を鍼金にて捲くへき旨」伝えたのだと言う。ところが、幸徳が奥宮からの情報を忠雄を通して宮下に伝えたのは、「塩酸加里六分鶏冠石四分の割合に小豆大の礫約二十顆を混して一鑵に装填」するというもので、その薬剤の一つが「塩酸加里六分」であるのは同じだが、これに加えてあとの四分は奥宮情報では「金硫黄」、幸徳情報では「鶏冠石」を混ぜるとなっている。金硫黄と鶏冠石はまったく異なるもので、二つの情報は明らかに食い違っている。これでは奥宮の伝えた製法情報は何らの意味もない。どうしてこんなことになったのか。

　そもそも、これが奥宮の記憶違いでないことは、判決がその〈第二段階〉において証拠として引用した奥宮の予審調書から明らかである。そこには次のようにある。

　押第一号の二五九は被告の手帖にて、塩酸加里六分金硫黄四分鋼鉄片加入電粉とあるは西内より聞取りたる時書留め置たるものなり。

　つまり、「塩酸加里六分金硫黄四分」はそのとき奥宮が書きつけた手帖（押収済み）のメモによるというのである。そうだとすると記憶間違いの余地はないし、奥宮自身も実際にその通りだったと繰り返し述べている。じつは、爆裂弾の製法に関して「金硫黄」を用いるとの情報をもたらしたのは奥宮だけで、ほかには誰もいない。

　この点について、判決はその〈第二段階〉において、幸徳の予審調書をもとに「奥宮は金硫黄と申したるや否記憶せざるも」、幸徳自身は「金硫黄と鶏冠石とは同一物だと思い居たり」などと認定している。この予審調書については後に検討することになるが、ここでの食い違いは予審判事の追及に対して、幸徳が言い訳的に弁明したものとしか理解できない。いずれにしても奥宮が「金硫黄」を使うと幸徳に教えた事実は揺らがないし、奥宮がもたらしたその情報が本件犯行から完全に浮いていることは明らかである。そうして見れば、この奥宮の情報は、事件発覚後の取調べ過程で、幸徳や奥宮が本

件に関わってきたかのように見せるべく、逆行的に組み込まれたものではなかったかという疑いが浮かび上がってくる。

なお、薬剤を詰める罐について奥宮が語った情報も、供述の経過を追って微妙に変化している。最初は宮下が実際に使った罐の大きさとずいぶん違っているのだが、後になってそこに徐々に近づいていることがうかがわれる。奥宮がこの点について語った供述を簡単に追えば次のようになっている。

明治43年6月28日第1回予審調書　加波山事件の関係者から聞いたとして「小さい茶筒くらい」と供述している。
同年6月30日第2回予審調書　長さ二寸余、円径二寸位
同年10月27日第10回予審調書　長さ二、三寸、円径一、二寸

宮下が注文して作成させ逮捕時に押収された罐が、実測で「長約一寸八分」「径約1寸」だったことから見れば、奥宮が最初「小さい茶筒くらい」と言っていたものでは大きすぎる。次いで長さ（高さ）はともかく、6月30日段階で円径が「二寸位」としている点も、押収された罐に比べて二倍もの大きさであるから、およそイメージが異なる。そうして見れば、奥宮が4カ月後の最後の予審調書で円径を「一、二寸」としたのは苦肉の策であろうことが見えてくる。一寸と二寸ではまったく異なるわけで、おそらく予審判事の側での配慮があって、実物との整合化が図られたものと見られる。そうだとすれば、この点でも奥宮の情報は本件の実際からはかけ離れていると見るほかない。

iv　奥宮情報を聞き出して幸徳が「自ら知る所の他の方法」と斟酌して忠雄に伝えたとの話が幸徳自身のその間の行動と整合しないこと

このように奥宮の情報は、実質的に宮下の爆裂弾の製造に役立つものであったと思えない。判決の認定によれば、奥宮の情報を聞いたうえで「傳次郎は更に其自ら知る所の他の方法と參酌して、之を忠雄に授け、忠雄は之を太吉に通告したり」となっていて、何とか両者を整合化しようとする意図が感じられるが、そのうえでそこにも問題がある。つまり、この認定によれば、奥宮から情報を得る以前から幸徳には爆裂弾製造について「其自ら知る所の

他の方法」があったとされる。その点、判決の〈第二段階〉の認定によれば、幸徳は予審調書において「鶏冠石と塩酸加里の割合は幼少の時より聞居りたる」と言う。だからこそ奥宮から「金硫黄」を使うかのような情報を得ても、それに左右されずに「鶏冠石と塩酸加里」を使うことを、忠雄を介して宮下に伝えたという話になったのである。そして、おかしなことに、これはまさに宮下が明治42年5月段階にすでに自ら得ていた製法情報と同じである。

この判決の認定通りだったとすれば、この5月に宮下から爆裂弾の製法がわかったとの知らせを受けて以降、9月上旬に幸徳らが大逆決行を決意して謀議をめぐらし、同年10月に奥宮から爆裂弾の製法情報を聞いたとされる時点まで、どうして幸徳は自らの知るところのその製法情報を宮下に伝えなかったのか。

あらためて明治42年5月についての判決〈第一段階〉のその部分の認定を見れば、宮下が「爆裂弾の製法を知り得たるをもって、主義のために斃るべき旨を傳次郎に通信す。時に管野は傳次郎と同棲し、その旨を承けて太吉に成功を喜ぶ旨返信し、且つ附記するに自己も同一の決心あることを以てしたり」となっている。これは奥宮から爆裂弾の製法情報を聞いたとされる時点から5カ月前のことである。そして、その後、6月6日、7日に宮下からあらためて「逆謀の経路を詳説」するのを聞き、9月上旬には幸徳らが時期を特定して大逆決行を決意し、忠雄を介してそのことを宮下に伝えたことになるのだが、この間、幸徳は爆裂弾の製法について自ら知りたる情報を何も発信していない。

もし幸徳が、ここで言う通りに爆裂弾の製法を「幼少の時より聞居りたる」のならば、宮下が爆裂弾を製作しようとしていると知った同年5月前後の段階で、幸徳はどうしてその自らの知っている製法情報を宮下に伝えなかったのか。また6月6日、7日に宮下から計画の詳細を聞き、あるいは9月上旬に、決行の時期まで特定して大逆を決意したというのであれば、どうしてその時点で宮下に対して爆裂弾の製法をあらためて確認し、あるいはその時点での準備状況を知ろうとしなかったのか。また、大逆決行を決意して、忠雄を通してそれを宮下に伝え、9月下旬に忠雄を通して宮下から「實驗ある人士の説」を聞きたいとの依頼を受けたのだとすれば、どうしてその時点

で「幼少の時より聞居りたる」情報を披瀝しなかったのか。

こうして見ると、「明治42年9月下旬に忠雄を介して幸徳が宮下の依頼を受け、奥宮から爆裂弾の製法情報を得て、同年10月下旬にこれを忠雄から宮下に伝えた」という話の流れそのものが、前後の脈絡から完全に浮いていることに気づく。むしろ予審の取調べ過程において、幸徳や奥宮がこの大逆事件に関与しているに違いないとの事後の判断が予審判事たちのあいだにあらかじめあって、そこから幸徳や奥宮を巻き込んだこの話が逆行的に構成された可能性が見えてくる。以下、その可能性をあらためて検討しなければならない。

2）幸徳が奥宮から爆裂弾製造の情報を聞き出し、これを宮下に伝えた という話はどのようにして出来上がってきたのか

宮下が爆裂弾を実際に製作して明科付近の山中で実験し、これに成功したとされるのは明治42年11月3日のことである。「幸徳が忠雄を介して宮下の依頼を受け、奥宮から爆裂弾の製法情報を得て、これを忠雄を通して宮下に伝えた」のが判決によれば同年10月下旬のことであるから、まさにこの実験の直前である。その点、時期的にも不自然である。では、この不自然で、かつ前後と不整合な犯行筋書がどのようにして出てきたのか。その点を確認すべく、以下、その判決の根拠となった予審での取調べ過程を順に追って検討する。検討の対象となるのは、この話に関わってくる宮下、忠雄、幸徳、奥宮の予審調書である。

この四人の供述経過を見れば、明治43年6月25日の宮下の第14回予審調書（これを以下①と記す）までは、宮下単独で準備が進められたことになっているが、同じ日の忠雄の予審調書（②）に、幸徳と奥宮を介したこの筋書が最初に出てくる。そして、この筋書は同年7月9日の宮下の第19回予審調書（⑩）にかけて大きく膨らんでいく。以下、この①から⑩までの供述経過を追ってみる。

（1）　最初に忠雄の予審調書において、幸徳から奥宮の話を聞いて「爆裂弾の
　　　薬品の割合を宮下に知らせた」という話が出る
　①　明治43年6月25日（宮下第14回予審調書）
　宮下は、先の明治43年6月14日付の聴取書で見たように、明治42年5月段
階に「国民百科事典より鶏冠石と塩酸加里が材料であること」「松原より薬
品の調合割合は3：7と聞いたが、鶏冠石が多いほうが威力が強くなるので
4：6とすること」を情報として入手していたと述べている。そのうえで、
判決によれば、宮下は同年7月、8月には塩酸加里を入手し、鶏冠石も入手
して、9月段階で忠雄を介して薬研の手配もしていることになっていた。そ
して、以下に見るように、同年6月25日の第14回予審調書によれば、さらに
明治42年10月中旬に薬品調合のための秤を買ったという。

　　問　被告の申立によると、塩酸加里と鶏冠石を調合するとき、秤を用いた
　　　　と言っているが、その秤はどこから手に入れたか。
　　答　昨年十月中旬頃、明科の何とかいう酒屋で度量衡も売っている店から、
　　　　最下は一匁から最上五百匁までかかる皿付の秤を一円二十銭か一円二
　　　　十五銭で買いました。その秤で四分六の割で調合したのです。その四
　　　　分六の割にするについて、鶏冠石何匁、塩酸加里何匁ということは、
　　　　はっきり記憶しておりません。

　宮下はここで予審判事から爆裂弾製作のために「塩酸加里と鶏冠石を調合
する……その秤はどこから手に入れたか」と問われて、明科の酒屋で「昨年
（明治42年）十月中旬頃」に買ったとしている。判決の認定によれば、忠雄
が宮下に奥宮情報を伝えたというのがその年の「十月下旬」であるから、材
料の調合のための秤を手に入れたのはそれよりも前だということになるのだ
が、その点を措くとして、ここで注目しておきたいのは、この6月25日の宮
下の供述時点では、奥宮から製法情報を得るという話がまだ出ておらず、そ
のことがまったく念頭に置かれていないことである。
　②　明治43年6月25日（忠雄第7回予審調書）
　ところが、この同じ6月25日に取られた忠雄の第7回予審調書では、以下

に見るように、「昨年秋」（つまり明治42年秋）に「爆裂弾の薬品の割合を宮下に知らせた」、その情報は「幸徳からききました」と語られたことになっている。

　問　其方は爆裂弾の薬品の割合を宮下に知らせてやったか。
　答　さようです。昨年秋頃宮下に四と三の割合だと知らせました。
　問　誰からそれをきいたのか。
　答　幸徳からききました。

　ここでの供述は、忠雄がもっぱら自分の方から語ったのではなく、予審判事の方から忠雄に向けて「其方は爆裂弾の薬品の割合を宮下に知らせてやったか」と問うて、忠雄がこれを認め、「幸徳からききました」となっている。このことに注目する必要がある。
　これまで繰り返し見てきたように、宮下の供述では明治42年5月に独自にその情報を得ていたと述べ、その材料である塩酸加里と鶏冠石を7月、8月時点ですでに入手していて、その一部は忠雄自身が手伝ったという話が判決においても認定されていた。ところが、ここでの忠雄の供述は、この明治42年秋の時点で、まるでその配合の割合がまだ不明であったかのように、その配合が「四と三」だと宮下に知らせたという。しかも、この薬品の割合が「四と三」となっている点で、それまで言われていた「四分六分」とは食い違う。どうしてこのようになったかは不明である。
　そして、ここでは「幸徳」の名を上げているだけで、「奥宮」の名はまだ出ていない。しかし、その2日後、忠雄は第8回予審調書で、第7回予審調書の供述を確認されたうえで、爆裂弾製法について「奥宮」の名を上げ、奥宮から幸徳が情報を得て、これを宮下に伝えたと語ることになる。
　③　明治43年6月27日（忠雄第8回予審調書）
　「奥宮」の名が出てくるのは、この予審調書が最初である。しかも、その名は、以下に見るように、予審判事の方から出ている。

　問　其方は宮下に、爆薬調合のことを幸徳からきいて知らせたに相違ない

か。

答　相違ありません。

問　幸徳はそれを奥宮からきいたのではないか。

答　昨年九月私が信州へ帰って宮下に会ったとき、爆裂弾の製法について
　　まだよくわからぬと宮下が申しましたから、それでは私が東京に出て
　　調べてくると言って別れたのです。

問　それからどうしたか。

答　私が東京に来て幸徳と管野に、宮下は爆裂弾の製造に苦心しているが、
　　実験家からくわしくききたいと言っていると申しました。すると幸徳
　　は、奥宮は爆裂弾について経験があるからきいてやると申しました。
　　その後十月二十日過ぎ、奥宮が管野の病気見舞いに平民社にきたとき、
　　幸徳は同人を四畳半の部屋につれてゆき、その製法などをきいたので
　　す。そして奥宮が帰ってから私を六畳の部屋に呼んでそれを話してく
　　れたのです。

問　そのとき幸徳からきいた製法はどんなことか。

答　薬品は鶏冠石四、塩酸加里六の割合である。あるいは五と五でもよい
　　とききましたから、これを宮下に知らせ、経験家の話であるから大丈
　　夫だと言ってやりました。

問　幸徳は奥宮に今回の計画をくわしく話したのか。

答　それはよくわかりません。

問　宮下に奥宮からきいたと言ってやったのか。

答　それは申してやりません。しかし本年二月私が信州に帰って宮下に会
　　ったとき、加波山事件に関係した奥宮という人に会ったと話しました
　　から、宮下はその人からきいたものと推察したかも知れません。

　ここで忠雄は予審判事から「幸徳はそれを奥宮からきいたのではないか」
と問われて、それに応じるかたちで「昨年九月に私が信州へ帰って宮下に会
ったとき、爆裂弾の製法についてまだよくわからぬと宮下が申しました」の
で、幸徳が奥宮に製法を聞くということになったとの話になってくる。この
ようにしてはじめて「奥宮」の名が出てくるのである。

第4章　大逆事件における供述分析　455

（2）　奥宮が拘引された後、幸徳の予審調書と奥宮の予審調書がたがいに絡み合いながら、筋書が膨らんでいく

　上記の忠雄が予審調書を取られた6月27日に、奥宮を大逆の疑いで予審にかけることが決定され、翌28日に奥宮は身柄を拘引された。忠雄の予審調書を見るかぎり、予審判事の方で奥宮が本件に絡んでいるのではないかとの想定があって、それを忠雄に向けて質したことによって、忠雄からこの供述が引き出され、奥宮が本件に引き込まれることになったという経緯が見えてくる。

　④　明治43年6月28日（幸徳第4回予審調書）

　忠雄の上記の供述が引き出され、「奥宮」の名が上がったその翌日、奥宮は身柄を拘引され、その日の第4回予審調書で幸徳は、奥宮が前年10月に自分のところに訪ねてきた時のことを聞かれて、次のように答えている。

　問　昨年十月中管野が病気で寝ていたとき、奥宮は其方宅に見舞いにきたか。
　答　さようなこともあったと思います。
　問　そのとき其方は、四畳半の部屋で奥宮と会ったのか。
　答　さようです。
　問　そのとき奥宮から爆裂弾の製法をきいたか。
　答　ききましたが、はっきりした答はなかったと思います。もっともその頃、ときどき奥宮と雑談の間に爆裂弾の話もしたように思います。
　問　奥宮は爆裂弾の鑵の長さについて話してくれたか。
　答　拇指と人差指をひらいて、この位であろうと申したように思います。何でも長さ一寸五分か二寸位なものであったようです。
　問　鑵の直径は。
　答　きいたかどうか、よく覚えておりません。
　問　鶏冠石と塩酸加里の分量もきいたか。
　答　覚えておりません。しかし私は、その分量は以前から知っておりました。
　問　どうして知っていたのか。

答　幼少の時から、ときどき人からきいて知っていたのです。

問　新村忠雄は其方から鶏冠石四、塩酸加里六、あるいは五と五の割合で
　　もよいということをきいたと申しているが、どうか。

答　記憶がありません。

問　其方は、奥宮からきいて爆裂弾の製造法を忠雄に話したのではないか。

答　私はそのようなことはかねて知っていましたから、奥宮からきいたこ
　　とと総合して忠雄に話したかも知れません。

問　忠雄は其方の話をきいて、それを宮下に報告したのか。

答　そうだろうと思います。

問　奥宮にそのことをきいたのは、管野や新村から依頼されたのか。

答　さようです。

問　奥宮は爆裂弾の製造について経験があるのか。

答　同人は名古屋事件などに関係していましたから、経験があるだろうと
　　思っていましたが、案外知識がないようでした。

問　其方は暴力革命が必要だということを、奥宮に話したことがあるか。

答　私は将来において暴力革命が必要だということは、ときどき人に話し
　　ておりましたから、奥宮にもそのようなことを話したであろうと思い
　　ます。しかしいつ、どこでという具体的なことではなかったと思いま
　　す。

問　其方自身が暴力の革命をやると話したことはないか。

答　そのように明白に申したことはないと思います。

問　明白ではなくとも、その意味のことは話したであろう。

答　暴力の革命が必要であるから、その準備をしておかねばならぬと考え
　　ていましたから、その程度のことは話したかも知れません。

問　奥宮に、その程度のことは話したのか。

答　奥宮にも話したと思います。

問　その暴力革命の準備として、奥宮に爆裂弾の製法をきいたのか。

答　さようなわけではありません。

この予審調書の記録からわかるように、予審判事はここで幸徳と奥宮が何

第4章　大逆事件における供述分析　457

をどのように話し合ったのかに重大な関心を寄せている。しかし、幸徳の記憶は曖昧で、しかも爆裂弾の製法について、幸徳は「鶏冠石と塩酸加里の分量」を「以前から知っておりました」し、それを奥宮から聞いたのかという質問に対しては、「かねて知っていましたから、奥宮からきいたことと総合して忠雄に話したかも知れません」と答えている。こうして幸徳は、爆裂弾の製法を忠雄から聞かれ、それを奥宮に聞き、そこで聞いたことに自分が知っていることを総合して忠雄に伝え、忠雄が宮下に「伝えたのであろう」ということを、予審判事の質問に導かれて、曖昧なかたちで認めたことになる。

　さらに爆裂弾の製法を聞いた目的について、予審判事は「その暴力革命の準備として」なのかと質しているが、幸徳は「さようなわけではありません」と答えており、そこには宮下らの大逆決行に関わるものであることを示唆するような供述もない。

　⑤　明治43年6月28日（奥宮第1回予審調書）

　上記の幸徳の第4回予審調書と同日の明治43年6月28日に、奥宮に対する最初の予審判事の調べがあって、その予審調書には次のような記載が残されている。

　問　被告は爆裂弾の製造方法を幸徳に尋ねられた事ありはせぬか。

　答　私は爆裂弾の製造は知らないのですから左様な話を受けし記憶はありませぬ。幸徳は過激な説を口にして居たのは事実ですが私は只労働者の位置を高かめて一方資本家に富が偏するのを中和せむとするの持論で此点に於ては大に幸徳と説を異にするのであります。

　問　幸徳は昨年十月下旬被告が来訪の折被告より爆裂弾製造の話を聴いたと云ふ事だが如何。

　答　昨年何月かは忘れましたが秋の事で管野がヒステリーで寝て居り未だ入院せぬ頃でした。私が幸徳方へ往った節同人所有の東陲民権史に加波山事件の記事があり又管野は田岡嶺雲著明治叛臣伝を読み度ひと云ふので私が前に其本を貸しましたが其本にも加波山事件のことなどが出て居る処から其話が出て幸徳は外国で爆裂弾を用ゆると云ひ又加波山事件にも爆裂弾を用いたと云ふ事だがどんな物であったかと聞きま

したから私は加波山のほうには関係せず名古屋事件では爆裂弾は用ひ
ず夫故もちろん其製法は知りませぬが名古屋事件で出獄してから加波
山事件の方の人から聞くに加波山では小さい茶鑵位の爆裂弾を具足櫃
に入れて山へ持て往き是れを用いた又同事件で小川町の質屋を襲ふた
時にも同様の爆裂弾を用いたと云ふ事だ又其鑵は鉄葉製で針金で結
いたものであったそうだと話した事はありました。

問　成合剤は。

答　塩酸加里に何乎合はせたと云ふ事を聞いて居ると幸徳に言ひました。

問　其割合は。

答　割合迄は知りませぬから話しませぬ。

問　塩酸加里に鶏冠石だと話したのではなきか。

答　鶏冠石と云ふ事は知りませぬでした。塩酸加里に硫黄だとか云ふ事で
した。或は塩酸加里に金硫黄だと云ったかも知れませぬ。そして旧式
の物で充分の効力は無かったと聞及むで居る通り話しました。

問　鉄葉鑵を針金で捲くと云ふは何う云ふ訳なのか。

答　夫れは針金で上を捲けば爆裂の効力が宜敷と云ふ話でした。

（中略）

問　幸徳は爆裂弾を何に使用するものと思ひしか。

答　幸徳が爆裂弾を用ゆると云ふ話などは毫もありませぬ。私は左様な考
は少もありませぬ。只加波山事件の話から爆裂弾の話が出たのであり
ました。

　奥宮は、最初、予審判事から「爆裂弾の製造方法を幸徳に尋ねられた事は
ありはせぬか」と聞かれて、「私は爆裂弾の製造は知らないのですから左様
な話を受けし記憶はありませぬ」と答えていたが、そこで予審判事が、幸徳
の話として「昨年十月下旬被告が来訪の折被告より爆裂弾製造の話を聴い
た」という供述を突きつけたところ、一応爆裂弾の話が出たことは認めたが、
それもただ座談的に話しただけで、割合については「知らない」と言い、こ
こで「塩酸加里に硫黄」だとか「塩酸加里に金硫黄」だなどという話が出て
いる。一方で、爆裂弾を何に使用するのかというような話はまったくなく、

ただ「加波山事件の話から爆裂弾の話が出た」というに過ぎないと奥宮は述べている。

⑥　明治43年6月30日（奥宮第2回予審調書）

　奥宮に対しては、上記の第1回予審の2日後、明治43年6月30日に第2回予審が行われて、予審判事が繰り返し追及を重ねるなかで、おおよそ先の判決内容の供述が引き出されてくる。

問　幸徳は被告と爆裂弾製造の事に就き談話したのは一席の話ではなく数席に渡っての話なるが如く申立つるが如何。

答　私は只一寸何気なく爆裂弾の話をしたに過ぎぬので幸徳が左様な申立をするのは奇異を感じます。

問　被告は爆裂弾合剤の割合をも幸徳に告げたのでは無かりしか。

答　私は割合は知りませぬから話しませぬ。

問　然るに此被告の宅に在りし手帖に「塩酸加里六分、金硫黄四分、鉄片加入雷紛」と斯の通り認めあるは何う云ふ訳なるか。

此時同号の「二五九」の最終のページを示す。

答　えゝ是れは加波山の方の人から聞いたことを書て置いたのに過ぎませぬ。

問　而して此割合を幸徳に教へしか。

答　其事は告げませぬ。

問　余りに事実に反する弁解は却って不利益にならずやと思ふ。宜敷事実の通りの申立をせられよ。

答　実は幸徳から爆裂弾合剤のことを尋ねられましたが私は実は左様な事は知らなかったので人に聴て幸徳に知らせて遣ったものであります。夫れは西内正基と云ふ者にて加波山事件の頃土佐の方で事を挙げ爆裂弾の為め一眼を失した人物でありますから同人に就き合剤の事を聴て其の手帖に書て来たのでありました。此事を申立つれば西内は呼出され気の毒ですから之れを掩ふ為め只加波山事件の人から爆弾の話を聴て居たとのみ申立てたのであります。西内は平素私と懇意で始終同人を訪ねて居り誰から聴かれたとも何とも言はず漠然合剤のことを聴

いた丈の事実ですから同人を勾留などせられぬ様に頼みます。

（中略）

問　幸徳が被告に合剤のことを聴く以上は爆裂弾を造る事は明かであるが同人が是を何の目的に用ゆるのであるか其点を事実通り申立よ。

答　何の目的で何れの方面に用ゆるのであるか幸徳からは私に何等の話が無いのですから判りませぬ。

問　併し爆裂弾を以って強盗をするのでもあるまい、又魚鳥を獲るのでもあるまいから何乎暴力的の仕事に用ゆると云ふ事は当然推察が出来得可き事と思はるゝではないか。

答　勿論魚鳥を獲る為めなどで無いでせうが左りとて何の方面に用ゆるかに就ては一向に話が無かったのですから判らぬのです。支那の革命者が幸徳方へ出入りしますから或は左様な方面にでも使うのではないかと后日になって思ひましたが話を受けたときには別に意には介しませぬでした。

問　幸徳から爆裂弾製造方法を尋ねられ態々西内に就き之を聴き更に幸徳に告げたと云ふ事実であるから何事に幸徳が用ゆるのか第一被告より進んで尋ねて見ねばならぬ事と思はる如何。

答　深く意に介しませぬでしたから何に用ゆるのかと尋ねは仕ませぬでした。実は斯う云う事でした。或日幸徳が一つ「モッブ」を造らうと思ひ西洋のを研究して見たが良く判らぬ君は知り居るかと聴きましたから僕は知らぬが河野広躰は加波山の方であったから知ってるだらう、河野は幸徳も知ってる人故自身河野に就き聴て見給へと言った処幸徳は俺は巡査が尾行するから君が聞て呉れと云ふので私は河野を訪はんと思ひましたが西内は土佐の方で爆弾の経験ある事を思ひ出しましたから西内方へ聴きに往った訳でした。

問　「モッブ」とは何う云う意味か。

答　「モッブ」とは西洋で手に持って投げる爆弾と云ふ意味と存じます。幸徳は「モッブ」云々と原語で私に聞いたのでした。

　　（著者註：「モッブ」は「ボンブ」の聞き違いと思われる）

（中略）

問　西内は容器のことを如何に話せしか。

答　長さ二寸余、円径二寸位の形を指で示し、此位のものを用いたが効力
　　は薄かった。当時はもっと進歩して居ると云ひました。

問　容器の材料に付西内は何と云ひしか。

答　鉄葉製で上を針金で捲いたとの事でした。併し鉄葉では破裂の恐れが
　　あるから鉄製の方が宜敷と云ひました。

問　夫等の事は総て幸徳にも告げたか。

答　無論幸徳にも話しました。

　この最初の部分で、奥宮は「何気なく爆裂弾の話をしただけ」であると弁
明するのだが、予審判事は奥宮自身の手帖のメモなどを突きつけて「余りに
事実に反する弁解は却って不利益にならずやと思う。宜敷事実の通りの申立
をせられよ」と追及する。それに対して、奥宮は西内が呼び出されては気の
毒なので、その話を伏せていたと答えて、西内から情報を得たことは認め、
そのことについて予審判事は「幸徳が被告に合剤のことを聴く以上は爆裂弾
を造る事は明かであるが同人が是を何の目的に用ゆるのであるか其点を事実
通り申立よ」と追及を重ねている。予審判事はここから幸徳に大逆の意図が
あったということを聞き出そうとしたのであろうが、その話は出てこない。

　⑦　明治43年6月30日（幸徳第5回予審調書）

　幸徳が「奥宮に依頼して製造方法を聞いた」と語るのは、上記の奥宮の予
審調書に呼応して、同日の6月30日第5回予審調書においてである。以下の
引用の冒頭に「ある人」とあるのは、奥宮が打ち明けた西内のことで、これ
に対して幸徳は「奥宮がそのように申しているのなら、やむをえませんから
事実を申し立てます」として、忠雄からの依頼を受け、10月に奥宮が訪れて
きたときに爆裂弾の製法を誰かに聞いてもらうように頼んだと認めるのであ
る。

問　奥宮健之は、其方から爆裂弾の製法をきかれたので、ある人に尋ねて
　　報告したと申しているが、どうか。

答　奥宮がそのように申しているのなら、やむをえませんから事実を申し

立てます。私は自分が依頼して研究してもらったのですから、奥宮に迷惑をかけるのは心苦しく思いました。

問　それでは奥宮に依頼した顛末を申し立てよ。

答　昨年九月中旬と思いますが、奥宮が私宅にきましたとき、爆裂弾をつくって元首に危害を加えるものがあったとしたら、どんな結果になるだろうかと研究的に奥宮の意見をききますと、同人は現今は以前と違いそのような過激なことをしてはいかんと、反対の意見を申しました。私はこれに対しては、別に何とも言いませんでした。その後同年十月中にまた奥宮がまいりましたので、田舎で暴動を起すために爆裂弾をつくりたいと言っている者があるが、その製法を知っているなら教えてもらいたいと申しますと、同人は自分はその知識はないから誰かにきいてやろうと言って帰りました。それから十四、五日たって、多分管野の病気見舞いにきたときと思いますが、そのとき製法を教えてくれました。

問　昨年十月中奥宮に爆裂弾の製法を尋ねたのは、忠雄が信州から出京して其方にそれを依頼したからか。

答　さようです。

問　それでは奥宮には、信州の宮下が爆裂弾をつくろうとしていることを話したであろう。

答　奥宮は宮下を知っているわけではありませんから、宮下ということは申しません。ただ信州人が位に話したかも知れません。

問　暴動というのは暴力の革命のことか。

答　革命というような大きなことではありません。

問　奥宮にはただ暴動と言っただけか。それとも其方の計画を明らかに告げたのか。

答　暴動と言っただけです。

問　しかしその当時、すでに其方らの間では至尊に危害を加えるという計画をしていたのであるから、その事情を奥宮に打明けて爆裂弾の製法をきいたのであろう。

答　そういうことは全く話しませんでした。

問　奥宮は、昨年九月中すでに其方から、爆裂弾をつくって至尊に危害を加える者があったらその結果はどうであろうかという質問をうけているのであるから、その後に爆裂弾の製法をきけば、同人はすぐその使用目的を推察したであろうと思うが、どうか。

答　いや、そうではありません。元首に関する話をしたときは奥宮は反対したのです。その後十月中に、ただ暴動ということを言ったのです。なお申し立てますが、当時私共に対する政府の迫害が甚しく、それに対抗して何かやろうという考えは始終もっていたのですから、奥宮と会えばいろいろ主義上の話をしていたのです。元首云々の話をしたときには暴動とか爆裂弾とか申したのではないのですから、前の話とあとの話とは直接関係がないのです。

問　奥宮は爆裂弾の製法を河野広躰、西内正基からきいてきたのでないか。

答　それは私にはわかりませんが、当時何かの折に河野広躰のことをきいたように思います。

問　其方が暴動と言っているのは、政府を転覆するという意味か。

答　さような大きなことを意味するのではありません。しかし、奥宮がどのように感じたかは、私にはわかりません。

問　奥宮からきいた製法はどんなことか。

答　前回にも申したように、錐の長さはこの位と拇指と人差指で示しましたが、そしてブリキ鑵よりも鉄のほうが破壊力がつよいと言っていました。薬品は塩酸加里と鶏冠石を用いると言いました。

問　金硫黄を用いるとは言わなかったか。

答　あるいは申したかも知れませんが、私は鶏冠石と金硫黄は同一のものと思っておりました。

問　薬品の割合は鶏冠石四、塩酸加里六、もしくは五と五と申したか。

答　それは奥宮からきいたのか、あるいは私がかねて知っていたのかはっきりしませんが、割合はその位のように思います。

問　奥宮は薬品のなかに鋼鉄片を入れるとは言わなかったか。

答　よく記憶しておりません。

幸徳がこのように奥宮に爆裂弾の製法を誰かに聞いてほしいと依頼したと認めたのに対して、予審判事は幸徳に対して「すでに其方らの間では至尊に危害を加えるという計画をしていたのであるから、その事情を奥宮に打明けて爆裂弾の製法をきいたのであろう」と問い質すが、幸徳はそのような大逆の計画については奥宮に伝えるようなことはなかったと答えている。ここで予審判事は大逆の計画があったことを前提にしているが、幸徳がこの前提を是認しているかどうかは不明である。

　そして、奥宮から聞いた爆裂弾の製法として幸徳は「薬品は塩酸加里と鶏冠石を用いると言いました」と答え、これに対して予審判事が「金硫黄を用いるとは言わなかったか」と質し、幸徳は「あるいは申したかも知れませんが、私は鶏冠石と金硫黄は同一のものと思っておりました」と答えている。鶏冠石と金硫黄はまったく異なる物質であるにもかかわらず、幸徳がこのように言い繕ったとして、予審調書上で奥宮の製法情報との整合化が図られている。いずれにしても、奥宮の製法情報は、後の宮下の製作したものにはまったく生かされていないわけで、本件の犯行筋書からは完全に浮いていると見る以外にない。

（３）　宮下が予審調書で「奥宮」から爆裂弾の製法情報を聞いた話を認め、さ
　　　　らに「実際家の説をきかねば不安だ」ったという話を認めることになる
　⑧　明治43年７月１日（宮下第17回予審調書）
　このような供述の流れをたどったうえで、宮下の第17回予審調書において、この点についての取調べが行われて、幸徳を介して奥宮から製作情報を得たとの話が出てくる。先に見たように、６月25日まで宮下はこの話にはまったく触れておらず、奥宮の名も出ていなかった。

　　　問　忠雄が爆薬の調合方法や鑵の製法を東京のある者に尋ねてくれたとい
　　　　うのは、東京の何という人に尋ねてくれたのか。
　　　答　渋谷とかに住んでいる奥宮健之という人に尋ねるのだと、忠雄は申し
　　　　ておりました。
　　　問　それでその結果を忠雄から通知してきたとき、その奥宮という人に聞

いたと書いてあったか。

答　七三では弱く、五分五分では強すぎるから、四分六分の調合が一番よ
　　い。また鑵の大きさはこれこれの寸法と書いてきましたが、奥宮から
　　聞いたとは書いてありませんでした。

問　奥宮はどうしてそんなことを知っているのか、そのわけを忠雄は話し
　　たか。

答　奥宮は加波山事件とかに加わっていた人だから、爆裂弾のことは知っ
　　ていると申しました。

問　忠雄から鶏冠石のほかに、塩酸加里と金硫黄とを混合すれば、鶏冠石
　　がなくとも爆裂薬ができると言ってこなかったか。

答　金硫黄などのことは申してきません。

　予審判事はここで「忠雄が爆薬の調合方法や鑵の製法を東京のある者に尋
ねてくれた」ことを前提に、宮下に対して「東京の何という人に尋ねてくれ
たのか」と質している。宮下にとってみれば、忠雄が爆裂弾の製法について
この時点で誰かに聞いたという話そのものが、ここではじめて出てきたので
あって、そこを予審判事に確認してしかるべきところ、予審調書で見るかぎ
り、宮下は予審判事に問い質すことなく、宮下は「奥宮健之という人」だと
答えたことになっている。しかし、宮下は明治43年5月29日検事聴取書で犯
行のすべてを詳細に語ったとき以来、宮下が「奥宮」の名を上げて語ったこ
とは一度もないし、また宮下には奥宮との面識もない。そのうえ、それまで
の宮下の供述によれば、その爆裂弾の製作は独自に入手した情報に基づき、
自らが主導してその材料となる薬剤を入手し、製作に必要な道具類も手配し
ていたと語っていた。もちろん、その製作過程で誰かの助言を求めることは
あったかもしれないが、少なくともここで新たに登場した奥宮情報には、自
らの爆裂弾製作に役立つような話はまったく含まれていない。じっさい、鶏
冠石と塩酸加里の「割合は四分六分」というのは宮下がずいぶん前から知っ
ていたことであるし、奥宮の言う「金硫黄」は「申しておりません」と否定
している。

　⑨　明治43年7月5日（忠雄第11回予審調書）

上記の宮下の予審調書から４日たって第11回予審調書で、忠雄は次のよう
に述べている。

問　同年九月中奥宮が平民社にきたとき、幸徳は奥宮に今回の計画を話し、
　　その意見をきいたのではないか。
答　昨年九月、私が信州に帰っていた当時、奥宮が平民社にきたそうです
　　が、幸徳との間にどんな話があったかは存じません。
問　同十月中幸徳が奥宮に爆裂弾の製法をきいたとき、その後十四、五日
　　たって奥宮からその返事があったのではないか。
答　そのようにきいております。そして幸徳から製法をきき、それを私か
　　ら宮下に通知したのです。
問　奥宮の報告では金硫黄を用いるというのではなかったか。
答　それは存じません。私は幸徳から鶏冠石と塩酸加里とききました。
問　奥宮は鋼鉄片も入れると言わなかったか。
答　あるいはそのような話があったかも知れませんが、鉄片を入れるとい
　　うことは、その以前から私共は知っておりました。

　ここでの忠雄の供述によれば、奥宮が幸徳を訪ねて話を交わしたのは、
「九月中」と「十月中」、そしてその「十四、五日」後の３度で、その２度目
に幸徳が奥宮に製法を教えてくれるように依頼し、３度目にその製法情報を
伝えてくれたという。忠雄はこのことを予審判事の問うままに認めている。
しかし、内容的には「金硫黄を用いる」ことについて「それは存じません」
と答え、「鋼鉄片も入れる」という点については「そのような話があったか
も知れませんが、鉄片を入れるということは、その以前から私共は知ってお
りました」と答えていて、忠雄においても奥宮の製法情報が実際の爆裂弾製
作に意味を持ったという認識はない。
　こうして見れば、幸徳を通して奥宮から爆裂弾の製法を聞いたという話は、
宮下においても忠雄においても、犯行筋書上浮いてしまっている。
　⑩　明治43年７月９日（宮下第19回予審調書）
　なお、宮下は第19回予審調書内で、以下のように供述している。

問　爆裂弾の製造について実際家の説をきかねば不安だというので、昨年
　　十月下旬新村忠雄に依頼し、忠雄が東京で実際家からきいてその製法
　　を被告に通知した事実は相違ないか。
答　それに違いありません。
問　その製法をどのように忠雄から申してきたか。
答　塩酸加里六分、鶏冠石四分がよいということ、鑵は直径八分か一寸位
　　とありました。
問　鋼鉄片を入れるということは書いてなかったか。
答　さようなことは書いてありません。
問　塩酸加里に金硫黄を混合するとは書いてなかったか。
答　金硫黄のことは書いてありませんでしたが、その後忠雄が信州へきた
　　とき、鶏冠石の代りに金硫黄を用いてもよいという話をちょっと聞い
　　たように思います。

　ここでは予審判事から「爆裂弾の製造について実際家の説をきかねば不安
だというので、昨年十月下旬新村忠雄に依頼し、忠雄が東京で実際家からき
いてその製法を被告に通知した事実は相違ないか」と聞かれて、宮下は「そ
れに違いありません」と答えている。宮下が「実際家の説をきかねば不安
だ」ったという話がここではじめて出てくるのだが、どの点がどう不安なの
かに触れてはいないし、その時点で宮下はすでに塩酸加里と鶏冠石という原
材料は入手済みであった。そして、忠雄が宮下に書き送った情報は「塩酸加
里六分、鶏冠石四分がよいということ、鑵は直径八分か一寸位とありまし
た」ということであって、繰り返し確認したように、先に見た奥宮情報とは
明らかに食い違う。
　因みに、ここで触れられた鑵の大きさについては、最終的に奥宮が明治43
年10月27日第10回予審調書で語ったところによれば、以下の通りである。

問　比手帖に塩酸加里六分金硫黄四分鋼鉄片加入雷粉と書ひてあるのか西
　　内より聞ひて幸徳に知らして遣ったのか。
答　左様てす。

問　雷粉とあるのは如何。

答　とうも判りませぬ。或は西内方て花火の話抔か出たから夫れて書ひたのかも知れませぬ。

問　鑵の大きさは如何。

答　夫れは西内からは聞きませぬてしたか加波山事件の時小さな茶筒の様なものを用ひたとの事てしたから長さ二三寸円径一二寸のものてあらうと幸徳に話したと思ひます。又鑵は鉄葉製或は鉄製と言ふ事をも話しました。爾すると幸徳は之れなら己の方ても知って居ると云ひましたすから私は夫れて試験して見よと言ったのてす。

　鑵は「茶筒の様なもの」で、その円径は「一二寸」というのは、先にも指摘したように、それまで「二寸位」としていたが、それでは実寸より2倍ほどもあることになって不都合で、そこをあらためて「一二寸」と言い換えることになったと思われる。ちなみに、上記の宮下の第19回予審調書では忠雄から聞いた情報が「鑵は直径八分か一寸位」となっている。これは押収された鑵の実寸情報が逆行的に組み込まれたものと考えられる。

（4）　幸徳を介して奥宮から爆裂弾の製法情報が宮下に伝えられたという筋書は逆行的に構成されたものでしかない

　爆裂弾の製法については、そもそもの最初は、宮下が明治42年の5月に独自に調査し、その調査結果をもって自ら主導して、同年7月から8月にかけて爆裂弾の原材料として塩酸加里と鶏冠石を入手し、さらに同年10月に製造のための薬研や秤も調達しようとしてそこで忠雄にも相談していたことになっていた。ところが、上の（3）で見てきたように、その後の予審での取調べの過程で、9月下旬に幸徳、管野、忠雄が翌年の秋季に大逆を決行すると決意し、10月に忠雄が明科に来てこれを宮下に伝えた際、宮下は忠雄を介して幸徳にあらためて製法調査を依頼し、それによって奥宮から製法情報がもたらされて、その情報が忠雄を介して宮下に伝えられたという話が付け加わることになる。しかも、そのようにして付け加わった筋書のうえで、奥宮の伝えたとされる製法情報が宮下の実際の爆裂弾の製造と決定的に食い違うの

である。このことは何を意味するのかをあらためて考えてみる。

i　判決の認定に見る宮下と忠雄との微妙な食い違い

　問題は、この付け加わった話そのものが「爆弾製造に幸徳と奥宮が実質的に関わったはずだ」という事後の想定が犯行の流れに逆行的に組み込まれた結果ではなかったかという点にある。ここで大審院の判決を読み返してみる。

　判決はその〈第一段階〉で、忠雄が帰郷して幸徳らの大逆決行を宮下に伝えた際、「太吉は忠雄に嘱するに爆裂薬の製造に實験ある人士の説を徴すべき」としてその調査が依頼されたと認定している。しかし、実際に宮下からそのような依頼があったのか。それが問題である。そこで、判決の〈第二段階〉の認定を見れば、宮下と忠雄についてそれぞれそのニュアンスがやや異なることが見えてくる。

　まず、宮下についての〈第二段階〉の認定では、「（明治42年）九月二十八日新村忠雄は明科に来り、（中略）、其際忠雄に対し目下爆裂弾製造の研究中なる旨、及鶏冠石を粉末と為す為め薬研を買入るの必要あることを告げるに、忠雄は爆裂弾の製造に付ては實験家の説を聞き通知す可し」と述べているのにとどまる。そこには宮下がそれを依頼したとの認定が欠けている。

　じっさい、その時点の宮下からすれば、「實験家の説」はどうしても聞かなければならない必須のものではない。というのも、この判決の〈第二段階〉の認定部分を見れば、行為の流れとして、この話になる以前のところで、宮下は塩酸加里と鶏冠石を入手し、薬研の入手についても、これを買い入れるのではなく借り入れることになった経緯が要約されている。その流れで見るかぎり、いまさら製造情報について積極的に「實験家の説」を聞いてほしいと依頼しなければならない状況ではない。

　それに判決の認定では、その「實験家の説」を聞いた内容として、まず「爆薬を装填す可き鑵は鉄製にて長さ二寸直径一寸位を可とし」というところが取り上げられているのだが、奥宮情報は鑵の直径が大きすぎるためであろう、奥宮のその供述部分は判決文において調整されてきたことがうかがわれる。そして薬剤については奥宮情報で「金硫黄」とある点に実際とは食い違いがあるが、判決〈第二段階〉の宮下についての認定部分ではこれに触れていない。

一方、判決が〈第二段階〉で忠雄の予審調書を要約したところでは、「尚ほ宮下は目下爆裂弾製造の研究中なるも一臆実験家の一説を聞度旨申し居たる」となっていて、宮下の方から言い出したことになっている。つまり、宮下には爆裂弾の製法になお疑問があり、不安があって、それがために一応「實験家の説」を聞いておきたいと考えたというふうにまとめられている。

　忠雄は爆裂弾を製造する立場ではなく、宮下の求めに応じて塩酸加里や薬研の調達を助けただけであるのに対して、宮下が実際の製造者であることを見れば、ここに「實験家の説」を聞きたいという話が入っても大きな違和感はないかもしれない。しかし、当時の宮下の爆裂弾製造に向けての準備状況から見て、この時点で「實験家の説」を聞きたいというのはやはり不自然と言うべきであろう。

ⅱ　宮下、忠雄、幸徳、奥宮の供述の展開過程（①～⑩）を振り返ってみる

　宮下からの依頼という行為の供述がどこからどのように出てきたかをあらためて確認してみよう。上記（3）で見た①～⑩を振り返ってみれば以下のような過程をたどったことがわかる。

　①6月25日宮下供述　宮下の依頼について言及はない。

　②6月25日忠雄供述　薬品の割合を「幸徳から聞いて、宮下に知らせた」のではないかと予審判事に聞かれて、これをと認める。

　③6月27日忠雄供述　同じく予審判事から問われてこの情報を「幸徳は奥宮から聞いた」と認める。

　④6月28日幸徳供述　予審判事から問われて爆裂弾の製法を「奥宮から聞いた」と認める。

　⑤6月28日奥宮供述　爆裂弾の製法を「幸徳に聞かれた」ことを最初否認し、追及の結果これを認める。「塩酸加里と金硫黄」と話す。

　⑥6月30日奥宮供述　押収された手帖に「塩酸加里六分、金硫黄四分、鉄片加入雷粉」とあるのを突きつけられて、幸徳から聞かれたことを認める。ただし、その目的は知らないと供述する。

　⑦6月30日幸徳供述　奥宮が「幸徳が爆裂弾の製法を聞いてきたので、ある人に尋ねて報告した」と認めたことを突きつけられ、これを認める。

　⑧7月1日宮下供述　爆薬の調合方法や鑵の製法を「忠雄が幸徳を介して

奥宮から聞いてそれを伝えてきた」と認める。

⑨ 7月5日忠雄供述　奥宮は3回幸徳を訪ね、2回目の10月中に「幸徳が奥宮に聞き、その結果を3回目「一四、五日たって奥宮から返事があった」それを「忠雄が宮下に通知」と認める。

⑩ 7月9日宮下供述　予審判事から「爆裂弾の製造について実際家の説をきかねば不安だというので、昨年十月下旬、新村忠雄に依頼し、忠雄が東京で実際家からきいてその製法を被告に通知した事実は相違ないか」と追及されて、これを認める。

これは各被告の供述を要約したものであるが、ここで注目したいのは、この供述の中心部分がいずれも予審判事の追及（予審調書上予審判事の「問」として記載された部分）に対して各被告がそれを受け入れるかたちではじまっていることである。上記の要約ではこれを「認める」と表現している。つまり、予審判事が想定した行為の流れを「問い」、各被告がそれを「認める」かたちで供述が展開したことを見てとることができる。そして、その結果として、宮下は当初（つまり①のところまで）、独自に爆裂弾の製法を調べ、その情報を得て、その情報に基づいて塩酸加里と鶏冠石を調達し、調合のための秤を入手し、薬研の借入れを手配するという、完全に宮下主導で爆裂弾製造の準備を進めていたと供述していたところ、最後には（つまり⑩のところで）、宮下が「爆裂弾の製造について実際家の説をきかねば不安だ」ということで、「忠雄に依頼し、忠雄が東京で実際家からきいてその製法を被告（宮下）に通知した」という話になった。判決が認定したのはこの最終段階の供述なのである。

iii　逆行的構成によって、宮下の行為の流れに幸徳と奥宮の具体的な関与がはめこまれたこと

　考えてみれば、宮下から爆裂弾の製法について「實験家の説」の問い合わせてほしいと依頼されたとの話が出てきたことではじめて、筋書上そこに幸徳と奥宮が関与が持ち込まれることになったわけで、判決の認定上この話の流れが重要な意味を持つ。しかし、そこには上に見てきたように、はっきり逆行的構成の跡が残っている。宮下は身柄を取られて自白をはじめた検事の聴取書の段階ですでに「爆薬製造法は前述の如く徳重に聞いて私か自身に

考案したのてありまして、他に何人からも指図を受けたのてはありませぬ」
と述べていた。つまり、本件の中心となる爆裂弾の製造は宮下主導のもと、
せいぜいそこに忠雄と管野が側面的に関与していたにとどまることを宮下自
身が自白していた。そこに後から幸徳と奥宮の関与が差し込まれたのである。
この事実が、宮下、忠雄、幸徳、奥宮の上記①～⑩の供述過程の分析からは
っきりと見えてくる。

　このようにして宮下の主導した行為の流れに、幸徳と奥宮の関与が逆行的
に組み込まれたのだとすれば、同時に判決〈第一段階〉の認定においてその
筋書上の大前提としてあった

　「(明治42年９月上旬) 傳次郎スガ忠雄の三人、傳次郎宅に於て相議して、
　　明治四十三年秋季を期し爆裂弾をひて大逆罪を決行せんことを定め、忠雄
　　は其議を齎らして被告太吉を長野縣東筑摩郡東川手村字潮に訪ふて之を告
　　く」

という認定部分にも逆行的構成が及んだ可能性がふたたび浮かび上がってく
る。じっさい、この前提があってこそ、忠雄が明科の宮下を訪れ

　「両人會談の際、太吉は忠雄に嘱するに爆裂薬の製造に實驗ある人士の説
　　を徴すへきことを以てし……」

とつながっていく。したがって、この後者が逆行的構成であるなら、その前
提となる前者もまた逆行的構成の結果ではないかという疑いがおのずと出て
くる。

　そのような目であらためて判決〈第一段階〉の認定を検討してみれば、上
記引用の大逆決行の決意を認定した部分から、

　「是に於て被告太吉は前に忠雄の通告したる製造法に依り、即ち塩酸加里
　　六分鶏冠石四分の割合に小豆大の礫約二十顆を混して一鑵に装填し、同年
　　十一月三日明科附近の山中に到り試みに之を投擲したるに爆発の効力甚た

大なり……」

という爆裂弾の実験に至る認定部分まで、幸徳が具体的に関与したとされるのは、「實驗ある人士の説」を聞くべく奥宮と接触し奥宮から爆裂弾の製法情報を得たという先の認定だけであることが確認される。「明治四十三年秋季を期し爆裂弾を用ひて大逆罪を決行せんことを定め」という重大な決断をしたはずであるにもかかわらず、幸徳らがその決断の下に行った行為として判決が認定したのは、奥宮が訪ねてきたときに爆裂弾の製法情報を聞いたということでしかないのである。しかも、その奥宮から聞いた爆裂弾の製法情報は、宮下が実際に行った爆裂弾の製法と明らかに違っていて、それがゆえにその違いの部分を、幸徳は「自ら知る所の他の方法と参酌してこれを忠雄に授け」たというかたちで言い繕うしかなかった。つまり、幸徳が奥宮から聞いたという爆裂弾の製法情報は、宮下が主導した爆裂弾製作の流れからは完全に浮いている。

　このように見てくれば、明治42年9月上旬における幸徳らの「大逆罪を決行せん」とする決意そのものもまた同じく逆行的構成の結果である可能性が大きく浮かび上がる。

3）爆裂弾のための材料・容器の調達と製作およびその実験

　宮下は爆裂弾の製法を自ら調べ、その製法に従って自ら材料と用具を調達し、自ら爆裂弾の製作を行い、誰からの指示にもよらず実際に製作した爆裂弾を実験し、そのうえで実験の成功を幸徳らに知らせることになる。判決は、この宮下の行為の流れを事実として認定しながら、他方で、これまで見てきたように、忠雄を媒介に幸徳が奥宮に爆裂弾の製法を聞き、これを宮下に伝えたとの話がそこに入り込むかのような筋書を認定した。しかし、この筋書そのものが、上で詳述してきたように、逆行的構成であった可能性が高い。そこで次に検討しなければならないのは、宮下が実際に爆裂弾を製作し、これを実験し、その結果を幸徳らに伝えたというそれ以降の過程である。

（1） 宮下による爆裂弾の製作

　判決はその〈第一段階〉の認定で、宮下が塩酸加里と鶏冠石の入手した経緯について次のように認定している。

　（宮下は）同年七月事を以て甲府市に往き、同市柳町三丁目百瀬康吉より爆裂薬の原料として塩酸加里二磅を買入れ、尋て愛知縣碧海郡高濱町吉濱内藤與一郎に依頼して鶏冠石二斤を購求し、又書を新宮町大石誠之助方に寄寓したる忠雄に寄せて、其逆謀に同意せんことを求め、且塩酸加里の送付を乞ふ。越へて八月一日更に書を發して之を促し、遂に其月十日忠雄より送致したる塩酸加里壹磅を受領したり。

　判決の〈第二段階〉では、この点をさらに具体的に次のように認定している。

　同年七月五日甲府市薬種商百瀬康吉より染物用なりと詐はりて塩酸加里二磅を買入れ、同月十日及二十四日の両度、三河國碧海郡高濱町内藤與一郎に対し地金を鋼鐵に為す方法を発明したるに付其試験用に供する為なりと詐はり鶏冠石の買入方を依嘱したるに、同月三十一日與一郎より鶏冠石二斤を送付し来りたり、同年七月十九日紀州新宮の大石誠之助方に滞在せる新村忠雄に対し、大逆罪の敢行に付其同意を求め、且爆裂弾製造の材料たる塩酸加里の送付を依頼し、尚お同年八月一日その送付を督促したるに同月十日に至り塩酸加里一磅の送付を受たり。

　つまり、塩酸加里は7月5日に百瀬より二磅を買い入れ、さらに8月10日に新宮にいた忠雄を介して一磅を入手して、鶏冠石は7月31日に内藤から一斤を買い入れたと言う。先に見たように、後に幸徳が奥宮から爆裂弾の製法情報を得たとする話はせいぜい「10月下旬」となることから見て、爆裂弾の材料である塩酸加里と鶏冠石の調達はそれ以前のところで宮下が単独で進めていたことが明らかである。
　また、薬研を入手して鶏冠石を磨砕する作業と、薬剤を詰める鑵の製作に

ついても、判決はその〈第一段階〉で次のように認定している。

　是より先被告忠雄は太吉と相別れ長野県系を去るに臨み、同県系埴科郡
埴生村西村八重治に薬研借入を乞ひたれとも、会々他に貸与しありて其望
を達すること能はさりしを以て、其兄新村善兵衛に託す。善兵衛は八重治
に依頼して之を借入れ、太吉に送付す。太吉は十月十二日之を受領し、其
寓居に置くことを憚りて、之を新田融に預け、同月二十日に至り明科百七
十六番地融の寓所に於て、其薬研を以て前日買入れたる鶏冠石を磨砕し、
又同月末太吉は東川手村潮の臼田鍋吉に依頼して金属製の小鑵五個を製造
せしめたり。此の如くして爆裂弾の装薬容器既に成る。

　宮下が塩酸加里と鶏冠石を入手した時点は、奥宮から爆裂弾の製法情報を
得て宮下に伝えたとされる「10月下旬」の2カ月以上前のことであり、薬研
の入手についても、上記の判決の認定では10月12日、これを用いて鶏冠石を
磨砕したのが10月20日とされている。宮下が忠雄を介して、幸徳が奥宮から
聞いたという製法情報を入手したのが「10月下旬」だとすれば、これもまた
それよりは前だということになる。
　宮下はこうした流れをたどって爆裂弾の材料を入手し、製作のための道具
を調達して、鶏冠石を「(新田) 融の寓所に於て其薬研を以て……磨砕し」
た。そのことは、宮下が身柄を押さえられて犯行を自白し、明治43年5月29
日に検事聴取書が取られた時点で、すでに宮下が語っていたことである。そ
して、同年6月4日の宮下予審がはじまり、その第1回予審調書で宮下は次
のように供述している。

問　新田融とはどういう関係か。
答　新田は私と同じ明科の製材所の職工であります。私が明科に行ってか
　ら、同人に社会主義の話をすると同感してくれ、警察で私を注意人物
　にしておりますから、秘密出版物などを同人に預けましたところ、こ
　れらを読んで非常に熱心になりました。それで爆裂弾をつくって天皇
　を斃すことを相談しましたが、同人はよろこんで賛成してくれ、爆薬

を入れる鑵鑵を二十七個つくってくれました。また鶏冠石を粉末にするときも新田が自宅を貸してくれ、自分も手伝ってくれました。

　薬研を使って鶏冠石を粉末にした日時がここでは言及されていないが、その後、先に見たように、これが10月20日だったとされる。なお、ここで「爆薬を入れる鑵鑵を二十七個つくってくれました」とあるのは、爆裂弾を実験した後の12月のことであって、実験に用いた鑵のことではない。
　このように見てくれば、宮下が爆裂弾を製作するにあたって、奥宮から入手したとされる製法情報を参照しえたとすれば、せいぜい薬剤を詰める小鑵の製作だけである。これについて判決の認定では「東川手村潮の臼田鍋吉に依頼して金属性の小鑵五個を製造せしめたり」というだけで、それ以上の情報はなく、これが奥宮情報の入手より後だったとの保証もない。また鑵についての奥宮の情報は曖昧で、かつその奥宮の情報は後に押収された小鑵とも異なる。そして、その実験時に作らせたと宮下が言う小鑵5個のうち、実験で使わなかった4個を宮下は廃棄したというのだから、実際がどういうものだったかも不明のままである。そのことから考えて、宮下が臼田に製造させたというこの小鑵が奥宮情報による可能性はまずないと見てよい。

（2）　宮下による爆裂弾の実験

　宮下は、臼田に作らせた小鑵に、新田宅において薬研で磨砕した鶏冠石と塩酸加里を4：6の比で混ぜて入れ、爆裂弾を作ったうえで、これを実際に試したのが11月3日ということになっている。判決は〈第一段階〉で次のように認定している。

　此の如くして爆裂弾の装薬容器既に成る。是に於て被告太吉は前に忠雄の通告したる製造法に依り、即ち塩酸加里六分難冠石四分の割合に小豆大の磯約に十頼を混して一鑵に装填し、同年十一月三日明科附近の山中に到り試に之を投擲したるに爆種の効力甚た大なり

　つまり、「忠雄の通告した製造法」に基づき作成したところ、効力が甚大

第4章　大逆事件における供述分析　477

だったという。しかし、ここで「忠雄の通告したる製造法」と言うのが、宮下がそれ以前に独自に入手した情報と何ら変わるものではなく、しかも宮下は「忠雄の通告」以前にその独自入手の情報によって薬剤や薬研を調達していたのである。そして、これまで繰り返し見てきた通り、奥宮から得た製造情報は宮下が実際に行った製造法とは明らかに異なる。

　宮下がここで行った爆裂弾の実験も、誰かに依頼や命令を受けたのではなく、宮下自らの発想でやったものだと、宮下自身は供述しているし、これを否定するような供述は誰からも出ていない。この宮下の供述は当初より一貫しているし、じつは判決もこれを否定していない。もともと宮下が、明治43年5月29日長野地方裁判所検事局に於て自白した「聴取書」では、次のように記載されている。

　火薬も愈々出来た后昨年十月の武力（ブリキ）や油差しと共に鑵鑵五個を注文し、爆裂弾の効力を試験するため、其中の一個に爆薬を入れ中に小石数個を混ぜ大足の山で十一月三日夜岩に投げ付けて見ました所が、非常の音がし、五六間離れて居つた私も空気の圧迫で倒れようとしました位で、其日松本でも花火を打ち上げましたが、村の人は私の爆裂弾の音を聞いて松本の花火の音だと申して居つたそうであります。

そして、明治43年6月4日の宮下の第1回予審調書で、この聴取書の内容を宮下は次のように追認している。

　問　爆裂弾の試験をしたことがあるか。
　答　昨年十一月三日にやりました。そのことは検事局にて詳しく述べた通りです。

さらに宮下の明治43年6月8日の第5回予審調書内では、

　問　新田はそのように熱心であったのなら、なぜ試験のとき同道しなかったか。

答　たしかその日、新田は松本へ見物に行って不在だったと思います。

問　しかし前もって打合せておけば、松本へゆかなかったであろう。

答　私は試験のことは十一月三日になって急に思いついたので、前からきめていたのではありませんから、新田に通じてなかったのです。それに工場が天長節に休みになるということも、前日までわからなかったのです。この日松本で花火をあげることになっていて、五里位隔っていてその音がきこえるというので、その日の昼過ぎになって今日がよいと決心したのです。

　ここでの宮下の供述によれば、爆裂弾の実験は「十一月三日になって急に思いついたので、前からきめていたのではありません」と言う。もちろん、幸徳らから指示や命令があったとの話はまったく出てない。そもそも宮下と幸徳とのあいだに、指示命令がなされるような関係はなかった。少なくともそのような関係があったことを示す証拠は存在しない。

（3）宮下が山中での実験に成功したものの、犯行計画遂行のためのその後の展開がうまくいかず、本件が発覚していく経緯

1）　宮下による実験結果の報告と幸徳らの反応

　さて、宮下の上記の供述によれば、爆裂弾の実験は大成功だったということになる。そして、判決の〈第一段階〉の認定では、そのことが以下のように、宮下から忠雄に報告されたという。

　乃ち太吉は其旨を忠雄に通報し、忠雄は之を傳次郎及スガに傳告し、傳次郎は更に之を健之に報告したり。

　この結果報告も、実験して結果を通知するように依頼があったから報告したのではなく、ただ宮下が自ら実験の結果を忠雄に報告したというのに過ぎない。そして、判決の認定した「大逆罪」の流れからすれば驚くべきことだが、この結果報告を聞いた忠雄、幸徳、管野の反応は淡々として、まったく熱を帯びていない。そのことを判決の〈第二段階〉の認定から確認しておきたい。

まず、幸徳については判決に次のように記されている。

　同年十一月五六日頃、宮下より忠雄に対し爆裂弾の試発を為したるにその成績良好なりし旨を通知し来りたることは聞及ひたるも、その旨を奥宮に通知したるや否やは記憶に存せす。

次に、管野については判決に次のように記されている。

　同年十一月五六日頃、宮下より忠雄に対し爆裂弾試発の結果を通知し来りたることは忠雄よりも聞及ひまた宮下から被告（管野）にも通知し来りたる様に記憶す。

さらに宮下自身については、判決の認定に次のようにある。

　同年十一月五六日頃、右試発の結果を忠雄及管野に通知し、残余の鑵四個は試発の音響高かりしを以て、之が為に事の発覚せんことを恐れ、製材所の釜口に投入したり。

そして忠雄については、判決の認定で次のようになっている。

　同年十一月五六日頃、宮下より爆裂弾の試発を為したるにその成績良好なりし旨の通知ありたるを以て、その旨を幸徳及管野に報告したり。

　いずれも、宮下からの報告があったというだけで、それでもって大逆の計画が一歩前進した、そこから計画をさらに具体的に進めていこうというような勢いは、幸徳にも、管野にも、忠雄にも、そして宮下自身にも感じられない。じっさい、この四人について判決の〈第一段階〉の認定が次の動きとして認めたのは次のような話だけで、大逆の計画について何らの進展もなく、何らの議論も、何らの通信も交わされていない。

同月（十一月）中、被告太吉は自ら鐵小鑵一個を造り、又同年十二月被
告融に依頼して鐵葉小鑵二個を造らしめ、其中鐵製鑵及ひ鐵葉製鑵一個と
前掲塩酸加里及ひ鶏冠石とを携帯して傳次郎等と面議せんか為に三十一日
上京したり。

　判決の〈第二段階〉の認定でもこの点は同じで、爆裂弾の実験結果が報告
されてからほとんど2カ月近く、この四人について何らの動きもなく、次に
問題になるのは、宮下が大晦日に上京して、翌元旦に幸徳方を訪れたときの
場面である。

2）犯行計画遂行のためのその後の展開の失敗と本件の発覚

　こうして年が明けて、明治43年、本件が大逆事件として摘発され、予審が
進められ、裁判が行われる年がはじまる。信州明科で宮下が拘束されるのが、
その年の5月25日である。それまでの5カ月弱のあいだに、東京グループの
「大逆」の計画はどこまで進展したのか、あるいは進展しなかったのか。最
後にこの過程を検討しなければならない。

　明治42年11月3日に宮下が行ったという爆裂弾の実験が、宮下によれば大
成功だったというのに、その報告を聞いた幸徳らにほとんど2カ月間何らの
動きも認められていない。それ自体、もし幸徳らが明治42年9月上旬に大逆
決行の決意を固めていたのだとすれば、まったく不整合な流れなのだが、さ
らに明治42年12月31日に宮下が上京して翌元旦に幸徳を訪れてからも、決意
を固めたはずの大逆計画がじつに曖昧なかたちでしか展開していかない。こ
こではその経緯を判決の認定によって確認し、そこにもまた逆行的構成の跡
がないかどうかを検討しなければならない。

　以下、（1）明治43年1月1日における鑵の投擲場面、（2）同年1月23日
における忠雄、管野、古河の三人の話し合いの場面、（3）同年4月の爆裂
弾再実験の計画の場面、そして（4）忠雄、管野、古河の三人が、宮下を含
む四人で大逆実行の役割分担を議論した場面に分けて検討する。

（1）明治43年1月1日における鑵の投擲場面

　爆裂弾の実験が成功したとされる2カ月後、宮下は薬品と小鑵を携え、幸徳、管野、忠雄のいる幸徳宅を訪れた。この点について判決の〈第一段階〉は、次のように認定している。

　　明治四十三年一月一日被告伝次郎スガ太吉忠雄の四人伝次郎宅に会合して太吉携へし所の小鑵及び薬品の批評を為し且交互其小鑵を擲ちて實用に適するや否を試み、翌日力作は伝次郎を訪問して伝次郎スガ忠雄より前日の形況を聴き、……

　つまり、幸徳、管野、宮下、忠雄の四人がせっかく一同に会したにもかかわらず、小鑵と薬品について批評し、小鑵を投げてみたというだけで、計画について何らの相談もなされていない。これまで直接顔を合わせることがなかった四人が集合したにもかかわらず、計画について語られることはなかったというのである。このことは判決の〈第二段階〉の認定でもおおよそその通りに確認される。

　まず幸徳については、

　　同年十二月三十一日宮下は爆薬を装填すへき鉄鑵及鉄葉一鑵各一個と鶏冠石及塩酸加里を携へ出京したるを以て本年一月一日平民社の座敷に於て管野宮下忠雄と共に一鑵を投擲し其破壊力如何に付多少の批評を試みたり、

　管野については、

　　同年十二月三十一日宮下は爆裂弾の鑵二個と塩酸加里及鶏冠石を携へ出京したるを以て本年一月一日宮下、幸徳、忠雄及被告の四人にて一鑵を投付け實用に適するや否を批評し

　忠雄については、

同年十二月三十一日宮下は爆裂弾の一鑵及薬品を携帯し平民社に来り一泊
したるを以て其翌日即ち本年一月一日幸徳管野宮下及被告の四名にて交々
其鑵を擲ち實用に適するや否やの批評を為し

というふうに、いずれについても宮下の持ってきた鑵を投げて實用に適する
かどうかを話したというのだが、まるで戯言のような様子で、そこにはおよ
そ大逆への緊迫感をうかがうことはできない。宮下についてもこの点につい
てさしたる違いはなく、判決は以下のように認定している。

同年十二月三十一日右鉄鑵鉄葉鑵各一個と塩酸加里及鶏冠石を携帯し平民
社に到り一泊し、本年一月一日右二個の鑵及薬品を幸徳管野及新村に示し
且交々其鑵を投して實用に適するや否の批評を為したるか幸徳は鉄片を混
入せは其効力多大ならんと申したり。

ここで唯一「幸徳が鑵に鉄片を入れれば効力が多大になるだろうと発言し
た」という点が他のとは異なっていて、この文言を読む限り、幸徳はいかに
も爆弾の効力を高めるべく積極的な提案を行っているかのように見えるのだ
が、この文言をもともとの予審調書で確認することができない。
　この場面についての予審調書を見てみれば、忠雄に対する明治43年6月9
日の第4回予審調書が最初で、そこには次のように供述されている。

問　宮下はその後出京したことはないか。
答　四十二年十二月三十一日出京して平民社にまいりました。その夜は平
　　民社に泊り、私と二時頃まで話しました。
問　宮下は何のために出京したのか。
答　爆裂弾用の空鑵二個を持って出京しました。そして翌一月一日平民社
　　の座敷で幸徳、管野、宮下、私の四人でそれを投げてみました。
問　そのとき薬品は持ってこなかったのか。
答　宮下は、塩酸加里と鶏冠石の粉末を別々の紙に包んで持ってきました。
　　しかし危険ですから調合はしなかったのです。

問　宮下はいつ信州へ帰ったか。

答　一月一日の午後出発して帰りました。私は汽車で中野まで見送りました。

問　その日古河はこなかったか。

答　その日古河もくる約束でしたが、来ませんでした。そして翌二日平民社にきましたから、一日に鑵を投げる練習をしたことを話しました。古河は同夜平民社に泊りました。

管野も明治43年6月10日の第5回予審調書内で同様の供述をしている。

問　同年十二月三十一日、宮下が出京して平民社に泊ったか。

答　さようです。

問　そのとき宮下は爆裂弾の空鑵二個と、薬品をもってきたか。

答　さようです。

問　本年一月一日平民社の座敷で、幸徳、宮下、新村、其方の四人で、爆裂弾の空鑵を投げて試験したであろう。

答　試験というほどのことではありませんが、めいめいで投げてみました。

問　そのとき、鑵は多少改良の余地があるという話があったか。

答　宮下はブリキ製と鉄製をもってきましたが、私は鉄製の方が爆発がつよいからよいと申しました。

問　角の多い鑵をこしらえたらどうかという話はなかったか。

答　そんな話もあったように思います。ロシアにある金米糖形のものがよいという話もありました。

問　実行の方法などについても協議したのであろう。

答　そのときは古河もこず、また幸徳もあまり熱心でないように見えましたから、何もまとまった相談はしませんでした。

ここで注目すべきは「幸徳もあまり熱心でないように見えましたから、何もまとまった相談はしませんでした」と述べられている点である。明治43年10月17日の第13回予審調書で管野は以下のように、このころから幸徳が離脱

しつつあったことを語っている。

問　その頃幸徳は革命に冷淡になっていたというのは事実か。
答　そのように思います。しかし人に向っては弱いことも言えないので、
　　過激なことを申しておりました。本年一月一日鑵を投げてみたときな
　　どは、甚だ冷淡に見えました。
問　昨年十二月三十一日、宮下が爆裂弾用の空鑵二個と薬品の紙包みをも
　　って、平民社にきて一泊したことは相違ないか。
答　相違ありません。
問　その鑵はこれか。
答　さようです。鉄製のもの一個とブリキ製のもの一個です。
問　翌一月一日平民社で幸徳、宮下、忠雄、其方の四人でその鑵を投げて
　　みたのか。
答　さようです。

　この点について言えば、明治43年6月10日第6回予審調書での宮下の供述
にも次のような話が出ている。

問　昨年十二月三十一日に被告は東京へ来ているであろう。
答　はい、まいりました。そのときは平民社が巣鴨から千駄ガ谷へ移って
　　おりましたから、その方へまいりました。
問　その日の何時に行ったか。
答　なんでも夜十一時頃だったように思います。
問　そのとき何を携帯したか。
答　別に何も持ってまいりません。
問　そんなはずはない。其方は鶏冠石と塩酸加里を別女の紙に包み、空鑵
　　二個を持参して幸徳の座敷でその鑵を投げて稽古をしたというではな
　　いか。
答　私の身はどうなってもよいのですが、他人の身に拘わることですから
　　申しませんでしたが、そのようにわかっていれば致し方ありませんか

ら申上げます。私は只今お申聞けのような品物を持って上京し、今年一月一日幸徳、新村、管野と私の四人でかわるがわる一間半か二間離れたところで投げる稽古をいたしました。その鑵は最初に新田がつくってくれたものです。

問　その鑵の中に砂でも入れて、以前被告が試験した通りの重量にしたのか。

答　いや空鑵でやりました。それで四人とも空鑵では調子がわるいと申しておりました。

問　壁へ投げつけたのか。

答　畳に投げたのです。

問　鑵を横にもってか、竪（たて）にもってか。

答　横にもってやりました、そのとき鑵の蓋か底が目的物に当ればたしかに爆発するなどと話し合いました。

問　そのとき鑵の工合がわるいから、も少し改良したいというような話はなかったか。

答　そういうことは記憶がありません。

問　その日古河はこなかったか。

答　来るという約束でしたが、まいりませんでした。

問　それでは、そのときのことを古河に伝えるということにしたのか。

答　そうです。

問　その一月一日に、幸徳は母親や友人に迷惑がかかるからと言わなかったか。

答　よく覚えておりません。

問　しかし被告は、幸徳が母親や友人の身の上を思うと言ったとき、不満の色をみせたというではないか。

答　そのようなことは覚えがありません。

問　それで被告は、いつ明科に帰ったか。

答　いよいよ爆裂弾をもって革命を起すということがきまりましたから、私は二個の鑵と薬品を鞄に入れ、一日の午後新宿から汽車に乗って甲府にゆき、山本久七方に二泊して、三日の夜の六時三十分明科に帰り

ました。

　この宮下供述では持ってきた「投げる稽古をいたしました」などとなっているが、「四人とも空鑵では調子がわるいと申しておりました」とあるようにおよそ現実味のないものであったことがわかる。それ以上にここで注目すべきは、予審判事はこのとき「幸徳は母親や友人に迷惑がかかるからと言わなかったか」と問い「被告（宮下）は、幸徳が母親や友人の身の上を思うと言ったとき、不満の色をみせたというではないか」と問うている点である。つまり、予審判事はこの問いにあるような情報をその場の誰かから聞いていて、それを宮下に向けてぶつけているのである。上記の管野の予審調書での供述にあるように、このとき幸徳は「鑵を投げてみたときなどは、甚だ冷淡に見え」、宮下や管野、忠雄らの動きに距離を取ろうとしていたことがうかがわれる。

　幸徳はこの日のことについて明治43年6月11日の第2回予審調書で供述している。

　問　本年一月一日其方宅の座敷で、其方と管野、宮下、新村の四人でその
　　　鑵を投げてみたのか。
　答　さようです。
　問　其方も投げてみたか。
　答　さようです。
　問　そのときの鑵はブリキ製と鉄製であったか。
　答　よく覚えていません。
　問　爆裂弾用の鶏冠石と塩酸加里をみたか。
　答　みたように思います。
　問　そのとき爆裂弾運動の実行方法について、何か話し合ったであろう。
　答　別に相談はなかったと思います。
　問　古河はその日はこなかったか。
　答　こなかったように思います。

第4章　大逆事件における供述分析　487

　以上のように、四人の予審調書をみると大筋で「明治43年1月1日に幸徳宅で、小鑵を投げてみた」という内容のものでしかなく、そこには大逆罪を実行しようとする人間の切迫感はほとんど感じられない。宮下についての〈第二段階〉の認定に「幸徳が小鑵に鉄片を入れると効力が大きくなるだろうと発言した」という点は、ほかの幸徳、菅野、忠雄の予審調書にあらわれないだけでなく、宮下自身の予審調書にもあらわれてこない。いかにも幸徳がこの計画に積極的に関与したかのように見せるこの発言がいったいどこに起源を有するものかが不明なのである。この時点の幸徳は菅野の上記予審調書にもあるように、むしろ「幸徳もあまり熱心でないように見えましたから、何もまとまった相談はしませんでした」というのが真実だったと考えられる。しかしこの点は、判決の〈第一段階〉の認定にまったく反映されていない。

　宮下が明治42年11月3日に爆裂弾の実験に成功したとの報告を幸徳らに向けて発信していたにもかかわらず、明治43年1月1日までの2カ月間、宮下と幸徳らとのあいだに何らの協議も連絡なく、漠然と時は過ぎて、1月1日にはせっかく幸徳、菅野、忠雄、宮下が集まったというのにもかかわらず、宮下の持ってきた鑵を空のまま投げてみただけで、幸徳は「あまり熱心でない」うえに、四人で何らの具体的な話し合いは行っていないのである。

（2）同年1月23日における忠雄、管野、古河の三人の話し合いの場面

　明治43年1月1日に幸徳、菅野、忠雄、宮下の四人で集い、その日宮下が平民社を辞した翌日、古河が平民社にやって来たが、そこで古河は前日の様子の報告を受けただけで、それ以上の話はなく、さらに3週間後の1月23日になって、古河が管野、忠雄のいる幸徳宅を訪れ、幸徳が寝ている隣の部屋で決行の時期を秋季と決めたという話が出てくる。

　判決の〈第一段階〉の認定は次のようになっている。

　　尋て同月二十三日力作か伝次郎宅に往きたる際、スガ忠雄力作の三人は伝次郎の寝臥したる隣室に於て秋季逆謀の実行に関する協議を為し、忠雄は再ひ長野県系の郷里に帰省し、太吉と来往相課る所ありたり

この点について判決の〈第二段階〉の認定は、幸徳について以下のように述べている。

同月二十三日大逆罪の実行方法に付謀議したるや否記憶せさるも、管野宮下古河及忠雄の四名にて実行の任に当るとは其以前より聞及び居りたり、

幸徳は、隣室にいたため、「謀議については記憶していない」としつつ、「管野、宮下、古河、忠雄の四名で実行するということは以前から聞いていた」というのである。そして、これ以降、幸徳はこの計画に関する相談に加わった形跡は存在しない。

管野についての判決の〈第二段階〉の認定では、

同月二十三日忠雄力作及被告の三名会談の上宮下、古河、忠雄及被告の四人にて大逆を実行し幸徳を除外することに決定したり、

として、実行者から幸徳を除外することに決まったと述べている。

また、古河についての判決〈第二段階〉の認定でもまた、

同月二十三日平民社に行きたる処幸徳は病臥し居たるか忠雄は被告（古河）を別室に伴ひ幸徳は兎角躊躇の色あるに付秋季の計画は管野宮下及吾々の四人にて実行しては如何と申すに付被告も之を賛成し且諫め実行の場所を踏査し置くへきことを約したり、

という。古河は、幸徳を除外して秋季に実行することを確認し、それまでに古河が実行場所を調査することになったというのである。

さらに、忠雄についての判決〈第二段階〉の認定では、

同月二十三日管野古河及被告（忠雄）の三名平民社に会合し秋季の貫行方法に関して謀議を遂け、
管野は女子古河は体額最小にして共に警察官の注意を惹くこと少かる可き

に付、古河に於て場所の踏査を為し、管野は実行の場合に於ける合図役と為り、管野古河宮下及被告の四人にて爆裂弾を投付け大逆を整行す可きことを約したり、

という。忠雄は、幸徳のことには触れず、四人それぞれの役割を具体的に決めたのだという。このように、この段階では幸徳が他の四人から離れ、四人が独自に話を進めていたことが認定されているのだが、この点が〈第一段階〉の認定には反映されていない。

では、もととなる予審調書ではどうなっているのか。この時期のことについて最初に供述するのは、明治43年6月5日の忠雄の第2回予審調書、同日の管野の第2回予審調書、古河の第2回予審調書である。

忠雄はそこで以下の通り供述している。

問　古河に本件の計画を話した顛末を申述べよ。
答　古河はときどき平民社へ来ましたので、昨年秋頃からその話をいたしました。本年一月五日から幸徳は病気で寝ておりました。そして一月二十三日に古河が平民社にきましたので、別室で、宮下が爆裂弾をつくったから、いよいよ管野、古河、宮下、私と四人で実行しようときめました。その役割は、古河はからだが小さく警察の注意をひくことが少ないから、天子通行の道筋を調べて四人の位置をきめること、管野は合図役ということにし、四人が各自に爆裂弾をもって適宜に馬車に投げつけ、目的を達しようと相談しました。

また、管野は以下の通り供述している。

問　本年一月二十二、三日頃新村、古河が平民社にきたとき、計画実行の手筈（てはず）をくわしく相談したのか。
答　さようです。
問　その計画は被告と新村、宮下、古河の四人だけで実行するときめたのか。
答　さようです。

問　陛下の御馬車に接近して決行するときの役割も、四人だけできめたの
　　か。
答　さようです。実行は四人だけで堅く秘密を守ろうということにきめま
　　した。

さらに、古河は以下の通り供述している。

問　本年一月二十二、三日頃、平民社で管野、新村と被告の三人が今回の
　　計画について具体的な手筈をきめたであろう。
答　まだ時期が早いのですから別に具体的な相談もなかったのですが、爆
　　裂弾の試験をもう一回新村が立ち会ってやることと、元首通行の道筋
　　を私が調査して人の配置をきめることなど相談しました。
問　管野が合図役になるという相談もあったか。
答　私はさようなことはききません。
問　それでは、その後にそのような話をきいたことがあるか。
答　いつだったか忘れましたが、合図役が必要だという話がありましたが、
　　管野が合図役になるということはきいていません。
問　なおそのとき、実行者は四人限りときめたのか。
答　さようです。四人限りというのは今回の計画についてはほかの誰にも
　　話さないという意味です。管野は私に新村、宮下以外のものに断じて
　　話してはならぬと申しました。

　このように１月23日に行われた忠雄、管野、古河の話合いについては、三
者おおむね供述が一致していて、これが先の判決〈第二段階〉の認定にその
まま採用されている。ここで計画の実行に関わるのは宮下と忠雄、管野、古
河の４人であって、そこに幸徳は加わっていない。

（３）同年４月の爆裂弾再実験の計画の場面
　１月23日以後、宮下と忠雄、管野、古河の４人のあいだで大逆の計画が話
し合われるのは、記録上、さらに２カ月以上後の同年４月のことである。判

決の〈第一段階〉は、次のように認定している。

　同年四月被告スガは湯河原より遥に書を長野県系に在る忠雄に寄せて爆裂
弾の再試験を勧告す。是に於て忠雄は太吉と相会して地勢を視察したれと
も、適当の地を発見せす、且前回試発の際に於ける爆撃頗る世人の嫌疑を招
きたる形蹟あるを以て、時機を待ちて之を行ふことと為し、遂に中止したり

　つまり、管野の依頼によって宮下と忠雄は再試験をするため、実験場所を
視察したが、適当な場所が見当たらず、前回の試験の時に世間から疑いをも
たれた可能性があるので、時機を待って再試験することにしたという。この
再実験の計画は管野からの勧告によって促されたもので、宮下主導ではない。
ただ、この管野からの勧告は、管野についての判決の〈第二段階〉の認定で
触れられていない。
　一方、宮下については〈第二段階〉で以下の通りに認定されている。

　同年四月中管野より忠雄に宛て爆裂弾の再試発を為し置くへき旨を申越し
たるに付
　同月二十六日忠雄と共に娯捨停車場附近を視察したるも適当の場所なかり
しを以て五月一日を期し、屋代の北東に当る山中に於て試発すへきことを
約したり、然るに其頃は警察官の注意厳重にして遂に目的を果す能はす、

　この点は判決の〈第一段階〉の認定に沿うもので、明治43年4月に管野の
依頼で、宮下と忠雄が4月26日に再試験の場所を探そうとしたが適当な所が
なく、さらに5月1日にやろうとしたが、警察官の注意が厳重であったため
再試験ができなかったという。
　この点、忠雄についての判決の〈第二段階〉の認定を見れば、以下のよう
になっている。

　同年二月初旬帰郷し同月六日宮下を訪問し、一月二十三日に於ける謀議の
顛末を報告し、且爆裂弾の再試殻を為すへきことを依頼したり

然るに宮下は第一回の試発に因り既に其効力の確実なることを信するのみ
ならす、其際音響高くして世人に怪まれ居るに付再ひ試発を為さは事露顕
の恐ありと云ひ、加ふるに降雪中なりしを以て、遂に再試発を見合せたり、
其際被告は宮下に対し幸徳は兎角躊躇の色あるを以て同人を除外し、他の
四人にて大逆を実行せん、若又管野古河も躊躇するに於ては吾々二人にで
も敢行せんと約し置き

　ここでも「幸徳は兎角躊躇の色あるを以て同人を除外し」、本件実行は4
人で行う予定だったことが明記されて、再試験については43年2月初旬に忠
雄自身が依頼したとされている。ところが、宮下からは「第一回目の試験で
効力は確実である、その時の爆発音が大きかったので再度試験をすると世間
の人に怪しまれる」と言われ、雪が降っていたこともあり、再試験を見合わ
せたというのである。これによるかぎり、爆裂弾を再試験することについて、
管野や忠雄と違って、宮下は消極的であったことがうかがわれる。
　この点について予審調書でどうなっているかを見れば、忠雄の明治43年6
月5日の第2回予審調書には次のように記されている。

　問　帰郷後はどうしたか。
　答　それから宮下方に行き、一月二十三日平民社で管野、古河らと協議し
　　　たことを宮下に話し、もう一度爆裂弾の試験をしようと申しましたが、
　　　雪が降りだしてついに試験することができず、宮下方に二泊して帰宅
　　　いたしました。

　さらに忠雄は明治43年6月10日の第5回予審調書で以下の通り供述してい
る。

　問　その後、其方はいつ頃信州に帰ったか。
　答　二月五日信州に帰りました。そして一月二十三日の会合のとき、爆裂
　　　弾の再試験をやる必要があるという意見でしたから、そのことを宮下
　　　に申しましたが、同人は第一回の試験で大丈夫だといい、それに当日

は雪が降ったので中止にしました。そのとき私は宮下に、幸徳はぐずぐずしていて駄目だから同人を除き、他の四人で決行しよう。管野、古河は決心が固いようだが、もし彼らも躊躇するようなら、われわれ二人で決行しようと申しましたところ、宮下も同意し、それでは日時、場所などを調べてくれと申しました。そして元首の通行は秋が多いからやはり秋にしようということになったのです。

問　其方が本年三月出京して、幸徳が湯ガ原にゆくまでの間に革命運動のことを相談したか。

答　私と管野との間ではいろいろ話しました。そして幸徳の態度がはっきりしないから、同人を除外するか、あるいはすすめて決心させるかについて話しておりました。

　この運動について「幸徳の態度がはっきりしない」ことが述べられていて、場合によっては忠雄と宮下だけでもやろうという話がなされたという。一方、宮下は、明治43年6月28日の第15回予審調書で以下の供述を行っている。

問　この証拠物はどうか。（四十三年第一号一、二、七を示す。）

答　この一はみな新田融のつくったもので、二十四個の口です。二十四個の口は蓋も底も少し凹みがあって、最初の二個はそれがありません。三はブリキ鑵と鉄鑵とどちらが爆発力が強いか、忠雄と二人でもう一度試験してみようと相談し、今年四月二十六日姥捨（うばすて）の停車場で両人落ち合って、忠雄の所へゆく途中、亀々山の模様などを見ましたが、昼間試験するには適当な場所がなく中止しましたが、秋までにはまだ余裕があるから、いずれそのうち場所を選定して試験することにして、鉄鑵はそのままにしておきました。この鉄鑵は私がつくったものに相違ありません。

　判決の〈第一段階〉の認定にあった「四月の管野から再試験をすすめる手紙」については、予審調書には該当する部分が見当たらないのだが、忠雄の予審調書でも確認できるように、明治43年1月23日に忠雄と管野、古河が相

談した際に再試験をしたほうがいいということになったことは確かで、しかし一方、宮下は忠雄らの言うこの再試験には消極的で、上記の予審調書では、忠雄とのあいだで錐の素材による威力を確かめるために再試験するということを忠雄と相談したと供述している。このように爆裂弾の再試験をどのように計画し、その再試験をどうしてやらなかったのか理由も、忠雄と宮下とのあいだで一致していない。こうした矛盾した供述をそのままにして、判決はその〈第二段階〉の認定を行い、そこに「四月の管野から再試験をすすめる手紙」を付け加えて〈第一段階〉の認定を行っている。

　宮下の製作した爆裂弾が成功したというのは、ただ宮下がそのように報告したというだけであって、それがどこまで本件計画にふさわしいだけのものであったかは確認されていない。その点で宮下の爆裂弾の威力に不安をもってしかるべきであったし、再試験をしようとの話が出てくるのはごく自然な成り行きであった。にもかかわらず、その再試験が真剣に試みられることなく時が過ぎ、本件の摘発に至った事実は、当の計画がまだまだ漠然としたものでしかなかったことを物語っていると言ってよい。

（4）忠雄、管野、古河の三人が、宮下を含む四人で大逆実行の役割分担を議論したという場面

　爆裂弾の威力が十分に確認されていなかったということに加えて、問題になるのは大逆実行についてどこまで計画が具体化していたかである。そうして見たとき、唯一計画の具体化が話し合われたのは、宮下、忠雄、管野、古河の四人のあいだの役割分担なのだが、これがまたまったく漠然としたものでしかない。この点について判決の〈第一段階〉の認定は次のようになっている。

　　五月一日被告スガは帰京して千駄ヶ谷町増田謹三郎方に寓す、十七日忠雄も亦帰京し其夜スガ、忠雄、力作の三人スガの寓所に相会して大逆罪実行の部署を議し、一旦抽籤してスガ力作の両人先発者となり、忠雄太吉の両人は後発者と定まりしか、忠雄は之を遺憾と為し、翌日力作に対して之を変更せんことを求め、遂に機を見て再ひ部署を議定すへきことを相約せり

第4章　大逆事件における供述分析　495

　つまり、入獄前の管野が増田宅に宿泊し、そこへ忠雄と古河がやって来て、
実行の際の役割分担をした。抽選で管野と古河が先発、忠雄と宮下は後発と
決まった。翌日、忠雄は古河に抽選のやり直しを求め、古河は再度議論する
ことに同意したというのである。計画と言ってもまったく外形的なものでし
かない。
　この点について判決の〈第二段階〉の認定は、まず管野について5月17日
のこととして、以下のように述べている。

　　同年五月一日湯河原より帰京し、同月十七日千駄ヶ谷町増田謹に一郎方に
　　於て忠雄力作の両名に会合し、人物の経済上二人にて実行の任に当り二人
　　は残りて再挙を図ることを評決し、抽籤を以て其実行者を定めたるに、第
　　一ヵ力作第二ヵ被告に当り、忠雄と宮下は落籤したる

　また、忠雄についても以下の通りに認定している。

　　同年五月十七日に出京したり、同日管野の仮寓せる千駄ヶ谷村増田謹三郎
　　方に於て管野古河及被告の三名一て談合の末、大逆罪の実行に付四人同時
　　に斃るるは人物経済上不利益なるを以て、抽籤に依り実行者二名を定め、
　　残る二名は他日を期して再挙し図ることを約し、茲に抽籤を行ひたるに、
　　第一は管野、第二は古河に当り、被告と宮下とは落籤したり、然れとも被
　　告は其落籤を遺憾と為し、翌十八日管野を東京監獄に送りたる後、古河を
　　夜に入て訪問し、前日の抽籤を取消したき旨を申出て、古河の承諾を得たる

　古河については以下の通りに認定している。

　　同年五月十七日夜管野の仮寓せる千駄ヶ谷村増田謹三郎方に於て管野及忠
　　雄の両名と会合し、四人同時に実行に干与するは人物経済上不利益なるを
　　以て、先つ二人にて実行し、残る二人は他日再挙を企るに若かすと評決し、
　　即座に抽籤を行ひたるに、第一は管野、第二は被告に当り、忠雄と宮下と
　　は落籤したるも、忠雄は翌十八日夜被告方に来りて前夜の抽籤を取消し度

旨申出たるを以て、被告は之を承諾したり、

こうして見れば、三人についての〈第二段階〉の認定に矛盾はない。ただ、そのうえでここでの話はせいぜい四人のうち、最初にやる二人を抽籤で決めたという程度のものでしかなく、役割分担と言えるほど具体的なものではない。

では、そのもととなる予審調書はどのようになっているか。この点について最初に供述されるのは、忠雄に対する明治43年6月3日の第1回予審調書である。

問　管野スガに今回の計画を話したことはないか。

答　本年三月に上京したとき、管野に計画を話して同意を求めましたところ、管野ははっきり反対もいたしませんでしたが、幸徳が新聞を出したいと言っているからそれを手伝いたいし、また小説も書いてみたいと言い、不得要領な返事をしておりました。その後五月十八日管野が入監することになりましたので、それを見送るために十七日出京して管野方にゆき、また計画のことを話しましたが、やはり管野はあいまいな返事をいたしました。

問　管野に話したのは其方の一存か。

答　そうではありません。宮下がこの計画には女が一人必要であるから、ぜひ管野を説いて同意をさせてくれ、そして同人を実行のとき合図役にしたいと言いました。それで私が管野に話したのです。

問　其方が管野に話してから、管野と宮下との間で直接に連絡ができたのではないか。

答　それはいっこうに存じません。

問　幸徳にはその計画を話さなかったか。

答　幸徳には話しませんでした。管野に話したときには幸徳はおりませんでした。

問　この書面に爆裂弾云々とあるのはどういうことか。

答　私は五月十七日出京して翌日管野の入監を見送り、それから西大久保の著述家田岡嶺雲のところにゆき、前に平民社で使っていた謄写版が

預けてありましたので、それを受取って古河方に行って一泊し、翌十
九日に管野の宿所であった千駄ガ谷の増田方で一泊し、翌日前橋の方
面に行って二泊して帰郷しました。ところが私は、そのとき宮下のと
ころに行って、それから出京しましたので、警察では私が爆裂弾を持
って姿をくらましましたというので大騒ぎしました。そのことを幸徳が冷
笑して手紙に書いたのであります。

　ここでは何らかの幸徳の書いた「手紙」ないし「書面」を前に取調べをし
ていることがうかがわれるが、これがいかなる「手紙」ないし「書面」であ
るかは不明である。いずれにせよ、管野が入獄する直前の5月17日に忠雄が
管野、古河と出会って話し合ったことがうかがわれる。
　先の判決の認定通りの供述が出るのは、古河に対する明治43年6月5日の
第2回予審調書である。

　問　被告は五月十七日、管野が労役のために入監する前日に、千駄ガ谷の
　　　増田方にいる管野を訪ねたとき、忠雄もきていて今回の計画実行につ
　　　いての役割を抽籤できめたというのは事実か。
　答　さようです。相違ありません。
　問　そのとき管野方へ行ったのは何時頃か。
　答　夜八時過ぎでした。
　問　管野から呼ばれて行ったのか。
　答　管野が入監するについて、私はただ暇乞いのつもりでゆきました。
　問　新村忠雄はどうして来合せていたのか。
　答　どういう都合できたのか知りませんが、管野方へ新村がくるという電
　　　報がきていたので、ついでだから同人に会おうと思って、くるのを待
　　　っていました。新村は夜九時頃きたと思います。
　問　新村がきてどういう話をしたか。
　答　新村は爆裂弾の二回目の試験をするはずであったが、それができなか
　　　ったと言いました。それから役割をきめておこうと言って、抽籤をし
　　　たのです。

問　役割をきめるというのは誰の発意か。

答　誰の発意ということもなく、三人で言いあってきめたのです。

問　抽籤の結果はどうであったか。

答　管野が一、私が二、新村が三、宮下が四にあたりました。

問　籤は何でつくったのか。

答　管野が紙に一、二、三、四と書き、その上に棒をひいて、字の方をか
　　くしておいて、めいめい抽（ひ）いたと思います。

問　誰が最初に抽いたか。

答　新村が自分と宮下の分を抽き、次に私が抽き、管野が残りの籤をとり
　　ました。それで一は投弾者、二はその助手ときめ、三と四は今回はや
　　らずに後日に残るということにしました。

問　なぜ四人のうち二人だけ実行者になったのか。

答　二人で十分だと思ったからです。しかし私はあとで二人では足りない
　　と思い、もっと仲間があるほうがよいという手紙を新村に出しました
　　が、抽籤のときは二人ということに賛成したのです。

問　籤を抽いたのはどんな場所か。

答　増田蠣の、入って左手の管野の借りていた部屋です。

問　籤してから新村は、自分も実行に加わりたいと言ったか。

答　その翌日、新村は抽籤は取消したいと言って私方へきましたから、私
　　はきまった以上それはいけないと申しました。

問　その夜被告はひきつづき管野らと話したのか。

答　いえ、私は新村を残して先に帰りました。

問　それでは当選した二人は、天長節に元首の御馬車に投弾する予定であ
　　ったのか。

答　秋頃ということと、元首を目的とすることは事実ですが、天長節とき
　　めたのではありません。天長節は警戒が厳重だからよくないと思って
　　いました。

問　なぜ被告は、前回の陳述で、ことさら元首ということを言わなかった
　　のか。

答　それはほかの被告が申立てぬうちは、私はいかに責められても言わな

いつもりでした。しかしほかの被告が元首を目的にしたと申したそうですから、いまさらかくす必要がありません。

問　管野は元首ばかりでなく、できればなお同志を集めて大仕掛な革命をやりたいと言っているが、被告の考もそうなのか。

答　私はそのような考はもっておりません。そんなことは到底できないと思います。

問　管野から、もっと大仕掛けにやるという話はきかなかったか。

答　さような話はききません。

問　しかし被告は抽籤をやった後に、新村に、もっと多くの同志がほしいという手紙を出しているではないか。それはつまり、もっと大きくやろうという希望だったのではないか。

答　そうではありません。管野は病身で労役にゆくのですから、万一のことがあれば私と新村だけになるから、それでは不足だと思って、ほかに同志がほしいと書いたのです。

問　しかし第四の宮下がいるではないか。

答　新村の話では、宮下は決心が少しにぶったようだと、抽籤の日かその翌日、私のところにきたとき言いましたから、それでほかに同志がほしいという手紙をやったのです。

問　宮下の決心が少しにぶくなったというのは、何か事実があったのか。

答　それは知りませんが、新村がそのように言ったのです。

　四人が行うつもりだったという大逆の計画が、この時点でこの程度の曖昧なものでしかなかったことを、ここであらためて確認しておく必要がある。管野も明治43年10月17日第13回予審調書で以下のように供述している。

問　五月十七日の夜千駄ガ谷の増田方で古河、忠雄の両人と会合し、人物経済上二人で実行するということにしたのか。

答　さようです。それで実行者を抽籤できめました。

問　その抽籤の結果其方が第一、古河が第二にあたり、其方と古河とで実行することになったのか。

答　さようです。

　このように５月17日に東京で、宮下不在のまま忠雄、管野、古河のあいだで実行者を抽籤し、翌18日には忠雄がその結果に不満をもらしたという。宮下が長野で逮捕されたのは、その日から１週間後の５月25日である。大逆計画なるものがその時点でどれほど漠然としたものであったのかは、上記の忠雄、古河、管野の予審調書からも明らかである。それはおよそ現実的な計画からは程遠く、判決がその〈第一段階〉で「大逆罪実行の部署を議し」などというのは明らかに過剰な認定と言うべきであろう。本件の本命と言うべき東京グループの中軸四人の計画が、本件摘発の直前においてこの程度のものでしかなかったことは、ここであらためて確認しておかなければならない。

４．結論

　大山鳴動して、その中心となるべき東京グループの根を探ってみれば、そこに現れたのはまさに鼠一匹の感を免れない。以下、ここまでの分析を簡単に振り返っておきたい。

　まず、皇室危害を目論む「大逆」の着想がどのようにはじまり、東京グループに広がっていったのかを見れば、最初の皇室危害の発想は宮下が明治41年11月に独自に発想したことであり、その後の爆裂弾製作もまた幸徳等の指示によるものではなく、宮下が単独で発想したものでしかなかった。その準備にも計画にも実験にも幸徳の直接的なかかわりはなく、宮下が明治42年２月に平民社を訪れてから、その宮下の動きに忠雄、管野が連動し、その後そこに古河が加わることになったことは確かであるが、幸徳はせいぜいこの四人の動きを間接的に知りうる立場にいた程度のことだったと見るべきである。

　次いで、宮下が爆裂弾の製法を調査し、その材料等を準備し、実際にこれを製作して実験した経緯についても、宮下はその初期供述の段階から、製法について自らが情報収集し、それに基づいて材料や道具と調達して、誰の指示も受けずに爆裂弾を製作し実験するところまで単独で進めてきたと供述していた。つまり、これは言わば「宮下事件」として独立のものと見ることができる。

第4章　大逆事件における供述分析　501

　ところが、宮下が明治42年5月に爆裂弾の製法がわかったと知らせてきて、さらに6月には信州明科に転居する際に平民社を再度訪れてからは、判決上、宮下の動きに幸徳もまた賛同してそこに加わっていくかのような認定がなされていく。とりわけ、明治42年9月上旬には、幸徳が「先太吉の計画を遂行せしめんと欲する決意を為すに至れり」という認定が、判決の〈第一段階〉でなされている。ところが、この認定を根拠づける供述は、予審調書上どこにも見出されない。つまり、本件計画に幸徳が関係していないはずがないという想定があって、そこから「宮下事件」のなかにこの認定が逆行的に差し込まれた危険性が高いと言わざるを得ない。

　そればかりではない、判決の〈第一段階〉の認定では、幸徳が直接に宮下の爆裂弾製作に関与したかのような話が組み込まれている。つまり、宮下の依頼の下、爆裂弾の製法について「實驗ある人士の説」を聞くべく、幸徳が旧知の奥宮から情報を聞き出し、忠雄を介してその情報を宮下に伝えたというのである。ところが、幸徳、奥宮、宮下、忠雄の予審調書の供述を照らし合わせてみれば、そもそも奥宮の知っていたという爆裂弾製法の内容が実際に宮下の行った製法と異なっている。それだけでなく、奥宮からの情報を幸徳が忠雄を通して宮下に伝えたとされる「10月下旬」の時点には、宮下はすでに爆裂弾の材料はすべて入手済みであり、薬剤の摩砕作業をも行っていた。さらに、幸徳と奥宮の予審調書を見れば、幸徳が奥宮から製法を聞いたというのは単なる座談のなかでのことであり、奥宮は一貫して大逆の計画は知らなかったと供述しているばかりか、そうした運動のあり方自体を奥宮は否定していた。また幸徳にしても、もし本気で爆裂弾を製造させようとしたのであれば、確実な情報を取得し、具体的な指示を行って、爆裂弾の製造を成功させようとするはずで、このような杜撰な調査ですませることはおよそ考えられない。

　そもそも判決がその〈第一段階〉の認定で認めているように、大逆の発想そのものが宮下にはじまるものであり、そのための爆裂弾製作の情報収集も材料調達も製作準備もすべて宮下が単独で進めていたことであって、そこに奥宮を通して爆裂弾製法の情報を得て宮下に伝えたかのような話が持ち込まれたのは、幸徳が本件計画に積極的に関与したかのように見せかけるための逆行的な構成だったと見る以外にない。

さらに、宮下が明治42年11月 3 日に製作した爆裂弾の実験を行ったというのも、幸徳等の指示の下に行われたものではなく、たまたま宮下の思いつきでその日に行ったというにすぎず、しかも、この実験が成功したことを幸徳らに知らせたにもかかわらず、その年の大晦日から翌元旦にかけて宮下が平民社を訪れるまでの 2 カ月間、宮下と忠雄、管野、幸徳のあいだには何らの話し合いも何らの動きも認められない。そして、明治43年 1 月 1 日には、宮下が持参した空鑵を畳の上で投げてみたというだけで、そこに大逆事件へと向かうような何らの緊迫感もない。

　さらに、そこから 5 月25日の宮下逮捕に至るまでの動きについても、幸徳を除外して管野、忠雄、古河、宮下がこの 5 カ月間に 2 ～ 3 回集まったというだけで、そこで行われたのは爆裂弾の再試験をすべきではないかとの話が出たものの、結局はこれが何らなされず、実行者は四人中二人でよいからということで、誰からやるかを抽選で決めるとか、おまけに決めた結果を翌日には覆すとか、大逆計画の決行に向かう動きとして、どこをどう見てもおよそ緊張感を欠いたものでしかない。しかも、その四人全員が集まることは一度もなかったというし、この間、幸徳は完全に輪の外に置かれていた。そして、表面上は四人のあいだで犯行計画が話し合われたかのように認定されていても、その内実を見れば、その計画をたがいに共有していたとは思われず、そこに文字通りの意味での「計画」があったとも言い難いのである。

　はてさて、幸徳を中心に据えたこの東京グループにおいてすらその大逆計画はまことに曖昧で具体性を欠いたものであった。その上で東京グループを含めて、計26名が大逆罪の疑いで訴追され、予審判事の調べを経て、大審院の裁きを受け、うち24名が明治43年 1 月18日に大逆罪で死刑の判決を下され、そのうち12名が恩赦、幸徳ら12名は明治43年 1 月24日、25日にその刑を執行された。これは歴史上の厳然たる事実である。この事実をどのように見ればよいのか。少なくとも12名の刑死を招いた本件の「事実の認定」に深刻な過ちがいくつも潜んでいたことは明らかである。そのことを確認したうえで、これがいったい何を意味しているのか、あらためて考えなければなるまい。

第5章

幸徳秋水大逆事件再審請求

石 塚 伸 一

はじめに

　虚心坦懐に「大逆事件（幸徳秋水事件）」判決書を読んでみると、いくつかの気付きがある。これを再審請求にまでどう仕上げていくかが私たちの共同研究の課題であった。

　以下においては、まず、判決書の構造を整理し、つぎに、明治40（1907）年刑法典の立法者意思を確認し、時代によって翻弄された大逆罪とその適用例を検討し、幸徳事件発生、すなわち、1910年当時の刑法第73条の解釈を明らかにする。これらを踏まえ、私たちの幸徳秋水大逆事件再審請求の顛末と可能性を示すことにする。

1．判決の構造

　本件の被告人は、女性1人を含む26名である。主文には、幸徳伝次郎ほか24名を死刑、新田融と新村善兵衛を有期懲役（それぞれ11年と8年）に処す、とある。

　公訴事実は、いわゆる「赤旗事件」などの政府による社会主義者弾圧を敵視した無政府主義者である菅野スガ、幸徳伝次郎等東京グループが、天皇に危害を加えんとする大逆を計画し、「決死の士」を募ったことから、岡山、高知、和歌山、熊本の社会主義運動家や無政府主義者、僧侶（曹洞宗、浄土真宗大谷派）たちが順次共謀し、「国体ノ尊厳宇内ニ冠絶シ列聖ノ恩徳四海ニ光被スル帝国ノ臣民タル大義ヲ滅却シテ畏多クモ神聖侵スヘカラサル聖体

ニ対シ前古未曾有兇逆ヲ遑セント欲シ」決起したが、途半ばして「凶謀発覚」し、未遂に終わった。被告人たちのほとんどは、社会主義者であるにとどまらず、国家の存在そのものを否定する無政府主義者たちであると断ぜられた。犯行については4つのグループがそれぞれ別の行為で起訴されている。大逆罪は必要的共犯ではない。それぞれが正犯として公訴を提起され、有罪となっている[1]。

第1グループの19名は天皇に対して危害を加えんとしたこと、第2グループの3名は皇太子に対して危害を加えんとしたこと、第3グループは、天皇と皇太子に危害を加えんとしたことでそれぞれ起訴されている[2]。これら3グループには死刑が宣告された。第4グループについては、軽い罪を犯す意思で重い罪を犯したいわゆる「事実の錯誤」として、刑法第38条第2項が適用され、軽い爆発物取締罰則違反の刑で有期懲役に処せられている。

2．明治40年の立法者意思

1880（明治13）年制定、1882年1月1日施行の旧刑法（明治13年太政官布告第36号）第116条には「天皇三后皇太子ニ対シ危害ヲ加ヘ又ハ加ヘントシタル者ハ死刑ニ処ス」とする大逆罪の規定があった。1907年制定、1908年10月1日施行の現行刑法（明治40年法律第45号）第73条は、客体に皇太孫を加え、「天皇、太皇太后、皇太后、皇后、皇太子又ハ皇太孫ニ対シ危害ヲ加ヘ又ハ加ヘントシタル者ハ死刑ニ処ス」と若干の修正はあったが、基本的に同じ規定を踏襲した。

立法段階の議論において古賀廉造（政府委員）は、「危害ヲ加ヘ」と「（危害ヲ）加ヘントシタ」の文言は旧法を襲用したものであり、危害には、暴行は勿論のこと、直接的なものであれば脅迫も含まれると述べている。

三好退蔵（議員）は、法定刑が死刑の危害罪と7年以下の懲役の不敬罪では、法定刑にあまりの隔たりある。将来、どのような事態が生しても対応で

（1）　判決については本書第2章参照。
（2）　第3グループは、2つの大逆罪の併合罪ということになる。

第5章　幸徳秋水大逆事件再審請求　505

【表】幸徳事件における法条の適用と量刑の一覧

類　型	被告人	大逆罪天皇	大逆罪皇太子	爆発物取締り	量刑と執行状況
第1類型	幸徳	●			死刑　執行
	菅野	●			死刑　執行
	森近	●			死刑　執行
	宮下	●			死刑　執行
	新村（忠）	●			死刑　執行
	古川	●			死刑　執行
	坂本	●			死刑　特赦・仮釈
	奥宮	●			死刑　執行
	大石	●			死刑　執行
	成石（平）	●			死刑　執行
	高木	●			死刑　特赦・獄死
	峯尾	●			死刑　特赦・獄死
	崎久	●			死刑　特赦・仮釈
	成石（勘）	●			死刑　特赦・仮釈
	松尾	●			死刑　執行
	新美	●			死刑　執行
	佐々木	●			死刑　特赦・獄死
	飛松	●			死刑　特赦・仮釈
	岡本	●			死刑　特赦・獄死
第2類型	内山		●		死刑　執行
	岡林		●		死刑　特赦・仮釈
	小林		●		死刑
第3類型	武田	●	●		死刑　特赦・仮釈
	三浦	●	●		死刑　特赦・獄死
第4類型	新田			●	懲役11年
	新村（善）			●	懲役8年

【註】死刑判決後に執行された者は、幸徳秋水、管野スガ、森近運平、宮下太吉、新村忠雄、古河力作、奥宮健之、大石誠之助、成石平四郎、松尾卯一太、新美卯一郎および内山愚童の12名である。死刑判決直後の特赦によって無期刑に減刑された者は12名である。減刑後、獄死した者は、高木顕明、峯尾節堂、岡本穎一郎、三浦安太郎および佐々木道元の5名であり、仮釈放を許された者は、坂本清馬、成石勘三郎、崎久保誓一、武田九平、飛松与次郎、岡林寅松および小松丑治の7名である。新田融と新村善兵衛は、爆発物取締罰則の故意であったとして懲役刑とされた。

きるように、「もう一つ間にあるのが相当ではないか」と提案した。政府委員は「総て身体生命に関する所業は之を危害の中に包含するものであって、而して行為の最小軽重は之を区別しない」として一蹴した。不敬は、皇室の

名誉、尊厳に関することであるから「大小軽重を論ぜず不敬」とすると答えている[3]。

東京帝国大学の牧野英一は、大逆罪における「危害とは生命又は身体に対する侵害なり。而して、独り危害を加えたる場合のみならず、又之を加えむとした場合を処罰するが故に、予備陰謀も亦之に入る」と述べている。大逆罪は中止未遂を認める余地はなく、教唆犯や従犯にも適用される[4]。大逆罪には「危害を加へる」正犯（単正犯・共同正犯）と共犯（教唆・幇助）の形態があり、かつ、「危害を加へんとした」予備と陰謀の形態があることになる。

検事の泉二新熊は、「危害は身体生命に対する実害及び具体的の危険を包含す」としている。注目すべきは「危害を加へんとしたる者は予備行為を指称す、外部行為なくして不逞の意志を有するのみにては本罪を構成せす、着手の程度に至りたるときは危害を加へたるなり」としていることである。大逆の意志だけで処罰することはできない。問題は、行為者の外部的行為を見て、天皇等に危害を与える危険がある、との印象を抱くかどうかである。

このように明治期の論者は、天皇等の生命または身体に「危害を加え」る行為に着手すれば大逆罪は既遂、そこまでに至らない準備行為を「危害を加えんとした」行為と捉えこれも既遂、これらの行為は全て死刑に値すると考えていた[5]。しかし他方で、単に「不逞の意志」を有するというだけでは処罰できず、客体に危害が生ずる危険が外部的行為に兆表されていなければ処罰はできないと考えていた。それはそうであろう。荒唐無稽な与太話だけで、死刑になるようでは人間の独立・平等・自由は保障できない。

（3） 詳しくは、本書序章参照。

（4） 牧野の場合、共犯独立性説をとるので、刑法61条（教唆）または62条（幇助）の共犯規定を適用しても結論に違いはないことになるが、ここでは敢えて独罪であることを強調している。

（5） 天皇等の生命・身体という法益の侵害の有無と程度という観点からは、既遂、未遂、予備・陰謀の形態が考えられる。

第5章　幸徳秋水大逆事件再審請求　507

3．大逆罪の変遷

（1）大逆罪の保護対象

　立法直後、大逆罪の保護法益は、天皇等の生命・身体の安全であると解されていた。処罰は常に生命刑、すなわち死刑である[6]。

　しかし、日本の天皇に害を加えようとする大逆罪は「万世一系」「不磨の大典」であったわけではない。その時代の天皇の政治的・社会的位置づけによって変遷する。

　遡ってみると、君主を傷つける罪は、律令の時代に古代中国の律の「八虐十悪」の中にある「謀反（謂謀危社稷）」、「謀大逆（謂謀毀宗廟山陵及宮闕）」、「謀叛（謂謀背國従偽）」に由来する。仏教の影響が強かった武家社会においても「五逆」の中「親殺し」と並んで「主殺し」は大罪とされた。明治初期、1868（明治元）年の暫定刑法『仮刑律』では「八虐六議条」として「主殺し」が犯罪とされた。しかし、『新律綱領』（1870年）では削除されている[7]。

　近代刑法の制定過程では御雇外国人ボアソナードにより、フランス刑法の内乱罪が導入されたが、これは国家の転覆を目的とする政治犯であった。大逆罪は、封建遺制の君主や領主に危害を加える犯罪であったから、元首を市民が選ぶ共和制下のフランス刑法とは相容れないところがある[8]。守旧派に中には君主と国家の分離は日本の国体（天皇制国家体制）とは相容れないとして大逆罪の法典化に反対を唱える者もいた[9]。

　立法は妥協である。最終的には、律令制における大逆の意義と近代的刑法

（6）　戦後改正された現行刑法では、法定刑が死刑だけ（絶対的死刑）という犯罪は、81条の外患誘致罪だけになった。

（7）　新律綱領草案には存在した謀反大逆の箇条について、参議副島種臣が「古来社稷（朝廷）を危うくしたる者なし」と一喝し、大逆罪は削除されたとの逸話がある。詳しくは、新井勉『大逆罪・内乱罪の研究』（批評社、2016年）参照。

（8）　「政府を覆す者は皇威を覆す」と言えるか否かについては、意見が鋭く対立し、結局、旧刑法には、大逆罪と内乱罪の両方が規定された。

（9）　新井前掲書140頁。「鶴田皓あて井上毅書簡」にこの記述はあるとされるが、原文は披見できなかった。

で継受した西欧の君主に対する犯罪の意味を接合して「内乱罪」と「大逆罪」を分離し、共に刑法典導入した。明治初年、不平士族の反乱が勃発し、天皇や皇族の権威を裏付けるために大逆罪の明文化が必要であった。反乱士族を廃外（処刑）するためにも、大逆罪を平時の犯罪として明文化する必要があった[10]。

　その後、大正から昭和初期になると、摂政裕仁（後の昭和天皇）の皇位継承について皇族間や軍部で争いがあり、裕仁を監禁して退位を迫り、他の皇族軍人を担ぐことを考えるような人たちもいた。そこで、刑法改正に際しては、生命・身体と並んで、自由も法益に加えるべきとする議論があった。

（2）法体制の近代化と大逆罪

　日本の法体制の近代化は、1967年から1888年の近代法体制の準備期、1889年から1921年の確立期、1922年から1940年の再編期そして1941年から1945年の崩壊期に大別される。

　刑事法の変遷に即して区分すれば、①明治維新から大日本帝国憲法制定準備の段階は「法体制の準備期」（1967〜1888年）である。刑事法では明律・清律が継受され、英国の植民地を視察し、フランス法の継受の時期を経て立憲国家の体制が整備された。②大日本帝国憲法の制定から、不平等条約の撤廃の時期までが「法体制の確立期」（188年〜1921年）である。治外法権が撤廃され、ドイツ法の影響の下で刑法、刑事訴訟法、監獄法などの刑事基本法が制定された。そして、③都市部への人口集中により社会矛盾が激化し、デモクラシーの思想と労働運動が高揚すると、国家は新たな治安体制の構築を謀り「法体制の再編期」（1922〜1940年）になる。そこでは「淳風美俗」をスローガンに脱近代と復古が綯い交ぜになって刑事基本法の改正作業が始まった。他方、台頭する社会主義弾圧のための治安法制が台頭し、思想犯に対する監視と改善のための保護観察が導入され、改善教育の名の下に刑事法の

---

(10)　1876（明治9）年10月24日、熊本で秩禄処分や廃刀令など新政府の方針に不平を持つ士族が決起した「神風連の乱」は、一夜にして制圧されたが、捕縛された3名、高津運記、浦縦記、吉村義節の3名は、裁判の上、刑死している

第5章 幸徳秋水大逆事件再審請求　509

治安法化が始まった。そして、④太平洋戦争開戦による戦時法体制への全面的移行、その決定的破綻である敗戦を体験して近代日本の法体制が瓦解する「法体制の崩壊期」（1941〜1945年）を迎える。

（3）翻弄される大逆罪

　大逆罪もまた、時代に翻弄された。大逆罪と内乱罪をめぐる議論は、1870年の大教宣布詔に象徴される祭政一致の国家像との対立、天皇制国家体制の近代法への編入、天皇の政治利用と淳風美俗の高揚、そして、皇国思想による戦争体制の中で揺れ動いた。保護法益も天皇の地位から、皇族の生命・身体という即物的理解、さらには、時局の動揺の軍部のクーデターが現実味を帯びる中で自由が加わり[11]、大政翼賛的政治体制への移行によって天皇と国体が一体化する。戦時体制の下では、皇室に対する罪は内乱罪・外患罪等と並んで国家の存立を法益とする犯罪と解され、危害罪と不敬罪との区別もあまり重要ではなくなった。国家元首たる天皇に対する危害や不敬、すなわち、天皇制国家の国体に対する反逆と捉えられるようになっていったのである。

　このような紆余曲折を経て、敗戦直後の1947年刑法一部改正によって大逆罪は削除され、その数奇な運命を閉じた[12]。

---

(11)　安平政吉は「危害罪に於ける行為は、危害を加へ、または加へんとしたことであり、それは生命、身体、自由に対する実害並びに危険を発生せしむる一切の行為を指称する」と述べている。本書序章参照。

(12)　敗戦直後、戦時に適用されていた戦時刑事特別法は廃止され、日本国憲法が1946（昭和21）年11月３日に公布され、翌47年５月３日から施行されたことにともない、新たな憲法の趣旨に適合するよう1947（昭和22年）10月、『刑法の一部を改正する法律』（昭和22年10月26日法律第124号）、同年11月15日から施行された。主要な改正点は、①皇室に対する罪、外患罪の一部、安寧秩序に対する罪および姦通罪等の廃止、②公務員職権濫用、特別公務員職権濫用、特別公務員暴行陵虐、暴行、脅迫、名誉毀損、公然わいせつ、およびわいせつ物頒布等の各罪の法定刑引上げ、③暴行罪の非親告罪化、④重過失致死傷罪の新設、⑤名誉毀損罪について事実の証明に関する規定の新設、⑥刑の執行猶予の範囲の拡大、ならびに⑦刑の消滅に関する規定の新設などであった。

（4）大逆罪の適用例

　大逆罪の適用例をたどってみよう。旧刑法下での適用例はない。現行刑法第73条の適用事案は、①1910年の天皇および皇太子に対する爆発物破裂による爆殺の予備・陰謀事件（幸徳事件）、②1923年の皇太子に対するステッキ銃発砲事件（虎ノ門事件）、③1924年の天皇と皇太子に対する爆発物破裂予備事件（朴烈事件）、および④1932年の天皇に対する手榴弾投擲事件（桜田門事件）の4件である。

　虎ノ門・桜田門両事件は、実行の着手があり、生命・身体に危険が及んだ既遂事件である。朴烈事件は、関東大震災直後、治安維持法で保護検束、爆発物取締罰則違反で起訴された被告人が、大震災がなければ、「天皇と皇太子を襲撃する予定であった」と自ら申し出たことから、大逆罪で起訴されたという、陰謀説が噂された荒唐無稽な事件である。裁判では死刑が言渡されが、直後に恩赦で減刑され、政治家を巻き込んで大スキャンダルに発展した。したがって、予備・陰謀の段階で大逆罪が適用されたのは幸徳事件だけということになる。

4．彷徨する刑法第73条

（1）「危害を加えんとした」とする行為は存在したか？

　前述のように、立法時の理解によれば、「危害を加え」には天皇の生命・身体に対して危害を生ぜしめるに足る行為が実行され、現に身体に実害が生じたか（既遂形態）、あるいはその具体的危険が生じた（未遂形態）ことが必要である。なお、未遂形態には加害行為の実行行為に着手し行為は完了したが危害が発生しなかった場合（実行未遂形態）と実行行為自体が完了しなかった場合（着手未遂形態）がある。

　これに対し、「危害を加えんとした」の場合には、実行の着手に至らない予備と複数人で謀議する陰謀の形態がある。既遂・未遂・予備の形態では、何らかの外部行為がおこなわれ、そのことによって天皇等に危害が生ずるのではないかとの危惧を感じる程度に達していなければ、死刑という生命を奪う刑罰を科す根拠にはならない。

第5章　幸徳秋水大逆事件再審請求　511

　これに対し、陰謀の場合には、複数人が集まり、天皇等に危害を加える謀議が計画と言える程度に具体化している必要がある。陰謀の場合、集まったというだけでなく、その具体的内容を示す証拠や謀議内容を具体化するような外部行為が必要であろう。不逞の意志が内心にとどまる場合、あるいは複数人の不逞の意志が吐露されたにとどまるだけであれば、予備にも、陰謀にもならない。

　幸徳秋水大逆事件（以下「本件」という。）は、実行には着手していない。天皇または皇太子に対し「危害を加えた」既遂または未遂の形態ではない。「危害を加えんとした」に当たる予備または陰謀の形態の事件である。

　以下においては、予備と陰謀に分けて、その外部的行為の存否を検討する。

（2）予備について

　本件において、危害を加えんとした外部的行為は、宮下太吉の信州明科での爆裂弾破裂実験である。この実験が、人びとに天皇等に危害が及ぶのではないかとの危惧を与えるであろうか。

　前述のように、私たちの共同研究は、金子武嗣弁護士が、2011年9月7日に開催された日本弁護士連合会主催「大逆事件100年の慰霊祭」[13]に参列し、再審によって関係者の名誉を回復できないか、と考えたことを端緒に始まった。有罪への疑念は、そもそも宮下の作った「七味唐辛子缶」様の容器に砒素と黒色火薬と砂利を詰め込んで、硬い地面に叩きつけ、爆発音が響いたことが捜査の端緒であった。果たして、この程度の簡易な「爆弾」に人を殺傷する威力があるのだろうか。

　私たちは、実際に、宮下のレシピ通りの「爆弾」を作って爆破させてみた。たしかに、音は花火のように威勢がいいが、威力は弱く、殺傷などは程遠い。余程近接し、面前で爆発させれば、軽い傷など負うかもしれないが、その程度の殺傷力の「爆弾」を作ったから死刑というのは理不尽である。そもそも、

---

(13)　2011年9月7日、日本弁護士連合会　宇都宮健児会長（当時）談話について下記を参照。https://www.nichibenren.or.jp/document/statement/year/2011/110907.html（2024年11月9日最終閲覧）。

幸徳らが警備の厳重な天皇に至近距離まで近寄ることなど常識的にあり得ない。たしかに、簡単な見取り図のようなものは発見されているが、爆破計画というにはあまりにお粗末である。

　予備罪の行為については、戦後の1961年12月に発生したクーデター未遂事件である「三無事件（さんゆうじけん）」が参考になる。一審の東京地裁は、破壊活動防止法の殺人予備罪について、いやしくも「予備」を処罰の対象とする以上は「罪刑法定主義の建前等からいっても、予備行為自体に、その達成しようとする目的（いわば、本来の犯罪の実現）との関連において、相当の危険が認められる場合でなければならない」。そして、各犯罪類型に応じ、その実現に「重要な意義をもつ」あるいは「直接に役立つ」と客観的に認められる物的その他の準備が整えられたとき、すなわち、「その犯罪の実行に着手しようと思えばいつでもそれを利用して実行に着手しうる程度の準備が与えられたときに、予備罪が成立すると解するのが相当である」（東京地裁昭和39年5月30日判決判例タイムズ163号21頁）と判示している[14]。

　東京地裁の示した基準は、罪刑法定主義の観点から導出された当然の帰結である[15]。禁止規範の内容が行為者に理解できないような刑罰法規では、一般人の犯罪を予防することはできない。予備罪についても、目的犯罪の発生の危険が認められなければ行為を思いとどまることはできない。したがっ

---

(14)　二審の東京高裁は、刑法上の予備の概念についての判例の見解が明確を欠き、学説も分れている。「破防法成立の経緯や同法第2条の趣旨等にかんがみ、同法にいう予備については、その範囲をできるかぎり厳格に解すべきである」。したがって、予備行為があるというためには、「その達成しようとする目的との関連において相当の危険性が認められる場合、すなわち、各犯罪類型に応じ、その実現に重要な意義を持つか、又は、直接に役に立つと認められる準備が整えられたとき、すなわち、実行に着手しようと思えばいつでも それを利用して実行に着手しうる程度の準備が整えられたときに、予備罪が成立する、と解するのが相当てである」（東京高判昭和42年6月5日、高裁判例集第20巻3号351頁、判例時報492号20頁）と判示している。最高裁は、破壊活動防止法39条および40条は「具体的な準備をすることや、その実行のための具体的な協議をすることのような、社会的に危険な行為を処罰しようとするものであり、その犯罪構成要件が不明確なものとは認められない」として合憲としたが、結論は原審を維持し無罪とした（最高裁一小昭和45年7月2日刑集24巻7号412頁、判例時報603号98頁）。

(15)　『大日本帝国憲法』（明治22年2月11日 制定）は第23条で「日本臣民ハ法律ニ依ルニ非スシテ逮捕監禁審問処罰ヲ受クルコトナシ」と規定しており、明文で罪刑法定主義を認めていた。

て、当該凶器を利用して、天皇等に危害を加えることがいつでもできるような準備がなされていなければ、予備の形態の大逆罪は成立しない。

前述のように、宮下の製造した「爆弾」は、天皇等に危害を加えることができるような代物ではなかった。

したがって、「爆弾」の存在だけでは、幸徳ら東京グループには大逆罪は成立しない。

（3）陰謀について

それでは、陰謀についてはどうであろうか。たしかに、一見すると本件は、第1グループの共謀に第2および第3グループが順次加わって、大逆罪の共同意思主体ができあがり、いつでも天皇や皇太子に危害を加えるような状況になったかのように思える。判決は、無政府主義者になったことを大逆の決意のメルクマールにしている。しかし、幸徳らが無政府主義者であることを裏付けるような証拠は存在しない。

共謀共同正犯において、特定の犯罪の謀議の後に正犯が当該犯罪を実行したことは、実体法的には共犯の実行属性として、共犯処罰の根拠とされる。たしかに、犯罪を共同したというためには、犯罪の共謀が、当該犯罪の実現に対し、実行と同程度寄与しているというのでなければ、正犯と同等の処罰をする根拠にはなるまい。しかし、実行行為の存在は、このような実体法上の処罰根拠としてだけではなく、当該犯罪を実現するという共謀の存在を証明する証拠でもある。

大逆罪は、それぞれの行為者について、独立した犯罪ではあるが、陰謀形態の大逆罪においては、謀議の後にそれぞれの行為者が何らかの外部的行為をおこなっていることが、謀議とその内容を証明する証拠となっているという二重構造がある。本件においては、このような外部行為の立証が欠落していることは明らかである[16]。

本件における捜査機関の関心は、社会主義者らが幸徳秋水に感化され、無政府主義者に転向し、天皇制国家を転覆する目的に向かって共同して行動し

---

(16) この点については本書第4章参照。

ているという集合犯の疑いであった。

　具体的には、第1グループの菅野・幸徳等は、無政府主義者を「決死の士」として募り、彼らと呼応して政府の転覆を図ろうとした。第2および第3グループはこの呼びかけに応じて「決死の士」となることに同意した。その仲介となったのが第4グループである。彼らの目的は、「政府ヲ顛覆シ又ハ邦土ヲ僭窃シ其他朝憲ヲ紊乱スルコト」であり、「天皇の大権を変更する」あるいは「国家の政治的基本構造を破壊する」という政治的意図の下に集まっているはずであった。

　ところが、第1から第3のグループに共通する「決死の士」としての認識は、二重橋を突破して天皇を傷つけ、赤い血が流れれば、天皇が現人神ではないことが明らかになり、日本中の貧困者が決起するであろうという程度の話であり、そこには具体性も、合理性も存在しなかった。「爆弾」の製造も宮下が手柄を立てたい一心で跳ね上がり的に動いたに過ぎなかった。こうなると、謀議の実体も、謀議の存在を推認させる外部的行為も存在しない。そこで、犯罪嫌疑を内乱罪から、天皇や皇太子に対して危害を加えようとしていたという陰謀形態の大逆罪に変更した。陰謀の内容は、当初の国家の基本構造の破壊から、天皇の大権に危害を加えることにすり替えられたが、連帯の証である「決死の士」は供述の調書の中に残ってしまった。天皇や皇太子に危害を加えるのであれば、「決死の士」の集合は必要ない。それぞれのグループが独立して大逆を計画してもいいはずであった。

　したがって、無政府主義者であるというだけでは、陰謀形態の大逆罪の立証としては不十分である。

（4）原敬日記「社会党の大不敬罪について」[17]

　このような事態の変遷を示す記録として、1910（明治43）年7月23日付けの「原敬の日記」がある。原は、古賀兼造から次のような話を聞いたと書いている。

---

(17)　「原敬日記」については、下記の「原敬辞典」の抄2　明治43年7月23日の表題。下記参照。
　　　http://harakeijiten.la.coocan.jp/page020.html（2024年11月9日最終閲覧）。原奎一郎編『原敬日記・全6巻』（福村出版、2000年）の第3巻に同日の記述は掲載されている。

「最初長野県伊那の駐在巡査がノミ取り粉入れのようなブリキ缶19個を注文した者があったと聞いて不審を感じたのが発端だという。だんだん捜査してみると、それが爆裂弾を装入するための缶であることがわかった。その後、紀州新宮にも多数の同志がいることがわかり、ことごとく捕縛したという。かれらは至尊〔天皇〕に怨みはないが、これを弑することは主義を貫徹するうえでやむをえないと自白しているという」。

　日記から明らかになるのは、宮下の明科爆裂弾事件の発覚は1910年5月25日であるから、その2か月後には、この事件を主義者を一掃検挙に繋げようとする政府の意図であり、「至尊（天皇）に怨みはないが、天皇を弑（しい）することは主義（無政府主義）を貫徹するうえでやむをえない」という「決死の士」としての連帯意識で彼らを一括りにしようとしていたという事実である。

（5）法解釈と立法の距離

　刑法第73条制定に際しての立法者の意思は、天皇や皇太子に「危害を加えんとする」とは、刑法第199条等の生命または身体に危険が生ずる可能性があるような外形を呈する予備行為または実現可能な具体的な陰謀を想定していた。本件は、明治40年刑法典施行直後の1909年爆発物の実験が発覚し、その関係者である東京グループを検挙し、その後、第2（和歌山）、第3（大阪）のグループを次つぎと検挙し、その繋ぎ役である第4グループを検挙していった。裁判は、法施行から2年後に行われており、立法者の意思が明確である以上、法の解釈もおのずと限定される。

　その後の「朴烈事件」は、無政府主義的団体を結成していた朝鮮人グループのリーダーを関東大震災直後の1923年9月に混乱を鎮圧するため、大正天皇の写真にナイフで傷をつけたとの不敬行為を口実に検挙した政治的陰謀であった。また、「虎ノ門事件」は、同年12月、無政府主義者と目される難波大助が皇太子を狙撃し、現実に危害が生じた事件である。

　昭和に入ると天皇の権威をことさら強調するようなった。「桜田門事件」は、1932（昭和7）年1月、朝鮮独立運動の活動家である李奉昌が陸軍始観

兵式を終えて帰途の天皇の馬車に向かって手榴弾を投げ、近衛兵を負傷させたという危害犯罪であったが、「桜田門不敬事件」と呼ばれた。その後、天皇に対する罪は、国体に対する反抗であるとされ、危害と不敬の区別も薄れていった。

　しかし、幸徳事件は、現行刑法制定直後の保護の客体は天皇・皇太子等の生命・身体であるとされ、危害罪と権威を法益とする不敬罪とは明確に区別された危害罪であり、危害を加えんとする行為とは、いつでも犯行を行える程度の予備または計画性のある陰謀であると解されていた。したがって、これと懸け離れた大逆罪の適用は、当時の理解からしても誤りであったと言えるであろう。

5．幸徳秋水再審請求[18]

（1）再審請求書骨子（案）

【請求人】幸徳秋水（伝次郎）の直系親族
【罪　名】　刑法第73条（大逆罪）
【請求の主旨】
　本件は、刑事訴訟法第435条第6号により、
（請求1）有罪の言渡を受けた者に対して無罪を言い渡すべき、
　または
（請求2）有罪であるとしても、原判決において認めた罪より軽い罪を認めるべき、
　明らかな証拠をあらたに発見したときであるので、再審を請求する。

【理　由】
1　公訴事実

---

(18)　筆者は、2017年1月31日の研究会において「大逆事件再審請求」と題する報告をした。この時が最も再審請求訴訟に近づいたときであった。

第5章　幸徳秋水大逆事件再審請求　517

　本件は、菅野スガと幸徳伝次郎らが共謀の上、無政府主義の信条をもつ者、あるいは、その臭味を帯びる者と順次共謀し、「決死の士」を募って、天皇または皇太子に対して、危害を加えんとすることを計画したが、謀議が発覚し、その目的を遂げなかったものである[19]。

2　無罪の理由
(1)　主たる主張
　幸徳秋水らが「天皇に危害を加えんとした」ことには合理的な疑いがある。
(2)　予備的主張
　幸徳らの主たる目的は、「決死の士」を募って、「朝憲を紊乱」することであり、天皇に危害を与えることは、皇居に侵入できてはじめて可能となることであり、「決死の士」（共犯）50人程度が二重橋のところに集合し、皇居に侵入しようとしたとしても、皇居への侵入自体が不可能であるので、天皇に危害を加えることは絶対的に不可能であった。

　なお、この点については、幸徳自身は認識していた（予審調書13）。また、宮下製作による「爆弾」については、当職らの実験により、天皇等の至近距離まで近づくことができてはじめて、危害を加える可能性が生ずるものである新たな証拠が存在する。したがって、皇居侵入が不可能である以上、危害を加えることもまた不可能である。

　以上のように、幸徳らの計画によれば、皇居侵入すら不可能であるような状況において武装革命の夢を語ったとしても、せいぜいが内乱予備成立の可否を問疑することはあり得たとしても、天皇等に危害を加えることは不可能であり、本件において大逆罪は成立しない。

---

(19)　判決書には「先ず元首を除くに若し無し国体の尊厳宇内に冠絶し列聖の恩徳四海に光被する帝国の臣民たる大義を滅却して畏多くも神聖侵すべからざる聖体に対し前古未曾有の兇逆を遂せんと欲し中道にして凶謀発覚したる顛末は即ち左の如し」と記載されている。原文はカタカナ。

518

【新たな証拠】

（1）爆破実験の鑑定意見書

（2）供述分析に関する鑑定意見書

（3）幸徳秋水の手紙（予審調書13、明治43年10月17日付）[20]

【補足説明】

（1）予備的主張について

　幸徳らの目的は内乱であり、余力があれば大逆を試みるというものであった。しかし、確定判決は、事実を大逆が主目的で、その手段として内乱の予備を企てたかのように犯罪事実を認定している。

　確定判決のような構成をとるならば、本件は大逆罪の共同正犯であることになる。しかし、大逆罪は、独立犯（単独犯）である。これに対し、内乱罪は多衆犯（集合犯）である。

　確定判決が認めた「大逆罪」より軽い罪「内乱罪」（その予備罪）を認めるべき明らかな証拠（①爆弾実験、②供述分析、③幸徳の手紙など）を新たに発見したものであるから、無罪または軽い罪を認めるべきである。

（2）証拠構造について

　【資料1】から明らかなように本件の有罪立証の中核は、予審調書など供述証拠である。第1から8までの被告人グループについて、それぞれの公訴事実を根拠づける複数の予審調書が挙示されている。これらは、相互に参照されており、その関連性は極めて複雑である。そこで、山田早紀が証拠とされる全ての供述証拠をデータ化し、独自の分析ソフトを使って分析したとこ

---

(20)　幸徳は、調書の中では予審判事の「同月中、平民社で大石に、決死の死五十人ばかりあれば爆裂弾その他の武器を与えて暴力革命を起し、諸官省を焼き払い、富豪の財布を掠奪し、なお余力があれば二重橋に迫って番兵を追い払って皇居に侵入し、皇室に危害を加えたいが紀州でも決死の士を募ってくれと申したか」との質問に対して、幸徳は「さようです。そのようかことを話し、大石も同意しました」と答えている。続いて、同判事の「そのとき森近も同席していて、其方の意見に賛成したと言っているが、そうか」との質問に対して幸徳は「よく記憶しておりませんが、同人がそのように申せば、それが事実かもしれません」と答えている。

ろ、関係人の供述には「決死の士」などのキーワードが存在することを発見した。これらを踏まえて、供述証拠を浜田寿美男と山田が解析し、供述の作成過程およびその内容に問題があることを新たに発見した。供述証拠の心理分析という最新の技術を用いることによって、本件の全体像が明らかになり、供述の任意性および信用性に疑問があることが明らかになった[21]。

（3）小　括

実証実験から「爆弾」の破壊力は微弱であることが明らかとなったこと、および、供述分析から、当初の予審判事は「決死の士」をキーワードに国家転覆を狙う「決死の士」を集めて内乱罪を立証する予定であったことが明らかになった。さらに、これに「幸徳の手紙」が加わったことで、本件における幸徳秋水の役割が主導的なものではなく、むしろ、大逆をともなうような内乱については消極的立場であることが明らかになったことから、被告人幸徳秋水は、無罪または軽い罪である内乱の予備が言い渡されるべきであることを立証する。

【課　題】

なお、実際に第2次再審を請求するに際しては、下記課題があることも明らかとなった。

（1）再審請求人（直系親族）を探し出せるか。場合によっては、DNA鑑定が必要か。
（2）主たる主張を大逆罪無罪の主張で行うか。それとも、内乱罪（予備罪）で行うか。
（3）爆弾実験を専門家による鑑定意見書にするか。
（4）本件の歴史的意味とどう向き合うか。幸徳は、運動家や歴史家にとって絶対的スターである。その幸徳が度重なる弾圧と運動の行き詰まり、体調の不良などのため、いわゆる「秋水のよろめき」の状態にあり、

---

(21)　詳しくは、第4章「大逆事件における供述分析」を参照。

菅野スガ、新村忠雄、古川力作、宮下太吉の４名の謀議には積極的に参加しておらず、むしろ４人の陰謀から排除されていたというような、社会主義運動史の認識と異なる主張を展開することになるがそれで良いのか。幸徳の革命的運動家としての評価を下げることにならないか。

（5）もし、幸徳排除論を採るとして、一旦成立した陰謀からの離脱（共犯からの離脱）と構成するか、それとも、当初から謀議に加わっていなかったと構成するのか。

むすびにかえて

その後、調査研究の結果、多くの課題は克服できる見込みができた。しかし、最終的には、適当な再審請求人を見つけ出すことができず、再審を断念せざるを得なくなった。

検察官による再審請求の可能性を含め、次の世代の法律家に幸徳秋水大逆事件の真相の解明と関係者の名誉回復を委ねることにした。

（2024年10月9日　袴田事件無妻確定の日に）

第5章　幸徳秋水大逆事件再審請求　521

【資料1】 幸徳秋水大逆事判決の構造

１．判決書の構造

（1）被告人26名

（2）主文

幸徳伝次郎ほか24名を死刑

新田融・有期懲役11年

新村善兵衛・有期懲役8年

差押物件8点没収

訴訟費用被告人連帯負担

その他の差押物件還付

（3）理由

【公訴事実】

　菅野スガと幸徳伝次郎の共謀（契機としての「赤旗事件」）

→無政府主義の信条をもつ者・臭味を帯びる者と順次共謀（社会主義との違い）

→具体的な行為（「決死の士」を募る。）

「先ず元首を除くに若し無し国体の尊厳宇内に冠絶し列聖の恩徳四海に光被する帝国の臣民たる大義を滅却して畏多くも神聖侵すべからざる聖体に対し前古未曾有の兇逆を逞せんと欲し中道にして凶謀発覚したる顛末は即ち左の如し」

【証　拠（予審調書）】

第1　幸徳伝次郎ほか

予審調書（被告　幸徳、菅野、森近、森下）、予審調書（証人　石田・内藤・清水、百瀬；鑑定人　石田＝鈴木）、押収物、予審調書（被告　新村）、証人（証人　西村、柿崎）、押収物、予審調書（被告　奥宮）、予審調書（証人　長谷川）、予審調書（被告　坂本、内山、飛松）および予審調書（証人　高宮、佐藤、築比地）

第2　大石誠之助ほか

予審調書（被告　大石、幸徳、森近）、予審調書（証人　徳美）、予審調書（参考人　徳永）、予審調書（証人　畑林）および予審調書（被告　新村、成石、新村、高木、峯尾、崎久、成石、新村）

第3　松尾卯一太ほか

予審調書（被告　松尾、幸徳）、予審調書（証人　志賀、高宮）および予審調書（被告　新美、佐々木、飛松）

第4　内山愚童ほか、第5　武田九平ほか、および第6　岡林寅末ほか
予審調書（被告　内山、菅野）、予審調書（参考人　金子、田中）、予審調書（証人　石巻）、予審調書（被告　武田、岡本）、押収物、予審調書（証人　坂梨）、予審調書（被告　三浦）、予審調書（証人　田中）、予審調書（被告　幸徳、大石、岡林、小松）および予審調書（証人　中村）

第7　新田融ほか
予審調書（被告　新田、宮下）および予審調書（証人　石田、松田）

第8　新村善兵衛ほか
予審調書（被告　新村（善）、新村（忠）、宮下）

その他「押収物」

（4）法令の適用
【第1類型】幸徳、菅野、森近、宮下、新村（忠）、古河、坂本、奥宮、大石、成石（平）、高木、峯尾、崎久、成石（勘）、松尾、新美、佐々木、飛松および岡本の行為
→刑法第73条の規定中「天皇に対し危害を加えんとしたる者」→死刑
【第2類型】内山、岡林および小松の行為
→刑法第73条の規定中「皇太子に対し危害を加えんとしたる者」→死刑
【第3類型】武田および三浦の行為
→刑法第73条「天皇に危害を加えんとしたる者」および「皇太子に危害を加えんとしたる者」の併合罪（同法第45条および46条）→死刑
　なお、いずれも共同正犯（刑法第60条）の規定が適用されていない。
【その他】
（新田の行為）
→事実の錯誤（刑法第38条第2項）により刑法第73条の規定の適用（故意）を否定し、爆発物取締罰則「治安を妨げ又は人の身体財産を害せんとする目的を以て爆発物を使用したる者」（第1条）「第1条に記載したる犯罪者の為の情を知りて其（爆発物）使用に供すべき器具を製造したる者」（第5条）→重懲役→9年以上11年以下の有期懲役（刑法施行法第19条、第20条および第2条ならびに旧刑法第

22条第2項)

（新村（善）の行為）

→刑法38条第2項により第73条の適用を否定し、爆発物取締罰則第1条の幇助罪（刑法第62条）に必要的減軽（同法第63条）→刑法施行法第21条、旧刑法第109条、第67条、刑法施行法第19条第2項、第20条、旧刑法第22条第2項→6年以上8年以下の有期懲役

【手続規定】

○ 押収物→刑法19条第1項第2号

○ 訴訟費用→刑法施行法第67条、刑事訴訟法第201条および第202条

【資料2】 幸徳事件の適用可能犯罪類型

第73条〔大逆〕 天皇、太皇太后、皇太后、皇后、皇太子又ハ皇太孫ニ対シ危害ヲ加ヘ又ハ加ヘントシタル者ハ死刑ニ処ス（削除）

第74条〔不敬〕 天皇、太皇太后、皇太后、皇后、皇太子又ハ皇太孫ニ対シ不敬ノ行為アリタル者ハ三月以上五年以下ノ懲役ニ処ス（削除）

　2　神宮又ハ皇陵ニ対シ不敬ノ行為アリタル者亦同シ（削除）

第75条〔皇族危害〕 皇族ニ対シ危害ヲ加ヘタル者ハ死刑ニ処シ危害ヲ加ヘントシタル者ハ無期懲役ニ処ス（削除）

第76条〔皇族不敬〕 皇族ニ対シ不敬ノ行為アリタル者ハ二月以上四年以下ノ懲役ニ処ス（削除）

第77条〔内乱〕 国の統治機構を破壊し、又はその領土において国権を排除して権力を行使し、その他憲法の定める統治の基本秩序を壊乱することを目的として暴動をした者は、内乱の罪とし、次の区別に従って処断する。

　一　首謀者は、死刑又は無期禁錮に処する。

　二　謀議に参与し、又は群衆を指揮した者は無期又は三年以上の禁錮に処し、その他諸般の職務に従事した者は一年以上十年以下の禁錮に処する。

　三　付和随行し、その他単に暴動に参加した者は、三年以下の禁錮に処する。

　2　前項の罪の未遂は、罰する。ただし、同項第三号に規定する者については、この限りでない。

第78条〔予備及び陰謀〕 内乱の予備又は陰謀をした者は、一年以上十年以下の禁錮に処する。

第79条〔内乱等幇助〕 兵器、資金若しくは食糧を供給し、又はその他の行為により、前二条の罪を幇助した者は、七年以下の禁錮に処する。

524

第82条〔自首による刑の免除〕 前二条の罪を犯した者であっても、暴動に至る前
　　に自首したときは、その刑を免除する。
第199条〔殺人〕 人を殺した者は、死刑又は無期若しくは三年以上の懲役に処する。
第201条〔殺人予備〕 第百九十九条の罪を犯す目的で、その予備をした者は、二
　　年以下の懲役に処する。ただし、情状により、その刑を免除することができる。
第203条〔未遂罪〕 第百九十九条及び前条の罪の未遂は、罰する。

あとがき

　本書は、大逆事件の中心人物の幸徳秋水の再審請求を目的としたものである。

　大逆事件は、今では24名の死刑判決は「冤罪」として評価されている。しかし、法的には、大逆事件は、有罪として残ったままである。

　戦後、森長英三郎弁護士を中心に、坂本清馬と、森近運平の妹榮子を申立人として再審請求がなされたが（第１次再審という）、棄却され確定した。これは坂本そして森近を代表とする大逆事件の雪冤を図るものであった。

　皇室等危害罪（刑法73条、「大逆罪」といわれる）が、保護法益は天皇等の生命・身体であり（テロである）、天皇制という体制打倒を目的とする内乱罪とは異なる。

　第１次再審では、幸徳ら５名（幸徳・管野・宮下・古河・新村忠雄）は「冤罪の対象」から除外された。森長弁護士は、第１次再審請求に５名を包摂することに困難を覚えられたのである。大逆事件は、宮下らの爆裂弾製造が背景にあり、その製造等に関与した者を、除外されたと推測される。「爆裂弾」という「名称」の「威力」は、事件当時から大きいもので、「爆弾で暴力革命を企てた非国民」というレッテルが張られた。そのイメージは、事件から50年の戦後まで続いた。

　事件から100年たった。

　私たちは、新たなる観点から、大逆事件の本質は、幸徳を中心とする「謀議」の積み重ねであると考え、第１次再審で除外された幸徳秋水の再審請求を目指すことにした。

　「大逆事件の真実をあきらかにする会」の山泉進さん（当時、明治大学副学長）、大岩川嫩さん（会責任者）、石塚伸一さん（当時、龍谷大学教授）と私が、駿河台の明治大学に集まったのが、2011年４月25日であり、大逆事件再審請求検討会が結成された。検討会の第１回は2011年６月５日であり、同

年7月からは定期的に開催し活動を続けてきた。

再審請求には新証拠が必要になる。

私たちが注目した第1の新証拠は、爆裂弾であった。現実の爆裂弾は、小さいもの（巾1寸《3.3cm》、長さ2寸《6.6cm》）であった。最初に現物を見たときに、「こんなもので人が殺傷できるのか」という素朴な疑問を抱いた。宮下により製造されたのは1個であり、その効果（破壊力）も宮下の言しかなく、関与したとされる幸徳ら他の4名はまったくその威力を見てもいない。

「人を殺傷できるものか」……まず、その命題に挑戦した。故湯浅欣史（元東京都立大学教授）の監修をもとに、爆裂弾の材料の鶏冠石と塩素酸カリウム等そして同じ容器であるブリキ缶を用意し、予備試験を2回、本試験を2011年9月20日に行った。その詳細は、湯浅鑑定書に記載されているが、個体により爆発の有無に威力にむらがあるばかりか、その破壊力は明確に示されず、それは刑事記録に記載されている「1個ではその効の過少ということ、効果に不発あり」との報告と一致していた。

その後、刑法73条の構成要件を分析した（金澤真理　現大阪公立大学教授）。

判決に記載された事実（その発言）だけでも、「陰謀」には該当しないのではないか。それを明らかにするためにも、私たちは、膨大な予審調書と格闘することになる。

事件から100年以上たち、各被告人がどのような発言をしたのかについて、新たな事実は出てこない。供述は予審調書にしか存在しない。予審調書を整理する作業から始まった。まず様々な記録に点在する24名の予審調書等を集め、カタカナからひらがなに変換し、データ化し、被告人の「謀議」の会話を分析した。

この成果は、第3章の「判決の脆弱性」に結実している。

そして、再審には新たな供述分析の手法が重要となった。それを、浜田寿美男（奈良女子大名誉教授）、山田早紀（立命館大学衣笠総合研究機構研究員）を中心に行った。その分析は大逆事件の供述分析に結実した。Bernerの理論に基づく各「謀議」の分析、そして大逆事件の宮下の爆裂弾の製造を中心とする行為と幸徳を中心とする東京グループとのつながりの供述の分析

がなされ、判決の事実の認定の過ちが指摘された。これが第2の新証拠（第4章「大逆事件における供述分析」）である。

これらの10年の成果を残すため、石塚教授のお世話で、2021年3月から2022年7月まで、龍谷大学の『龍谷法学』に掲載していただいた。

私たちは、幸徳秋水の再審は可能であると判断している。

それではどうして請求しないのか。それは請求する幸徳秋水の直系親族がみあたらないからである（刑訴法439条1項）。

私たちは、この記録を残し、再審そして雪冤を後世に委ねることにした。

いつか、直系親族が発見されたり、法が改正され請求者がいなくても再審が請求できるようになれば、この記録は必ずや再審の役に立つものと確信している。

2024年（令和6年）10月

弁護士　金子　武嗣

【執筆者一覧】（執筆順）

石塚 伸一（いしづか・しんいち）　　龍谷大学名誉教授・弁護士（第二東京弁護士会）
金子 武嗣（かねこ・たけし）　　　　弁護士（大阪弁護士会）
橋口 直太（はしぐち・なおた）　　　弁護士（京都弁護士会）
田中 太朗（たなか・たろう）　　　　弁護士（大阪弁護士会）
金澤 真理（かなざわ・まり）　　　　大阪公立大学教授
浜田 寿美男（はまだ・すみお）　　　奈良女子大学名誉教授
山田 早紀（やまだ・さき）　　　　　立命館大学衣笠総合研究機構研究員

幸徳秋水　大逆事件の研究──「再審請求」を追究して

2024年12月30日　第1版第1刷発行

編著者　　金子武嗣・石塚伸一
発行所　　株式会社　日本評論社
　　　　　〒170-8474 東京都豊島区南大塚 3 -12- 4
　　　　　電話 03-3987-8621　　FAX 03-3987-8590
　　　　　振替 00100-3-16　　https://www.nippyo.co.jp/
印刷所　　精文堂印刷
製本所　　牧製本印刷
装　幀　　銀山宏子
検印省略　© T. Kaneko, S. Ishizuka 2024

ISBN978-4-535-52830-7　　　　Printed in Japan

JCOPY 〈(社)出版者著作権管理機構 委託出版物〉

本書の無断複写は著作権法上での例外を除き禁じられています。複写される場合は、そのつど事前に、(社)
出版者著作権管理機構(電話03-5244-5088、FAX 03-5244-5089、e-mail: info@jcopy.or.jp)の許諾を得てくだ
さい。また、本書を代行業者等の第三者に依頼してスキャニング等の行為によりデジタル化することは、個
人の家庭内の利用であっても、一切認められておりません。